Vozes no Centro do Mundo

O conflito árabe-israelense contado por seus protagonistas

Vozes no Centro do Mundo

O conflito árabe-israelense contado por seus protagonistas

Henrique Cymerman

Tradução de Cristina Yamagami

Prefácio de **Fernando Henrique Cardoso**

2011

ALMEDINA BRASIL IMPORTAÇÃO, EDIÇÃO E COMÉRCIO DE LIVROS LTDA.
ALAMEDA CAMPINAS, 1077, 6º ANDAR, JD. PAULISTA
CEP.: 01404-001 – SÃO PAULO, SP – BRASIL
TEL./FAX: +55 11 3885-6624
WWW.ALMEDINA.COM.BR
WWW.PRIMEBOOKS.PT

TÍTULO ORIGINAL: *VOICES FROM THE CENTER OF THE WORLD: THE ARAB-ISRAELI CONFLICT TOLD BY ITS PROTAGONISTS*

COPYRIGHT © 2011, HENRIQUE CYMERMAN

ALMEDINA BRASIL
TODOS OS DIREITOS PARA A PUBLICAÇÃO DESTA OBRA NO BRASIL RESERVADOS PARA ALMEDINA BRASIL IMPORTAÇÃO, EDIÇÃO E COMÉRCIO DE LIVROS LTDA. E PRIME BOOKS SOCIEDADE EDITORIAL LDA.

PRODUÇÃO EDITORIAL E CAPA: CASA DE IDEIAS EDITORAÇÃO E DESIGN
REVISÃO: JULIANA CAMPOI E ANSELMO VASCONCELOS

ISBN: 978-85-63182-08-1
IMPRESSO EM JULHO DE 2011.

Dados Internacionais de Catalogação na Publicação (CIP)
(Câmara Brasileira do Livro, SP, Brasil)

Vozes no centro do mundo / Henrique Cymerman ; [traduçao Cristina Yamagami] . -- São Paulo: Almedina, 2011.

Título original: Voices from the center of the world : the arab-israeli conflict told by its protagonists

ISBN 978-85-63182-08-1

1. Conflito árabe-israelense 2. Israelenses – Entrevistas 3. Palestinos – Entrevistas I. Cymerman, Henrique.

11-05843   CDD–327.16

Índice para catálogo sistemático:
1. Conflito árabe-israelense : Ponto de vista dos protagonistas : Ciência política   327.16

TODOS OS DIREITOS RESERVADOS. NENHUMA PARTE DESTE LIVRO, PROTEGIDO POR COPYRIGHT, PODE SER REPRODUZIDA, ARMAZENADA OU TRANSMITIDA DE ALGUMA FORMA OU POR ALGUM MEIO, SEJA ELETRÔNICO OU MECÂNICO, INCLUSIVE FOTOCÓPIA, GRAVAÇÃO OU QUALQUER SISTEMA DE ARMAZENAGEM DE INFORMAÇÕES, SEM A PERMISSÃO EXPRESSA E POR ESCRITO DA EDITORA.

AGRADECIMENTOS

Aproveito esta oportunidade para expressar minha gratidão...

ao meu avô e meus pais, que me mostraram o caminho, e a Dana, Yair e Noa, que nunca deixarão que eu me perca;

a Yael Kehat, pelo empenho e dedicação, sem os quais este livro jamais teria sido publicado;

a Ilan Wechsler, Veronica Oberlander e Ziyad Darwish, em memória das aventuras que vivemos juntos;

a Jalal Bana, Ran Grego, Colin Rosin, Marwan a-Tamneh, Jean-Marc Zylbering, Sal Emergui, Amnon Khoury, David Cohen, Tzachi Ein-Gil, Samir Zidan, Dror Halevi, Adar Eyal, David Orren, Avner Salant e Eduardo Budnik pela ajuda e entusiasmo em todas as questões relacionadas ao Centro do Mundo;

a todos os meus entes queridos.

SUMÁRIO

PREFÁCIO À EDIÇÃO BRASILEIRA 11
Fernando Henrique Cardoso

PREFÁCIO 19
Javier Solana

APRESENTAÇÃO 23
Henrique Cymerman

SHIMON PERES 33
Presidente do Estado de Israel

LÍDERES POLÍTICOS   35

SHIMON PERES 41
Presidente do Estado de Israel

MAHMOUD ABBAS (Abu Mazen) 59
Presidente da Autoridade Palestina

YITZHAK RABIN 69
Ex-primeiro-ministro de Israel

ARIEL SHARON 82
Ex-primeiro-ministro de Israel

YASSER ARAFAT 94
Ex-presidente da Autoridade Nacional Palestina

TZIPI LIVNI 112
Ex-ministra das Relações Exteriores de Israel

EHUD BARAK 118
Ministro da Defesa de Israel

BENJAMIN NETANYAHU 135
Primeiro-ministro de Israel

MARWAN BARGHOUTI 147
Secretário-geral do Fatah e líder da Intifada

SHLOMO BEN-AMI 154
Ex-ministro das Relações Exteriores de Israel

SILVAN SHALOM 162
Ex-ministro das Relações Exteriores de Israel

AZAM EL-AHMED 167
Ex-vice-primeiro-ministro palestino

ABDEL HALIM HADAM 172
Ex-vice-presidente da Síria

A SOCIEDADE CIVIL 179

OMAR OSAMA BIN LADEN 183
Filho de Osama Bin Laden

AVI OHAYON 191
Um homem que enterrou a família inteira em um dia

MUHAMED IBRAHIM NIMAR NAIFA 204
Um líder das Brigadas dos Mártires de Al-Aqsa

JAMAL AL-DURA 213
Pai de uma lenda, Mohammed Al-Dura

YITZHAK EISENMAN 219
Um pai em luto

UM HALIL IDRIS 224
Mãe de Wafa Idris, a primeira mulher-bomba palestina

MOHAMMED MAHDI 231
Um adolescente que tentou um ataque terrorista suicida

EYAD EL-SARRAJ 237
Diretor dos Serviços Psiquiátricos em Gaza

LITI SAIED 250
Colona israelense em Kiryat Arba, nas redondezas de Hebron

FADWA BARGHOUTI 259
Esposa de Marwan Barghouti

HADAS TAMIR 267
Ativista da organização Machsom Watch ("vigilância em postos de fronteira")

LÍDERES ISLÂMICOS FUNDAMENTALISTAS 273

XEQUE AHMAD YASSIN 279
Líder fundador do Hamas

'ABD AL-'AZIZ AL-RANTISI 285
Ex-líder do Hamas

MAMOUN AL-HUDAIBI 292
Líder da Irmandade Muçulmana no Egito

RAED SALAH 298
Líder do Movimento Islâmico em Israel

ABDULLAH AL-SHAMI 302
Um líder da Jihad islâmica

MAHMOUD AL-ZAHAR 311
Líder do Hamas em Gaza e ex-ministro das Relações Exteriores da Autoridade Palestina

XEQUE HASSAN YOUSSEF 316
Líder do Hamas na Cisjordânia

COLABORADORES:
TRAIDORES AOS OLHOS DE SEU POVO 327

RAED ZAKARNE 330
Colaborador palestino do Shin Bet (Agência de Segurança de Israel)

MORDECHAI VANUNU 344
Espião do programa nuclear

LÍDERES INTERNACIONAIS E ESPECIALISTAS EM TERRORISMO 351

JIMMY CARTER 355
Ex-presidente dos Estados Unidos

JAVIER SOLANA 358
Ex-representante da União para os Negócios Estrangeiros e a Política de Segurança

MIGUEL ÁNGEL MORATINOS 363
Ex-ministro das Relações Exteriores da Espanha,
ex-enviado especial da União Europeia ao Oriente Médio

EFRAIM HALEVY 375
Ex-diretor do Mossad

STEVE POMERANTZ 381
Ex-diretor adjunto do FBI

ROHAN GUNARATNA 385
Especialista internacional sobre a Al-Qaeda

SHABTAI SHAVIT 388
Ex-diretor do Mossad

BOAZ GANOR 393
Especialista israelense em terrorismo

EPÍLOGO 399
Baltasar Garzon Real, juiz espanhol

CRONOLOGIA 409

MAPA DA REGIÃO 415

PREFÁCIO À EDIÇÃO BRASILEIRA
Um mundo descentrado

Fernando Henrique Cardoso

Recebi de um amigo, ainda não sob a forma de livro, o trabalho de Henrique Cymerman, *Voices from the center of the world*. Era um calhamaço de quase quatrocentas páginas com um subtítulo atraente, *The Arab-Israeli conflict told by its protagonists*. Pediam-me que o prefaciasse. Apesar de meu interesse pela região e por seus conflitos, estava de tal maneira assoberbado com compromissos anteriores que, pensei com meus botões, talvez fosse melhor declinar da incumbência; tardarei muito a escrever o prefácio, pensei, e afinal de contas quais são minhas credenciais para opinar sobre esse longevo e crucial conflito?

Como cidadão, como político e ex-presidente da República e, mais recentemente, como membro de um grupo organizado por Nelson Mandela – os ELDERS – para ajudar processos de paz e olhar de perto os sofrimentos causados por conflitos que, em geral, calam as vozes dos que sofrem suas consequências, é claro que tenho algum conhecimento sobre o que ocorre no Oriente Médio. Chefiei uma missão dos ELDERS à região, visitando tanto Israel como a Palestina. Estive em Jerusalém e em Ramallah conversando com os principais líderes políticos e mantive, junto com a ex-presidente da Irlanda e grande lutadora pelos direitos humanos, Mary Robinson, uma longa conferência telefônica com o líder do Hamas em Gaza, Ismail Hanyia. Visitei os campos de refugiados no West Bank, palmilhei as zonas fronteiriças cortadas pelo "muro", fui à aldeia resistente de Budrus, mas estou longe de ser um conhecedor privilegiado da área e de seus problemas.

Não haveria razão, portanto, para que os editores esperassem por minhas demoras. Ato contínuo enviei um e-mail a meu interlocutor dizendo-lhe que só quatro meses mais tarde poderia escrever o prefácio. Para minha surpresa, a condição foi aceita. Mais ainda, com a tolerância de prazo sabidamente existente nesse tipo de acordo, demorei um mês a mais para finalmente escrever estas linhas. Que sorte a minha! Ao finalizar o prazo inicial e antes de pedir clemência pelo novo atraso comecei a ler o livro. Não fossem as circunstâncias de ser um aposentado ultraocupado, afianço, teria lido de chofre o livro inteiro. Devoraria suas páginas com avidez, angústia e humildade.

O título do livro corresponde ao que ele é: uma história do conflito e de suas trágicas consequências na vida das pessoas contadas por seus protagonistas. E o que distingue este livro – na verdade uma série de entrevistas feitas por um repórter íntegro, conhecedor da matéria e capaz de redigir de forma a prender o leitor – é que ele mostra, para além das posições políticas já conhecidas dos homens de governo e de partido, como pensam e agem os líderes religiosos (que muitos qualificam de fundamentalistas) e, sobretudo, as pessoas simples, vítimas ou mesmo autoras das violências praticadas pelos contendores. Nem mesmo os "homens de capa preta", dirigentes dos serviços secretos, deixaram de ser ouvidos.

Não conheço esforço de reconstrução dos motivos, objetivos e consequências de conflitos tão amplo como este feito por Henrique Cymerman. Mais ainda, embora as lutas tenham continuado, tornando seus desdobramentos ora mais agudos, ora aparentemente mais calmos, o livro, escrito há mais de cinco anos, decifra, ou pelo menos deixa entrever, o enigma da dificuldade para se chegar a um compromisso que leve à paz e ao estabelecimento dos dois Estados, o palestino e o israelense, como desejam as Nações Unidas e proclamam muitos dos líderes dos dois campos em confronto. É que há algo de transcendente, de sagrado, no âmago das questões.

De fato, na boca dos religiosos, assim como na das pessoas simples e, de repente, mesmo na palavra dos líderes políticos, aflora, quando não vem de dentro da alma, o xis da questão: para os árabes palestinos os judeus israelenses ocupam suas terras ancestrais. Suas porque lhes foram dadas pelo Criador, por Allah, e porque a habitam há milênios. E outra coisa não pensam os judeus que receberam a Terra Prometida de Jeová. E terra, no caso, é "homeland", na expressão inglesa, a terra onde está a casa, onde vive a família, sob a batuta do pai espiritual e do pai natural, a Pátria. Os dois contendores sentem do fundo da alma que a terra lhes pertence e foi "ilegitimamente" – melhor, sacrilegamente – ocupada pelo "outro".

Não por acaso os que fracassaram como "suicide bombers" ou os que os enviaram ao ato de terror, bem como os palestinos que sofrem humilhações cotidianas pesadas, ao serem perguntados se veem "no judeu" o inimigo a quem odiar, respondem: não; sinto ódio do "ocupante". E por extensão odeia os que os enviaram para "minha terra" – os ingleses e demais ocidentais – ou os que lhes dão sustentação, como os americanos. Ódio político, mas com fundamentação transcendental, sagrada. E é com a mesma fé que os judeus ortodoxos não querem arredar o pé dos "settlements", das colônias, que construíram em terras "legitimamente" prometidas a Israel por Balfour ou conquistadas nas guerras "defensivas". E não entendem como um homem eleito por eles e de "direita", como Sharon, tenha sido responsável, a partir de uma visão realista de geopolítica, portanto secular, por devolver aos palestinos terras que "por direito divino" lhes pertencem, mesmo que seja terra árida ou sem valor estratégico para a defesa do Estado de Israel.

Isso não obstante – deixadas de lado as razões políticas e de Estado, mesmo o líder do Hamas no West Bank, Hassan Youssef, pelo menos em sua retórica reafirmava que o Hamas queria viver em fraternidade com todos os povos, judeus, cristãos ou árabes e escusava os terroristas suicidas pelo fato de Israel ter cometido o "crime da ocupação" e dizia, em novembro de 2004, aceitar os limites de 1967. Reafirmando sempre: eu não odeio os israelenses ou os judeus, eu odeio somente os "ocupantes". Naturalmente o jovem israelense Avi Ohayon, cujos dois filhos e a mulher foram mortos em um ataque palestino à aldeia de Metzer, não pode justificar o terrorismo sob argumento algum e não acredita que existam israelenses que matam crianças "do outro lado". Ainda assim, tudo que deseja é evitar que o terror seja aceito como rotina e tem a esperança de que no futuro, em vinte anos, haverá um acordo. Tudo o que querem os judeus, pensa, é viver em paz. Não é o ódio que os move, mas a angústia e o medo aumentados com a Intifada.

Visto pelo ângulo de um psiquiatra que presta serviços em Gaza, Eyad El--Sarraj, a questão da terra, da expulsão, também é a grande causadora de traumas entre os palestinos desde 1948. Seu primeiro drama foi o exílio. Junto com ele a perda da capacidade dos pais de família em satisfazerem as necessidades de suas mulheres e filhos e em os protegerem: foram desarmados e humilhados pelos israelenses. O sentimento de impotência junto com a insegurança resume seu estado psicológico.

Tragicamente, na voz do mesmo entrevistado, também os judeus psicologicamente trazem consigo o sentimento do medo, bordejando a paranoia. Os israelenses criaram o Estado de Israel, afirma, mas continuam a viver em um estado de medo. Veem-se como vítimas e impuseram a mentalidade de gueto em Israel. Conclusão do psiquiatra: é preciso salvar Israel de si mesmo, da mesma forma que os palestinos de seus traumas. Nos palestinos a ideia de que não podem render-se diante de inimigo mais poderoso, envolvido em uma cultura do desespero e no sentimento da grande injustiça, outra coisa não fez do que alimentar o sentimento de vingança, daí os homens-bomba. Conclusão: é preciso resolver esse conflito quanto antes, caso contrário haverá uma catástrofe global. São palavras de quem, como El-Sarraj, sente na alma o que significa viver no Centro do Mundo, de um mundo atormentado.

O drama humano perpassa as páginas das entrevistas: ora é o pai que perdeu mulher e filhos em um ataque suicida dos palestinos, ora é a colona judia, de armas na mão, Bíblia em punho e cultura refinada (os filhos tocam piano) que vive nas barbas dos arames farpados e olha desafiadora para os infiéis palestinos do outro lado do "muro", prontos – quem sabe? – a atacá-la de novo, pois já arrasta o peso de ossos quebrados em ataque anterior. Mas nem um nem outra arredam o pé. Quando não, é um palestino como Jamal Al-Dura que teve televisionada a morte de seu filho quando ele procurava escapar e protegê-lo de balas israelenses ou (quem sabe) de "balas perdidas" e, não obstante, reafirma que a pregação dos muçulmanos é de irmandade e amor para todo mundo. Há também os generosos, que visitam a casa de famílias de onde partiu o suicida e vão se consolar no afago às filhas do casal pela perda da própria filha, ou o próprio Al-Dura que, embora odiando os assassinos de seu filho, não generaliza esse sentimento aos israelenses em geral. Enfim, é um perpassar trágico do que de mais desafiador existe na condição humana.

Mesmo nos presídios, onde estão assassinos ou meros instrumentos da violência política comandada por terceiros, se vê tanto o arrependimento de quem foi capaz de refazer os recônditos da alma, como "fanáticos", quase sempre vestidos de férrea lógica política que ao serem confrontados com os resultados devastadores de seus atos ou dos atos que comandaram limitam-se a dizer: e os do outro lado não o fazem também?

Os depoimentos dos líderes políticos, por terem de argumentar de modo mais "racional", impactam menos o leitor do que o testemunho das pessoas comuns. Sem que se veja de imediato a transcendência da argumentação, não obstante, mesmo no depoimento dos líderes a questão principal também gira ao redor das terras ocupadas. Qual o traçado "mais justo"? Sem esquecer que a água é escassa, que o Jordão mítico aos olhos de um brasileiro é pouco mais do que um córrego, e lembrando sempre que Jerusalém, para os crentes e também para os não crentes, dá mesmo a sensação de ser o Centro do Mundo com o Santo Sepulcro, a Mesquita Dourada e o Muro das Lamentações, e que a terra, a casa, a família estão sempre em jogo. Alguns vão buscar na arqueologia as bases para argumentar que "esta terra é minha", outros porque lá estão há milênio. Outros porque a conquista foi "legítima" ou porque sem esse pedacinho mais a leste não dá para manter nossas famílias e assim por diante.

Como sempre, nas discussões políticas a disponibilidade da força está sempre por trás dos argumentos, mesmos os mais legítimos ou sagrados. Não é de estranhar consequentemente que setores árabes se tenham voltado para o militarismo e que setores judaicos, ainda que os mais sensatos (Shimon Peres foi o "pai" da defesa nuclear) vejam na retaliação militar a razão última para a sobrevivência de Israel. Nem tampouco é inesperado que em Israel as rixas políticas se deem entre pombas e falcões ou que, em momentos de dificuldades, nada mais parecido a um falcão do que quem foi pomba. Reciprocamente, os seguidores do Hamas resistem a aceitar as negociações políticas como o caminho para a paz e para assegurar o Estado palestino, especialmente hoje quando controlam a Faixa de Gaza, porque ali se consolidaram no poder graças a uma guerra fratricida com o Fatah, uma espécie de golpe de Estado em que expulsaram as forças do presidente eleito Abbas, após ganharem as eleições para o parlamento.

Do que vi em 2009 quando visitei a região e do que se depreende da leitura deste livro, para os líderes do Hamas as tentativas de acordo comandadas por Mahmoud Abbas (que Arafat, no fundo, sempre dificultou) não passam de "traição". E para os do Fatah – envoltos na bandeira do nacionalismo palestino mais do que no milenarismo islâmico – os cultores deste são mais um instrumento da vontade dos xiitas do Irã do que patriotas palestinos. Neste quadro, o que fazer? As entrevistas realizadas com os chefes de serviço secreto mostram os limites do desespero. A infiltração do Mossad (como entre nós são conhecidas as diferentes formas de serviço israelense de inteligência) transforma, às vezes, a ação dos "terroristas" árabes em instrumentos do Estado de Israel. Ao utilizar a técnica de executar os líderes do Hamas, como Al' Aziz Al-Rantisi e Ahmad Yassin, disparando foguetes (*targeted thwartin*) para impedir ações terroristas futuras, na prática os responsáveis por Israel aceitam a pena de morte sem julgamento nem defesa e, de cambulhada, matam inocentes que por acaso estejam à volta dos alvos. Com toda a "racionalidade ocidental" dão ao terrorismo a justificativa da autodefesa e, a partir daí, se igualam aos "mártires" (*shahids*) muçulmanos que se imolam pela Fé. Sem terem a escusa da crença, nem a ilusão das 72 virgens que os esperam no céu, obedecendo à pura lógica de Estado.

Assim, de que valem apelos a razões de ordem moral ou de legitimidade para solucionar os conflitos se elas vêm de cambulhada com práticas inaceitáveis de lado a lado? As motivações, objetivos e consequências humanamente desastrosas, além da perdurabilidade do conflito, dificultam uma solução "de dentro". A pacificação dos espíritos nos dois lados e entre eles está longe de se desenhar em futuro próximo. E não se trata como vimos de que um lado seja "racional" e tenha "direitos" e o outro, não.

Conversei em Ramallah com a mulher de Marwan Barghouti, na época na cadeia, e com três líderes do Hamas recém-saídos das prisões palestinas. Dois eram professores universitários e todos, incluindo a mulher do líder preso, bastante sensatos e "racionais". Abbas e seu primeiro-ministro, Salam Fayyad, do mesmo modo. Que dizer, então, de Shimon Peres ou dos demais líderes israelenses: uma elite política de primeira. Mas suas vozes não podem deixar de escutar os murmúrios e às vezes o estampido rouco e profundo que vem do Centro do Mundo. Foi lá que se originaram as três grandes religiões monoteístas e cada uma delas, como óbvio, emprenhada de que seu Deus é o único e verdadeiro. Quando os Estados ardem na chama de qualquer dessas três crenças, assumem o impulso da missão transcendental das respectivas religiões: combatem os infiéis. Não foi assim que os cristãos fizeram as Cruzadas para esmagar os mouros? O "outro" é "infiel", logo, inimigo a ser destruído. Por sorte o Estado israelense ainda não abraçou a religião como seu fundamento último, nem a Autoridade Palestina se predispõe a criar um Estado com essas características. E o Hamas está no limite entre o fundamentalismo entranhado no Estado e a distinção entre a ordem política e a religiosa. O cuidado com que líderes políticos e religiosos tratam de separar os movimentos e partidos da "sociedade civil" de seus braços armados – prontos a desatar a vingança divina – indica isso. Mas na medida em que o conflito persiste se aprofunda o entrelaçamento entre essas ordens. Ainda é hora para que o resto do mundo perceba que com seu Centro em ebulição o conflito vira chama a qualquer momento e pode produzir um efeito de contágio na região e alhures fatal para o equilíbrio internacional.

A publicação deste instigante livro coincide com um despertar de novo tipo no mundo islâmico e árabe. Ainda não estão claros os desdobramentos da sacudida político-tecnológica ocorrida na Tunísia, no Egito, no Iêmen, no Bahrein, e até na Líbia e quem sabe na Arábia Saudita. Mas um sopro de algo mais do que ditadura e fundamentalismo, um quê de democracia, ou pelo menos de participação popular e de liberdade, parece que se está esboçando. A atitude mais prudente dos Estados Unidos, evitando intervenções unilaterais no conflito líbio, logo depois de haverem lamentavelmente paralisado, contra o voto de 14 dos 15 países votantes, uma Resolução no Conselho de Segurança da ONU exigindo a desocupação das terras palestinas pelos israelenses, para voltarem às fronteiras de 1967 e reafirmar a tese da formação dos dois Estados, é alvissareira. Até agora a geopolítica americana levou aquele país a não forçar ao limite avanços nas negociações entre palestinos e israelenses.

Os Estados Unidos estavam imbuídos (ou ainda estão?) da crença de que os valores e interesses econômicos e estratégicos do "Ocidente" estão em jogo e que Israel os representa. E estão mesmo em jogo, mas quem sabe seja mais proveitoso forçar – desde fora – o que não se consegue, pelas razões expostas, de dentro: que as partes cedam e o laicismo político prevaleça sobre os fundamentalismos, mantido o respeito às crenças religiosas em seu terreno próprio, o da Fé, o da relação entre Deus e os homens, sem implicar os Estados em teia tão delicada e inconsútil. Não será esta a única maneira de preservar o que é possível e justo do Ocidente (o respeito aos direitos humanos e certo espírito de liberdade) antes que os imperativos da demografia transformem em poeira os sonhos de convivência?

São Paulo, março de 2011.

PREFÁCIO

Javier Solana
Alto representante da União para os Negócios Estrangeiros e a Política de Segurança

Há uma extensa literatura sobre questões relacionadas ao Oriente Médio em geral e ao conflito entre Israel e Palestina em particular, e a lista de pessoas que se consideram especialistas na região – até certo ponto justificadamente – é bastante longa. Dessa forma, é provável que um leitor passando os olhos pelos novos títulos que dominam as prateleiras das livrarias se perguntará, diante da pletora de publicações: o que a obra de Henrique Cymerman tem a revelar de novo e em que extensão o livro *Vozes no centro do mundo* pode abrir novos pontos de vista?

Não há como contestar o fato de que Henrique Cymerman é um profundo conhecedor do conflito no Oriente Médio. Ele tem cerca de vinte anos de experiência como um correspondente no Oriente Médio, atuando como um repórter para vários canais europeus, elaborando relatórios para a imprensa escrita e para a televisão e responsável por milhares de artigos e entrevistas. Todos esses fatos, além das homenagens e prêmios que lhe foram agraciados, atestam a qualidade de seus relatos. A trama original que Cymerman apresenta neste livro pode ser comparada a uma espécie de história da última década do conflito, recontada por seus principais protagonistas. Mas esta não é apenas a história dos eminentes líderes comunitários, políticos e internacionais dos dois lados, cuja perspectiva é bastante conhecida, mas também a história de pessoas rotuladas como "civis"; em outras palavras, cidadãos comuns, cuja voz não é ouvida o suficiente e que deve ser conhecida, considerando que qualquer solução para o conflito proposta pelos líderes políticos precisará se adaptar à natureza das duas sociedades envolvidas no conflito e satisfazer às suas aspirações.

As partes mais contundentes são as entrevistas com vítimas da violência dos dois lados – violência que infelizmente se tornou a marca do conflito já há vários anos. Cymerman menciona na introdução que a maior parte da mídia, tanto árabe quanto israelense, pranteia e santifica suas vítimas e se esquece da catástrofe vivenciada pelo outro lado ou a "varre para debaixo do tapete". Na minha opinião, reconhecer a história das vítimas da "força oposta" constitui um pré-requisito para chegar a uma solução para o conflito. E, com efeito, só uma compreensão clara do sofrimento da "força oposta" e só um certo grau de empatia são capazes de ajudar a fazer as concessões dolorosas porém essenciais por parte de cada lado para atingir a paz.

Meus muitos anos na diplomacia me ensinaram que nada pode se comparar a nos informar dos acontecimentos e procurar conhecer as pessoas que moram em um determinado local. Nos meses que precederam a retirada israelense da Faixa de Gaza, políticos do mundo todo deram opiniões e sugestões para conduzir a retirada e organizar o território depois que Israel se retirar. No entanto, poucos desses políticos podiam ser encontrados em Gaza; eles nem se deram ao trabalho de conversar com seus habitantes nem os olharam direto nos olhos para tentar entender a situação. O livro de Cymerman pode atuar como um substituto para um leitor que se interesse pelo conflito, mas não tenha acesso à região ou às pessoas que vivem lá e que, apesar de não substituir a experiência de uma visita ao local, ainda pode ser bastante enriquecedor.

Devo fazer uma afirmação que provavelmente soará trivial, mas, pela minha experiência, deve ser reiterada vez após vez. Mesmo se todas as entrevistas contidas neste livro gerarem um grande interesse, por oferecerem diferentes perspectivas que podem facilitar a compreensão deste difícil conflito, nem todas as vozes têm um valor moral similar. Algumas delas e, para a nossa satisfação, a maioria, expressam o desejo de uma solução justa para o conflito, o que inevitavelmente requer o reconhecimento dos direitos dos dois lados. No entanto, ainda haverá vozes expressando desejar a destruição do Estado de Israel ou a perpetuação da ocupação dos territórios palestinos e a opressão de seus habitantes. Somos obrigados a ouvir esses argumentos, mesmo se os rejeitarmos, porque eles nos esclarecem a verdadeira situação da região, mesmo se for apenas uma realidade parcial. E há ainda uma outra necessidade, ainda mais crucial – tentar nos familiarizar com esses argumentos, o que, por sua vez, nos permitirá refutá-los com mais eficácia.

Eu tive o privilégio de ter sido escolhido como uma das vozes incluídas no livro de Cymerman. Além da satisfação pessoal que isso me dá, devido ao reconhecimento das minhas modestas porém obstinadas tentativas, no decorrer de vários anos, de ajudar no atingimento da paz, acredito que a minha inclusão no livro, na qualidade de Alto representante da União para os Negócios Estrangeiros e a Política de Segurança, faz jus ao papel que a União Europeia exerceu e ainda exerce no conflito árabe-israelense. Esse papel nem sempre foi adequadamente compreendido pelos dois lados.

A dificuldade envolvida na compreensão do verdadeiro propósito da postura europeia não é uma questão de essa postura ser equivocada ou tendenciosa. Pelo contrário, as dificuldades se originam do fato de que a União Europeia, desde o início, tem apresentado um ponto de vista basicamente equilibrado e justo, porém os dois lados não se mostraram dispostos a aceitá-lo por uma ou outra razão.

Em 1980, no início da cooperação europeia, os então Estados-membros da União Europeia formularam os parâmetros que serviriam como as bases para uma abrangente solução para o conflito no Oriente Médio, e a Declaração de Veneza reconheceu o direito à existência e segurança de todos os Estados da região, inclusive Israel, e justiça para todos. Esse parâmetro também incorpora o reconhecimento dos direitos legítimos do povo palestino. O posicionamento da UE corresponde invariavelmente aos acontecimentos. Em 1999, a UE apoiou a coexistência pacífica dos dois Estados; três anos mais tarde a União foi uma das principais promotoras do Road Map, um plano que foi aceito tanto por palestinos quanto por israelenses, apresentado pelo Conselho de Segurança e que atualmente constitui os fundamentos cruciais para solucionar o conflito. A ação econômica "materialista" tomada pela UE na região foi e ainda é bastante intensa e demonstra o apoio a esses princípios. A UE é a principal colaboradora do povo palestino, e seu relacionamento político, econômico e social com Israel está em um contínuo processo de crescimento.

A edição deste livro surge em um momento particularmente crucial do processo de paz. Enquanto escrevo estas palavras, a iniciativa árabe para a paz, a formação de um governo nacional palestino unificado e o restabelecimento de contatos regulares entre o alto escalão tanto do lado israelense quanto do palestino renovaram as esperanças para o processo de paz. Mesmo assim sabemos que ainda temos numerosos e enormes obstáculos. A comunidade internacional tem a obrigação de ajudar os dois lados a superar esses obstáculos e a UE não se esquivará dessa responsabilidade. Dessa forma, no futuro, as vozes das vítimas documentadas no livro de Cymerman e que tanto horror nos provocam serão transformadas em uma memória dolorosa em vez de permanecer eternamente na pauta política e nos jornais.

Bruxelas, maio de 2007.

APRESENTAÇÃO

HENRIQUE CYMERMAN
*"A chave israelense e palestina está
esperando embaixo do capacho."*

Por dois mil anos os judeus, exilados da Terra de Israel, têm jurado nunca se esquecer de Jerusalém.

Os muçulmanos, por sua vez, se voltam em adoração às duas mesquitas do Monte do Templo, ou Al-Haram Al-Sharif (o nobre santuário) e, em particular, e o mais importante para eles, o "mais distante", cuja cúpula é visível em seu pleno esplendor. Eles acreditam que Muhammad (Maomé) ascendeu ao trono desse local cavalgando sua égua mítica, Al-Buraq. Jerusalém também é conhecida como uma cidade sagrada para milhões de cristãos, um dos quais, o monge franciscano Pantaleão de Aveiro, de Portugal, partiu em 1593 do mosteiro de Xabregas em direção ao oriente, descrevendo Jerusalém como "um buraco no centro do mundo no qual o crucifixo do nosso Messias está plantado".

O antigo mito religioso que especificava Jerusalém como o centro do mundo sobrevive até os dias de hoje. Desse local, a imprensa de todos os países distribui à população do mundo milhares de notícias que, com os pés plantados em bases mitológicas, informam o mundo sobre um dos mais longos conflitos da história.

Em um país minúsculo, menor que a área de Nova Jersey ou Gales e com a metade do tamanho da Suíça ou da Holanda, políticas, religiões, estilos de vida e antigas tradições se enfrentam, transformando os cenários bíblicos em um centro de ocorrências. Esse local sem dúvida tem sido o alvo da mais densa cobertura da mídia mundial por metro quadrado. Os jornalistas levam quinze minutos para ir de seus escritórios em Jerusalém a Ramallah e pouco mais de uma hora para ir de Gaza a Tel Aviv. Para contar mortos e descrever ataques terroristas, eles algumas vezes só precisam caminhar algumas dezenas de metros a partir de suas agências de notícias. Cerca de 2.000 correspondentes internacionais acompanhados de suas equipes técnicas têm base permanente em Israel e nos territórios palestinos credenciados pelo Escritório de Imprensa do Governo, e outros 2.000 correspondentes especiais são atraídos todos os anos sempre que ocorre algum incidente dramático. O conflito israelense-palestino alimenta o fanatismo, cobra um preço moral e humano cada vez mais alto e gera narrativas que abastecem controvérsia e devastação.

Este livro visa a proporcionar ferramentas para aprofundar a nossa compreensão do conflito e de suas origens e nos familiarizar com os processos que se desenrolam à medida que se busca uma solução, articulada pelos seus heróis conhecidos e desconhecidos. Reuni aqui entrevistas que conduzi ao longo da última década com as figuras mais proeminentes deste drama, tanto do lado israelense quanto do palestino. Acrescentei declarações de líderes fundamentalistas islâmicos e comentários de especialistas internacionais sobre um dos fenômenos mais apavorantes da nossa época, a ameaça do terrorismo.

Este livro apresenta: a última entrevista de Yitzhak Rabin, concedida várias horas antes de ele ser assassinado por um ultradireitista israelense cujos tiros mudaram o curso da história; uma noite na companhia do líder histórico dos palestinos, Yasser Arafat, em seu quartel-general parcialmente destruído na Mukata em Ramallah, cercado de forças militares israelenses, seguido de uma vista a pé pelos prédios bombardeados daquela cidade, acompanhados pelos feixes vermelhos de laser dos soldados da IDF posicionados nos telhados; o sonho de Marwan Barghouti, comandante da Intifada, cumprindo cinco penas de prisão perpétua em uma prisão israelense, de se tornar o Nelson Mandela palestino; o ponto de vista fundamentalista de dois líderes do Hamas, Ahmad Yassin e 'Abd Al-'Aziz Al-Rantisi, subsequentemente morto em ataques israelenses; e as análises dos ex-comandantes do Mossad e do FBI sobre o fenômeno que eles chamam de Terceira Guerra Mundial e o perigo de ataques terroristas cibernéticos, biológicos, químicos e até nucleares. Esses são apenas alguns dos testemunhos reunidos neste livro.

A tragédia que se abateu tanto sobre os carrascos quanto sobre os executados é revelada nas entrevistas entrecruzadas com Avi Ohayon, que ouviu pelo celular sua ex-esposa e dois filhos sendo executados no Kibutz Metzer, e, por outro lado, com o líder da Brigada dos Mártires de Al-Aqsa que planejou a infiltração. Na minha entrevista com este último, na Prisão Ashkelon, ele me contou como sua esposa chorou quando ficou sabendo da morte das crianças israelenses, de 4 e 5 anos, a mesma idade que os filhos deles.

Vemos novamente o drama dos pais que perdem os filhos nas vozes de Jamal Al-Dura, que tentou proteger os filho Muhammad por cerca de 45 minutos e finalmente o levou no colo, perfurado de balas e morrendo; uma conversa com Yitzhak Eisenman, que percorreu os hospitais de Jerusalém em busca de sua mulher, filhos e sogra, vítimas de um ataque suicida em um ponto de ônibus, e os encontrou, um após o outro: dois mortos (sua filha e sogra) e dois feridos (sua mulher e seu filho, ainda bebê).

A proximidade desses dois mundos em conflito nos permite conhecer, por um lado, a mãe e a cunhada de Wafa Idris, uma enfermeira que se colocou diante da vitrine de uma loja de sapatos no centro de Jerusalém e detonou os explosivos que levava consigo, se tornando, assim, a primeira mulher-bomba palestina; e, por outro lado, a imigrante judia da Argentina que se mudou para o assentamento de Kiryat Arba, jurou sobre a Bíblia ser uma herdeira do patriarca Abraão e acredita que, por ser judia, tem direitos sobre o território de Hebron, uma cidade na qual os palestinos são vinte vezes mais numerosos que os judeus.

Perspectivas surpreendentes são reveladas nas observações de dois homens que são considerados "traidores" em suas respectivas sociedades: o palestino Raed Zakarne, um colaborador do serviço secreto israelense, e Mordechai Vanunu, que revelou segredos nucleares israelenses e foi condenado a cumprir uma pena de dezoito anos na prisão. A minha entrevista com Vanunu, conduzida no refúgio que ele encontrou na Catedral de St. George em Jerusalém, levou os serviços de segurança a acusá-lo de violar os termos de sua libertação, submetê-lo a nova investigação e prendê-lo novamente.

O psiquiatra palestino Eyad El-Sarraj, diretor dos serviços de saúde mental em Gaza, revela os traumas das crianças e jovens palestinos que molham a cama à noite, de medo. Ele também descreve o desespero de crianças que, em vez de colecionar fotos de atores de cinema ou jogadores de futebol, trocam entre si imagens de *shahids* ("mártires") e ambicionam a honra de ser um homem-bomba. El-Sarraj conta sobre a agitação de um psicólogo que precisou lidar com as histórias de adolescentes que revelam a intenção de entregar a vida à luta, e sua dificuldade, como um profissional, implorando que eles escolham lutar vivos e não mortos.

Eu passei várias horas com o palestino Mohammed Mahdi, de 17 anos, em sua cela na prisão. Aos 16 anos, soldados israelenses o prenderam quando ele estava prestes a detonar uma carga explosiva escondida sob o casaco. Ele declara que o sorriso de seus amigos mortos o inspirou a se oferecer para um ataque suicida. Dessa forma, ele aceitou a oferta que seus recrutadores fizeram vários anos antes, quando ele só tinha 11 anos. Hoje ele os critica e afirma que ninguém tem o direito de decidir que jovens, ainda não adultos, deem a vida pela causa. Eu o entrevistei na ala juvenil da prisão de Hasharon. Quando fez 18 anos, ele foi transferido a uma penitenciária para adultos.

Dezenas de vezes, ao longo de um período de dezessete anos, eu cruzei as fronteiras incertas entre os territórios israelense e palestino em Gaza e na Cisjordânia, fronteiras que separam duas sociedades que, apesar de serem totalmente diferentes em seus conceitos de tradição e valores políticos e humanos, estão inseparavelmente unidas pela geografia e história. Meu trabalho jornalístico, isto é, o meu dever de narrar os acontecimentos e descrever eventos cujos resultados são difíceis de imaginar, algumas vezes, me força a lidar com situações absurdas típicas desse conflito sangrento.

Nos postos de fronteira israelenses, entre sacos de areia e concertina, é possível ver jovens soldados, de 18 anos de idade, que acabaram de sair do colégio, tentando detectar terroristas. Eles estão procurando agulhas no palheiro. Para esse fim, eles reviram maletas, bolsas e pacotes, muitas vezes ofendendo e humilhando milhares de palestinos que só querem chegar ao trabalho ou ao hospital. É um espetáculo kafkiano. Sempre que vejo um soldado israelense, com arma em punho, confrontando um palestino da mesma idade e o forçando a levantar a camisa para se certificar de que ele não está usando um cinturão de explosivos, eu vejo, antes de tudo, dois jovens se confrontando com uma postura de temor. Para os palestinos que cruzam o posto militar de fronteira, o caminho para uma visita familiar ou para a escola se transforma literalmente em uma Via Dolorosa representada vez após vez, entra dia e sai dia.

Os anos 1990, uma década que testemunhou assassinatos de líderes, homens-bomba, retaliações, ocupações, reocupações e esperanças frustradas de paz, sustentam ostensivamente as alegações dos pessimistas que, no Oriente Médio, estão quase sempre certos.

Muitos admitiram se sentirem impotentes. Um deles foi Henry Gurney, o último secretário-geral do Mandato Britânico da Palestina, que apontou para a incerteza típica da Palestina: "A primeira coisa que é preciso fazer em Jerusalém é descobrir em que século os outros estão vivendo. Algumas vezes eles ainda estão vivendo na Idade Média e alegam que estão morando em uma casa de propriedade da família pelos últimos 1.700 anos. Para nós, o ano é 1947; de acordo com a contagem dos judeus, são 5.707 anos desde a criação e, de acordo com os árabes, o ano é 1366. Por outro lado, alguns estão vivendo um século ou dois à frente de seu tempo, como alguns políticos e jornalistas. Dessa forma, não importa em que ano estamos vivendo; afinal, qualquer coisa que acontecer na Palestina será considerada totalmente impressionante para qualquer geração".

Em sua última entrevista coletiva, conduzida no Hotel King David no dia 14 de maio de 1948, logo antes do fim de 28 anos do Mandato Britânico na Palestina, que a Grã-Bretanha recebeu da Liga das Nações, Gurney admitiu a um jornalista que, na verdade, ele não tinha a quem transferir seus poderes e, portanto, só podia "deixar a chave debaixo do capacho". Depois de deixar Jerusalém em um estado de guerra, Sir Henry Gurney foi nomeado alto-comissário da Malásia Britânica, onde foi assassinado três anos depois por guerrilheiros comunistas.

É natural que a complexidade da situação no Oriente Médio leve tantas pessoas ao desespero. A violência do terrorismo mancha a honra de árabes e muçulmanos; as imagens da ocupação militar israelense na Cisjordânia e em Gaza, das duas Intifadas (revolta palestina) e duas guerras no Líbano (em 1982 e 2006) ajudaram a reabrir a caixa de Pandora de antissemitismo e a estrondosa propaganda política que chega a questionar o direito de existência de Israel. Já se foi a época em que políticos israelenses como Golda Meir negavam a existência do povo palestino; é um fato que recentemente os dois lados estão mais próximos de um acordo de paz do que nunca.

Shlomo Ben-Ami, ministro das Relações Exteriores de Israel na ocasião das negociações em Camp David em junho de 2000, me disse que os "aspectos territoriais" do conflito, como a definição de fronteiras, a localização das colônias e os acordos de segurança estavam prestes a ser concluídos. A dificuldade estava em abrir mão de símbolos e mitologias. Ben-Ami se referia em grande parte à tragédia dos refugiados palestinos que, três gerações depois do *Nakba* (desastre), ainda sonham em voltar às casas que perderam na área que hoje é um território soberano de Israel. Os descendentes dos refugiados de 1948, mesmo se os pais nasceram na Jordânia ou no Líbano, até hoje afirmam ser de Jaffa, Lod ou Haifa, ou alguma outra cidade hoje de maioria judia.

Os obstáculos causados pela mitologia e simbolismo são ainda maiores no caso de Jerusalém/Al-Quds. Os mediadores americanos que atuaram nos últimos meses da administração Clinton precisaram assistir os dois lados argumentando não apenas pelo controle judeu do Monte do Templo, o Al--Haram Al-Sharif (o Nobre Santuário) para os muçulmanos, como também por direitos ao subsolo. Afinal, os judeus pretendem encontrar as ruínas do Templo que Herodes reconstruiu mais de 2.000 anos atrás. Israel/Palestina ainda é uma terra com muita história para pouca extensão geográfica, como disse David Ben-Gurion em certa ocasião. Segundo o autor israelense S. Yizhar, "Venho de um país que tem pouca física e enorme metafísica".

No dia 11 de novembro de 2004, com a morte de Yasser Arafat, que liderou a nação palestina por quarenta anos, 9,5 milhões de palestinos, nos territórios ocupados e na Diáspora regional e global, vivenciaram um terremoto político e quase pessoal. A morte do pai de sua nação, seu Ben-Gurion ou George Washington, que foi boicotado por Israel e pelos Estados Unidos em conjunto, criou novas possibilidades de diálogo. Acreditava-se que o governo de Israel já tinha esgotado todas as desculpas para não encontrar uma possibilidade de diálogo. Afinal, Arafat estava morto e seus sucessores se opunham à Intifada militar.

O primeiro passo que já foi tomado na direção dessa meta foi a implementação do plano para a retirada israelense em Gaza. A retirada foi coorquestrada por Ariel Sharon e Shimon Peres, os dois últimos "dinossauros" da política israelense, membros da geração que fundou o Estado em 1948, e que juntos reuniam mais de 120 anos de experiência em guerra e paz. O presidente Mahmud Abas e o primeiro-ministro Salam Fayad levaram a cabo uma revolução econômica e de segurança, com um crescimento anual de 9% na Cisjordânia e uma calma sem precedentes nas ruas. Abas e Fayad gozam do apoio internacional.

Ilustramos o drama dos palestinos e dos israelenses justamente porque os parâmetros do acordo são bastante claros: um Estado palestino independente incluindo toda a Faixa de Gaza e quase toda a Cisjordânia, com várias trocas de territórios para acomodar colônias existentes; o desmantelamento de outras colônias; o reconhecimento de Jerusalém como a capital dos dois Estados; a divisão da soberania na parte oriental da cidade; livre acesso aos locais sagrados judeus, cristãos e muçulmanos; a absorção de um número limitado de refugiados por parte de Israel e indenizações para propriedades perdidas.

Atualmente a maior questão é quantas pessoas ainda serão mortas até os lados concluírem um tratado que deve levar esses parâmetros em consideração depois de feitas concessões em um ou outro grau. Como disse o ex-secretário-geral do partido trabalhista de Israel, Uzi Baram, "É possível prever como será o Oriente Médio daqui a vinte anos, mas é impossível saber o que acontecerá no próximo mês". A retirada de Gaza e do norte da Samaria pode ser um raio de esperança, mas, se terroristas árabes cometerem um mega-ataque terrorista em Israel ou qualquer outro lugar ou se terroristas judeus atacarem a esplanada onde ficam as mesquitas do Monte do Templo, todo o processo estará em risco.

Mesmo assim, as vozes em prol da moderação e das concessões não são desesperadas. Sari Nusseibeh, um filósofo formado pela Oxford à frente da Universidade de Al-Quds, o mais prestigioso centro palestino de estudos em Jerusalém, elaborou um programa de paz em coautoria com Ami Ayalon, um importante membro do partido trabalhista e ex-diretor da Agência de Segurança de Israel (anteriormente conhecida como "Shin Bet"). Nusseibeh é descendente de uma das famílias muçulmanas encarregadas de proteger as chaves da Basílica do Santo Sepulcro desde o século XVII, de acordo com a tradição da tolerância religiosa instituída pelo califa Omar ibn Al-Khattab. "O futuro não será necessariamente um 'mar de rosas'", admite Nusseibeh, "mas não é impossível criar um paraíso na Terra. Sonhar com o futuro deve substituir a nostalgia do passado".

Qaddoura Fares, membro do Conselho Legislativo Palestino, argumenta que "Levará mais de vinte anos para solucionar o conflito, mas isso não quer dizer que não possamos progredir passo a passo. O Estado palestino pode se tornar uma realidade daqui a cinco anos, mesmo se for levar um tempo para conquistar o status final e a paz abrangente".

Ao longo de quase cinco semanas no verão de 2006, quase um milhão de habitantes do norte de Israel passaram dias em um abrigo antiaéreo enquanto o Hezbollah, o grupo xiita extremista libanês apoiado pelo Irã, lançava cerca de 4 mil mísseis naquela parte do país. Essa guerra provocou uma avalanche de críticas e a demissão de vários oficiais seniores do exército, incluindo o comandante em chefe, Dan Halutz, provocou uma onda de choque nas Forças de Defesa de Israel (FDI), mas também fez de Olmert um dos primeiros-ministros israelenses menos populares da história.

Olmert teve que abandonar o governo, ao ser acusado de corrupção. Nas eleições de fevereiro de 2009, foi substituído pelo líder da direita e do Likud, Benjamin Netanyahu, que declarou seu apoio à fundação de um Estado palestino, mas exigiu que seu Governo reconhecesse antes o caráter judaico de Israel.

Já no lado palestino, a comunidade internacional e o sucessor de Arafat, Mahmoud Abbas, ainda não se recuperaram do choque da vitória do Hamas nas eleições gerais de janeiro de 2006. O Quarteto internacional (os Estados Unidos, a União Europeia, a Rússia e as Nações Unidas) decidiu boicotar o governo do Hamas enquanto eles não reconhecerem Israel, cumpram os acordos previamente instituídos pela Autoridade Palestina e acabem com a violência.

A tomada de Gaza em uma operação meticulosamente elaborada pelo Hamas e a evacuação do Fatah em toda a Faixa provocou muita angústia na comunidade internacional. Em menos de seis dias, vários milhares de ativistas do Hamas, bem treinados e equipados, conseguiram dominar dezenas de milhares de soldados e policiais leais ao presidente Abbas. A queda, como um castelo de areia, das bases criadas pela Autoridade Palestina espantou muitos observadores internacionais. O resultado prático até o presente momento é a criação de duas entidades palestinas separadas, uma na Margem Ocidental do Rio Jordão controlada pelo Fatah (apelidada de "Fatahlândia") e a outra, o "Hamastan", uma cidade-estado islâmica em Gaza.

Subsequentemente, em um encontro da Liga Árabe em Riad e com o apoio do rei saudita, os países árabes voltaram a adotar a iniciativa saudita de paz, que oferece a normatização de Israel com o mundo árabe em troca de um recuo às fronteiras de 1967.

No início de 2007, houve relatos de contatos discretos entre representantes israelenses e sauditas, seguido de um comentário do primeiro-ministro de Israel no sentido de que o processo de paz com os inimigos de Israel seria concluído dentro de cinco anos. Olmert também elogiou publicamente a Arábia Saudita e seu monarca e propôs uma conferência regional de paz. À espreita, nos bastidores, está o temor, compartilhado por Jerusalém e Riad, da crescente influência e intensificação do extremismo do regime iraniano. A possibilidade de armas nucleares nas mãos de Teerã nos próximos anos preocupa não apenas Jerusalém como também o Cairo, Amã, Riad e os emirados do Golfo. Esses quatro Estados estabeleceram uma frente sunita-árabe que realiza encontros e consultas frequentes para estancar a influência xiita-iraniana.

Ainda não se sabe se a iniciativa saudita levará a negociações concretas com Israel ou se a região está diante de uma nova onda de violência.

A violência crônica, aliada à banalização do conflito, tem sido um dos maiores agravantes nos últimos anos. A maior parte da mídia, tanto árabe quanto israelense, pranteia e santifica suas vítimas e desconsidera ou marginaliza o desastre que se abate sobre o outro lado. Da mesma forma, depois de apenas alguns meses de tranquilidade é possível sentir no ar a renovação e recuperação da atividade econômica, científica e cultural e o retorno da vida às ruas da cidade.

No início de 2011, o mundo árabe começou a viver uma revolução democrática na Tunísia que contagiou o Egito e provocou guerras fratricidas no Bahrein, na Líbia e na Síria, e reformas políticas em muitas nações árabes. Os jovens do Facebook acenderam a chama dos protestos contra a ditadura, a corrupção e a falta de horizonte econômico. Há quem fale da "primavera árabe", mas no fundo seria mais adequado falar das *Quatro Estações* de Vivaldi para classificar a situação de cada Estado. O que está claro é que a dimensão do *tsunami* político é tal que um país pode mudar de estação em um abrir e fechar de olhos. Os palestinos sonham em declarar sua independência, talvez na ONU, mas a pergunta é se irão fazer de forma unilateral – com o risco de uma nova Intifada ou levantamento – ou no marco de um acordo de paz com Israel.

As pessoas no "centro do mundo" foram agraciadas com coragem, uma criatividade impressionante, um senso de justiça bem desenvolvido e um grande desejo de paz. Dessa forma, o mais importante é encontrar uma saída dessa situação impossível, que fez com que tantos pais chorassem pelos filhos.

Jerusalém, julho de 2011.

SHIMON PERES
Presidente do Estado de Israel

Tel Aviv, 6 de março de 2007.

Henrique Cymerman
Jerusalém

Prezado Sr. Cymerman,

Obrigado pelo livro *Vozes no centro do mundo: o conflito árabe-israelense contado por seus protagonistas*, que o senhor teve a gentileza de me enviar.

A leitura cuidadosa de seu fascinante livro é definitivamente obrigatória na nossa realidade política.

As suas entrevistas, meticulosas e apropriadamente escolhidas, expressam ideias que foram boas na época, que continuam válidas hoje e que manterão sua validade até o advento da paz.

É muito importante entrar na pele um do outro e se identificar com o sofrimento humano de qualquer um dos lados, como é possível ver nas observações dos seus entrevistados.

Como um dos seus entrevistados, também sempre procuro observar os ângulos especiais que o senhor busca identificar nas águas turbulentas do "Sambatyon Israelense-Palestino", como o senhor caracteriza a intricada realidade das nossas vidas.

Com os melhores votos,
Shimon Peres

LÍDERES POLÍTICOS

Abba Eban, um homem do Estado e da paz, costumava dizer que não existe paz sem lágrimas. Eu me lembro da emoção em seu rosto, no descampado de Arava na fronteira entre Israel e Jordânia, em 26 de outubro de 1994, o dia em que o Rei Hussein, Yitzhak Rabin, Shimon Peres e Bill Clinton assinaram um tratado de paz depois de quase um século de combate. Perguntei a Eban por que seus olhos estavam marejados de lágrimas e ele respondeu: "Por causa de todos os anos que esperamos por esse momento e por causa de tudo o que ainda falta para conquistarmos a paz".

Os líderes políticos palestinos e israelenses são os maiores responsáveis pelo drama das relações entre seus povos e, especialmente, pelas exibições instáveis de luz e escuridão desde os anos 1990.

Muitos acreditaram que o processo de negociações que teve início com a Declaração de Princípios (o Acordo "Oslo I"), assinada no dia 13 de setembro de 1993, com aquele relutante aperto de mãos entre os dois líderes, Yasser Arafat e Yitzhak Rabin, marcou o início do fim do conflito. Eles estavam errados – mais uma vez.

Yitzhak Rabin foi assassinado por um extremista de direita judeu que conseguiu alterar o curso da história no Oriente Médio, pelo menos por alguns anos. Yigal Amir foi o primeiro assassino político de Israel. Nascido em Herzliya em 1970, em uma família religiosa tradicional de judeus iemenitas, Amir estudou Direito na Universidade de Bar-Ilan, onde entrou em contato com grupos judeus extremistas que acusavam Rabin de "traição" e "uma ameaça à existência de Israel". Ele planejou o assassinato três vezes em 1995, mas desistiu nas três ocasiões. No dia 4 de novembro ele foi até o fim. Foi na conclusão de uma manifestação pela paz, depois que o idoso general cantou a "Canção da Paz" de Yankele Rotblitt com a multidão de partidários.

Quando Rabin voltava ao carro, Amir atirou três vezes com uma pistola Beretta e foi imediatamente detido. Ele nunca expressou arrependimento. Ele foi condenado à prisão perpétua mais 86 anos consecutivos e sem direito a recurso, redução ou comutação.

Cinco anos depois do assassinato de Rabin, no verão de 2000, Ehud Barak, Arafat e o presidente americano Bill Clinton se encontraram em Camp David para tentar dar um fim ao conflito que se estendia por mais de um século.

Um dos pontos de discordância foi o futuro de Jerusalém, a cidade sagrada. Localizada no centro do mundo e no centro das mitologias, Jerusalém é antes de mais nada uma questão dominada por aqueles a favor do tudo ou nada. Como disse Dom Quixote, "Em Jerusalém nós encalhamos". É o lugar onde dominam todas as emoções.

Quinze locais em Jerusalém são sagrados para o cristianismo, dez para o judaísmo e cinco para o islamismo. Na guerra de 1948, a Legião Jordaniana [na época conhecida como a Legião Árabe] ocupou a parte oriental da cidade. Desde a guerra de 1967, a cidade inteira passou para as mãos israelenses. Cerca de dez países, incluindo vários países europeus, têm consulados na Jerusalém Oriental que servem como embaixadas para a Autoridade Palestina.

Em 1980, Israel tomou várias decisões para designar a Jerusalém unificada como sua capital. As Nações Unidas condenaram essas ações; a Resolução 478 do Conselho de Segurança as proclamou nulas e sem efeito. Especificamente no dia 30 de julho de 1980, o Knesset aprovou a "Lei de Jerusalém", declarando Jerusalém inteira a capital do Estado de Israel e a sede do porta-voz do Knesset, do primeiro-ministro e do presidente da Corte Suprema.

Os limites atuais da cidade de Jerusalém cresceram significativamente desde 1967, para aproximadamente 125 quilômetros quadrados; isso se deve à privatização e ao desenvolvimento imobiliário. Sua população subiu para cerca de 780 mil – 64 por cento judeus e o restante palestinos. Os judeus estão perdendo terreno em termos proporcionais; eles constituíam 74 por cento do total em 1967. Dentro de um quilômetro quadrado é possível encontrar o local mais sagrado dos judeus, o Muro das Lamentações, o único vestígio do Templo; a Basílica do Santo Sepulcro; e o terceiro local mais importante do islamismo, o Al-Haram Al-Sharif, com suas duas mesquitas. Um dos momentos mais intensos de crise no encontro de Camp David ocorreu quando se debateu a soberania sobre a chamada "esplanada das mesquitas", que, de acordo com todos os arqueólogos, foi construída sobre os vestígios do Templo. Em um determinado ponto em Camp David, alguém levantou a ideia de dividir a soberania sobre a área. A área acima do solo, incluindo as mesquitas, seria entregue aos palestinos e a área do subsolo, onde podem estar as ruínas do Templo, seria de soberania israelense. Os palestinos rejeitaram a ideia: "Você não pode vender o teto de um prédio sem vender também a estrutura, o terreno onde ele foi construído e o ar entre suas paredes", eles sustentaram.

Arafat, com sua visão da Jerusalém Oriental como a capital do futuro Estado palestino, disse a Clinton: "Se você me forçar a renunciar a Jerusalém e aos nossos direitos, receberá um convite para o meu funeral".

O presidente da Autoridade Palestina também tinha um envolvimento histórico com a complexa questão do direito de retorno dos refugiados palestinos. Em 1949, a Assembleia Geral das Nações Unidas criou a Agência das Nações Unidas de Assistência aos Refugiados da Palestina no Oriente Próximo (UNRWA), mais antiga agência de ajuda humanitária das Nações Unidas, cujo estatuto foi renovado repetidamente desde então. O UNRWA definiu um refugiado como uma pessoa que morava no Mandato Britânico da Palestina entre junho de 1946 e maio de 1948 e perdera sua casa e fonte de renda devido ao conflito israelense-árabe em 1948. Os descendentes dos refugiados foram incluídos na definição. A UNRWA teve 914 mil refugiados cadastrados em 1950 e mais de 4 milhões em 2002. Um terço deles, cerca de 1,3 milhão de pessoas, vivia em 59 campos de refugiados; o restante vivia nas proximidades em países árabes da região. A Guerra dos Seis Dias de 1967 levou outros 300 mil palestinos a fugir, a maioria buscando refúgio na Jordânia. Em seu mais recente censo (30 de junho de 2003), a UNRWA contou 4.082.330 refugiados: 1.718.767 na Jordânia, 907.221 na Faixa de Gaza, 654.971 na Cisjordânia, 409.662 na Síria e 391.697 no Líbano.

Todos os governos israelenses até agora rejeitaram a solicitação de permitir o retorno dessas multidões de refugiados, argumentando que seria um suicídio nacional permitir tamanho influxo a um país que tem pouco menos de 6.000.000 de judeus e 1.200.000 cidadãos israelenses-árabes.

No último estágio das negociações de paz entre Israel e Autoridade Palestina, antes do início da mais recente onda de violência, Israel aceitou o princípio do retorno de um número limitado de refugiados e indenização para todo o restante. A Intifada, contudo, deixou a questão mais uma vez em suspenso. A situação volta a lembrar a profecia de David Ben-Gurion: "Os velhos refugiados acabarão morrendo e os novos refugiados se esquecerão".

A revolta palestina teve início após o fracasso da conferência de Camp David. O dia 28 de setembro de 2000 será lembrado como o primeiro dia da Intifada de Al-Aqsa. Irrompendo depois que Ariel Sharon, então líder da oposição, visitou o Monte do Templo, o movimento salientava dois pontos: (1) o fracasso das negociações em Camp David e (2) o Hezbollah e o Líbano, que forçaram a retirada de Israel do sul do Líbano quatro meses antes, dando um exemplo a ser seguido pelos palestinos. A segunda Intifada foi armada desde o começo, diferentemente da primeira Intifada, que teve início em 1987. Mahmoud Abbas, o braço direito de Arafat na época, se opôs sistematicamente aos aspectos militares da Intifada, mas foi incapaz de influenciar e impor seu desejo até a morte de Arafat, fundador da Autoridade Palestina, em novembro de 2004.

Muitos perguntam se é possível dizer que a Intifada já chegou ao fim. Uma coisa é indiscutível – que os primeiros anos desse confronto, no qual todos só saíram perdendo, têm um bom número de resultados: o colapso do movimento israelense pela paz; uma intensificação da repressão israelense em Gaza e na Cisjordânia; a decisão da administração Bush de negligenciar o processo de negociações; a construção da cerca de separação na Cisjordânia, que os palestinos consideram um muro do apartheid; e o nascimento do plano de retirada de Sharon, incluindo um recuo israelense em Gaza e no norte da Cisjordânia e o desmantelamento de 25 assentamentos.

De acordo com dados do Instituto de Saúde, Desenvolvimento, Informação e Política de Ramallah, 3.334 palestinos foram mortos até 2005, incluindo 621 crianças e adolescentes até 17 anos, e mais de 23.930 ficaram feridos, incluindo aproximadamente 10 mil crianças.

O Shin Bet, Agência de Segurança de Israel, observa que 959 das fatalidades palestinas foram de líderes ou ativistas em organizações terroristas. O número de prisões de suspeitos de terrorismo chegou a mais de 6 mil. Quarenta estrangeiros foram mortos em ataques palestinos em Israel e nos territórios palestinos e em dez operações militares israelenses em Gaza e na Cisjordânia.

Do lado israelense, 1.060 foram mortos e 6.089 ficaram feridos. Segundo o Shin Bet, foram cometidos 144 ataques suicidas, 26.159 ataques armados e 4.500 foguetes Kassam foram disparados em cinco anos de Intifada.

Muitas vítimas de ambos os lados foram civis. A ironia do destino e da história é que Sharon, o qual os palestinos consideravam o principal culpado pela violência em setembro de 2000, foi o homem que tentou tranquilizar a situação ao lado de Mahmoud Abbas, o sucessor de Arafat. Alguns dos líderes que entrevistei podem exercer importantes papéis no futuro. Exemplos incluem Marwan Barghouti, que orienta a política palestina de sua cela em uma prisão israelense, e Benjamin Netanyahu e Ehud Barak, que a partir de 2009 voltaram a ser primeiro-ministro e ministro da Defesa de Israel, respectivamente.

SHIMON PERES
Presidente do Estado de Israel

"Se ler os jornais, você chora, mas, se sair pelas ruas de Israel, você verá que mais se parece com um grande festival."

O apoio à eleição de Shimon Peres para presidente foi tão amplo e sem precedentes na história israelense que alguns ousaram nomeá-lo "Rei Shimon I". Seus admiradores o consideram um estadista visionário; seus críticos, um sonhador quixotesco. Peres, ganhador do Prêmio Nobel da Paz, foi vice-primeiro-ministro no governo de Ehud Olmert, com quem firmou uma forte aliança política. Foi graças a Olmert, entre outros, que, em julho de 2007, aos 84 anos, Peres se tornou o nono presidente do Estado de Israel.

Peres, que foi responsável por todos os principais cargos no governo israelense ao longo de seus sessenta anos na política, prometeu ser "um presidente ativo".

Peres nasceu na Polônia em 1923. Sua família emigrou para a Palestina quando ele era um menino e ele frequentou a escola agrícola de Ben Shemen. Ele foi um membro do Knesset desde 1959, o que faz dele o membro mais antigo da casa.

Enquanto ele viajava aos 26 anos, David Ben-Gurion, um dos fundadores de Israel, lhe deu uma carona na estrada e, percebendo sua capacidade, o nomeou o mais jovem diretor-geral do Ministério da Defesa da história de Israel. Ao longo dos anos, Peres concebeu a construção da usina nuclear em Dimona e se tornou o arquiteto do poderio nuclear de Israel, um tema que ele sempre tomou o cuidado de não alardear.

Em 1968, ele foi um dos fundadores do partido trabalhista de Israel. Foi nomeado ministro da Absorção da Imigração em 1969, ministro dos Transportes e Comunicações em 1970 e ministro das Informações e, posteriormente, ministro da Defesa em 1974, ocupando este último cargo até 1977.

Quando um governo unificado nacional foi montado em 1984, Peres atuou como seu primeiro-ministro (1984–1986) e ministro das Relações Exteriores (1986–1988). O plano de estabilização econômica que acabou com a enorme inflação do país, que chegara às centenas de pontos percentuais, foi implementado durante sua gestão como primeiro-ministro.

A segunda gestão de Peres como ministro das Relações Exteriores começou em 1992, quando o novo governo de Yitzhak Rabin foi formado. Em reconhecimento ao grande empenho em 1993 que levou à Declaração de Princípios de Israel–OLP (Organização para a Libertação da Palestina) e o Acordo de Gaza–Jericó, Peres foi escolhido, ao lado de Yasser Arafat e Yitzhak Rabin, para receber o Prêmio Nobel da Paz em 1994.

No dia 5 de novembro de 1995, depois do assassinato de Rabin, Peres se tornou o primeiro-ministro interino e ministro da Defesa e ocupou os dois cargos até 1996, quando Benjamin Netanyahu o derrotou nas eleições gerais. Ele atuou como ministro das Relações Exteriores no primeiro governo de Ariel Sharon.

Sua festa de 80º aniversário se transformou em um tributo, contando com a presença de um grande número de chefes de Estado, ministros e, especialmente, intelectuais. A opinião pública israelense, contudo, lhe concede menos prestígio e muitos o consideram metade estadista e metade sonhador. O programa de TV de sátiras "Hartsufim" expressou sua visão do homem mostrando Peres cercado de homens-bomba detonando explosivos, pessoas enterrando os entes queridos e soldados em combate, enquanto Peres usava óculos de realidade virtual e só via o que ele chamava de "o novo Oriente Médio", no qual árabes e israelenses se abraçam, xeques do Golfo Pérsico passeiam pelas ruas de Tel Aviv e israelenses comem shawarma nas ruas de Damasco.

Aos 82 anos de idade, o líder do partido trabalhista e o estadista israelense mais respeitado do mundo voltou ao governo de Sharon como vice-primeiro-ministro. Os dois líderes tinham a meta comum de retirar Israel da Faixa de Gaza no verão de 2005, desmantelando todas as colônias lá e evacuando quatro outros locais no norte da Samaria.

Nas várias entrevistas que ele me concedeu nos últimos anos em vários ministérios do governo após o assassinato de seu parceiro Rabin e depois de uma palestra de uma hora que ele conduziu sobre a nanotecnologia a membros do Knesset, eu sempre saí com a mesma impressão: Peres é um estadista e um pensador que está à frente de seu tempo.

No fim de 2005, Peres se uniu a Sharon na criação do partido Kadima. Quando Ehud Olmert substituiu Sharon como primeiro-ministro, Peres manteve o cargo de vice-primeiro-ministro.

Depois dos escândalos recentes envolvendo o ex-presidente, Moshe Katzav, acusado de assédio sexual, Peres deseja reconquistar a confiança do público na instituição da presidência. No passado, o presidente tinha papéis representativos e simbólicos, com alguma influência moral, mas pouca influência política. Agora, ninguém em Jerusalém duvida que Peres pretende se converter em um verdadeiro chefe de Estado, com um grande impacto nacional e internacional. Seu plano inclui incentivar projetos nacionais e regionais, alavancando o financiamento internacional para isso. Por exemplo, fomentando a colaboração entre Israel, Jordânia e a Autoridade Palestina por meio do projeto "Vermelho-Morto", o canal de água entre o Mar Vermelho e o Mar Morto, que está secando aos poucos, e criando uma série de projetos turísticos e agrícolas e parques industriais nas zonas de fronteira. Uma iniciativa adicional seria dar assistência às cidades mais periféricas de Israel, enfatizando a população árabe, que constitui um quinto da população israelense geral. Peres promete contribuir para as relações entre Israel e a comunidade da Diáspora Judaica Mundial, que consiste em aproximadamente 7 milhões de pessoas.

Além disso, ele está estudando a possibilidade de criar um Parlamento judeu em Jerusalém e conduzir encontros pessoais entre vencedores israelenses e internacionais do Prêmio Nobel para discutir tópicos relativos ao futuro da humanidade, bem como do povo judeu. O novo presidente promete dedicar grande parte de suas energias a tópicos relacionados ao meio ambiente e à ecologia, energia solar, nanotecnologia e medicina.

O discípulo do fundador do Estado de Israel David Ben-Gurion promete buscar apoio para iniciativas referentes ao povoamento das regiões do sul do deserto de Negev bem como as regiões do norte da Galileia. O novo presidente promete que não abandonará sua visão de paz para o Oriente Médio. Horas depois de sua posse, ele declarou que a ocupação da Cisjordânia é "negativa" e que contradiz os valores morais de Israel. Peres promete ajudar o primeiro-ministro no processo de paz com os palestinos e com a Síria e planeja se encontrar com os líderes de todo o mundo árabe.

O novo presidente, que historicamente é muito mais popular no exterior do que em Israel, ficou absolutamente surpreso com o amplo consenso e entusiasmo com a sua eleição para presidente. Mesmo assim, uma das várias questões que os israelenses se fizeram discretamente é se ele conseguirá concluir seu mandato de sete anos aos 91 anos de idade.

Por enquanto, está claro que ele deixa todos os seus auxiliares mais jovens para trás e diz, tranquilizando-os: "Não se preocupem. Um dia eu não me esquecerei de morrer".

Entrevista conduzida em agosto de 2003

"Para erradicar o terrorismo, você precisa criar esperança política. Não basta combater os terroristas; você precisa atacar as razões para o terror. Israelenses e palestinos concordam sobre a natureza da solução permanente para o conflito. Mas o terrorismo palestino e as colônias israelenses estão no caminho."

Sr. Peres, o senhor está com 80 anos de idade. O senhor dorme apenas quatro horas por noite e trabalha como um jovem. Qual é o seu segredo?

Quando olho para a data de nascimento impressa na minha identidade e comparo isso com como eu sinto e o que estou fazendo, sinto uma espécie de contradição. Eu passei dos 70 e não senti nenhuma fadiga. Eu passei dos 75 e senti que ainda era ativo. E agora estou chegando aos 80. Me parece que, quanto mais você se mantém ocupado e mais desafios enfrenta, mais jovem se sente. E, como o senhor bem sabe, não faltam desafios aqui.

É possível que Sharon queira fazer com que a ocupação da Cisjordânia e de Gaza seja irreversível e frustrar o estabelecimento de um Estado palestino?

Se for o caso, ele estaria cometendo um grande erro. Afinal, ele já declarou que aceita o estabelecimento de um Estado palestino. Ele expressou seu consentimento apesar de a ideologia do Likud sempre ter rejeitado o estabelecimento de um Estado palestino e a divisão do país. Agora que o Likud aceitou a possibilidade, ele não pode mais voltar atrás. A situação demográfica está nos empurrando para a frente. Atualmente há 5,4 milhões de judeus e 4,9 milhões de árabes entre o Rio Jordão e o Mediterrâneo. Se continuarmos a esperar, nós perderemos a maioria judia. Quando isso acontecer, Israel não será mais um Estado judeu e também não será mais um Estado democrático.

A cerca de segurança é uma das soluções que o atual governo está propondo, mas algumas pessoas ao redor do mundo acreditam que se trata de uma Grande Muralha da China ou um Muro de Berlim e falam em apartheid.

A cerca não provocará um apartheid. A intenção não é criar um escudo entre duas raças, mas impedir terroristas "mártires" de se infiltrar em território israelense. A Grande Muralha da China foi construída para manter o "mundo externo" do lado de fora, mas o resultado acabou sendo isolar os chineses de seu ambiente. Em vez de defesa, eles tiveram a separação. O que temos aqui não é uma muralha, mas uma defesa, e esperamos que seja temporário. Afinal, ela não pode servir como uma fronteira e nem tem como impedir para sempre os terroristas. Por enquanto, contudo, pelo menos no futuro próximo, é uma forma de reduzir o perigo de infiltração terrorista.

Qual é a sua posição sobre a carta dos pilotos da Força Aérea que se recusaram a executar operações na Cisjordânia e em Gaza, o que levou a um acalorado debate na sociedade israelense e conquistou o apoio de duzentos acadêmicos?

Todo país tem uma instituição não democrática criada para proteger a democracia: o exército. No exército, você não tem como argumentar e não deve se recusar cumprir uma ordem. Acredito que o clamor pela insubordinação foi um erro. Os sentimentos dos pilotos são sinceros e legítimos, mas eles deveriam ter se expressado sem vestir os uniformes nem ir à público.

Mas até um dos comandantes da Força Aérea, o major-general de divisão da reserva Lapidot, os apoiou. O senhor não acha que uma carta como essa comprova um determinado estado de espírito em uma sociedade cujas características estão mudando? Seria este o começo do fim da ocupação?

Não me surpreende a existência de oficiais e soldados sensíveis. É uma questão de posicionamento moral que está sendo expressa da maneira errada. O fim da ocupação pode ocorrer facilmente: se o terrorismo chegar ao fim, a ocupação também chegará ao fim, sem sombra de dúvida.

O senhor disse ao primeiro-ministro Sharon que a paz pode vir muito antes do que ele pensa. Tem alguma coisa que nós não sabemos?

Penso que existe uma convergência de fatores que levarão à paz. Os palestinos estão cada vez mais convencidos de que o terrorismo não lhes traz nenhuma vantagem em termos políticos, está prejudicando a imagem deles e é danoso para a economia. Hoje os israelenses concordam que o sonho da Grande Israel foi por terra e que precisamos trabalhar para fazer concessões territoriais. Israel concorda com os Estados Unidos no que se refere a um Estado palestino e que a situação atual está afetando a economia israelense de forma extremamente negativa. Então temos um acúmulo de fatores que podem levar à paz muito antes do que os líderes esperam.

Sharon não convidou o senhor publicamente para entrar no governo dele?

Eu não sou um recém-nascido político. Eu não acredito que a possibilidade de participar do governo seja tão sedutora. Acredito que é necessário fazer as coisas certas e não manter "cargos seniores" que podem dar prestígio, mas não têm conteúdo. Eu não excluo a possibilidade de um governo unificado. Tudo depende das políticas que este governo adotar.

As pessoas que circulam na Cisjordânia e na Faixa de Gaza sabem bem que muitos palestinos apoiam Arafat. Ele é o símbolo da luta. Ao mesmo tempo, o governo de Israel decide que tem o direito de deportar Arafat. O que o senhor pensa a respeito?

É uma situação trágica. O apoio dos palestinos a Arafat não os está ajudando em nada. Eles estão perdendo pontos com os Estados Unidos, a Europa e até no próprio mundo árabe. Neste caso, o que o apoio das pessoas a ele significa? Arafat diz: "Eu continuo aqui enquanto muitos chefes de Estado desapareceram". Tudo bem, mas muitos líderes desapareceram aqui com o tempo e as pessoas se beneficiaram, enquanto Arafat permanece lá, mas a atitude da Autoridade Palestina piora cada vez mais. Não se pode julgar essa situação perguntando o que o líder sente. Em vez disso, você precisa perguntar o que as pessoas sentem, já que os líderes podem ser substituídos, mas não o povo.

Cada vez mais intelectuais árabes estão rejeitando a fórmula dos dois Estados como uma impossibilidade e retomando a ideia de um Estado binacional. O que o senhor acha dessa possibilidade?

Acredito que um Estado binacional seria uma tragédia binacional. Os dois povos não conviveriam em paz; haveria uma guerra contínua e um ódio irrestrito e ilimitado. É melhor resolver o problema agora. Acredito que um Estado palestino independente e desmilitarizado logo tomará forma – um que viverá em paz e prosperidade, terá uma economia moderna e manterá relações de boa vizinhança com Israel.

Antes da guerra no Iraque, o senhor disse que existe o potencial de uma grande mudança estratégica na região. O que o senhor acha que acontecerá?

Imagine se Saddam Hussein ainda estivesse no poder. Como seria a nossa situação estratégica nesse caso? Horrível. O fato de ele ter sido derrubado e os americanos serem os nossos vizinhos é algo impressionante porque os Estados Unidos não foram ao Iraque para lutar contra os iraquianos, mas para combater o terrorismo. Isso envia um alerta a todas as organizações terroristas do mundo. Mahatma Gandhi disse que, quando um gato caça um rato, não há chances de o rato declarar um cessar-fogo. O gato sempre continuará a caçar. A única maneira possível de convencer o gato a abandonar a caça é fazê-lo achar que você não é mais um rato, mas um tigre. E foi isso que os americanos fizeram.

O senhor acredita que o terrorismo substituiu grandes guerras como a maior ameaça do século XXI?

Sim. A diferença entre o século XX e o século XXI é que no século anterior lutava-se em guerras por ideologias e territórios. Bem, as ideologias – o nazismo, o fascismo e o comunismo – estão falidas e o território é menos importante porque a ciência exerce um papel maior do que a terra em decidir o futuro. Dessa forma, na minha opinião, as guerras clássicas acabaram porque as razões para a sua deflagração não existem mais. No século XXI, contudo, estaremos lidando com guerras terroristas, guerras não ideológicas. Fanáticos religiosos querem voltar ao passado; eles temem que a modernidade estragará seus estilos de vida tradicionais. Mas eles não podem continuar a viver como no passado. Não se pode mais viver só da agricultura; essa era chegou ao fim. Você não pode continuar a discriminar as mulheres – essa era chegou ao fim. Você não pode continuar a governar através de um governo não eleito; essa era chegou ao fim, está morrendo, é coisa do passado. E, como eles não têm nenhuma mensagem positiva, eles usam bombas. Mas a bomba não vencerá nessa guerra.

Até uma bomba não convencional?

Precisamos nos certificar de que eles não consigam uma porque isso fará com que o perigo seja muitas vezes pior. Sei que muito empenho está sendo dedicado para impedir um ataque terrorista não convencional. Mas precisamos sempre olhar para o futuro com um olho na esperança e outro na preocupação.

As eliminações de palestinos não são, na prática, execuções extrajudiciais?

Israel não ataca governantes ou líderes políticos. Mas, se alguém estiver enviando alguém com uma bomba para usar contra nós ou estiver enviando um "mártir" para essa finalidade, a única maneira de impedi-lo e prevenir danos e prejuízos à vida humana – algo que acontece quase toda semana – é detê-lo antes que ele atinja seu alvo. Não se pode impedir homens-bomba na primeira parada deles; é tarde demais se você esperar até esse ponto. Imagine se os americanos tivessem identificado antes os quatro pilotos que atacaram as Torres Gêmeas e o Pentágono. Será que eles teriam hesitado em eliminá-los?

De maneira alguma. Os Estados Unidos chegaram à mesma conclusão: para impedir terroristas suicidas, é necessário impedi-los antes de eles se transformarem em assassinos.

Na sua última entrevista, o senhor nos disse que Yigal Amir também tentou matá-lo. Recentemente foi encontrado um míssil no aeroporto de Praga, claramente destinado ao senhor. É possível que o senhor nunca tenha ficado com medo?

O fato de tantas pessoas quererem me matar me faz sentir muito popular. Mas a tentativa de assassinato não mudou as minhas crenças e não me impediu de fazer o que estou fazendo. Eu preferiria morrer sem medo a morrer de medo.

Entrevista conduzida em 8 de fevereiro de 2005

O senhor está conduzindo discussões preparatórias para a retirada israelense da Faixa de Gaza. Quais são essas discussões? O senhor se preocupa com a possibilidade de que uma crise ao redor da aprovação do orçamento possa adiar a retirada?

Eu confio nas tentativas do governo de reunir uma maioria para aprovar o orçamento. Mas, como a programação é de nos retirarmos em setembro até outubro deste ano, não temos muito tempo. Esperamos ajudar os palestinos em questões econômicas tanto antes quanto depois da retirada. Acreditamos que a situação na Faixa de Gaza seja muito problemática. Desejamos atingir paz econômica, não apenas a paz política. Para atingir a paz política, você precisa realizar conferências, fazer declarações e conduzir cerimônias, mas cada um tem seu limite e precisamos atender as necessidades econômicas das pessoas, não apenas a moral delas.

Estamos prontos e dispostos a proporcionar apoio e compreensão aos palestinos. Em última instância, são eles próprios que decidirão o que querem. Nós não somos os patrões deles e não lhes damos ordens, mas podemos sem dúvida apoiá-los.

As casas dos assentamentos abandonados serão demolidas?

Sou contra a demolição das casas. Acredito que os palestinos deveriam usá-las como quiserem. Se eles precisarem delas, eles devem deixá-las intactas. Se não, eles podem modificá-las ou até destruí-las. Acredito que algumas das casas poderiam se tornar vilas de resort, ou algo como o Club Med. As colônias se localizam perto do mar. Elas também possuem hotéis que precisam de reformas. Mas, além das casas, uma infraestrutura agrícola muito importante foi instalada lá. Os colonos têm cerca de 400 hectares de estufas que proporcionam um meio de vida para muitas pessoas. Um décimo de um hectare de estufas cria cinco empregos. Dessa forma, 400 hectares criam cerca de 20 mil empregos, o que significa um meio de vida para 20 mil famílias, dezenas de milhares de pessoas. Até hoje palestinos trabalham nas estufas dos colonos. Para que privá-los do trabalho? Para que destruir meios de produção?

O senhor se preocupa com a reação dos colonos? O senhor não se preocupa com a possibilidade de uma guerra fratricida?

Não haverá uma guerra fratricida. Na minha opinião, essa possibilidade assumiu proporções muito exageradas. Penso que os colonos são pessoas sérias e democráticas. Não acredito que eles de repente se levantarão e começarão a atirar. Se fizerem isso, estariam agindo não apenas contra a democracia e o Estado, mas também contra si mesmos. Sim, há problemas e manifestações, mas em geral não acho que haverá uma guerra fratricida.

Muitos alegam que a atmosfera atual de Israel lembra a de 1995, nos dias que precederam o assassinato de Rabin. Agora eles estão ameaçando matar o senhor e Sharon.

Agiremos de todas as maneiras legais para evitar uma tragédia como essa. Não faremos nada ilegal, mas definitivamente faremos tudo o que a lei permite. O governo é responsável por assegurar que a incitação não se transforme em violência e que os assassinos não tenham a chance de levar suas intenções adiante.

Sharon tem usufruído de uma popularidade sem precedentes em Israel – cerca de 70 por cento de apoio. Como o senhor explica isso?

Como a esquerda apoia o programa de retirada de Gaza, o programa está recebendo o apoio de parte da direita e a maioria da esquerda. O público também apoia ideologias e não apenas pessoas e fico satisfeito em constatar que o apoio é tão grande.

O presidente da Autoridade Palestina, Mahmoud Abbas, está permitindo a execução de palestinos acusados de colaborar com Israel. Qual é a sua posição a respeito?

Eu me oponho a sentenças de morte em qualquer lugar. Acredito que, da mesma forma como ninguém pode dar vida a outrem, ninguém pode tirá-la. Todos nós nascemos à imagem de Deus, mas Deus nunca concordou em permitir que qualquer um de nós aja em Seu lugar. Tenho orgulho de viver em um país que, apesar de ter precisado lutar ao longo de toda a sua história, por sessenta anos, executou só uma pessoa: Adolf Eichmann. Ele foi o único. Tenho orgulho de viver em um país que não tem uma guilhotina. Eu me oponho à utilização da guilhotina e espero que os palestinos cheguem a uma conclusão similar.

E o que o senhor pensa do desempenho de Abbas como presidente da Autoridade Palestina?

Estou agradavelmente surpreso. E o restante de nós também. Acredito que ele tem capacidade de liderança. Ele foi eleito de maneira apropriada, ele tem ousadia e podemos considerá-lo um parceiro sério nos diálogos. Ele é um patriota palestino; ele não está trabalhando para nós. Temos as nossas diferenças, mas em geral ele é um parceiro apropriado para as negociações de paz.

Com que frequência o senhor conversa com ele?

A cada uma ou duas semanas. Ele tem a agenda dele e eu tenho a minha.

Muitos observadores nos Estados Unidos e na Europa se preocupam com qual será o próximo passo. O que acontecerá após a retirada de Gaza? A Cisjordânia será a próxima?

Em primeiro lugar, eles também se preocuparam antes da retirada de Gaza, desde que o Likud declarou que se oporia a qualquer retirada. Acredito que a retirada de Gaza será seguida de uma nova política e um novo clima. Eu prefiro avançar em pequenos passos e não dar um grande passo súbito. No primeiro caso, você pode saltar oito metros e se não der certo pode tentar de novo, mas, no segundo caso, você corre o risco de cair e quebrar as pernas. Portanto acredito que, depois da nossa retirada de Gaza, haverá outra retirada.

O senhor acha que Sharon conseguirá promover outra retirada?

Ele instigou uma retirada até agora; provavelmente haverá outra. De qualquer maneira, eu não posso fazer isso em nome dele.

O Líbano está sofrendo com uma crise que inclui uma Intifada popular, possivelmente a primeira em um país árabe. O senhor vê alguma possibilidade de um tratado de paz com o Líbano?

Não há razão alguma para uma guerra entre nós e o Líbano. Nós nos retiramos de todo território libanês. Temos uma fronteira internacional. Não demandamos nenhum território ou água do Líbano. Dessa forma, no que diz respeito a Israel, estamos preparados para firmar acordos de paz com eles.

O senhor acha que existe alguma possibilidade de o presidente da Síria, Bashar Al--Assad, realmente abrir mão de solo libanês cedendo à pressão internacional?

Acho que ele já está sentindo a pressão. Quando os americanos e os franceses coordenam suas exigências e os sauditas e os egípcios fazem o mesmo, temos uma combinação incomum. Espero que a Síria tire as conclusões certas.

Um ano atrás, a Europa vivenciou o pior ataque terrorista de sua história, as explosões em Madri que deixaram quase 192 mortos. Quais conclusões devem ser tiradas desse ataque e qual opinião o senhor expressará em Madri quando participar da Conferência Internacional sobre Democracia, Terrorismo e Segurança?

Por muitos anos durante a Guerra Fria, o mundo se dividiu entre oriente e ocidente. Mas aquela época já pertence à história. O mundo de hoje é dividido entre Estados terroristas e Estados que combatem o terrorismo. Não há pontes e não há desculpas. Acredito que a guerra ao terror pode ser vencida porque os terroristas têm armas, mas não trazem nenhuma mensagem positiva. O que eles têm a oferecer? Que tipo de mundo eles querem? Um mundo no qual aiatolás forçam mulheres a cobrirem o rosto com véus e enviam Guardas Revolucionários para espalhar terror e violência pelo mundo afora? Eles não têm futuro porque não têm mensagem alguma a transmitir. Portanto eles serão derrotados. Enquanto isso não acontecer, é claro, haverá batalhas e muitas vítimas. Mas isso aconteceria de qualquer maneira porque eles são os agressores. Foram eles que lançaram a campanha do terror; os outros países só estão reagindo e se defendendo. Se o terrorismo continuar dessa forma, veremos novas armas, novas estratégias e também novas vitórias.

Como é possível combater o terror e ao mesmo tempo se manter dentro dos limites da democracia?

Em primeiro lugar, precisamos explorar ao máximo todas as possibilidades tecnológicas. Todas as estratégias de hoje se voltam a armas de destruição em massa. Essa estratégia esteve correta quando Estados e exércitos lutavam uns contra os outros, mas hoje temos que desenvolver armas de destruição pessoal. Acredito que, com a ajuda de tecnologias modernas, é possível identificar terroristas e proteger soldados que estão defendendo seus países. Precisamos garantir com toda a severidade o cumprimento da lei, mas sem cruzar a fronteira na qual os direitos humanos são infringidos. A guerra ao terror não pode justificar danos a inocentes. Precisamos combater o terror o máximo que pudermos mas sem prejudicar inocentes, porque não temos o direito de fazer isso.

Já que estamos falando de tecnologia, o senhor não se preocupa com a ameaça do terrorismo não convencional, por exemplo, nuclear?

Acho que devemos combater os terroristas, os países que os abrigam e os que lhes dão armas não convencionais – isto é, aqueles que lhes dão dinheiro e armas, lhes oferecem um refúgio e fazem vista grossa para as atividades deles. Todo mundo cai nessa categoria. Hoje em dia não estamos combatendo um fenômeno isolado, mas sim um sistema completo – econômico, estratégico, humano – e em todos os níveis.

Qual é a importância da conferência em Yad Vashem, com a participação de muitos líderes mundiais, em um momento no qual o número de incidentes antissemitas está crescendo?

Os incidentes antissemitas nos dão mais uma razão não apenas para aprender sobre o horrível passado como também nos alertar sobre um futuro também horrível. Acredito que qualquer pessoa que participe do evento, incluindo líderes importantes, deseja mostrar em público que está disposto a combater o antissemitismo e sente remorso pelas ações do antigo nazismo.

O senhor se apresentará como um candidato nas eleições internas do partido trabalhista?

Eu sou tão jovem, por que não? Acho que estamos em processo. Acredito que levei o partido ao governo e que essa foi a decisão certa. De acordo com pesquisas de opinião, eu sou o líder que dará o maior número de votos ao partido. Tirando todos esses fatores, quero ser ativo nas negociações de paz e no desenvolvimento da Galileia e do Negev, que são o futuro de Israel.

Entrevista conduzida em junho de 2007

"Eu não acredito que deveríamos enviar caças e bombardear o Irã; em vez disso, deveríamos perguntar ao povo iraniano até que ponto eles estão dispostos a sofrer com a fome, a miséria e todas as paralisações. Deveríamos nos perguntar se deveríamos combater o governo iraniano ou bombardeá-lo. O Paquistão também tem poderio nuclear e a comunidade internacional não está preocupada. Deveríamos agir com o Irã da mesma forma que fizemos no passado com a Líbia, a África do Sul e da forma como estamos agindo agora com a Coreia do Norte."

No próximo Eurovision Song Contest, "O botão vermelho" é o nome da canção israelense que reflete o fantasma que paira sobre a sociedade israelense: a ameaça nuclear iraniana. Até que ponto essa ameaça é real ou imaginária?

O medo é real; a questão é se estamos falando de um temor justificado ou não. Eu não acredito que a pessoa que tem esse "botão vermelho" esteja disposta a apertar todos os "botões vermelhos" do mundo. Ele não é o único que tem esse botão. Não é tão simples quanto parece. Se alguém quiser se suicidar, isso pode acontecer na Rússia ou nos Estados Unidos, sempre tem um louco querendo apertar "botões vermelhos". Eu posso garantir que Israel saberá como se proteger.

O senhor acredita que o conflito do Oriente Médio pode ser solucionado nesta nova era?

A solução para o conflito virá. O problema é que o conflito palestino-israelense não é o único; o mundo muçulmano está dividido em duas seções que estão impedindo a paz. Por um lado temos a luta pela liderança entre o Irã e a Arábia Saudita, em outras palavras, a divisão religiosa entre xiitas e sunitas; isso me lembra da divisão entre os católicos e os protestantes na Europa durante o século XVII. E vemos mais um confronto interno na sociedade palestina, os desacordos entre o Hamas e o Fatah. É muito difícil solucionar um confronto em um mundo controverso, mas não temos outra alternativa.

O senhor acha que os Estados Unidos cometeram um erro ao entrar em guerra com o Iraque, fortalecendo, dessa forma, a posição iraniana?

Não, eu acho que não. O problema é que o governo americano pensou em como começar, mas não em como terminar. A parte mais difícil de uma guerra é saber como terminá-la, não como começá-la. Mas acredito que os Estados Unidos não tiveram outra opção. Não era só uma questão de ajustar as contas; Saddam Hussein tinha que ser destituído. Depois de Hitler e Stalin, Hussein foi o pior ditador que o mundo já viu. Hussein deu início a duas guerras: uma contra o Irã, que durou sete anos, e a outra contra o Kuwait. Esse ditador assassinou curdos, iraquianos e depois violou o acordo das Nações Unidas. Era necessário dar um basta nisso. Os que hoje protestam nos Estados Unidos contra um ataque ao Iraque, por que eles não se manifestaram contra Saddam? Como eles podem ser tão indiferentes ao assassinato de tantos milhares de pessoas?

No papel de mediador do conflito israelense-palestino, até que ponto a Arábia Saudita substituirá o Egito?

A Arábia Saudita tem os recursos, a competência e os interesses para tanto. Até agora, os sauditas acreditaram que podiam resolver tudo com dinheiro. Hoje em dia, eles perceberam que dinheiro não basta. Acredito que a Arábia Saudita tem mais recursos que o Egito. Então, na minha opinião, o Egito está satisfeito.

Ultimamente o governo israelense tem parecido fraco. O senhor concorda com o ponto de vista de que esse governo está passando por dificuldades?

A situação é muito melhor do que o que a imprensa divulga. Se ler os jornais, você chora, mas, se sair pelas ruas de Israel, você verá que mais se parece com um grande festival. As pessoas estão satisfeitas, a economia vai muito bem e isso não se deve ao governo, porque ele é quase irrelevante no mundo. Na era da globalização, há muito espaço para o individualismo. Uma pessoa como Bill Gates pode criar um império econômico sem precisar matar alguém. O mundo mudou e não faz sentido olhar para trás. A Internet dá força aos cidadãos e aos negócios globais, possibilitando uma nova ordem social, econômica, ecológica e política. Os governos atuais são quase irrelevantes, eles não controlam o dinheiro nem as pessoas; eles controlam um exército e algumas forças políticas relativamente pequenas. São os negócios que controlam o dinheiro, não o Estado. Todos os dias mais de 1,5 trilhão de dólares trocam de mãos ao redor do mundo e nenhum governo no mundo tem tamanho impacto.

É possível que a Comissão Winograd, cujo objetivo é investigar a atuação dos líderes israelenses durante o último verão na guerra do Líbano, provoque a demissão de alguns oficiais do alto escalão do governo?

Talvez sim, talvez não. Ninguém pode saber ao certo.

Estamos sempre ouvindo sobre a possibilidade de irromper outra guerra contra o Hezbollah. O senhor acredita que essa previsão é verdadeira?

Não, não acredito. A questão é que, onde há rumores, não há paz. A paz será atingida por aqueles que desejam a tranquilidade. Na minha opinião, por exemplo, a Síria não pode declarar guerra contra Israel sem a ajuda do Egito. Precisamos estar sempre alertas, mas é um erro nos deixarmos tomar pela histeria e espalhar o pânico. Não importa o que Nasrallah diga, o Hezbollah teve grandes perdas durante a guerra, ele perdeu mais de 650 pessoas, com milhares de feridos; ele também prometeu reconstruir a casa delas e nunca o fez. Não acho que ele queira arriscar mais vidas. É verdade que, durante um mês e uma semana, um milhão de israelenses precisou se refugiar em abrigos, mas o que o Hezbollah ganhou com isso? Em geral, acredito ser ridículo combater o terror com tanques ou caças F-16, que custam 100 milhões de dólares e podem ser abatidos por um míssil terrorista. Precisamos montar uma força que combata o terror com robôs e nanotecnologia e substituir os soldados.

Dizem que um dos cargos públicos mais difíceis do mundo é o do primeiro-ministro de Israel. O senhor acredita que esse cargo é grande demais para o primeiro-ministro Ehud Olmert e essa é a razão para a pouca popularidade dele?

Acredito que seja uma tarefa difícil para qualquer um, porque é muito complicado liderar este país. Olmert está tentando fazer isso com a maior tranquilidade e sangue frio possível. Não deveríamos invejá-lo nem subestimá-lo.

Todo mundo está curioso para saber como, em um país tão pequeno, há tantos escândalos sexuais. Como o senhor explica o que está acontecendo?

Não sei ao certo se, na Europa, eles fariam um julgamento para um ministro que tenha beijado uma mulher que serve no exército. De acordo com as pesquisas de opinião, 64 por cento das pessoas acreditam que Haim Ramon, o ministro da Justiça, não deveria ter sido demovido. Quando você lê nos jornais, parece que isso acontece todos os dias, foi só uma vez e eles não param de falar a respeito.

Depois da conferência em Meca, o grupo islâmico palestino Hamas concordou com o grupo nacionalista Fatah em formar um governo unificado. O senhor acredita que o Hamas mudou sua ideologia?

Eles estão tentando transmitir uma mudança de imagem sem realmente mudá-la. Eles estão sendo forçados a mostrar uma mudança porque o povo palestino está mais do que nunca morrendo de fome e porque a miséria aumentou e eles prometeram melhorar a situação; por outro lado, essa é a única forma de receber ajuda internacional. Essas duas razões não deixam outra escolha ao Hamas além de mudar sua plataforma ideológica.

Mas Israel não tem nenhuma intenção de dialogar com qualquer ministro do Hamas no contexto do novo governo palestino.

Não há nada para dizer; eles nem nos reconhecem como um Estado. Eles nem reconhecem os acordos assinados no passado. Mesmo se um Estado palestino for proclamado, eles não querem nos reconhecer. Que escolha nós temos? Mesmo se existir um governo nacional unificado precisamos elaborar uma política comum. É para isso que precisamos de um governo, não para debater.

MAHMOUD ABBAS (Abu Mazen)
Presidente da Autoridade Palestina

"O centro do conflito no Oriente Médio é o problema palestino."

Mahmoud Abbas foi o primeiro-ministro palestino e hoje é presidente da Autoridade Palestina. Como Yasser Arafat estava morrendo no início de novembro de 2004, Abbas fez todo o necessário para garantir a sucessão e, quando o **Rais** finalmente morreu, Abbas, o número dois na hierarquia palestina, se proclamou oficialmente o sucessor.

Não foi fácil para Mahmoud Abbas. Nas semanas que precederam as eleições que confirmaram sua nomeação, um de seus guarda-costas foi morto em um tiroteio na tenda fúnebre de Arafat em Gaza. Ativistas da Brigada dos Mártires de Al-Aqsa, expressando sua desaprovação ao posicionamento e às políticas fracas de Abbas, abriram fogo dentro da tenda. Alguns acham que eles pretendiam matar Abbas e seu aliado, o ex-ministro do Interior Muhammad Dahlan. Mais tarde, Mahmoud Abbas declarou que eles só atiraram no ar. É muito difícil para os extremistas aceitarem um líder que sempre se recusou a usar um uniforme e segurar uma arma.

Abbas nasceu em Safed em 1935. Depois da guerra de 1948, ele e a família se mudaram como refugiados para a Síria. Ele estudou e tirou um Ph.D. em direito e história e foi um dos fundadores da Organização de Liberação Palestina.

Ele se apresenta como um líder palestino que apostou em seus contatos com os movimentos de paz israelenses. Com efeito, ele foi o maior participante palestino nas negociações secretas que ocorreram em Oslo em 1993 e, desde então, ele sempre liderou as equipes da Autoridade Palestina que negociaram com Israel.

Jornalistas raramente são admitidos em seu escritório em Ramallah. Quando entrei lá pela primeira vez para entrevistá-lo, seus secretários e assistentes, vestidos como sempre em estilo europeu impecável, me olharam, chocados. E o mesmo se aplicou a seus guarda-costas, que jamais o deixam desacompanhado. "O senhor é o jornalista que o Sr. Abbas concordou em receber. Por favor, entre."

Entrei em um escritório espaçoso e muito moderno. Só uma pequena foto de Yasser Arafat me lembrava de onde eu estava. Enquanto eu bebericava café árabe amargo, algo como uma bomba lançada diretamente no meu cérebro, Mahmoud Abbas admitiu: "Não gosto de dar entrevistas. Elas quase sempre só me rendem complicações". Mesmo assim, ele concordou em me receber porque, como diz, a eleição de Ehud Barak marcava o início de uma nova era.

Quando Mahmoud Abbas foi nomeado primeiro-ministro na primavera de 2003, com a Intifada em plena atividade, muitos também acreditaram que a mudança era iminente. Abbas me recebeu em seu escritório mais duas vezes, mas os sorrisos desapareceram. Com amargor, ele me mostrou uma bala alojada em uma das janelas de seu escritório. Eu perguntei se fora uma tentativa de assassinato ou uma bala perdida em uma das várias batalhas que tumultuavam as ruas de Ramallah. Ele só deu de ombros.

Mahmoud Abbas não conseguiu conquistar o coração de seu povo. Enquanto os israelenses reocupavam Gaza e a Cisjordânia, ele disse algo que os palestinos não conseguiram engolir. No encontro em Aqaba, com a participação do presidente americano George W. Bush, o primeiro-ministro israelense Ariel Sharon e o rei Abdullah II da Jordânia, ele disse: "Nos identificamos com o sofrimento histórico do povo judeu". Isso pode tê-lo colocado no caminho da morte política. Com efeito, vários meses depois ele ofereceu sua resignação a seu rival político na época, Yasser Arafat.

Em 9 de janeiro de 2005, após a morte de Arafat, ele foi eleito presidente da Autoridade Palestina derrotando seu principal adversário, Mustafa Barghouti, com 62,32 por cento contra 19,8 por cento dos votos. Menos de um mês depois, ele se reuniu com Sharon e Sharm El Sheikh em um encontro organizado pelo presidente egípcio Hosny Mubarak e o rei Abdullah da Jordânia. Abbas e Sharon declararam um cessar-fogo em todas as frentes e prometeram retomar o Road Map. O Road Map, o único plano relevante de paz, prevê a retirada gradual de Israel para as fronteiras existentes até setembro de 2000, ações palestinas para o combate ao terrorismo e, na fase final, o estabelecimento de um Estado palestino independente.

Voltei a falar com Mahmoud Abbas depois do encontro de Sharm El Sheikh. Ele disse que Sharon, com quem ele pretendia voltar a se reunir rotineiramente, falou com os palestinos "em uma linguagem diferente". Sharon garantiu a Mahmoud Abbas que continuaria a retirada de Gaza e o desmantelamento das colônias, apesar das pressões contrárias da direita israelense. "É um sinal positivo que, já no começo das nossas conversas, Sharon tenha falado de um Estado palestino democrático e independente e dito que não quer exercer o papel de um ocupante. Agora, contudo, precisamos da concretização dos fatos durante 2005", ele disse na ocasião.

Abbas também se reúne regularmente com o sucessor de Sharon, Ehud Olmert. Sua situação política mudou perceptivelmente em janeiro de 2006 quando, pela primeira vez, seu movimento, o Fatah, foi derrotado nas eleições pelo Hamas, seu rival islâmico. O presidente Abbas precisou enfrentar um governo que, apesar de liderado por Ism'ail Haniya, também é orientado de longe, em Damasco, por Khaled Mashal, um dos dirigentes do lado político da organização. Tanto Haniya quanto Mashal rejeitam os termos da comunidade internacional, como o reconhecimento de Israel e acordos assinados previamente pela Autoridade Palestina e, por essa razão, seu governo está sofrendo com um boicote internacional. Dessa forma, a situação econômica na Cisjordânia e em Gaza, já ruim, piorou em 2006 e no início de 2007. Além disso, sérios confrontos entre as forças armadas dos dois lados se agravaram para se transformar no que foi caracterizado como o início de uma guerra civil, matando dezenas e ferindo centenas.

O boicote também ajudou em uma reconciliação sem precedentes entre o governo do Hamas e o Irã. Mesmo assim, no início de 2007, Abbas conquistou uma vitória política nos níveis interno, na Palestina, e interárabe quando, incentivado pelo rei da Arábia Saudita, ele estabeleceu um governo nacional unificado que incluía os dois movimentos, o Fatah e o Hamas. Sua meta era negociar com Israel em sua função como o presidente da Autoridade Palestina, permitindo que o primeiro-ministro Haniya lide em grande parte com os assuntos internos. As várias manobras políticas explodiram em suas mãos quando o Hamas atacou a Faixa de Gaza em junho de 2007, em uma operação militar meticulosamente planejada. O resultado foi uma evacuação geral de todos os representantes e instituições do Fatah.

O presidente palestino acusou o Hamas de tentar assassiná-lo e descobriu que um túnel tinha sido escavado embaixo de seu escritório em Gaza para esse fim. A divisão do povo palestino entre duas entidades distintas, permitiu que Abbas montasse um governo tecnocrata de emergência na Cisjordânia, sob a orientação de Salam Fayyad, que está determinado a negociar com Israel. A principal questão diante de Abbas e Fayyad é que, durante os anos 1990, Arafat representava aproximadamente 50 por cento da população palestina nas negociações com Israel (a outra metade mora no exterior). Hoje em dia, Abbas representa pouco mais de um quarto da população.

Com 76 anos de idade, o presidente palestino espera se aposentar no fim de seu mandato atual. Ele consideraria uma derrota qualquer realização menor que um Estado palestino soberano.

A entrevista foi realizada no dia 31 de maio de 1999, quando Mahmoud Abbas era o "número dois" da Autoridade Palestina

O senhor conduziu negociações com membros do partido trabalhista e membros do Likud. Há alguma diferença entre eles?

Achamos que o partido trabalhista é melhor que o Likud. Por quê? Porque tivemos excelentes experiências trabalhando com eles de 1992 a 1996, quando assinamos e implementamos os acordos de paz, os Acordos de Oslo.

Por outro lado e infelizmente, durante o mandato de Benjamin Netanyahu, fomos incapazes de progredir devido à mentalidade do Likud; é um partido que não acredita na paz. Hoje o partido trabalhista está de volta ao poder e esperamos retomar o processo de paz com eles. Por enquanto, estamos esperando para ver o que acontece. Isso não quer dizer que as negociações serão fáceis para nós; nós sabemos que Ehud Barak é um negociador duro, mas é um homem com quem você pode discutir as coisas.

Como o senhor vê Barak? Como um homem que matou um bom número de palestinos com as próprias mãos ou talvez como um sucessor natural de Yitzhak Rabin?

Os dois lados deveriam esquecer o passado. Se colocarmos o passado na mesa de negociações, nunca avançaremos. Nós, tanto os palestinos quanto os israelenses, precisamos nos esquecer do que aconteceu no passado. Os israelenses falam de terroristas com as mãos sujas de sangue. Os dois lados precisam esquecer ou nunca haverá paz entre as duas nações, os dois povos.

A Autoridade Palestina criou comitês para elaborar planos e preparar-se para o estabelecimento de um Estado palestino?

Montamos vários comitês para desenvolver e aplicar todos os itens nos quais trabalhamos para nos preparar para a soberania. Um dos comitês, por exemplo, está elaborando uma constituição. Estamos tentando decidir o perfil das instituições, o governo, as leis etc. Precisamos trabalhar em um enorme número de tópicos para construirmos bases sólidas para a nossa independência.

Que papel o senhor acha que o Hamas exercerá no futuro Estado palestino?

Estamos dispostos a aceitar o Hamas como uma oposição, uma oposição democrática. Eles podem usar todos os recursos democráticos para convencer as pessoas de suas ideias, mas não permitiremos atos de terrorismo ou violência. Precisamos proibir o terrorismo não apenas por parte do Hamas e da Jihad islâmica, mas também por parte do mundo todo.

Parece haver um desacordo entre os líderes do Hamas nos territórios palestinos e na Jordânia em relação tanto a Israel quanto à Autoridade Palestina.

Por que existem os desacordos? Porque aqueles que vivem nas áreas da Autoridade Palestina têm uma mentalidade mais prática do que os que moram na Jordânia. Isso acontece porque eles estão sofrendo; eles sentem os problemas na vida cotidiana. Os líderes do Hamas na Jordânia não conhecem a fundo a situação da população.

O senhor acredita que os líderes do Hamas fora das áreas da Autoridade Palestina são capazes de organizar ataques em Tel Aviv ou Jerusalém?

Eu duvido que eles consigam fazer qualquer coisa sem a ajuda de pessoas que moram aqui. E quem mora aqui não está tão convencido, pelo menos por enquanto, de que vale a pena fazer qualquer coisa. Se as coisas continuarem como estão, será muito difícil para as pessoas de fora montarem qualquer operação nas cidades de Israel.

Pensando nos frutos das negociações, o senhor realmente acredita ser possível evacuar as 144 colônias de Israel em Gaza e na Cisjordânia?

Elas devem ser evacuadas. Quando concluímos a elaboração da Declaração de Princípios [sobre as Disposições Relativas ao Governo Transitório] com Israel, dissemos que a Resolução 242 do Conselho de Segurança deveria ser implementada. Ela foi implementada no tratado com o Egito, e o Egito recebeu todos os seus territórios de volta. A Jordânia também recebeu todos os seus territórios de volta. Agora a Síria receberá todos os seus territórios de volta. Então, por que nós, os palestinos, não podemos receber todos os nossos territórios de volta?

O Conselho de Segurança adotou aproximadamente vinte resoluções que descrevem as colônias e a anexação de Jerusalém como ilegais. A lei internacional está do nosso lado. Dessa forma, estamos pedindo que os israelenses abandonem todos os assentamentos construídos nos territórios que eles ocuparam em 1967.

Considerando a situação atual, o senhor acredita ser possível evacuar assentamentos judeus como Ariel ou Ma'ale Adumim, que têm populações de mais de 20 mil habitantes?

Do meu ponto de vista, é possível, porque é a minha terra, são os meus territórios. Essa é a concessão, a concessão histórica. Dissemos que estamos aceitando a Resolução 242 e essa é uma concessão histórica. Em termos de legitimidade internacional, deveríamos voltar à Resolução 181, que nos dá 52 por cento da Palestina histórica. Agora estamos exigindo só 20 por cento desse território, de acordo com a Resolução 242.

Milhões de refugiados vivem fora dos territórios. O senhor enxerga alguma solução para esse enorme problema?

Vamos apresentar o problema dos refugiados à mesa de negociações. Estamos voltando à Resolução 242, que afirma que uma solução ao problema dos refugiados deve ser encontrada de acordo com a Resolução 181. Se os refugiados não quiserem voltar, eles devem receber uma indenização. Vamos colocar a questão na mesa de negociações e discuti-la com os israelenses.

O problema de Jerusalém é o mais difícil de todos. O senhor conduziu negociações secretas com Yossi Beilin.

Sobre isso, devo deixar claro que não há nenhum plano e nenhum documento. Houve conversas entre grupos de israelenses e palestinos conduzidas por mim e meu amigo Yossi Beilin. Falamos sobre todas as questões relativas ao status permanente, mas não chegamos a absolutamente nenhuma conclusão. Nós conversamos e Beilin me disse que precisávamos reportar as conversas ao primeiro-ministro, Yitzhak Rabin. Eu lhe disse que, no que me diz respeito, ele podia ir em frente. Dois dias depois, infelizmente, Rabin foi assassinado e todo o processo parou. Jerusalém é uma das áreas ocupadas em 1967. O que se aplica a Jenin, Jericó e Gaza também deveria se aplicar a Jerusalém.

Mas aquele foi o início de um acordo ou de uma contemporização, não foi?

Os israelenses estão pedindo para não voltarmos a dividir Jerusalém. "Vamos manter a cidade unificada", eles nos dizem. Nós respondemos: "Nós concordamos com isso, mas vocês precisam concordar que parte [da cidade] será para os israelenses e parte para os palestinos". Não abrimos mão de nenhum centímetro da parte palestina, a parte que foi ocupada em 1967. Como eu disse, já fizemos uma concessão histórica e não vamos fazer concessões por cima da concessão.

O senhor acredita ser possível concluir as negociações de status permanente durante os próximos quatro anos do governo de Barak?

Esperamos que sim. Precisamos ser otimistas em relação às pessoas do partido trabalhista porque eles e seus aliados são pacificadores e buscam a paz. Nós sabemos disso. Tivemos experiências positivas em discussões com eles. Também sabemos que o povo de Israel mudou e que 65 por cento dos israelenses apoiam o processo de paz. Então, com um clima como este e o clima internacional – afinal, os americanos, os europeus e o mundo inteiro querem a paz –, acredito, e preciso ser um pouco otimista, que, durante o mandato de Barak, seremos capazes de finalmente concluir o tratado de paz israelense-palestino. Enquanto os dois lados não chegarem a um acordo de paz, não haverá paz no Oriente Médio.

A liderança palestina se preocupa com a possibilidade de uma retomada das negociações com a Síria e o Líbano os empurrarem contra a parede?

Não, porque sabemos que o coração do conflito no Oriente Médio é o problema palestino. Por isso, ficaremos felizes com a resolução de qualquer problema que envolva os outros. Os israelenses firmaram acordos com o Egito e a Jordânia e farão o mesmo com os sírios e os libaneses, mas eles sabem, como o mundo todo sabe, que o coração do conflito é o problema palestino.

O que os seus amigos do partido trabalhista disseram para deixá-lo tão otimista?

Estou otimista porque eles acreditam na paz. Desde que foram excluídos do poder em 1996, nos mantivemos em contato com eles porque nós os consideramos amigos.

As questões da sucessão e da saúde do presidente Yasser Arafat são delicadas demais a ponto de ser melhor não tocar no assunto?

A questão não é delicada porque sabemos que todos nós morremos mais cedo ou mais tarde. Toda vida humana tem seu limite. Da mesma forma como Arafat foi eleito, seu sucessor também será eleito.

E o senhor, ambiciona ser eleito presidente da Autoridade Palestina?

Sou encarregado do comitê eleitoral de forma que posso dar um jeito nos resultados das eleições para fazer isso acontecer. [risos]

Qual é a sua opinião sobre a transformação Arafat, de líder de uma organização de liberação nacional a quase um chefe de Estado?

Arafat tem a capacidade de se ajustar a novas circunstâncias. Ele liderou uma organização guerrilheira e se tornou um chefe de Estado. Ele conseguiu se ajustar e passar de uma posição à outra. Arafat é extremamente habilidoso.

O sistema judicial da Autoridade Palestina foi alvo de muitas críticas no ocidente. O que o senhor pensa a respeito? O senhor acredita que o Estado palestino será democrático?

Estamos só começando. Nós sem dúvida cometemos muitos erros. Nós admitimos a existência de muitos problemas, mas esperamos reparar as coisas no futuro próximo. Quanto à democracia, nós a escolhemos e é totalmente impossível desconsiderar a nossa escolha.

Nas negociações dos Acordos de Oslo, o senhor imaginou que cinco anos mais tarde vocês teriam quase um Estado aqui na Palestina?

Sim, porque notei desde o início que Israel tendia à paz. Antes disso, não tínhamos conseguido encontrar parceiros no diálogo. Qualquer israelense que se encontrasse com palestinos podia passar até três anos na cadeia. Agora encontramos pessoas, até membros do Gabinete, que acreditam na paz. Isso é importante. Hoje o Knesset tem 65 membros que acreditam na paz e amam a paz. Então as coisas estão mudando. Se o nosso parceiro acredita na paz, acho que será possível firmar um acordo.

Qual detalhe ou aspecto dos Acordos de Oslo mais se destacam na sua memória?

A coisa mais importante que aconteceu em Oslo foi no final, depois que definimos os primeiros pontos do acordo. A coisa mais importante que estávamos concluindo juntos era o reconhecimento mútuo. Isso se refletiu na troca de cartas entre Rabin e Arafat: nós reconhecemos Israel da mesma forma como Israel reconhece a Organização para a Libertação da Palestina (OLP) como a representante do povo palestino. Essa é a coisa mais importante que lembro, porque incluiu todos os palestinos, não apenas aqueles que moram na Cisjordânia e em Gaza, em uma única solução.

Arafat compartilhava da sua crença desde o início do processo de que haveria paz em Israel?

Sim, sem dúvida. Afinal, ele é o nosso líder e esteve presente desde o início. Foi graças à orientação dele que conseguimos progredir.

YITZHAK RABIN
Ex-primeiro-ministro do Estado de Israel

"Quando Israel está envolvido, a paz no Oriente Médio é sempre conduzida com inimigos amargos."

Quando se pensa na imagem de Yitzhak Rabin, o tímido major-general que na primeira Intifada em 1987 disse que [os soldados] "devem quebrar os ossos" dos insurgentes palestinos e, seis anos mais tarde, alterou o curso da história na Casa Branca quando, com grande hesitação, apertou a mão de seu arqui-inimigo, Yasser Arafat, não dá para deixar de se perguntar o que teria acontecido se, na noite do dia 4 de novembro de 1995, seu assassino, Yigal Amir, tivesse errado o alvo.

Uma das coisas mais difíceis para os israelenses aceitarem é o fato de que Yigal Amir até certo ponto teve sucesso em sua missão de suspender o estabelecimento de um Estado palestino independente e inflamar a região inteira.

Na manhã de sexta-feira, apenas 24 horas antes do assassinato de Rabin, seu conselheiro e amigo, Eitan Haber, me ligou e disse que o primeiro-ministro estaria me esperando em seu escritório em Tel Aviv, como fizera muitas vezes no passado, antes de voltar para casa para o Shabat.

Rabin estava mais tenso do que nunca, particularmente quando eu lhe perguntei sobre uma manifestação pela paz em apoio ao governo, programada para ocorrer no dia seguinte, em um evento presidido por Rabin. Eu sabia que Rabin se opunha à manifestação e que alguns de seus auxiliares e associados, como o prefeito de Tel Aviv, Shlomo Lahat, tentaram com muito empenho convencê-lo de impedir o comício. Rabin argumentou que uma manifestação em apoio ao governo o lembrava de regimes de uma natureza diferente. No entanto, diante da extrema pressão exercida pelo seu partido, ele acabou consentindo. No comício, Rabin e seu rival Shimon Peres selaram a amizade cantando juntos a "Canção da Paz".

Rabin sabia que o terror incitado pelos grupos palestinos fundamentalistas era contraproducente para a sua política. Nas semanas que antecederam o assassinato, seus guarda-costas, e até Benjamin (Fouad) Ben-Eliezer, um dos ministros de seu governo, sabiam que Rabin seria o alvo de uma tentativa de assassinato por parte de colonos extremistas. No entanto, Rabin se recusava a usar um colete à prova de balas e estava completamente convencido de que um judeu israelense jamais tentaria assassinar seu primeiro-ministro. Na época, Rabin agia simultaneamente em várias frentes. Ele conduzia negociações clandestinas com a Síria, que tinham seus altos e baixos (seu sucessor, Shimon Peres, que foi nomeado primeiro-ministro após seu assassinato, descobriu um documento segundo o qual Rabin prometia aos Estados Unidos se retirar dos Montes Golã em troca da normatização das relações com a Síria e medidas adicionais para assegurar a segurança do Estado).

Esta última entrevista com Rabin excedeu o tempo programado e Aliza Goren, conselheira de Rabin, disse que logo seria o Shabat e que ele precisaria sair do escritório e voltar para casa para não comprometer suas relações com os religiosos e os ultraortodoxos, apesar de eles não serem membros da coalizão na época.

No sábado da mesma semana, eu entrevistei o presidente de Portugal, Mário Soares, em Gaza. Ele foi o primeiro chefe de Estado estrangeiro a visitar a Autoridade Palestina e foi um hóspede na residência que a Autoridade Palestina montara para receber chefes de Estado na região. Depois da entrevista, eu me encaminhei imediatamente à manifestação em Tel Aviv.

Mesmo depois que os tiros de Yigal Amir foram ouvidos, eu não me dei conta de ter sido a última pessoa a entrevistar Rabin. Nunca passou pela minha cabeça que aquele homem estava prestes a morrer até que um colega de Madri me ligou e perguntou: "Você está ciente de que tem um documento histórico?"

Fui invadido por emoções conflitantes na época. As lágrimas apagaram qualquer fronteira entre o ser humano e o jornalista. A única coisa que me importava naquele momento era que Rabin saísse vivo e que aquilo não passasse de uma tentativa fracassada de assassinato. A espera foi exasperante. O telefone não parava de tocar com ligações de editores e colegas. A notícia de que eu tinha sido o último jornalista a falar com ele antes do assassinato se espalhou como fogo. Todos estavam em busca de sinais e eu não pude deixar de pensar na pessoa de Rabin; seu sorriso acanhado e como ele concordou em posar para uma foto comigo e minha equipe apesar do fato de estar com pressa para terminar a semana. Todos ficamos parados e, pelo resto da minha vida, terei calafrios sempre que vir a data escrita na foto: 3 de novembro de 1995.

Todos os pensamentos que invadiram a minha cabeça foram apagados ao mesmo tempo, quando ouvi a voz conhecida e pesarosa de Eitan Haber informando ao mundo que Rabin tinha falecido. Daquele momento em diante, durante muito tempo, tentei entender por que perguntei a ele, no final da entrevista, "Como o senhor gostaria de ser lembrado na história?" Uma questão que permaneceu sem resposta, como era de se esperar de um homem tão despretensioso. Vez após vez arranquei os cabelos me perguntando por que não insisti um pouco mais para que Rabin respondesse. Algumas horas mais tarde, quando eu já estava em Herzliya perto da casa do assassino, que não morava muito longe da minha própria casa, e vi a família dele pela janela, pensei comigo mesmo "Talvez seja melhor assim, que eu não o forcei a responder". Naquele segundo, percebi que nada jamais seria o mesmo e que algo tinha mudado na história do povo judeu e do Oriente Médio. O eco dos três tiros seria ouvido por muitos anos.

Rabin nasceu em 1922 e, aos 26, durante a Guerra da Independência, comandou o Batalhão Harel que combateu na região de Jerusalém. Muitos anos mais tarde, depois de participar de dezenas de batalhas, ele me disse que o momento mais difícil de sua vida foi quando perdeu centenas de seus homens naquela mesma guerra.

Na Guerra dos Seis Dias em 1967 ele foi o chefe do Estado-maior da FDI; de 1968 a 1973 ele serviu como o embaixador israelense em Washington; de 1974 a 1977, serviu como primeiro-ministro e renunciou à posição devido a uma conta bancária ilegal que sua esposa Lea mantinha nos Estados Unidos e foi nomeado mais uma vez primeiro-ministro de 1992 a 1995. Em 1994 ele recebeu o Prêmio Nobel da Paz, junto com Shimon Peres e Yasser Arafat.

Eu o entrevistei pela primeira vez em 1988. Na ocasião ele era ministro da Defesa e um fanático declarado por precisão. Ele chegou dez minutos atrasado e se desculpou profusamente, implorando perdão por cerca de cinco minutos.

Em junho de 1992, algumas horas depois do anúncio de que ele tinha vencido Yitzhak Shamir nas eleições, esperei por ele na sede do partido trabalhista na Rua Hayarkon. Para a minha surpresa, eu o vi saindo do carro, acendendo um cigarro e caminhando sozinho até uma banca de jornais. Eu me aproximei dele e o parabenizei. Rabin agradeceu e perguntou: "O que você está fazendo aqui tão cedo?"

Perguntei se poderia entrevistá-lo e ele concordou. Perguntei por que ele não tinha nenhum guarda-costas e ele respondeu: "Não há necessidade, eles vão me providenciar alguns daqui a alguns dias, por enquanto estou apreciando minhas últimas horas de liberdade".

Última entrevista concedida pelo ex-primeiro-ministro de Israel Yitzhak Rabin
3 de novembro de 1995, 24 horas antes de seu assassinato

O senhor se opôs no início à manifestação pela paz programada para amanhã à noite na Praça Malchei Israel em Tel Aviv. Por que uma manifestação de apoio ao governo é necessária?

Por que não? As pessoas querem expressar seu apoio à paz, por que não?

O senhor acredita que a maioria dos israelenses apoia a sua política de paz?

É difícil dizer ao certo. Acredito que sim, mas não posso provar. Acredito que muito depende do nosso sucesso na implementação dos acordos e, como já mencionei, o principal obstáculo é o terrorismo. Esta não é uma batalha ideológica, é um problema que diz respeito a cada pessoa em Israel e o público quer ver como podemos combater o terrorismo.

O senhor poderá chegar a um acordo com a Síria?

Mesmo se não houver negociações sendo conduzidas no momento, a base do que os sírios estão reivindicando distinguirá essas negociações das que conduzimos com o Egito de Anwar Sadat em 1977, por exemplo, ou com os palestinos, negociações que levaram aos Acordos de Oslo, ou com a Jordânia. As negociações com a Síria sempre foram conduzidas com a ajuda da diplomacia americana, ou em Washington na presença dos Estados Unidos. As negociações foram descontinuadas porque os sírios não cumpriram suas obrigações. Nós não suspendemos as negociações. Se os sírios cumprirem tudo o que foi combinado entre nós por meio do secretário de Estado Warren Christopher, podemos retomar o diálogo amanhã mesmo.

O ministro sírio das Relações Exteriores Farouk Al-Shara afirma que o senhor pediu para adiar as negociações até abril.

Eu não pedi isso. As negociações foram descontinuadas devido às exigências da Síria de que a terceira fase fosse composta primeiramente de uma reunião entre os chefes do Estado-maior dos dois países. Essa reunião já ocorreu. Durante a segunda fase, a equipe de paz dos Estados Unidos deveria chegar à região – para que finalidade? Para se preparar para a terceira fase, uma reunião já conduzida na presença dos embaixadores dos dois países com americanos e especialistas militares para continuar a trabalhar nas condições de segurança que deveriam ser incluídas no acordo de paz. Os sírios se recusaram a implementar a terceira fase enquanto Israel não mudasse consideravelmente seu posicionamento. No entanto, negociações exigem a superação das controvérsias, se não houvesse opiniões divergentes, não haveria necessidade de negociações. Não podemos nos submeter às exigências da Síria em questões tão substanciais e simplesmente fazer tudo o que eles exigem.

O senhor está satisfeito com os Acordos de Oslo com os palestinos?

Devemos continuar cumprindo as obrigações que assumimos na Declaração de Princípios que assinamos em Washington e o Acordo do Cairo, e agora os novos acordos. O objetivo é implementar os acordos internos que permitirão que os palestinos estabeleçam um governo independente e implementar pontos adicionais para que eles possam governar e fazer eleições. Obviamente, nós persistiremos, e o principal obstáculo, talvez o único obstáculo, no caminho da implementação desses acordos é o terror instigado por aqueles que se opõem aos acordos assinados entre a OLP, representando os palestinos, e nós. O terrorismo é promovido por grupos islâmicos extremistas, o Hamas e a Jihad islâmica, grupos que afirmam e declaram especificamente que seu objetivo é frustrar o processo de paz.

Nós naturalmente argumentamos que a Autoridade Palestina é responsável por tudo o que acontece nas áreas sob seu controle e deve impedir atos terroristas nessas áreas e as operações realizadas a partir de áreas sob o controle deles contra áreas que estão sob o controle de Israel. Não há dúvida de que a Autoridade deve se empenhar mais para impedir o terrorismo e que o que aconteceu agora mesmo com os dois homens-bomba de Gaza prova que eles não estão fazendo o suficiente e que essa inação constitui um obstáculo à implementação dos acordos.

Quais são as diferenças entre o Hamas e a Jihad islâmica?

Não há dúvidas de que a Jihad rejeita os acordos, e o Hamas, de acordo com estatísticas à minha disposição, atua como uma força de oposição às negociações, mas o Hamas e Arafat precisarão rever esses problemas em discussões internas.

Por que Israel não nega seu envolvimento na eliminação do líder da Jihad islâmica em Malta alguns dias atrás?

Não confirmamos isso e não é o nosso trabalho dizer quem fez isso, é um problema do governo do país onde ocorreu a eliminação e esse país deve lidar com isso.

O que acontecerá com os acordos de paz se a direita israelense vencer as eleições?

Eu não acho que a direita vencerá as eleições; não quero falar sobre isso.

Qual é a importância da visita de Soares, o presidente de Portugal, ao Estado de Israel e à Autoridade Palestina? Ele é o primeiro líder internacional a passar a noite em Gaza.

Eu conheci o presidente Soares em 1977. Eu era primeiro-ministro na época e ele era ministro das Relações Exteriores de Portugal. Nós dois participávamos da Internacional Socialista que se reunia em Genebra e ele me prometeu que Portugal reconheceria Israel. Eu o admiro porque ele luta pela democracia e pela liberdade em Portugal. Ele conseguiu atingir seu objetivo de fazer de Portugal um país democrático, livre e orgulhoso. Ele também foi um primeiro-ministro que conseguiu estabelecer relações diplomáticas entre os nossos dois países e foi ele que pediu perdão pelo tratamento recebido pela comunidade judia em Portugal no fim do século XV. Ele sempre se empenhou em consolidar a paz entre os portugueses e os judeus, entre Portugal e Israel. Ele lutou muito para atingir esse objetivo e estabeleceu boas relações entre os dois países; ao mesmo tempo ele tentou ajudar na aproximação dos dois lados – árabes e israelenses, palestinos e israelenses. Da forma como eu vejo, seu constante apoio ao processo de paz simboliza não apenas o apoio do presidente de Portugal como também o apoio do governo português e do povo de Portugal.

Como o senhor imagina que será a solução para o problema palestino?

Acredito que o nosso objetivo, ou o meu objetivo, seja solucionar o problema palestino. O objetivo de Israel foi garantir a existência de um Estado judeu que se estenderá por uma grande parte dos territórios atuais e assegurar que Jerusalém continue sendo a nossa capital. A meta é proteger o nosso território, as nossas fronteiras, ao longo do Vale da Jordânia, e ter uma entidade palestina estabelecida ao nosso lado, que não pode ser uma ameaça, mas que seja capaz de supervisionar a vida do povo palestino.

O senhor acha que, como um resultado dos acordos de paz, haverá uma normatização entre países árabes e Israel?

Neste exato momento a abertura é clara, particularmente entre os países dos Estados do Golfo. Não posso dizer o mesmo em relação à Arábia Saudita; contudo, tem havido uma aproximação na direção dos países do Magreb. Acredito que esse processo continuará por um tempo. Devemos chegar a um acordo não apenas com os países do Mediterrâneo, mas também com todos os países do Oriente Médio, reunindo não apenas os Estados da Liga Árabe como também todos os países e nações que decidirão apostar na paz – começar a solucionar o conflito árabe e incentivar os interessados na solução.

No passado, os europeus ajudaram um pouco no estabelecimento da paz em vários locais. Eles devem provar que respeitam e apoiam tanto Israel quanto os países árabes que buscam a paz e não devem apoiar países que se oponham à conciliação.

Senhor primeiro-ministro, uma última pergunta, como o senhor gostaria de ser lembrado na história, no futuro?

É isso. A entrevista acabou.

Entrevista conduzida em 29 de outubro de 1993

Enquanto em 1987 o senhor disse [aos soldados israelenses] para destruir os ativistas da Intifada e "quebrar os ossos deles", hoje o senhor aposta nas negociações históricas...

Acredito que neste momento devemos nos concentrar em acordos de paz, na Declaração de Princípios elaborada por nós e pelos palestinos, por meio da OLP. Acredito que a coisa mais importante neste processo de paz seja provar que, se chegarmos a um acordo de paz, ele será baseado nos princípios, nas diretrizes e no planejamento estabelecido nos Acordos de Oslo.

E, do lado sírio, Israel está preparado para se retirar dos Montes Golã em troca do acordo de paz?

Atualmente estamos discutindo o termo "paz" com os sírios e o que isso significa para eles. Somos da opinião de que o termo "paz" deva incluir, antes de mais nada, fronteiras abertas para o fluxo de civis, plenas relações diplomáticas entre os dois países, inclusive embaixadas, diretrizes políticas por parte dos dois governos, que incentivem e facilitem o estabelecimento de relações normatizadas entre os dois povos e, acima de tudo, uma garantia de segurança. Estamos preparados para qualquer retirada dos Montes Golã; contudo não discutiremos a profundidade da retirada antes de sabermos como a Síria interpreta o termo "paz".

O senhor foi o chefe do Estado-maior durante a Guerra dos Seis Dias e hoje é o primeiro-ministro. Como o senhor vê hoje essa guerra e como ela se relaciona com o presente?

Foi uma guerra defensiva, uma guerra imposta a Israel. Não acredito que qualquer um dos líderes árabes que engendraram a situação que levou à guerra tenha imaginado que ela produziria os resultados que produziu. Não há dúvida de que, como um resultado da guerra e da vitória e como um resultado da capacidade que demonstramos na conquista do Sinai, da Faixa de Gaza, da Cisjordânia e dos Montes Golã, Israel tenha saído mais forte. Enquanto houver um relacionamento baseado na guerra entre nós e nossos vizinhos, nós exigiremos esses territórios, não apenas como um trunfo para a paz, mas também para atingir uma profundidade estratégica. Essa é a nossa política. Acreditamos que devemos chegar a um meio-termo com os nossos vizinhos árabes para atingirmos a paz. Nós também não precisamos aceitar o princípio de que, em nome da paz, devemos devolver todos os territórios que conquistamos na Guerra dos Seis Dias.

Quais são os principais pontos que serão discutidos nas negociações com a OLP em Taba, e quando elas ocorrerão?

Isso depende em grande parte do acordo que firmarmos em duas questões fundamentais: a primeira, e a mais importante para Israel, é a questão da segurança. De acordo com a Declaração de Princípios, os assentamentos na Judeia, Samaria e Gaza devem ficar onde estão. Isso significa que neste ponto não evacuaremos nenhum assentamento. Em segundo lugar, Israel será responsável pela segurança de todos os israelenses nos territórios, incluindo os que moram nas colônias e que viajam de um lugar ao outro. E, em terceiro lugar, Israel é responsável pela segurança estrangeira, isto é, a fronteira com o Egito, que é a fronteira da paz, mas que não é imune ao terrorismo, e o mesmo se aplica à fronteira com a Jordânia. A Jerusalém unificada permanecerá sob o controle completo e exclusivo de Israel, sem nenhum privilégio ou autoridade do conselho palestino.

Existe um compromisso de liberar 7 mil prisioneiros palestinos?

Não estou sabendo de nenhuma obrigação da nossa parte na pauta das negociações; ainda não falamos sobre números. Deixamos claro que estamos preparados para libertar prisioneiros de acordo com certos critérios. Por exemplo, não temos nenhuma intenção de libertar aqueles que continuam comprometidos com atos de terrorismo, isto é, membros do Hamas e da Jihad islâmica ou membros de ramificações organizadas com base em Damasco, como Habash, Naif Hawatmeh, Abu Mussa, Jibril, Shkaki. Todas essas organizações dão continuidade e até intensificam os atos de terrorismo e não há razão para soltar seus membros. Há critérios adicionais, como prisioneiros envolvidos no assassinato de palestinos ou israelenses. Casos como esses estão dependentes da decisão dos tribunais.

Quando o senhor imagina que Yasser Arafat voltará a Jericó ou às áreas palestinas pela primeira vez?

Não cabe a mim prever uma data para a chegada dele. Acredito que o mais importante seja chegar a um acordo, primeiro em questões de segurança e depois em um enorme número de questões que assegurarão as relações econômicas entre os palestinos e os israelenses. Ainda não começamos a discutir a questão fundamental, isto é, qual tipo de relação prevalecerá entre nós na esfera econômica. Teremos relações abertas, o que significa que elas serão mantidas por clientes e investidores privados, que terão empreendimentos de negócios na Autoridade Palestina e em Israel. Se as lacunas entre nós forem enormes, será impossível conduzir a atividade econômica entre os dois mercados. Naturalmente, muitos outros tópicos ainda aguardam uma solução. Por exemplo, o suprimento de eletricidade em Gaza e a maior parte da Cisjordânia. O mesmo se aplica ao suprimento de água a Gaza. Nós lhes oferecemos dezenas de milhares de empregos. Devemos solucionar todos esses pontos em acordos econômicos, mas ainda nem começamos a discuti-los.

Arafat elogiou o senhor ontem.

Bem, aprendemos a duras penas que a paz é feita com o inimigo. Não há necessidade de acordos de paz com amigos. Há uma longa história de guerra contra o terror. Temos sofrido muitas perdas, mortos e feridos em consequência do terror. Não posso dizer que será fácil, mas a nossa decisão em conjunto com a OLP, como se reflete nas cartas que Arafat e eu trocamos, é uma prova da mudança de posicionamento e um compromisso de renunciar ao terrorismo e à violência para chegar a um acordo e superar diferenças de opinião por meio das negociações. Eles reconhecem o direito de Israel de viver em paz como um país independente e soberano e sabem que há uma contradição entre esse reconhecimento e certas seções do Pacto Palestino, que refuta o direito de existência de Israel. Eles mudaram seu posicionamento. Esse processo não será fácil, contudo. Como já mencionei, quando Israel está envolvido, as negociações de paz no Oriente Médio sempre serão conduzidas com inimigos amargos.

O senhor acredita ser possível o estabelecimento de um Estado palestino após o período de transição?

Teria sido bom se tivéssemos chegado a um acordo em relação ao período de transição, o que proporcionaria aos palestinos o direito à autonomia. O acordo foi redigido para um período de três anos e, dentro desses três anos, devemos começar a conduzir negociações relativas ao acordo do status permanente. Sou da opinião de que neste exato momento devemos nos concentrar na implementação dos acordos para conseguirmos mantê-los: mudar juntos a realidade das nossas vidas, criando uma coexistência pacífica, reduzindo suspeitas e preconceitos mútuos. Essa é a principal questão. Pessoalmente, eu me oponho ao estabelecimento de um Estado palestino independente entre nós e a Jordânia. Não há dúvidas de que haverá uma entidade palestina, mas ela será menos que um Estado independente.

Talvez na forma de uma federação com a Jordânia?

Uma federação normalmente é criada entre dois Estados independentes. Dessa forma, este não seria o caminho desejado. No entanto, em última instância, a natureza do relacionamento que será estabelecido entre a entidade palestina e a Jordânia é problema deles.

Quais são as barreiras entre Israel e a Jordânia e o que impede um acordo de paz com a Jordânia?

Não acho que existam muitas barreiras [entre eles]. Basta uma decisão política por parte dos jordanianos para assinarmos um acordo entre os dois países. Na minha estimativa, podemos assinar um acordo como esse em três meses de negociações.

Decisões históricas controversas podem ser tomadas sem o apoio da maioria do Knesset?

Tivemos uma maioria que apoiava o acordo da Declaração de Princípios com a OLP, isto é, com os palestinos. Tivemos 61 votos [a favor do acordo], 8 abstenções e 52 ou 51 contra. Dessa forma, temos uma maioria que apoia o acordo.

O Catar tem interesse nas negociações com Israel para estabelecer vínculos diplomáticos?

Nós só lemos sobre as negociações e negócios entre Israel e o Catar nos jornais. Eu desconheço qualquer acordo entre os dois países. Mas uma das nossas esperanças é que, com o estreitamento das nossas relações com os palestinos – e não vamos esquecer que esse é o primeiro acordo na história desses dois povos –, os países e povos árabes mudarão sua atitude em relação a nós. Espero que relações comerciais também sejam desenvolvidas com países que não são necessariamente vizinhos, isto é, países como o Marrocos, a Tunísia e a Arábia Saudita.

Na opinião do senhor, Israel poderá chegar a um acordo com o Irã?

Não acho que haja nem mesmo a mais remota possibilidade de Israel e o Irã chegarem a um acordo. De acordo com a ideologia teológica deles e a forma como eles interpretam o Corão, Irã rejeita todos os países não islâmicos no Oriente Médio e indiscutivelmente Israel. O presidente do Irã, Rafsanjani, caracteriza os Estados Unidos como "Grande Diabo" e Israel como "Pequeno Diabo".

A política do Irã e o desejo deles de espalhar o khomeinismo mesmo sem khomeinis em todos os países árabes e particularmente no Oriente Médio, e todos os seus movimentos extremistas, inclusive os movimentos palestinos do Hamas e da Jihad islâmica, se opõem às negociações de paz entre Israel e os palestinos. O Hezbollah chega a se opor à participação do Líbano nas negociações de paz. Todos esses movimentos extremistas negam a existência de Israel e se opõem às negociações pela paz. Dessa forma, não há bases para um acordo com o Irã. Esperamos que o khomeinismo, que está se espalhando por todo o Oriente Médio, não consiga inflamar os países árabes moderados, da Argélia ao Paquistão. Devemos esperar que a comunidade internacional perceba o perigo interente à rede do terror que os movimentos apoiados pelo Irã têm desenvolvido por todo o planeta.

Qual é o saldo do processo de paz até agora, na sua estimativa?

O processo de paz já atingiu um acordo de paz com a OLP. Acredito que, quando implementarmos esses acordos, e pelo menos no estágio inicial, em Gaza e em Jericó, isso incentivará outras entidades a perceber que acordos podem ser assinados e implementados conosco. Portanto, é seguro dizer que a Conferência de Paz de Madri levou aos resultados práticos. Nunca em toda a história houve um acordo entre israelenses e palestinos. A Síria pode ser o próximo país a chegar a um acordo conosco em 1994. Eu gostaria muito de firmar acordos não apenas com a Síria como também com a Jordânia e o Líbano, mas não sou um profeta, só um primeiro-ministro; eu devo conduzir, supervisionar negociações e chegar a acordos que proporcionarão segurança a Israel.

ARIEL SHARON
Ex-primeiro-ministro de Israel

"Em 1988 eu já vinha propondo que o território fosse dividido, que um Estado palestino fosse criado."

"Fui um soldado e um fazendeiro e agora sou um político. Se eu tivesse que escolher minha ocupação preferida, acho que escolheria a agricultura. Eu nasci e cresci em uma fazenda em Kfar Malal em 1928. Meu pai era de origem germano-polonesa; minha mãe era de origem russa. Em 1948, comecei a estudar agronomia, mas irrompeu a Guerra da Independência e me tornei um soldado. No entanto, a questão não é o que eu quero fazer, mas o que eu preciso fazer. Não me preocupo com o que farei quando terminar meu mandato como primeiro-ministro. Farei o que sempre quis fazer, trabalhar a terra e criar gado e cavalos. Tiro a minha força não do partido, mas da minha família, da terra, das plantas, das flores e dos animais da fazenda. Nesse sentido me considero um homem feliz, porque sei que o futuro me reserva exatamente o que sempre quis minha vida inteira."

Desde janeiro de 2006, o ex-primeiro-ministro de Israel, Ariel Sharon, vinha vacilando entre a vida e a morte, depois de ser hospitalizado devido a graves derrames cerebrais. Antes de ser hospitalizado, ele acreditava que permaneceria no cargo pelo menos mais um mandato. Ele sabia que era amplamente odiado e temido em Israel, na Europa e no mundo árabe. Isso não tinha importância alguma para ele, porque "o importante é defender o povo judeu". "Alguns", ele disse, "negariam aos judeus o direito de se defender".

Aos 20 anos, ele foi ferido na batalha de Latrun na Guerra da Independência e ficou abandonado no campo de batalha. O trauma que isso lhe provocou o acompanhou durante toda a vida. De todos os políticos israelenses, ele acreditava, só ele poderia chegar a um tratado de paz no futuro próximo.

No início dos anos 1950, ele montou e comandou a Unidade 101, que executava audaciosas operações de represália profundamente entranhadas em território inimigo. Por intermédio dessa unidade e mais tarde por intermédio da Brigada de Paraquedistas, Sharon deixou como herança para as Forças de Defesa de Israel (FDI) um conjunto de princípios que, na opinião de muitos, representam sua maior contribuição: um comandante sempre deve se posicionar na liderança da força, deve ser determinado em seus propósitos e assumir a responsabilidade suprema pelos feridos e mortos, que não devem ser abandonados no campo de batalha.

Sua carreira militar foi controversa. Em 1956, na Operação Kadesh (a "Campanha do Sinai"), ele violou as ordens de seus superiores. Na Guerra dos Seis Dias de 1967, ele foi um comandante de divisão. Ele continuou a subir na hierarquia militar até ser nomeado comandante do OC Southern, função na qual ele reprimiu o terrorismo na Faixa de Gaza de maneiras controversas. Percebendo que o caminho para o cargo de comandante em chefe das Forças de Defesa de Israel estava impedido para ele, Sharon saiu da FDI e entrou no partido liberal, o parceiro do partido Herut de Menachem Begin no bloco de Gahal (Herut-Liberal). Ele deu início à criação do Likud e se preparou para mergulhar na vida política. No entanto, naquele momento a Guerra do Yom Kippur foi deflagrada. Ele voltou a vestir o uniforme, como comandante de divisão na reserva e, nesse cargo, foi o primeiro a cruzar o Canal de Suez. Ele optou por prosseguir na carreira militar e, por essa razão, foi excluído da lista do Likud de candidatos do Knesset nas eleições realizadas naquele ano.

Yitzhak Rabin, durante seu primeiro mandato como primeiro-ministro, nomeou Sharon como um conselheiro e, se antecipando às eleições de 1977, Sharon fundou o próprio partido, o Shlomtzion, que venceu dois mandatos e se fundiu imediata e incondicionalmente com o Likud, que tinha conquistado sua primeira vitória eleitoral. Menachem Begin, em seu primeiro governo, nomeou Sharon ministro da Agricultura e, nesse cargo, Sharon promoveu plantações e o povoamento de toda a Cisjordânia com assentamentos. No segundo governo de Begin, Sharon recebeu o Ministério da Defesa e o utilizou para planejar a Guerra do Líbano (1982). A Comissão Kahan, criada para investigar o massacre dos refugiados palestinos por falangistas cristãos nos campos Sabra e Chatila em Beirute, responsabilizou indiretamente Sharon pelo massacre e recomendou que ele fosse demitido como ministro. Sharon foi forçado a abandonar o Ministério da Defesa, mas não o governo.

Ele participou de todos os governos do Likud, inclusive aqueles que firmaram amplas coalizões com o partido trabalhista. Ao longo dos anos, ele encabeçou vários ministérios: Indústria e Comércio, Construção e Habitação, Infraestrutura Nacional e Relações Exteriores. Benjamin Netanyahu, no início de seu mandato como primeiro-ministro, era avesso a nomear Sharon para o Gabinete, mas foi forçado a fazer isso, pressionado pelo seu ministro das Relações Exteriores, David Levy. Netanyahu também nomeou Sharon como seu sucessor na direção do Likud depois de sua derrota eleitoral em 1999. Netanyahu pretendia que isso fosse uma espécie de cargo por procuração, mas, quando tentou retomar a posição, Sharon o derrotou nas eleições internas do partido. Em 2001, Sharon se tornou o primeiro-ministro de Israel.

Nessa posição, ele concebeu e implementou o plano de retirada, contestando a visão prevalecente nas instituições de seu partido. Em virtude disso, ele enfrentou um número cada vez maior de ameaças de morte por parte da extrema-direita. Acredita-se que Sharon tenha sido o político mais protegido do planeta. Ele circulava em veículos blindados, seus itinerários eram mantidos em segredo e sua agenda era alterada várias vezes ao dia. Uma aeronave não tripulada acompanhava a rota de sua comitiva em tempo real, por meio de câmeras cobrindo um raio de dez quilômetros. Na época, comentando sobre o Oriente Médio, ele disse: "Os árabes têm petróleo, mas os judeus têm um fósforo" e "Netzarim é tão importante quanto Tel Aviv". Mas algo mudou na mentalidade do mais velho primeiro-ministro que Israel teve até então.

"Não há dúvida de que, para chegarmos a um acordo de paz verdadeiro e sustentável, precisamos chegar a um meio-termo e fazer concessões territoriais, e acredito que isso incluiria alguns dos assentamentos", ele disse um mês antes de revelar o plano de retirada em um discurso na Conferência de Herzliya.

Sharon ignorou as ameaças e as moções de censura, acreditando que as negociações com os palestinos só poderiam ocorrer a partir de uma posição de força e com garantias de segurança. Ele se reuniu várias vezes com Mahmoud Abbas (Abu Mazen) e Abu Ala, em público e em segredo, porque os considerava interlocutores respeitáveis e valorizava seus talentos como negociadores.

Sharon afirmava que seu trabalho como primeiro-ministro é um dos mais difíceis do mundo. Algumas vezes ele precisava trabalhar até 1h da manhã e seu assessor, Raanan Gissin, o acordava toda manhã às 5h15 para lhe informar as notícias de Israel e do exterior.

Em determinado ponto na entrevista, que foi realizada no Ministério da Defesa em Tel Aviv, eu lhe disse: "Sr. Sharon, minha última pergunta..." Ele me interrompeu com um sorriso: "Sr. Cymerman, o senhor está com pressa?" Naquele momento, a entrevista já tinha se estendido por quase uma hora inteira.

Depois da morte de seu nêmesis, Yasser Arafat, as declarações conciliatórias de Sharon sobre a necessidade de dar um fim à ocupação e chegar a um acordo histórico com os palestinos se tornaram cada vez mais frequentes. Contatos oficiais e não oficiais com a Autoridade Palestina foram reiniciados e o plano unilateral de retirada de Gaza se tornou bilateral.

Seu primeiro encontro com Mahmoud Abbas, em 8 de fevereiro de 2005, foi planejado até os mínimos detalhes. Nesse encontro, os dois líderes anunciaram um cessar-fogo em todas as frentes. O anfitrião e intermediário do encontro, o presidente Hosny Mubarak do Egito, que até então rejeitava sistematicamente qualquer ideia de um encontro com Sharon, afirmou na ocasião, da mesma forma que Abbas, que "Este é o líder que pode colocar sua assinatura em um [acordo] de paz".

Em uma ocasião, perguntei a Arafat se ele não achava que Sharon poderia se tornar o De Gaulle israelense, isto é, um militar estabelecendo uma paz histórica. O presidente palestino riu com desdém. Seu sucessor pensava de outra forma.

No verão de 2005, a comunidade internacional aplaudiu Sharon quando ele fechou 25 assentamentos (21 na Faixa de Gaza e os outros no norte da Samaria) apesar da oposição dos colonos e de seu partido. No ocidente, as pessoas falavam de uma grande transformação na imagem de um líder que, durante a Intifada, muitas vezes foi retratado como algo similar a Saddam Hussein.

Benjamin Netanyahu, seu rival do Likud, disse: "Sharon está trocando territórios por tapetes vermelhos".

Vários meses antes de ser hospitalizado e substituído por seu aliado mais próximo, Ehud Olmert, Sharon concluiu o "big bang" da política israelense desvinculando-se de seu partido, o Likud, e fundando um partido de centro, chamado Kadima. A divisão no partido que governara Israel durante a maioria dos mandatos desde 1977 deixou o país em choque. A principal razão pela dissidência, contudo, não foi a saída de Sharon, mas a simples constatação, por parte de alguns membros da direita israelense, de que tinha chegado a hora de começar a abrir mão do sonho da Grande Israel, que se estenderia do rio Jordão ao Mar Mediterrâneo.

Em uma de minhas conversas com Sharon, ele disse: "Sempre lembro que os judeus têm apenas um Estado pequeno, minúsculo". Sei que temos muitas pessoas talentosas aqui e que estamos no único lugar do mundo onde os judeus têm o direito e a capacidade de se defender. Eu sinto o peso dessa responsabilidade".

Entrevista conduzida em 13 de novembro de 2003

Como o senhor imagina que será a situação da região daqui a quatro anos? O senhor prevê um Estado palestino ao lado de Israel? Qual é o preço que o senhor está disposto a pagar pela paz?

Espero poder concretizar tanto a minha visão quanto a de Israel: o atingimento da paz, paz com segurança. Israel quer a paz e está comprometido com a paz. Nós aceitamos o Road Map com os catorze pontos acrescentados pelo governo e realmente espero começar a aplicá-los. Tenho dito repetidas vezes que estaria disposto a fazer dolorosas concessões em nome da verdadeira paz. Digo "dolorosas" porque, veja, este é o berço do povo judeu, e você deve lembrar que Israel nunca foi derrotado em nenhuma guerra. Não conheço nenhum país que tenha sido vitorioso na guerra e estivesse preparado, voluntariamente, a abrir mão de parte de seu território para obter a paz. Israel é um caso excepcional e isso comprova seu desejo de viver em paz. Estou preparado para fazer dolorosas concessões, mas não farei nenhuma concessão, nem agora nem no futuro, que possa colocar em risco a segurança dos cidadãos de Israel e do próprio Estado de Israel. Eu considero ser meu dever histórico garantir a segurança às pessoas em Israel.

O senhor conhece o primeiro-ministro palestino, Abu Ala [Ahmed Qurie], há anos. Qual é a opinião do senhor sobre ele? O senhor está disposto a interromper as eliminações direcionadas de líderes e ativistas palestinos em troca da cessação dos ataques por parte de organizações islâmicas?

Sim, faz anos que conheço Abu Ala. Eu me encontrei com ele muitas vezes no meu rancho, no escritório do primeiro-ministro em Jerusalém e em outros locais. Acredito que ele seja um homem talentoso e um político incisivo. Essas características facilitarão para ele lutar no cenário político palestino. Eu o definiria como um homem de negócios de sucesso, o que o ajudará a conduzir negociações, nas quais você sempre precisa dar para receber. Abu Ala também tem uma grande capacidade de sobrevivência, mas uma condição para seu sucesso é ele levar adiante o Road Map, introduzir reformas autênticas, controlar todas as organizações e forças de segurança, combater o terrorismo, acabar com as organizações terroristas e tomar suas armas para transferi-las a um terceiro. Se ele fizer isso, acredito que seremos capazes de progredir. Estou interessado em avançar. Tenho mais quatro anos e gostaria de concluir as negociações e o tratado nesse período.

O senhor acredita que será possível estabelecer um Estado palestino durante o seu mandato? Quando o senhor se reunirá com Abu Ala?

Essa foi a minha proposta. Acredito que devemos progredir gradualmente e proponho que Israel reconheça o Estado palestino sem definir suas fronteiras antes de trabalharmos no acordo para o status permanente. Acredito que uma medida como essa enviaria aos palestinos a mensagem de que as intenções de Israel são sérias. Estou disposto a retomar imediatamente as negociações. Abu Ala pediu para adiar o encontro até ele saber que seu status está mais firme e mais estável. Enquanto isso, contatos estão sendo realizados em escalões mais baixos. Eu emiti instruções muito claras para que os oficiais da FDI em campo mantenham contato com suas contrapartes palestinas para impedir atritos. Não acho que o Road Map esteja morto; ele está vivo, mas os palestinos precisam honrar suas promessas. Os Acordos de Oslo também, que acho que foram equivocados, não teriam sido assinados por Yitzhak Rabin se não fosse pela promessa de Arafat de impedir o terrorismo. O problema no Oriente Médio é que você não deve atribuir nenhuma importância a palavras, declarações nem assinaturas. Você deve atribuir importância a apenas uma coisa: fatos.

O senhor é o primeiro líder israelense de direita que mencionou um Estado palestino no fim do processo. Como o senhor chegou a essa conclusão?

Não há novidade alguma nisso. Em 1988, eu já tinha proposto que o território fosse divido e fui intensamente atacado pelos meus colegas de partido. Mesmo assim, cheguei à conclusão – não era um desejo que tive a vida inteira, é claro – de que Israel precisaria permanecer nas áreas cruciais para a sua segurança e existência e permitir que os palestinos estabeleçam uma entidade independente. Eu disse na época que, se não fizéssemos alguma coisa, eles tentariam nos empurrar de volta às fronteiras de 1967, que não asseguram a existência e a segurança de Israel. O meu posicionamento não é novo e, por esse motivo, nunca tive medo, mesmo durante a campanha para as eleições, de descrever como eu vislumbrava a solução para o conflito. Eu queria que todo mundo soubesse disso de forma que não pudessem alegar depois das eleições que eles não sabiam o que eu queria dizer. Todos sabem muito bem o que eu quis dizer: um tratado entre dois Estados. Para mim sempre foi claro que não é possível firmar um tratado como esse a menos que se estabeleça um Estado palestino. Assim, eu continuei a avançar com esse plano e o progresso teve a sua influência sobre o Road Map. O plano inclui elementos como um Estado palestino e uma solução política passo a passo baseada no fim do terrorismo, da violência e da provocação como uma possibilidade para o início das negociações. Eu já tinha conversado sobre essas questões com Abu Ala, então não foi a primeira vez que ele ouviu meu ponto de vista.

É correto dizer, como os palestinos alegam, que o senhor está tentando definir as fronteiras da Palestina dentro do que eles chamam de "novo Muro de Berlim"? Mais de 200 mil palestinos se verão presos na Cisjordânia, entre o muro e as fronteiras de 1967. A Europa critica severamente o seu governo em virtude da cerca. Até os Estados Unidos se opõem a ela.

Deixe-me explicar por que estamos construindo a cerca. Essa barreira não é política; quando chegarmos a um acordo de paz, ela não determinará qual será a fronteira entre Israel e os palestinos. A cerca não determinará por onde passará a fronteira. A cerca é uma dentre várias medidas antiterroristas; sua função é impedir a entrada dos terroristas árabes que estão sendo enviados para executar ataques em Jerusalém e em todas as cidades de Israel. A cerca não é uma solução permanente e absoluta, mas é definitivamente uma medida que nos ajuda a combater o terror. Dessa forma, ela também deveria ser do interesse dos palestinos. A cerca também impede que massas de palestinos entrem ilegalmente em Israel vindas do território palestino e se misturem à população árabe-israelense. Estamos falando de um grande número de pessoas e um problema que também incomoda os árabes de Israel.

Eu admito que a cerca está sendo criticada, mas por favor mantenha em mente que a responsabilidade é minha. Eu tive de decidir entre duas possibilidades: ser criticado ou ter o terror. Não levei nem dois segundos para fazer a escolha. Se eu precisar escolher entre garantir uma melhor proteção aos cidadãos de Israel e enfrentar críticas, escolho as críticas. Admito que é importante para mim que as pessoas do mundo todo nos abracem e nos amem, mas atualmente a situação me força a ir a funerais todos os dias. A minha escolha é clara.

Um levantamento recente na Europa indica que muitos consideram Israel a maior ameaça à paz mundial. Qual é a opinião do senhor a respeito?

Os resultados de levantamentos dependem das perguntas feitas, mas naturalmente o levantamento nos preocupa muito. Estamos testemunhando um aumento do antissemitismo na Europa, direcionado a Israel. Israel é o Estado dos judeus e o que estamos descobrindo em fenômenos como esse levantamento é o antissemitismo moderno. O antissemitismo costumava ser direcionado aos judeus da Europa e vimos para onde isso levou: ao desastre do Holocausto. Hoje temos o mesmo antissemitismo, mas que vem acompanhado de uma nova concepção relacionada a ações do Estado judeu. Eu o considero extremamente perigoso não apenas para os judeus como também para os países nos quais esse antissemitismo existe. Toda democracia deve combater o antissemitismo e rejeitá-lo com veemência. O que realmente está acontecendo é que eles estão tentando negar o direito dos judeus de se defender. Eles criticam o uso da força e dizem que, por se tratar dos judeus, Israel não deve agir por meio da força. O fenômeno como um todo deveria ser condenado, por não dar aos judeus o direito de se defender como qualquer outra pessoa normal.

Eu presumo que não será nenhuma novidade para o senhor se eu dissesse que a sua imagem na Europa não é muito boa. Como o senhor lida com isso?

A minha meta é garantir a segurança para os judeus e os cidadãos do Estado de Israel. Essa é uma condição que pode nos ajudar a chegar a um tratado de paz. Estou ciente de que várias acusações e críticas foram feitas contra mim; algumas delas originárias de Israel, como parte de várias lutas políticas internas. Mesmo se importassem para mim, elas importam muito menos do que a segurança do povo judeu. Se Israel fosse enfraquecido, a vida de judeus em todo o planeta não seria a mesma que é hoje. A responsabilidade histórica pela defesa do povo judeu recai sobre os meus ombros. Gostaria de ser lembrado – é prematuro falar sobre isso; ainda tenho alguns anos para servir como primeiro-ministro, ou pelo mesmo assim espero – como alguém que defendeu a vida de seus irmãos judeus. A paz é uma causa importante e o mesmo se aplica ao desenvolvimento do país, à centralidade de Israel nas questões judaicas, à imigração de outros milhões de judeus. Todas essas são questões importantes, mas o meu compromisso com a segurança e a defesa do povo judeu vem em primeiro lugar.

Depois que o senhor falou no Knesset sobre dar um fim à ocupação, os colonos sentem que não têm o direito de existir. O senhor se arrepende do que disse?

Não. O que eu disse estava correto. Eu disse que não é bom para Israel querer controlar algum outro povo. Depois daquilo, as minhas palavras foram divulgadas e ecoadas fora de proporção. Nenhum judeu foi abandonado; o Estado de Israel está cuidando da vida de todos os seus cidadãos e da sua própria segurança e existência e continuará fazendo isso.

O senhor se lembra da evacuação da cidade de Yamit, que orquestrou pessoalmente? O senhor tem experiência no desmantelamento de assentamentos.

Fizemos tudo o que pudemos para ficar em Yamit. Nós chegamos a propor uma troca territorial com o Egito, mas os egípcios não aceitaram. Eu me lembro de como o presidente Sadat explicou a recusa: os árabes consideram sagrada a questão territorial e é por isso que eles rejeitaram a oferta de troca. Devo dizer que senti um pouco de inveja quando ele disse isso. A minha atitude em relação à terra é de uma importância histórica, de afeição.

Eu disse a Arafat que o senhor pode se tornar um novo De Gaulle, o general que conclui um acordo de paz, e ele riu alto e disse que não é tudo isso...

Acredito que se alguém em Israel puder chegar a um acordo de paz com os palestinos nos próximos anos, essa pessoa sou eu. Quanto à comparação, não acredito que ela funcione muito bem porque há uma diferença: para nós, a Argélia é aqui. Os judeus não têm mais para onde ir. Os franceses, contudo, por mais doloroso que tivesse sido, e apesar de todos os anos que passaram na Argélia, saíram da França e voltaram à França. Nós, os judeus, não temos para onde ir. Esta tem sido a terra natal dos judeus por milhares de anos. A vida judia aqui nunca foi interrompida. O vínculo com Jerusalém, Hebron, Monte Carmel, Monte Tabor, Shilo, Beit El e a Tumba de Raquel nunca foi rompido. Todos esses [lugares] fazem parte da história judaica. As comparações são incompreensíveis. Os judeus não têm aonde ir e nunca deixarão este lugar. Temos vivido aqui por milhares de anos, mesmo depois da grande rebelião contra Roma e a destruição do Templo. Nunca deixamos de viver aqui e nunca deixaremos.

Israel ainda está considerando a possibilidade de deportar Arafat?

Sabemos que Arafat é o maior obstáculo à paz. Ele sustenta uma estratégia de assassinato e terrorismo mesmo no meio de um processo político. Sua mentalidade estratégica é usar o terror no meio das negociações na esperança de enfraquecer os judeus. Mas ele já percebeu que isso não funciona. Apesar de termos absorvido enormes perdas, mostramos determinação e resiliência. Pelo contrário: o lugar onde você pode ver uma fissura é no lado palestino. Arafat é obviamente um grande obstáculo. Nós não falamos sobre isso, mas, se você me perguntar, para avançarmos no processo de paz ele precisa ser removido de posições de influência. Se eles não o removerem, ele dificultará a concretização do sonho e da visão de paz de todos.

O senhor participou de muitas guerras e viu companheiros sendo mortos e feridos. Como essa experiência de guerra influencia sua visão de vida e da política?

Fui ferido na batalha para romper o cerco em Jerusalém e comandei uma unidade na qual todos os soldados, com exceção de quatro, foram mortos ou feridos em um combate muito duro. Devo dizer que não pensei na época que 55 anos mais tarde voltaria a lutar pela defesa de Jerusalém, em uma espécie diferente de guerra. Do ponto de vista de um soldado ferido que foi deixado para trás porque não havia ninguém para ajudá-lo, eu definitivamente aprendi por experiência própria como é se sentir sozinho. Isso se reflete no meu posicionamento em relação a cativos que caem em mãos inimigas. Quando comandei a Unidade 101 e, mais tarde, a dos Paraquedistas, nos empenhamos enormemente para capturar inimigos a fim de libertá-los em troca dos nossos cativos. Essa questão dos cativos em mãos inimigas, especialmente nas mãos de um Estado árabe ou de uma organização terrorista, sempre foi muito difícil. Dessa forma, a minha história pessoal em guerras definitivamente afeta minha posição.

Como? Eu diria que tive o privilégio de participar de todas as guerras de Israel, talvez nas batalhas mais decisivas e centrais, e comandei as melhores unidades das Forças de Defesa de Israel. Vi o horror e a natureza apavorante da guerra e vi os melhores dos meus companheiros caindo. Fui gravemente ferido em duas guerras e senti dores excruciantes no hospital. Precisei tomar decisões que definiram o destino de outras pessoas e o meu próprio destino, era uma questão de vida ou morte. Dessa forma, acredito que eu conheça a importância da paz melhor que muitos políticos que falam sobre paz, mas nunca estiveram em situações parecidas e não viveram o que eu vivi. Para mim, a paz deve proporcionar segurança e eu diria sem sombra de dúvida que aprendi essa lição não com uma batalha, mas com muitas. Essa é a minha visão: a paz que não proporciona segurança não é paz.

YASSER ARAFAT
Ex-presidente da Autoridade Nacional Palestina

"Eu gostaria de ser lembrado como um dos palestinos que sofreram e fizeram todo o possível para conseguir o melhor para o seu povo."

Dez biografias foram escritas sobre Yasser Arafat. Ele é o pai da Palestina e sobreviveu a quarenta atentados israelenses e árabes contra a sua vida. Ele é o mesmo homem que, depois de liderar a Organização de Liberação Palestina no exílio, com um rifle em uma mão e um ramo de oliveira na outra, voltou a Gaza e à Cisjordânia na esteira dos Acordos de Oslo.

Durante os últimos meses de sua vida, seus conselheiros e ministros responsáveis pela sua segurança tentaram afastá-lo da mídia a todo custo e recusaram praticamente todas as solicitações de entrevistas e coletivas de imprensa. O tremor cada vez mais intenso em seus lábios e mãos se evidenciava nas entrevistas e a expressão de derrota era visível em seu rosto e em sua voz, que ficava cada vez mais fraca. Algumas vezes ele começava uma frase e de repente silenciava, olhando para o vazio. Os médicos explicaram que isso se devia a danos cerebrais provocados por um acidente de avião na Líbia em abril de 1992; no entanto, sua lucidez não foi comprometida. A cada vez que ele falava em público ou dava uma entrevista, um de seus associados mais próximos se posicionava diretamente atrás dele, sussurrando em seu ouvido, o orientando e refrescando sua memória para lembrá-lo do que ele precisaria dizer. Em 1995 quem exerceu esse papel foi Marwan Kanafani e, nos últimos anos, Nabil Abu Rudeina. Como o líder dos palestinos ele viu chefes de Estado israelenses como Golda Meir, Menachem Begin, Yitzhak Shamir, Yitzhak Rabin, Shimon Peres, Benjamin Netanyahu e Ehud Barak morrerem ou serem substituídos. Antes de sua morte, um dos seus confidentes, médico e político, Ahmad Tibi, disse que ele é "um líder com sete vidas". Essas afirmações foram feitas logo antes de sua morte, no dia 11 de novembro de 2004, depois de quase duas semanas em coma e notícias conflitantes sobre sua saúde.

Durante os dois últimos meses de sua vida, diplomatas e políticos israelenses e ocidentais que se encontraram com ele confirmaram que ele ainda controlava as forças de segurança palestinas e a oposição islâmica com mãos de ferro, apesar do fato de sua imagem não ser mais a mesma, não apenas aos olhos de uma parcela considerável da sociedade israelense, como na opinião de grande parte da administração americana e vários governos europeus. Até mesmo o emissário pessoal do secretário-geral das Nações Unidas, Terje Larsen, foi proclamado uma *persona non grata* pelos palestinos porque ousou criticar a "inação" de Arafat para impedir ataques terroristas em Israel e pelas insinuações de que Arafat tinha um lado corrupto. De acordo com várias investigações, Arafat administrava mais de 800 milhões de dólares e transferia aproximadamente 100 mil dólares por mês à esposa, Suha, que morava em Paris com a única filha dele, Zahwa. Os aliados do *Rais* (presidente) argumentam que "não se tratava de fundos pessoais, mas sim de fundos disponibilizados a ele, na qualidade do líder da revolução palestina".

De acordo com várias fontes, Suha Arafat, que acusou líderes palestinos de "tentar enterrar seu marido vivo", recebeu uma herança de vários milhões de dólares. As acusações dela foram criticadas na Cisjordânia e Suha evitou comparecer ao funeral pesaroso e caótico conduzido para seu marido no Complexo da Mukata em Ramallah e preferiu velórios realizados em Paris e também no Cairo, aos quais ela compareceu acompanhada da filha.

Entrevistei Arafat oito vezes. A primeira vez foi em sua residência, que tinha acabado de ser construída em Gaza, dias antes do assassinato de Yitzhak Rabin, em novembro de 1995.

Numa noite de sexta-feira recebi uma ligação do escritório dele e cruzei a fronteira na Passagem de Erez na calada da noite com a minha equipe, para o espanto dos soldados que pediram para ver nossos documentos. "Vocês não têm nada melhor para fazer nesta chuva?", eles perguntaram.

Eu cheguei ao escritório de Arafat e tive de esperar até aproximadamente às 2h da manhã. Foi assim que o vi pela porta parcialmente aberta; passando rapidamente de uma reunião à outra, volta em meia assistindo à CNN, tomando chá, servindo ele mesmo seus convidados e assinando dezenas de documentos contendo todos os tipos de solicitações que seus auxiliares colocavam diante dele.

Em anos subsequentes, na zona indefinida entre a paz e a guerra, o entrevistei em diferentes oportunidades em conversas que duraram de 10 a 45 minutos cada. Os quatro últimos encontros já foram realizados em seu escritório extremamente protegido em Ramallah. Todos eles foram iniciados por mim exceto um, quando o próprio Arafat me convidou para passar a noite no Complexo da Mukata, depois que todos os outros jornalistas foram embora. Lá, depois de uma dolorosa entrevista no único cômodo que sobreviveu ileso aos ataques e que servia como seu escritório, quarto de dormir, sala de jantar e casamata, ele se encaminhou ao pátio e me convidou para acompanhá-lo. Então ele explicou repetidamente, com uma expressão sombria, como os militares israelenses destruíram pequenas partes de seu quartel-general. "Eles estão naqueles telhados, cercando o Complexo da Mukata", ele comentou, se apressando para voltar ao escritório. No chão, entre suas pernas, ele sempre mantinha uma arma carregada. Quando lhe perguntei por que, ele respondeu com um sorriso: "Eu sou um General". Ele e seus conselheiros insinuaram que ele a usaria se e quando os soldados israelenses chegassem para capturá-lo. Em 1982 em Beirute, Sharon (então ministro da Defesa) pediu a permissão do primeiro-ministro (Menachem Begin) para autorizar um *sniper* israelense, que acompanhava o líder em sua mira, a atirar em Arafat. No entanto, Begin não autorizou a ação. Desde então, ele passou a ser a "obsessão de Sharon", diz Imad Shakour, um de seus conselheiros.

Quando os soldados israelenses o cercaram e o sitiaram em abril de 2002 e o isolaram em dois cômodos no Complexo da Mukata em Ramallah, ele gritou: "Oh, Deus, conceda-me a morte de um *shahid* (mártir)!"

Dizem que em Ramallah ninguém poderia substituí-lo como representante dos palestinos e da aspiração de estabelecer um Estado palestino. Todos achavam que ele seria a pessoa que proclamaria o estabelecimento do Estado palestino com grande pompa, mas sua idade avançada e sua doença o impediram. Muitos se lembram dele como um herói, como o verdadeiro iniciador da luta palestina e como o principal responsável por fazer com que a causa palestina fosse reconhecida pelo mundo inteiro. Outros, por outro lado, se lembram dele como um líder que deixou passar várias oportunidades de atingir seu objetivo. Seus críticos, tanto palestinos quanto estrangeiros, o acusavam de liderar um regime corrupto e ditatorial.

Nos anos 1960 ele foi um pioneiro no que foi apelidado de "terrorismo televisivo" ou, em outras palavras, atos de violência que envolviam uma dose maior de propaganda política do que o padrão e chamavam a atenção do público internacional. Devido a essas operações, ele foi acusado de instigar o assassinato dos atletas israelenses nas Olimpíadas de Munique em 1972. Até os anos 1980 ele se recusou insistentemente a reconhecer o Estado de Israel. Ele optou pela luta armada e o terrorismo e só adotou o caminho diplomático quando a queda da União Soviética e sua aliança com Saddam Hussein deixaram seu movimento em uma situação diplomática e econômica extremamente precária.

Ao longo de seus 75 anos de vida, Arafat usou muitas máscaras, mas a que permanecerá gravada na memória coletiva é a do guerreiro árabe, o guerrilheiro vestindo um uniforme militar verde e um kaffiyah na cabeça, drapejado no ombro para lembrar o formato da Palestina. Tanto admiradores quanto críticos confirmam o fato de ele ser um "sobrevivente", como o rei Hussein, seu inimigo por muitos anos, e seu parceiro no processo de paz com Israel nos anos 1990. Ele teve muitos apelidos e codinomes: "Abu Amar", seu apelido no movimento da resistência, dado pelos palestinos, "O Velho", um apelido que lhe dava autoridade moral, "O Presidente", quando ele foi eleito em 1996 como presidente do conselho da Autoridade Palestina. Sempre que era chamado por esse nome, ele fazia uma correção, dizendo que era "O General".

Arafat nunca teve nenhum hobby e sua vida inteira foi dedicada à política e à causa palestina. Mohammed Al Daya, seu guarda-costas de 1989 a 2001, afirma que ele "não tinha interesse algum em futebol, televisão ou filmes... algumas vezes ele via que estávamos assistindo a um filme e perguntava com grande curiosidade, como se não entendesse o que estávamos fazendo: 'O que vocês estão vendo?' A única coisa que ele assistia na televisão eram os noticiários. Sua única ambição era ver a bandeira palestina se agitando nos céus de Jerusalém". E Al Daya acrescenta:

"Ele não tinha vida privada. A vida dele foi a vida de sua pátria. Todos nós sabemos do dever que devemos cumprir na vida. Mas ele sentia que não tinha dever algum em relação à família e só em relação à pátria".

Arafat não confiava em ninguém e liderou um regime tão centralizado que nunca chegou a pensar em nomear um sucessor. De acordo com Al Daya, "Se eles o tivessem forçado a escolher um sucessor, ele teria escolhido a si mesmo". Quando alguém ousava lhe perguntar sobre um sucessor, ele respondia: "Ainda me restam algumas vidas".

Até os últimos dias de vida, ele atuou como o porta-voz da batalha e como símbolo de todos os palestinos. E, o mais importante, ele foi o único líder palestino preparado a fazer concessões dolorosas e que teve a capacidade de convencer seu povo para atingir o objetivo da paz. Ele sempre será lembrado por todos os papéis que exerceu: o terrorista, o líder político, o visionário, o pragmático, o guerreiro romântico, o homem da guerra e o homem da paz.

No entanto, ele não conseguiu realizar seu sonho de ficar na história como o primeiro presidente do Estado da Palestina. Meses depois de seu falecimento, as causas de sua morte permanecem incertas. Apesar do relatório do Hôpital d'Instruction des Armées Percy na França declarando que não havia sinais de envenenamento, muitos palestinos ainda acreditam que ele foi assassinado por Israel. Nove meses após sua morte, a questão voltou às manchetes devido a um artigo investigativo baseado no relatório médico. As investigações não chegaram a conclusões definitivas, mas reabrem a possibilidade de ele ter sido envenenado e ter sofrido de complicações relacionadas à Aids.

Mesmo criticado pelos seus métodos, para a grande maioria dos 9,5 milhões de palestinos, membros de seu povo dispersos por todo o planeta, ele continuou sendo um símbolo, um estandarte, uma bandeira, uma espécie de George Washington, o Pai Fundador, e, para muitos israelenses e americanos, o próprio Arafat era o problema, apesar de a maioria dos palestinos acreditar que ele era a solução, já que, sem sua moral e autoridade política, um dos conflitos mais prolongados do mundo precisará esperar pelo menos mais uma geração para uma possível solução.

Entrevista conduzida em Gaza, 13 de outubro de 1994

Até que ponto os europeus podem ajudar os palestinos?

Temos muito orgulho do bravo relacionamento que prevalece entre nós e a União Europeia. Não podemos nos esquecer do empenho deles, da ajuda que recebemos deles em todos os níveis e de todas as formas. Eles nos ajudam, por exemplo, no treinamento das nossas forças, dos nossos policiais e em vários projetos em campo, paralelamente à contribuição dos Estados-membros da União Europeia para o fundo de assistência do Banco Mundial. Somos gratos aos países da Europa e à comunidade internacional por toda a ajuda.

Como é morar em Gaza depois de tantos anos de exílio?

É o que sempre quis e o que sempre disse: que não havia dúvida de que eu voltaria para cá mais cedo ou mais tarde. E aqui estamos nós, este é o nosso país, atrás de você está a nossa bandeira. Esse é o desenrolar da história e ninguém pode impedir.

Como o senhor se sentiu quando recebeu o Prêmio Príncipe de Astúrias e talvez o Prêmio Nobel da Paz?

Esses prêmios não são agraciados a mim, e sim ao meu povo, o povo palestino, que sofreu tanto desde 1947 e até hoje. Eles são uma prova de que todo o sofrimento não foi em vão.

O senhor ainda se sente otimista em relação ao processo de paz?

Não há como voltar atrás e não há alternativa a prosseguir a pleno vapor com o processo de paz, para chegar ao que chamamos de a paz dos valentes, o que significa fazer o que pudermos para conquistar a paz, apesar dos vários obstáculos do nosso lado e do outro lado. Não temos outra escolha.

Qual é a diferença entre o Arafat de hoje e o Arafat de 1974, que era visto com um ramo de oliveira em uma mão e um rifle na outra?

Eu não sou um camaleão... não posso trocar de roupa. [Risos.]

Entrevista conduzida em 28 de outubro de 1995

Qual é a opinião do senhor sobre a decisão tomada pelo Congresso dos Estados Unidos de transferir a embaixada deles de Tel Aviv a Jerusalém?

É uma infração das resoluções das Nações Unidas e da declaração de garantia dos Estados Unidos e, acima de tudo, é uma tentativa de sabotar o processo de paz. É uma desgraça para as Nações Unidas o que o Congresso dos Estados Unidos está fazendo. Eles devem se lembrar que, depois da Conferência de Paz de Madri, o secretário de Estado Baker recentemente nos deu a declaração de garantia do governo americano. Nos Acordos de Oslo, que assinamos dois anos atrás em Washington, o combinado foi que o status de Jerusalém seria discutido no estágio final das negociações. Não entendo como eles ousam contestar as Nações Unidas.

Quando o senhor acredita que a Autoridade Nacional Palestina se tornará um Estado independente?

Segundo os acordos assinados, as negociações para o status permanente devem começar no terceiro ano. O dia 4 de maio de 1996 marca o início do terceiro ano. Sei que é uma decisão difícil de implementar e que essa é exatamente a data na qual os estágios mais importantes das eleições em Israel começam; no entanto, apesar de tudo, começaremos a discutir a questão. Estamos a caminho. Estamos preparados para estabelecer relações confederadas com a Jordânia. Um relacionamento entre dois países, Jordânia e Palestina.

Qual é a sua opinião sobre o governo israelense neste estágio do processo de paz e sobre as possíveis retiradas? O senhor e o seu governo terão uma base em Ramallah?

Sem dúvida. Nós viajaremos entre Ramallah e Gaza. E por toda a Cisjordânia. Mas o processo de retirada é lento. Os israelenses ainda estão considerando a implementação do que já foi acordado e assinado. Espero que

Israel se retire este ano de seis cidades palestinas na Cisjordânia, incluindo Hebron, que é uma cidade muito especial.

O senhor visitará Belém neste Natal?

Este ano, pela primeira vez, vamos celebrar o Natal em Belém com a bandeira da Palestina.

O senhor é o indiscutivelmente candidato mais popular para as eleições palestinas marcadas para janeiro.

Eu assinei um acordo de paz com os israelenses, que também são valentes. Eles são valentes o suficiente para enfrentar a oposição deles, como nós enfrentamos a nossa. É por isso que chamamos essa paz de paz dos valentes.

O senhor está satisfeito com a assistência que o ocidente está proporcionando aos palestinos?

Em geral, a assistência oferecida pelo ocidente e em particular pela União Europeia, é recebida diretamente. Devemos agradecer a eles. Não devemos nos esquecer de que a Europa é muito importante para os palestinos, para toda a região e para o processo de paz. Os europeus trabalham e continuam a trabalhar conosco em todos os níveis, ao mesmo tempo em que mantêm o aspecto geopolítico em mente.

O senhor precisou ter longas discussões com os seus inimigos no passado, por exemplo, com Yitzhak Rabin. O senhor mudou de ideia em relação aos israelenses em consequência de conversas cara a cara que foram conduzidas com eles?

Sim, eu os conheço. Na verdade, os conheci antes de nos encontrarmos pessoalmente, e os considero relacionamentos de longa data. Nós, os palestinos, temos muitos anos de convivência com os judeus e os cristãos no país. Dessa forma, nós os conhecemos bem.

Qual foi o momento mais importante da sua vida?

Tive muitos desses momentos, não só um.

Como o senhor gostaria de ser lembrado no futuro?

Gostaria de ser lembrado como um dos palestinos que sofreram e fizeram o máximo para conquistar o melhor para o seu povo, particularmente para as nossas crianças, para as gerações futuras.

Entrevista conduzida em Gaza, 24 de novembro de 1998

Na ocasião da inauguração do aeroporto em Gaza, ele concorda em responder a somente uma pergunta.

Como o senhor se sente em um momento tão especial?

A inauguração do aeroporto internacional é um momento muito significativo para os palestinos. A data foi adiada por mais de dois anos, mas hoje o aeroporto está pronto e não podemos deixar de nos lembrar da ajuda que recebemos dos europeus em todos os níveis e em todos os aspectos para facilitar a construção deste aeroporto. Esperamos termos rotas aéreas regulares daqui à Europa. Em nome do povo palestino, eu gostaria de agradecer o Sr. Moratinos, pela sua ajuda e sua presença aqui hoje, nestas festividades.

Entrevista conduzida em Ramallah, 2 de agosto de 2000

O processo de paz está passando por uma grande crise. Como a Europa e o Sr. Moratinos podem interceder para solucionar essa crise?

Não há dúvidas de que estamos passando por um período delicado e volátil nas negociações entre nós e os israelenses. Precisamos de ajuda internacional para avançar o processo de paz. E não há dúvida que o venerável embaixador Moratinos como sempre exerce um papel importantíssimo neste processo, acompanhando todos os detalhes e coordenando todos os aspectos em todos os níveis conosco. Precisamos de assistência e um estímulo por parte de Moratinos, a União Europeia, os Estados Unidos e a comunidade internacional, para resgatar o processo. Não estamos pedindo a Lua, mas só queremos o que foi acordado e assinado, desejando implementar [o acordo] com integridade em um determinado momento.

Existe alguma possibilidade de o senhor pedir para conduzir negociações para o status permanente?

Não, de forma alguma. Por que, segundo os acordos, há muitas questões que devem ser decididas. Estamos em uma situação econômica muito problemática. [Saeb Arikat, principal negociador da Autoridade Palestina com os israelenses, sussurra algo a ele.] Trinta e dois pontos não foram implementados e, se o senhor quiser, podemos lhe dar uma cópia dos documentos. [Volta-se a Arikat e pergunta] Você tem uma cópia para dar a ele? Moratinos também tem uma cópia.

Sr. Arafat, o que deu errado no processo de paz? Eu lembro que a região estava muito esperançosa quando Ehud Barak foi eleito primeiro-ministro de Israel.

Estávamos muito otimistas e exploramos novas estratégias e novos estágios no processo de paz. Mas é com profundo pesar que digo que há muitas questões que não foram implementadas e, como se isso não bastasse, a construção de assentamentos está aumentando – 4.228 novas unidades habitacionais foram construídas lá. Em Jerusalém, o número de prédios construídos também aumentou, na cidade sagrada de Jerusalém e nas redondezas de Belém. É possível ver claramente que eles estão tentando isolar Jerusalém de Belém, o que é uma estratégia muito perigosa.

Uma última pergunta, o senhor pode vislumbrar, neste ano, no ano 2000, a declaração da independência do Estado palestino?

Segundo os acordos, isso deve ser uma realidade e o senhor deve saber que a declaração de independência deveria ter ocorrido no dia 4 de maio do ano passado. Mas concordamos em adiar o processo conforme sugestões de todos os líderes mundiais.

Entrevista conduzida em Ramallah, 28 de novembro de 2001

Como o senhor avalia as tentativas por parte da União Europeia e dos Estados Unidos de obter um cessar-fogo?

E não se esqueça dos russos e das Nações Unidas, representadas pelo Sr. Kofi Annan. Eles representam toda a comunidade internacional. Não há dúvida que, por meio desses esforços, devemos atingir a paz e devemos proteger a terra da paz, a Terra Santa. Devemos agradecer a eles, do fundo do nosso coração, pelo empenho e por tudo o que eles fazem para conquistar a paz na Terra Santa.

Nós vimos os postos de fronteira hoje. Como o povo palestino lida com eles no dia a dia?

O senhor pode ver por si só como o nosso povo sofre com esses postos de fronteira. Eles provocam horas intermináveis de atrasos e espera. Temos dificuldade de mandar comida para muitos moradores das cidades. Algumas vezes nem podemos enviar serviços médicos e muitas das escolas foram fechadas, porque professores e alunos foram impedidos de ter acesso a elas. E tem mais uma coisa: eles começaram a congelar nossos fundos catorze meses atrás, o que nos colocou em uma situação econômica extremamente grave. [Referência aos impostos pertencentes à Autoridade Palestina, que Israel apenas recolhe.]

O senhor será capaz de convencer o seu povo a implementar um cessar-fogo e acabar com a Intifada?

Declaramos isso oficialmente em duas conferências árabes conduzidas recentemente e em todos os escalões da liderança palestina. No entanto, sinto dizer que o outro lado, o lado israelense, continua a intensificar a violência por toda parte, na Cisjordânia e em Gaza, e estamos pagando um preço muito alto todos os dias, na forma de mortes e danos.

[Moratinos intervém neste ponto: "Vamos superar tudo isso, sr. presidente..."]

Espero que sim.

É possível chegar a um acordo com Sharon?

Isso depende... ele disse que não apoia a ação pela paz. Nós, por outro lado, insistimos em conquistar a paz com a ajuda da comunidade internacional, dos europeus, dos americanos, das Nações Unidas e da Rússia.

O senhor acredita ser possível realizar o sonho de um Estado palestino independente?

Foi o que foi combinado *a priori* nos Acordos de Oslo, além da Conferência de Paz de Madri. Isso foi afirmado pelo presidente Bush nas Nações Unidas e, antes disso, pela liderança europeia. O Fórum dos Países do G7 e não G7, incluindo países árabes e africanos, também confirmou isso. Mais de 130 países ao redor do planeta atualmente reconhecem o Estado palestino.

Entrevista conduzida em 2 outubro de 2002

"Não há dúvida que os israelenses se aproveitarão do ataque ao Iraque e do fato de que o mundo está preocupado com o que está acontecendo lá, para implementar operações de uma escala mais ampla contra o nosso povo, o povo palestino em Gaza, na Cisjordânia e na Jerusalém Oriental", afirma o presidente da Autoridade Palestina, Yasser Arafat, enquanto nos mostra os danos provocados pelos ataques israelenses ao complexo do governo, a Mukata da Autoridade em Ramallah. "Todas as nossas cidades e vilas estão totalmente sitiadas, a Faixa de Gaza está dividida ao meio e seccionada em distritos pelo exército israelense; a comunidade internacional não pode permitir esta situação", ele diz.

Israel culpa Arafat, acusando-o de liderar uma coalizão de organizações terroristas. Um toque de recolher é instituído à noite na cidade e dezenas de jornalistas e diplomatas estrangeiros que frequentam o Complexo da Mukata diariamente abandonam a área. Um dos membros do Parlamento europeu se despede do *Rais* (presidente) com um abraço de incentivo e lhe diz: "Ano que vem, em Jerusalém". O líder palestino passa a noite falando ao celular com líderes árabes e ocidentais.

Arafat não esconde sua raiva em relação à decisão do Congresso americano de declarar Jerusalém como a capital do Estado de Israel.

Quais medidas o senhor tomou contra essa decisão do Congresso dos Estados Unidos?

[Ele está em seu escritório, o único cômodo que não foi atingido e no qual ele dorme, trabalha e recebe convidados. Ele aponta para um Corão e uma cruz.] É terrível. Não podemos aceitar isso. Nós, todos os cristãos e muçulmanos do mundo todo, devemos agir. Jerusalém pertence a toda a comunidade internacional. Pedi que o presidente Bush voltasse atrás na decisão. Apelei aos cônsules estrangeiros e aos embaixadores árabes na Palestina e enviei cartas a seus governos pedindo que eles ajam imediatamente para implementar a Resolução 1435 do Conselho de Segurança das Nações Unidas, incluindo uma retirada por parte dos israelenses às fronteiras anteriores a setembro de 2000. Como o senhor sabe, um dos principais títulos de Sua Excelência, o rei da Espanha, é "O Rei de Jerusalém". Acredito que eu deva ir ver o rei para discutir essa questão com ele.

E o que o senhor espera da comunidade internacional, do Quarteto (União Europeia, Estados Unidos, Nações Unidas e Rússia)?

Que eles pressionem para implementar as Resoluções das Nações Unidas e o plano adotado pelo Quarteto em seu último encontro em Nova York (isto é, uma retirada de israelenses para as fronteiras anteriores à deflagração da Intifada e o estabelecimento de um Estado palestino com fronteiras temporárias).

Sr. presidente, vejo que o senhor tem um colchão aqui para dormir no chão, com o seu rifle e seus guarda-costas. Como o senhor se sente?

Estou bem. Ouvimos explosões por cerca de dez dias e vimos e sentimos os enormes buldôzers que vieram e destruíram tudo, inclusive a ponte que ligava os dois prédios nos quais eu moro e trabalho. O senhor mesmo viu que ainda estamos cercados por tanques e que os israelenses capturaram três prédios altos ao nosso redor, além do cerco no nível do solo. Hoje de manhã dois tanques voltaram, se aproximaram da portaria do Complexo da Mukata e ficaram duas horas lá.

Como o senhor se sentiu quando ouviu as explosões bem ao seu lado durante o cerco? O senhor estava pronto para morrer como um shahid *nesses momentos?*

Sim, é claro. Essa não é a primeira vez que fui submetido a cercos parecidos. Estas paredes tremeram. Eu não consegui dormir à noite.

Hoje o senhor sente falta de Yitzhak Rabin, o primeiro-ministro assassinado em 1995?

Sem dúvida. Ele era meu parceiro e sacrificou a vida pela paz dos valentes que assinamos juntos na Casa Branca. E quem o assassinou? Um jovem que pertence a um grupo extremista que está tomando conta do governo em Israel.

O senhor tem conversas frequentes com o primeiro-ministro da Espanha, José María Aznar. Agora, quando falamos na possibilidade de uma nova Conferência de Paz, uma espécie de Madri 2, iniciada pelo Quarteto, qual é o papel da Espanha?

O primeiro-ministro da Espanha sabe o que está acontecendo aqui e é atencioso em relação a questões que nos dizem respeito. Ele está em contato conosco e acompanha os eventos. Não apenas através de nós, como também com a União Europeia, os Estados árabes, os americanos e as Nações Unidas. Nós devemos a ele e ao povo espanhol nossos agradecimentos.

O primeiro-ministro de Israel, Ariel Sharon, tem um plano de contingência de exílio pronto para o caso de outro ataque suicida instigado por grupos fundamentalistas ocorrer em Israel. O que o senhor está fazendo a respeito?

Depois que os israelenses destruíram tudo e fugiram, nós começamos a discutir com a liderança palestina e o Conselho Revolucionário do Fatah para traçar uma estratégia para o futuro. Eu mesmo solicitei que todas as facções do palestino decretasse um cessar-fogo completo.

Entrevista conduzida em 22 de fevereiro de 2003

"Sinto constatar que Sharon, Mofaz [ministro da Defesa] e o general Ya'alon [chefe do Estado-maior] dizem que se aproveitarão da crise do Golfo para intensificar suas operações militares e até estão falando em exilar os palestinos", nos disse Yasser Arafat, o líder palestino em uma entrevista conduzida no Complexo da Mukata em Ramallah. Durante esses meses, ele não concedeu entrevistas, já que seus conselheiros temiam que ele falasse sobre a crise no Iraque. Em 1991, Arafat apoiou Saddam Hussein e isso lhe custou um preço político muito alto. Arafat é o único líder da Autoridade capaz de controlar seu povo em uma prisão domiciliar de quinze meses, pelo menos em parte voluntária, já que Israel permite que ele viaje para o exterior – isso não garante, no entanto, que ele poderia voltar ao território da Autoridade.

O senhor sente que Israel tentará exilá-lo?

O que acontecer a mim é irrelevante. O que importa é o que o nosso povo sofre na Terra Santa.

Os americanos atualmente têm 200 mil soldados espalhados não muito longe daqui, preparando-se para um ataque ao Iraque para derrubar Saddam Hussein. O que o senhor pensa a respeito?

Espero que não haja ataque algum e que tudo seja resolvido no Conselho de Segurança, considerando que a paz no Oriente Médio é importante para o mundo inteiro.

E quem está certo neste conflito, Bush ou Saddam Hussein, que o senhor apoiou no passado?

Eu não tenho direito algum de responder a essa pergunta. Agora tudo está nas mãos do Conselho de Segurança das Nações Unidas.

O senhor sente que, na esteira da Intifada, o senhor se aproximou ou se afastou do seu objetivo de estabelecer um Estado palestino com Jerusalém como sua capital?

Israel está intensificando as ações militares contra o nosso povo, que está sofrendo mais do que os negros sofreram na África do Sul com o apartheid. Veja o que está acontecendo em "Jeningrado" e em "Rafiahgrado", olhe para Nablus e o Muro de Berlim ao redor de Jerusalém. Eles arrasaram dezenas de milhares de *dunams* [unidade antiga de área, a quantidade de terra que um homem podia arar em um dia]. Perdemos mais de 70 mil pessoas até agora, que foram ou feridas ou mortas, 38 por cento delas com menos de 16 anos, e 30 por cento ficaram paralisadas.

O senhor se refere aos aproximadamente 2 mil palestinos mortos ou feridos?

Sim, feridos e mortos. Quem pode entender um número como esse?

O Hamas está ameaçando realizar ataques suicidas e Israel diz que o senhor deveria combater a estrutura do Hamas.

O senhor não deve esquecer que o Hamas é uma organização formada sob a direção de Shamir e seu amigo Rabin, ministro da Defesa na época. Ele admitiu isso sem embelezar os fatos em um dos nossos encontros, depois de um acalorado debate, [dizendo] "Sim, aquilo foi um erro nosso".

Importantes ministros palestinos afirmam que o senhor cometeu um grande erro quando fez da Intifada uma luta militar.

O erro foi de Barak, quando concordou em permitir que Sharon visitasse o complexo de mesquitas. Eu fui pessoalmente à casa de Barak em Israel três dias antes da visita e o alertei.

Líderes palestinos proeminentes, como Mahmoud Abbas, Abu Ala, Salam Fiad, se reuniram com Sharon com a autorização do senhor. O senhor acha que Sharon quer erradicar completamente a Autoridade Palestina ou se tornar um De Gaulle israelense?

[Risos.] De Gaulle? O senhor acha que ele é De Gaulle? O senhor se esqueceu do que ele fez em Sabra e em Chatila e os assassinatos cometidos no Campo de Refugiados Khan Yunis? Eu não diria isso. O senhor pode perguntar aos Juízes do Tribunal Superior em Haia. No entanto, em todas essas difíceis circunstâncias, tanto militar quanto politicamente, nunca interrompemos as negociações.

Depois de 37 anos como um líder, o senhor tem algum arrependimento?

A coisa mais difícil é a tragédia do nosso povo, que ainda não tem um lar, um Estado. Nós somos o único povo do planeta que vive sob uma ocupação. Mais cedo ou mais tarde, conquistaremos a independência. Até a África esteve sob total ocupação. A maioria dos israelenses acredita na paz dos valentes que assinei com meu amigo Rabin, que foi assassinado por grupos israelenses fanáticos.

Mas o senhor faz o possível para impedir atos de terrorismo contra cidadãos israelenses?

Sim, e muitas vezes conseguimos impedir os homens-bomba. O senhor pode perguntar ao Sr. Moratinos a respeito, na época ele era emissário da União Europeia, e pode perguntar ao Quarteto. Faço tudo o que está em meu poder, mas estou sitiado.

O que o senhor realmente pensa sobre os homens-bomba palestinos?

[Suspira e faz uma pausa] Somos totalmente contra eles. Mas não devemos nos esquecer que essa é uma reação à terrível situação na qual vivemos. Em Gaza, mais de 75 por cento das pessoas vivem abaixo da linha da pobreza e, na Cisjordânia, 55 por cento. Jatos de combate e tanques destroem casas e hospitais. Os grupos extremistas agem de forma proporcional a essa tragédia.

E agora a comunidade internacional está solicitando que o senhor nomeie um primeiro-ministro palestino...

Ele deve ser aceito pela OLP e pelo nosso Parlamento. Nós pedimos, neste mesmo cômodo, que o Quarteto faça com que Israel nos deixe recebê-los aqui.

E quem será nomeado?

Eu sugerirei um ou dois ou quatro nomes e eles precisarão escolher um.

Por que o senhor precisa de uma arma automática que tem aqui aos seus pés no escritório?

Não se esqueça, eu sou um General, um General sob cerco inimigo.

TZIPI LIVNI
Ex-ministra das Relações Exteriores de Israel

A NOVA "GOLDA MEIR" ISRAELENSE?

"O Hamas usou as eleições da Autoridade Palestina para tomar o controle de Gaza e disseminar suas ideias extremistas, contradizendo todo e qualquer princípio democrático."

Tzipi Livni nasceu em 1958 – relativamente jovem pelos padrões da política israelense. Ela parece estar sempre muito apressada, de forma que foi apelidada de "Tsunami Tzipi". Ela só assumiu um ministério em 2001 e atualmente é ministra das Relações Exteriores e a "número dois" no governo de Ehud Olmert; ela é a principal candidata para substituí-lo em caso de ele ser forçado a renunciar.

Aos 20 anos de idade, ela serviu dois anos no exército como tenente oficial. Ela se distinguiu na Europa como uma agente do Mossad, o serviço secreto israelense, entre 1980 e 1984. Ela estudou Direito e começou sua carreira política no partido de direita Likud. Na juventude, ela sempre apoiou o controle israelense da Cisjordânia, que considerava parte da "Grande Terra da Israel bíblica". Livni era muito próxima do ex-primeiro-ministro Ariel Sharon. Sharon disse que ela teria uma carreira política excepcional, nomeando-a sua ministra Regional e, em 2001, ela assumiu como ministra da Absorção da Imigração.

Em um país no qual políticos proeminentes são acusados de corrupção; Livni desenvolveu uma reputação política de honestidade e correção.

Livni ajudou no plano de retirada de Gaza em 2005, depois que foi nomeada ministra da Justiça por Sharon, o primeiro-ministro na época. Durante o conselho geral do partido Likud, ela confrontou parte de seus colegas alegando que, para atingir a paz com o povo palestino, primeiro seria necessário chegar a um meio-termo. Livni ajudou Sharon e o atual primeiro-ministro Olmert a criar o partido Kadima (de centro); ela também elaborou seu programa político.

Apesar de Livni ser uma personalidade pública, ela não gosta particularmente de aparecer diante das câmeras, devido à sua relutância em ser entrevistada. A entrevista a seguir foi uma das primeiras concedidas à imprensa internacional.

A líder da diplomacia israelense, apesar de todas as críticas, já está sendo chamada de "A nova Golda Meir", que também foi ministra das Relações Exteriores antes de ser eleita primeira-ministra.

Em uma entrevista exclusiva em seu escritório em Jerusalém, Tzipi Livni, ministra das Relações Exteriores, afirma: "Apesar de ser verdade que a sociedade palestina está perto de uma guerra civil, é bem possível que eles precisem passar por isso para combater e derrubar as ideologias extremistas. Israel vem acompanhando com grande interesse e preocupação o que está acontecendo na Autoridade Palestina. Se formos forçados a proteger a nossa própria população, é o que faremos, utilizando os meios necessários, diplomáticos ou militares".

Entrevista conduzida em 12 de junho de 2007

O Hamas islâmico está tomando o controle da Faixa de Gaza e expulsando o povo Fatah, moderado. Qual é o posicionamento de Israel?

O Hamas usou as eleições da Autoridade Palestina para tomar o controle de Gaza e disseminar suas ideias extremistas, contradizendo todo e qualquer princípio democrático.

Não importa o que acontecer na Faixa de Gaza, isso constitui um problema não apenas para Israel, mas também para o grupo palestino que quer a paz, e para todos que desejam viver em um país ocidental e não querem ter de seguir a ideologia muçulmana fundamentalista extremista, e para as pessoas que querem que seus filhos estudem em um sistema educacional livre e não em um regime que incita a violência. Estou certa de que o mundo todo se preocupa com o que está acontecendo em Gaza; é por isso que acredito que o problema diz respeito a todos nós. Eu gostaria de ver os moderados lutando e manifestando suas opiniões com determinação contra o Hamas.

Israel intervirá no conflito palestino interno para apoiar os setores moderados?

Nós adotamos duas estratégias diferentes: uma para os moderados e outra para os extremistas. Não devemos esquecer que os moderados precisam se fortalecer e, se Israel apoiar algum setor, isso enfraquecerá a frente interna em vez de fortalecê-la. Devemos entender que Israel é o inimigo em comum de todas as facções.

Em vez de implementar a fórmula dos dois Estados para dois povos, dois Estados palestinos estão sendo criados: por um lado a Faixa de Gaza – o Hamastan – e por outro lado a Cisjordânia – a Fatahlândia...

Queremos chegar a uma solução de dois Estados, cada um atendendo às necessidades de seu próprio povo. Israel e o território nacional do povo judeu e um Estado palestino como o território nacional do povo palestino. A criação de um Estado palestino não depende de Israel, mas da capacidade do povo palestino de combater os setores islâmicos, extremistas e terroristas.

Na próxima segunda-feira em Luxemburgo a senhora fará um discurso muito importante a todos os ministros de Relações Exteriores da União Europeia. A senhora percorreu uma longa trajetória, começando no partido Likud defendendo a ideia da Grande Terra de Israel até os dias de hoje, nos quais está disposta a fazer concessões em prol da paz. Quais serão os tópicos principais desse discurso?

O mais importante é expressar o posicionamento de Israel. Estamos dispostos a fazer concessões e apoiamos uma solução de dois Estados para os dois povos, mas também devemos enfatizar que Israel tem o direito de viver em segurança e se recusar a viver ao lado de um Estado terrorista. Israel quer e está disposto a dialogar com os moderados, mas, por outro lado, eles devem prosseguir com a sua política de revogar a legitimidade dos setores extremistas. Queremos nos abrir ao mundo árabe e ter relações normais. O nosso país é governado pelos mesmos princípios e valores que a União Europeia e esperamos que um dia a UE contribua para garantir a paz na região apoiando a nossa "política dupla", de diálogo com os grupos moderados e marginalizando e pressionando os setores extremistas radicais. Trabalhando juntos dessa forma podemos ser capazes de chegar a uma mudança.

Qual é a opinião da senhora em relação à iniciativa saudita de paz apoiada pela Liga Árabe? Existe alguma possibilidade de chegar a uma negociação de paz?

Um acordo de paz entre israelenses e palestinos precisa ser negociado e discutido pelos dois povos envolvidos. O papel da Liga Árabe não é decidir as condições de um acordo futuro, mas apoiar qualquer tipo de concessão dada pelos palestinos e fortalecer Israel sempre que qualquer medida visando à paz for tomada.

Como a senhora explicaria o fato de que a economia israelense está em um dos melhores momentos ao mesmo tempo em que passa por uma guerra no norte com o Hezbollah e no sul com Gaza?

Israel é um microcosmo fascinante que prova até que ponto um país pode ir em tão pouco tempo. Israel começou com um mercado centralizado, totalmente nas mãos do Estado e dos partidos políticos. O alimento era distribuído pelo governo por meio de cupons para produtos essenciais como ovos, leite e carne. Com o tempo, o país passou por um grande processo de privatização, abrindo, dessa forma, seu comércio para o mundo; duas semanas atrás Israel foi convidado para entrar na OCDE [Organização de Cooperação e de Desenvolvimento Econômico]. Atualmente continuamos com o processo de privatização, aplicando a regra número um da economia: aumentar a concorrência e permitir que cada setor faça o que sabe fazer melhor.

O setor público elaborou a própria política e orienta o setor privado para melhorar a infraestrutura nacional, sempre proporcionando serviços da mais alta qualidade ao público.

Um dos nossos maiores desafios é transformar as nossas limitações e dificuldades em novas oportunidades. A necessidade é a mãe de todas as invenções e é isso que tem guiado Israel desde o início. Por exemplo, nós temos o Negev (região árida ao sul de Israel, um deserto sem água); mas os nossos cientistas desenvolveram uma maneira de usar a água salgada para cultivar tomates-cereja. Israel é o único país no Oriente Médio que não tem petróleo nem gás natural; os nossos cientistas desenvolveram tecnologias solares extremamente avançadas. Com atitude positiva e quando as limitações se transformam em oportunidades, nada pode impedir o avanço do progresso.

Como a senhora definiria as relações entre Israel e a União Europeia? Sempre houve controvérsias e discrepâncias...

Não é coincidência, no campo econômico, que Israel tenha sido o primeiro país fora da Europa a assinar um Acordo de Livre Comércio com a União Europeia em 1975.

Israel e a Europa também sempre tiveram interesses em comum no campo da pesquisa e desenvolvimento. Nos orgulhamos muito do fato de diferentes países europeus terem investido no ano passado mais de 10 bilhões de dólares no mercado israelense, mostrando, dessa forma, confiança na força e estabilidade da economia israelense. As empresas israelenses também investiram uma quantia similar em empreendimentos europeus.

As relações entre Israel e a União Europeia se baseiam nos mesmos valores democráticos; respeito pelo importante papel da lei e dos direitos humanos.

A União Europeia tem um papel muito importante a exercer na comunidade internacional devido à sua experiência sem igual. Deve haver uma forte aliança entre as democracias do mundo livre para enfrentarmos juntos todos os desafios que esta era moderna nos impõe a todos. Israel e a União Europeia são parceiros naturais no enfrentamento desses desafios e na preservação da nossa visão em comum para o futuro com base na paz, segurança, estabilidade e prosperidade para todos.

O seu governo apoia a mobilização de uma força multinacional e europeia no sul de Gaza para impedir o Hamas de contrabandear armamentos vindos do Egito?

Com base no nosso profundo conhecimento do papel que a Europa exerce no mundo, nós apoiamos a crescente intervenção europeia no Oriente Médio. Uma boa prova disso é a intervenção internacional no Líbano para controlar o Hezbollah. Talvez a mobilização de uma força multinacional similar na "Rota Filadélfia" entre Gaza e o Egito possa ser uma questão extremamente importante.

EHUD BARAK
Ministro da Defesa de Israel

"Espero que os palestinos encontrem um líder como Sadat ou [o rei] Hussein."

Ehud Barak, ex-primeiro-ministro e ex-líder do partido trabalhista israelense, é o soldado mais condecorado da história de Israel.

Ele nasceu no Kibutz Mishmar Hasharon em 1942. No dia em que ele foi eleito primeiro-ministro em 1999, o pai dele, de 92 anos, que morava com a mãe de Ehud em uma pequena e modesta casa no kibutz, me disse, com satisfação: "Eu fiz de tudo para que Ehud, que sempre foi um garoto brilhante, se tornasse um grande cientista. Mas o destino lhe reservou outras coisas". Pode ter sido por essa razão que Barak tenha estudado tanto, se formado em física, matemática e ciência da computação e seja considerado um dos líderes mais inteligentes e instruídos que Israel já teve.

Barak comandou a famosa Unidade de Comandos das Forças de Defesa de Israel. Em várias ocasiões ele se lembra de ter liderado operações dos comandos no coração de cidades árabes como Beirute. Ele e outros soldados participavam dessas operações disfarçados de mulheres, com sapatos de salto alto, vestidos etc. "Quando pedi à minha esposa Nava para me emprestar seu kit de maquiagem no dia em que partimos para a missão em Beirute, ela me olhou chocada, mas não me perguntou nada, sabendo que não receberia uma resposta. Ela só me pediu para tomar cuidado."

Durante anos, Rabin e Peres o consideraram a maior promessa da esquerda israelense. Em 1995, depois que Barak concluiu seu mandato como chefe do Estado-maior, Rabin o nomeou ministro do Interior e, depois disso, Peres o encarregou das Relações Exteriores.

Depois de derrotar Benjamin Netanyahu nas eleições para primeiro-ministro, Barak, talvez mais do que qualquer outro líder, aproximou Israel do sonho da paz. Ele também cumpriu sua promessa de campanha de implementar a retirada do sul do

Líbano. No entanto, o fracasso do encontro de Camp David no verão de 2000, no qual ele participou com Clinton e Arafat, plantou as sementes da violenta Intifada palestina, que irrompeu dois meses mais tarde. "Eu provei que Arafat não podia ser um parceiro e que a paz não poderia ser negociada com ele", Barak explicou *ad nauseum*.

Barak dá palestras ao redor do mundo e toca piano no tempo livre. Ele é divorciado e tinha se casado com uma namorada da juventude. Em uma das minhas últimas entrevistas com ele, me disse enquanto me acompanhava até o elevador de seu escritório, localizado no opulento Millennium Building de Tel Aviv: "Agora preciso esperar por outra chance. Eu só tenho 61 anos, uma criança em comparação com Sharon, que tem 76, e o infatigável Peres, que tem 81".

Em junho de 2007, Barak se candidatou para a liderança do partido trabalhista, concorrendo com Ami Ayalon. Após sua vitória, ele se tornou ministro da Defesa dos governos seguintes.

Entrevista conduzida em 10 de julho de 2001

O Oriente Médio passou por enormes mudanças desde a Conferência de Madri. Estamos em um Oriente Médio totalmente diferente?

É claro que é diferente. Na Grécia clássica, alguém disse que você nunca cruza o mesmo rio duas vezes, já que, com a passagem do tempo, o rio deixa de ser o mesmo rio. Algumas coisas mudaram muito, mas a essência, os fatores demográficos e geográficos, a base sobre a qual reside o conflito regional, continuam igual, especialmente no que se refere a Israel. Mas foi uma década durante a qual Israel e muitos países ao redor do mundo se empenharam enormemente para atingir a paz e a culpa pelo fracasso dessas tentativas é dos palestinos. Com efeito, se quisermos ser precisos, foi a incapacidade de Arafat e de seu povo, que não conseguiram ver a oportunidade de avançar na direção da meta de um futuro melhor para os povos da região. O nosso famoso ministro das Relações Exteriores, Abba Eban, disse em uma ocasião que "Os palestinos nunca perdem uma oportunidade de perder uma oportunidade". Isso se repetiu várias vezes nesta década, especialmente no encontro de Camp David.

O conflito tem cem anos de idade e não há solução em vista. O senhor acredita que verá, pessoalmente, com os próprios olhos, um acordo final de paz entre Israel e os árabes?

Espero que sim. E espero viver muitos anos. É definitivamente possível. Algumas vezes conflitos desta magnitude levam décadas para ser solucionados. Acredito ser possível, mas está totalmente nas nossas mãos; não acredito que um anjo descerá do céu para resolver os nossos problemas. Tudo depende dos líderes, de nós, aqui na Terra.

O senhor é o soldado mais condecorado da história das Forças de Defesa de Israel. O senhor arriscou a vida em muitas operações de comando e chegou a entrar no Líbano disfarçado de mulher. Durante aquela operação, os saltos altos não o incomodaram?

Usei saltos relativamente baixos para evitar situações embaraçosas, e eram sapatos seguros. Mas foi duro. A operação foi realizada após o assassinato dos nossos onze atletas em Munique, quando o governo de Israel decidiu que nenhum responsável pelo massacre sairia vivo. Como parte desse plano, fomos a Beirute. Foi há muitos anos atrás e sabemos que não era uma questão de atirar em um punhado de pessoas, mas algo muito mais profundo. Não existe outra forma de erradicar o terrorismo, especialmente em Israel. Somos um país excepcional nesta região e precisamos fazer o que pudermos para atingir resultados, começando com fé em nós mesmos, a convicção de que somos capazes de dar um fim ao conflito.

O senhor já sentiu medo? O que o senhor sentiu ao atirar no inimigo?

Eu normalmente era o comandante e estava tão focado no meu trabalho que não tinha tempo de sentir medo. Você sabe que os olhos de todos os membros da sua unidade estão em você e todos os seus sentimentos entram em um estado de paralisia. Você precisa cuidar do seu pessoal, se certificar de que eles recebam as ordens e sintam que tudo está sob controle, de que sabemos o que estamos fazendo e que estamos fazendo a coisa certa da melhor maneira. É claro que tive minhas preocupações, mas precisava superá-las para me colocar à altura das pessoas sob o meu comando. Você sabe que eles sabem que você sabe o que precisa ser feito. É muito difícil, mas me parece que, no caso de Israel, as experiências de combate ajudaram os combatentes a ser ainda mais determinados em seu desejo de mudar a realidade, para que os nossos filhos e netos não tenham que passar pelo que passamos.

Estamos prontos para a guerra, mesmo se durar mais 120 anos, mas ao mesmo tempo precisamos conquistar a paz, e acredito que a paz ainda seja possível, apesar do fracasso de Arafat. Um dia os palestinos ainda terão seu Anwar Sadat, ou um rei Hussein, sem falar de um De Gaulle, e a paz se concretizará.

O senhor perdeu muitos amigos nos 36 anos que passou no exército. Como é possível superar o pesar? É possível que, a cada vez que se despediu das suas filhas, o senhor tenha pensado que também estaria se encaminhando para a morte?

Não é possível superar uma perda desse tipo. O que muda com o tempo é o estado, ou a natureza, da dor. Existe uma coisa muito mais dura, em certo sentido, do que os momentos mais amargos em combate: bater à porta de uma casa sabendo que em alguns momentos a vida das pessoas que ainda estiverem atrás daquela porta fechada, a família dos seus soldados que pereceram em combate, será virada de cabeça para baixo. Muitas vezes você conhece a viúva e os órfãos, mas algumas vezes é a primeira vez que os vê. Por mais que seja difícil combater no campo de batalha, é muito, muito mais difícil superar o momento antes de bater àquela porta para dizer às pessoas que moram lá que um ente querido se foi.

Passei minha vida inteira à sombra de amigos que morreram em combate quando tinham 18, 20 ou 30 anos, eternamente jovens. Eles não mudam; nós mudamos. Eles sempre viverão na minha memória como jovens. Estou ciente de que foi só um golpe de sorte ou o destino que determinou o fato de meus amigos terem morrido e não eu. Não fiz nada para que a coisa acontecesse de um jeito ou de outro. Também estou convencido de que alguns daqueles que morreram poderiam ser os melhores líderes, primeiros-ministros ou economistas, cientistas ou acadêmicos de Israel. Eles poderiam ter sido nossos modelos de perfeição em todas as áreas da vida, mas agora estão morrendo e suas famílias estão sendo destruídas. É uma terrível tragédia humana o fato de as pessoas precisarem pagar um preço tão alto para garantir o futuro de seu país. No entanto, estou totalmente convencido de que os que morreram nos deixaram com a responsabilidade de fazer tudo o que pudermos para dar sentido ao sacrifício deles. Eu me senti assim minha vida inteira. O mesmo se aplica a Rabin, o mesmo se aplica a Shamir talvez de alguma outra forma, mas ele também foi um guerreiro, e Ariel Sharon também, à sua própria maneira. Todos somos pessoas que perderam muitos dos melhores amigos e a mensagem deles, sua tarefa inacabada, permanece conosco onde quer que estejamos.

O senhor pode nos contar como são os momentos nos quais deixa a sua casa e família para ir ao campo de batalha?

Fui a muitas operações sem saber ao certo se conseguiria voltar. Mas de alguma forma, em operações que você preparou com muita antecipação e treinou muitas vezes, você abandona esses pensamentos porque não pode pensar na possibilidade de não voltar. Na Guerra do Yom Kippur, perdi todo um grupo de amigos e não pude compartilhar a agonia nem mesmo com a minha mulher. Quando a guerra começou, eu era um estudante em Stanford. Às 4h da manhã o telefone tocou e eles me disseram que uma guerra tinha irrompido. Eu disse ao meu superior em Washington que precisava voltar imediatamente a Israel e foi o que fiz, deixando para trás minha mulher e filhas pequenas... Não tive tempo para nada; eu não pude organizar as minhas coisas. Liguei do Canal de Suez para a minha mulher, disse que eu estava bem e comecei a ler a lista dos nossos amigos que morreram em combate. A maioria deles eram jovens comandantes. Veja, nós pagamos um preço muito alto naquela guerra. Nunca me esquecerei de como ela caiu no choro. Eu disse que não sabia por que eu não estava naquela lista e que a nossa vida nunca mais seria a mesma.

Vamos falar sobre o processo inexistente de paz. Como o chefe do Estado-maior e também como ministro da Defesa, o senhor expressou desaprovação ao processo de paz de Oslo em relação a muitos aspectos. Por quê?

Não, eu acho que a ideia de mergulhar de cabeça para tentar abrir caminho e avançar nas negociações do conflito israelense-palestino, que já perdurava por várias gerações, foi uma ideia positiva. Em termos estratégicos, eu apoiei os Acordos de Oslo, mas profissionalmente falando, considerando que eu estava encarregado da Defesa na época, foi fácil para mim identificar as cláusulas fracas do acordo. Algumas delas foram elaboradas por pessoas tanto do lado israelense quanto palestino que não tinham conhecimento das questões de segurança. Eu imediatamente informei isso a Rabin e aos membros do seu governo. Eu me mantive especialmente atento a esses pequenos detalhes. Descrevi minhas objeções em termos de segurança e observei elementos adicionais que indicavam um desacordo e que os ministros deveriam se preocupar com eles. Expressei a minha crença de que o processo levaria a um Estado palestino e disse que, da forma como os acordos foram estruturados, em certos aspectos os palestinos não mais seriam o lado que precisava aceitar exigências e se tornariam o lado que faz as exigências e toma as decisões, e que nós estávamos lhes dando esse poder até certo ponto. O governo tem o direito de tomar decisões sobre essas questões, mas antes de decidir os ministros devem saber do que se trata.

Rabin me nomeou seu ministro do Interior e acho que ele fez isso para apoiar a ala mais de centro-direita de seu governo. Ele achava que eu poderia manter as forças em equilíbrio. Na época, estávamos discutindo a natureza das próximas retiradas, se elas seriam implementadas em fases, como dividir a devolução dos territórios em três estágios de seis meses. Na primeira votação no governo, eu me abstive e Rabin ficou furioso. A razão pela qual ele ficou furioso foi que isso rompia o consenso unânime que o governo tinha atingido. Mesmo assim, ele percebeu que, se fôssemos devolver os territórios em três estágios ao longo de um período de dezoito meses enquanto o processo todo levaria três anos, estaríamos nos comprometendo a dar ao outro lado ativos concretos independente do verdadeiro posicionamento dos palestinos e sem saber se eles poderiam retribuir à altura. Isso me leva a algo que aconteceu um ano antes, porque, mesmo naquela época, eu já questionava e protestava contra a falta de lógica de um processo no qual tudo o que fazemos é dar. Quando chegarmos ao fim da estrada, na hora da verdade, não teremos mais nada para dar e Arafat, do outro lado, ainda precisará nos dar. Eu argumentei que a realocação em três estágios nos deixaria com duas opções: nós lhes entregaríamos os territórios e assumiríamos o risco de ver se Arafat faria a parte dele ou fecharíamos um acordo dentro de um ano e meio e então as coisas ficariam mais claras. Eu me abstive, Rabin ficou furioso, mas eu sabia com certeza que, em alguns meses, ele se acalmaria e perceberia que eu tinha feito o que a minha consciência mandava. Mas nunca saberemos, porque infelizmente ele foi assassinado cerca de duas semanas depois.

O senhor sempre se referiu a Rabin como seu professor. Onde o senhor estava e o que sentiu quando ficou sabendo do assassinato?

Nós marchamos juntos por muitos anos. Ele foi meu comandante e, nos últimos anos, meu professor. Na minha cabeça, estou mais comprometido do que qualquer outra pessoa em imortalizar o legado dele. Eu estava em Nova York, no meu quarto de hotel, esperando uma cerimônia de arrecadação de fundos que estava sendo organizada por Yad Vashem. A primeira pessoa que me ligou foi Danny Yatom. Alguns segundos depois, minha mulher, Nava, disse que Rabin tinha sido baleado em um evento, uma manifestação em prol da paz. Eu sabia que Rabin no começo não queria que essa manifestação fosse realizada. Ele não acreditava na ideia e, na verdade, foi levado contra a vontade. Mas depois ele ficou empolgado com os resultados; ele não imaginava que o apoio à paz fosse tão forte.

A ideia da manifestação foi levantada várias vezes alguns meses atrás. Rabin a rejeitou duas vezes, dizendo: "Não acredito que isso dará certo, não vale a pena, não me sinto bem com isso". Ele acabou se convencendo porque foi envolvido pelo entusiasmo de Shlomo (Chich) Lahat e Jean Friedman.

Conversei com ele antes da minha viagem aos Estados Unidos, dois ou três dias antes de ele ser assassinado, em uma reunião no Ministério da Defesa. Ele também falou sobre a manifestação na ocasião. Ele disse: "Não sei ao certo se teremos sucesso, mas eles dizem que sim, então vamos tentar". Quando Danny Yatom me disse que Rabin levou três tiros nas costas, eu entrei em choque. Sei que, quando é atingido tão de perto, o atirador não tem como errar. Quinze ou vinte minutos depois, talvez meia hora depois, Danny ligou de novo para dizer que Rabin estava morto. Naquele momento senti uma espécie de vazio e uma imensa sensação de perda. Eu liguei imediatamente para Leah Rabin. Para minha grande surpresa, a voz dela estava firme, angustiada mas firme. Eu tentei lhe dizer algumas palavras. Rabin e eu passamos tantos anos juntos que eu não tinha muito a dizer.

Depois, eu falei com Shimon Peres. Eu lhe disse que voltaria imediatamente a Israel e que ele deveria se preparar para assumir o governo. Eu também liguei para Yossi Beilin, que estava hospedado no mesmo hotel que eu. Nós voltamos juntos. Foi o voo mais triste da minha vida. Nós mal conversamos durante a viagem; estávamos fechados em nós mesmos, deprimidos. Estava claro que uma grande lacuna tinha sido aberta.

O senhor acha que Rabin estava ciente do perigo apresentado pelos movimentos de extrema-direita?

Sim, sem dúvida. Ele precisou encarar esse perigo várias vezes, mas não de forma direta ou concreta. O serviço secreto o alertou mais de uma vez. Além disso, houve vários eventos que indicavam o que poderia acontecer apesar de nada ter acontecido. Eu o acompanhei várias vezes e lembro que, onde quer que íamos, em qualquer parte de Israel, manifestantes da extrema-direita estavam lá, gritando, tentando impedi-lo de falar. Houve um incidente especialmente violento no Institute Wingate. Conversei a respeito com as pessoas mais próximas de Rabin – Yatom, Sheves e Haber – e eles me descreveram o incidente como uma experiência bastante ameaçadora.

O governo se reuniu uma vez no Knesset durante uma das votações de Oslo, depois de uma manifestação em massa contra Rabin em Jerusalém. Dezenas de milhares de manifestantes da extrema-direita cercaram o Knesset e precisamos usar a força para chegar ao prédio. Eu me lembro de andar por um caminho que era quase secreto. Depois de nos sentarmos, Benjamin Ben-Eliezer chegou. Ele tinha chegado pela entrada principal e seu carro fora identificado, cercado e atacado. Ele fora um general de brigada na reserva, um homem que participara de várias guerras e conhecia o significado da violência e da força. E ele estava tremendo da cabeça aos pés. Ele foi à reunião e nos disse que olhou nos olhos dos manifestantes e sentiu que eles o matariam se pudessem. "Haverá um assassinato aqui", ele nos disse. Quando viu que estávamos vendo e ouvindo, mas não estávamos totalmente convencidos, ele quase gritou: "Haverá um assassinato aqui! Haverá um assassinato aqui". Eu lembro que Shin Bet levou um novo Cadillac blindado para Rabin, que se recusou a usá-lo. Eles tentaram convencê-lo a usar um colete à prova de balas, mas ele rejeitou a ideia. Talvez ele não se sentisse à vontade com isso, talvez eles não lhe ofereceram o colete no dia do assassinato, mas a ideia sempre esteve no ar.

Ele não gostava da ideia do Cadillac. Ele disse que era chamativo demais. E de alguma forma, no fundo, ele não acreditava que alguém iria querer assassinar uma pessoa que passou a vida inteira lutando por Israel, o homem que rompeu o cerco a Jerusalém na Guerra da Independência, o homem que conduziu as nossas forças a todas as suas vitórias desde aquela guerra, que dedicou a vida à segurança de Israel. Então, ele não podia imaginar que o que acabou acontecendo com ele realmente aconteceria.

O senhor foi eleito primeiro-ministro em 1999 – o primeiro primeiro-ministro do partido trabalhista desde o assassinato. O senhor se preocupou com as ameaças?

Eu estava preocupado. Todas as medidas de segurança foram significativamente reforçadas, até para as pessoas que se candidataram e não foram eleitas.

Quando íamos a eventos públicos, ficávamos atrás de um vidro à prova de balas e usávamos coletes sempre que nos deslocávamos. Eu estava definitivamente preocupado, mas tão envolvido na agitação da campanha eleitoral e tão ocupado na implementação das minhas ideias que não prestei muita atenção a isso. Lembro que Shevardnadze uma vez foi atacado por cinco grupos diferentes na Geórgia. Eles se posicionaram em pontos diferentes ao longo de um quilômetro isolado de estrada pela qual a comitiva dele passaria. Eles chegaram a atacar o Mercedes dele com armamento antitanque, mas o carro foi impelido para a frente e parou ao lado de um carro de polícia. Lembro que os encarregados da segurança me deram esse exemplo e eu perguntei o que era possível aprender com isso. Não há muito o que fazer contra ataques como esses, mas nós nos protegemos melhor. Eis uma lição que aprendi quando visto um uniforme e vou ao campo de batalha. Nós dizemos que o lugar mais seguro de um campo de batalha é o buraco que o último projétil abriu no chão. Naturalmente toda a área é perigosa, mas acreditamos que o que aconteceu não aconteceria de novo no mesmo lugar e ao mesmo tempo. Então, quando o sistema todo está focado em uma possibilidade específica, podem surgir tipos diferentes de problemas em diferentes direções e maneiras diferentes.

Como o senhor avalia o seu mandato até agora, depois de quase dois anos como primeiro-ministro?

Desde o meu primeiro dia no cargo, fizemos tentativas bastante específicas de mudar o rumo da história. Nós fizemos tudo o que podíamos. Foi uma espécie de um testamento depois do assassinato de Rabin. Fui eleito pelos mesmos grupos da população que elegeram Rabin após o breve intervalo de Netanyahu no cargo, e a minha tarefa foi concluir o que Rabin tinha começado e atingir uma ampla paz no Oriente Médio, se fosse possível. Eu disse que, para fazer a guerra, basta um lado querer e impor ao outro lado, ao passo que, para fazer a paz, os dois lados são necessários. Foi o que eu disse ao povo israelense, aos países vizinhos e aos líderes políticos do mundo; não dá para dançar tango sozinho. Mas, para mover montanhas na tentativa de conquistar a paz, você precisa de um parceiro, um líder como Sadat ou o rei Hussein. Quando a Palestina tiver um De Gaulle ou um Ben-Gurion, teremos a paz. Se isso for impossível, pelo menos sabemos onde estamos agora e nos manteremos unidos e firmes contra o que vier. Sinto que o tempo não estava a favor das iniciativas pela paz. Oito anos depois da Conferência de Madri e sete anos após a conclusão dos Acordos de Oslo, já estávamos dois anos atrasados em relação ao prazo determinado por esses acordos para o status permanente. Então, chegou a hora de atingir a paz nas duas frentes, a palestina e a síria, um passo que automaticamente levaria à paz também com o Líbano. Eu acreditava que conseguiríamos fazer isso, que tínhamos a determinação e a força necessárias. Israel é um país forte. Eu achava que poderíamos conseguir a paz mesmo a um preço doloroso, muito mais do que os cidadãos de Israel consideram possível.

Mas o senhor poderia não ter o apoio de uma maioria da nação se as concessões fossem pesadas demais...

Eu sempre mantenho em mente a memória de Menachem Begin. Quando Begin foi ao encontro de Camp David, 70 por cento do público se opôs à entrega do Sinai. Três semanas depois, ele voltou com sua contraparte egípcia, Sadat, que tinha decidido ir ao Knesset de Israel para dizer: "Chega de guerra, chega de derramamento de sangue". Então 70 por cento do público favoreceu o acordo. Eu sabia que o Knesset, com sua composição na época, não me permitiria avançar, apesar de eu ter sido eleito, como Rabin, em grande parte devido ao meu histórico militar, à confiança do público de que não faríamos nada que prejudicasse a segurança nacional. Mas o Knesset não mudou sua composição e a maioria dos membros se opôs ao processo de paz e todo o Parlamento se fragmentou em várias pequenas facções. Então decidi formar uma coalizão que não era ideal para lidar com os problemas internos, mas seria a única capaz de ser uma cabeça de ponte para um encontro de paz. Com essa coalizão impossível, decidi implementar os Acordos do Rio Wye, que já tinham sido assinados.

O senhor foi o primeiro-ministro israelense que mais se aproximou de um acordo com a Síria e com os palestinos, mas também o que está mais longe disso. O que o senhor pensa a respeito?

Eu estava absolutamente determinado a avançar e completar o legado de Rabin, dando um fim ao conflito. Participei ao lado de Rabin das discussões pela paz com a Jordânia, nos contatos com a Síria e nos Acordos de Oslo. Eu estava convencido de que tinha chegado a hora de avançar e concretizar todos os acordos e as ideologias de ambos os lados. Eu acreditava que o processo tinha chegado a um ponto de paralisia e que, com isso, poderia haver uma explosão de violência. Então, em poucos anos, estaríamos diante de uma situação totalmente diferente, com um Oriente Médio menos pronto para a mudança.

Clinton estava empolgado com a ideia. Tanto Israel quanto os palestinos o consideravam o presidente americano mais confiável de todos. Ele sairia da Casa Branca em um ano e meio, o que era outro fator que dava mais urgência ao processo como um todo. Conduzimos conversas profundas com os sírios, em reuniões com o embaixador sírio nos Estados Unidos, em Shepherdstown com o ministro das Relações Exteriores, A-Shara, e com o presidente Clinton, na tentativa de chegarmos a uma solução. Clinton chegou a promover um encontro com Assad em Genebra. Infelizmente, estávamos negociando com um déspota para quem o mais importante na época era passar o regime ao filho para perpetuar a dinastia da minoria alauita, e não o processo de paz. Era só nisso que ele pensava quando rejeitou as propostas que tanto Israel como Clinton lhe apresentaram.

Agora, quanto à frente palestina: o senhor ofereceu a Arafat um Estado palestino em Gaza e em 95 a 98 por cento da Cisjordânia. Isso está correto?

Sim. Talvez não 95 por cento, mas 91 a 92 por cento, mas isso não importa. O que importa é que concordamos com o estabelecimento de um Estado palestino independente, com algumas poucas restrições relativas a questões de segurança que eram essenciais para garantir uma coexistência pacífica. Falamos de um Estado independente com contiguidade territorial em mais de 90 por cento da Cisjordânia e quase 100 por cento da Faixa de Gaza, conectado por viadutos elevados sobre território israelense. Nós lhe oferecemos saídas para o Egito e para a Jordânia e o direito de cruzar o espaço aéreo israelense, além do viaduto suspenso que mencionei, com a possibilidade de utilizar uma rodovia direta de Gaza até a Cisjordânia sem ser parado por ninguém. Nós falamos sobre acordos de uma área de livre comércio que traria prosperidade e nos oferecemos para encontrar uma solução consensual para o problema de Jerusalém.

Qual foi a oferta israelense referente a Jerusalém?

Não foi exatamente uma oferta nossa, mas sim ideias do presidente Clinton que nós estávamos dispostos a adotar como a base para um acordo. Os palestinos as rejeitaram. Não foi uma oferta formal israelense. Nós concordamos em lhes dar o controle de vários bairros da parte oriental da cidade para mantermos o Bairro Judeu, na parte ocidental. Nós até concordamos em considerar um novo tipo de regime na Cidade Antiga e determinados acordos para o Monte do Templo, sem questionar nossa plena soberania lá, porque estávamos cientes do ritual muçulmano praticado no local, que é sagrado para eles também. Estávamos dispostos a discutir aspectos que Israel não discutia no passado para atingir a meta. Nossa única condição era que o outro lado fosse um autêntico parceiro disposto a acabar com o conflito e assinar um acordo que deixasse os blocos de assentamentos no lugar em troca do que estávamos dando.

E eles estavam dispostos a concordar em manter os blocos de assentamentos?

Mais para o fim do encontro, eles aceitaram a ideia dos assentamentos. Mas nós precisávamos de 10 por cento do território, já que cerca de 80 por cento dos colonos estão lá e também por razões de segurança.

E a questão dos refugiados?

A ideia era ajudar os refugiados e levantar dezenas de bilhões dólares em uma iniciativa em comum. Alguns refugiados decidiriam ficar onde estão, mas todos teriam o direito de se mudar para o Estado palestino – não para Israel, exceto em casos humanitários. Deixamos muito claro que não concordaríamos com o retorno dos refugiados a Israel, já que uma medida como essa neutralizaria a *raison d'être* de Israel. Estávamos dispostos a ir muito longe para acabar com o conflito, de forma que os lados pudessem assinar e se certificar de que o acordo seja uma resposta adequada às Resoluções 242, 181, 338 e 194 que as Nações Unidas vêm adotando ao longo dos anos.

Era possível que também houvesse diferenças pessoais entre o senhor e Yasser Arafat? Três dias antes de irromper a Intifada, ele se encontrou com o senhor em casa e comeu húmus que a esposa do senhor preparou. O que deu errado?

As nossas relações tiveram altos e baixos, é claro, mas devo notar que no fim das contas nenhuma química pessoal pode substituir o destino das nações e o progresso da história; os líderes são responsáveis por isso. E nenhuma solução pode ser um substituto para pontos-chave, por exemplo, que os líderes devem estar dispostos a tomar decisões. Eu rejeito categoricamente a ideia de que, se nós tivéssemos servido *baklava* a ele com elegância ou se tivéssemos sorrido mais para ele, poderíamos ter superado as diferenças. Há certo esnobismo em uma tática como essa. Ele é um líder sofisticado e muito inteligente, ele sabe o que quer e serve aos interesses do povo palestino. Não se pode mudar isso com algum truque. Eu nunca o insultei e nunca elevei a voz.

Eu mantive a minha palavra, de forma que não acho que a razão tenha sido alguma promessa não cumprida. Há razões mais profundas, como as que provocaram a Intifada, como explicarei daqui a pouco. Mas antes, deixe-me dizer mais uma coisa: quando se analisam as relações entre líderes que fecharam importantes acordos, a questão é, por exemplo, se Menachem Begin teve algum tipo de química com Anwar Sadat. A resposta é não; eles mal se falavam e mal trocaram uma palavra no encontro de Camp David. Mas eles eram líderes que acreditavam no que estavam fazendo. Sadat foi um líder visionário que decidiu dar um fim às guerras. Estava claro para ele que não é possível fechar um tratado de paz se os dois lados não abrirem mão de algumas coisas, mesmo se a maioria for do lado israelense. A decisão dele também implicou riscos e ele pagou por isso com a vida, como Rabin.

O senhor achou difícil apertar a mão de Arafat pela primeira vez?

Foi difícil, mas eu superei. Foi depois de Oslo. Eu me encontrei com ele pela primeira vez em Barcelona, quando eu era ministro das Relações Exteriores de Israel e Shimon Peres era o primeiro-ministro. Eu tentei não ser levado pelas memórias amargas que levava no coração. Durante muitos anos eu acompanhei o paradeiro dele para atacá-lo. Mas os tempos mudam, nós somos líderes, temos que fazer nosso trabalho, é o nosso dever encontrar uma solução. Acredito que a principal razão pela qual não chegamos a um acordo no encontro de Camp David foi o fracasso da liderança de Arafat. Para mim é absolutamente claro que a Intifada irrompeu em consequência da decisão de Arafat, mesmo se não fosse uma decisão técnica, de tomar o caminho da violência. Essa não é apenas uma teoria ou uma opinião; o que estou dizendo se baseia em informações que nos foram disponibilizadas e que compartilhamos com vários serviços de inteligência ao redor do mundo. Mas a questão é por que Arafat decidiu apelar para a violência. A razão, da forma como vejo, é que, depois de Camp David, ele percebeu que não tinha a mesma natureza que Sadat ou o rei Hussein, que ele não queria nem era capaz de fazer isso e não era mais importante para ele tomar decisões. Chegou um momento em Camp David no qual era necessário tomar decisões, e não apenas conversar, e ele percebeu pela primeira vez que estava diante de um líder israelense disposto a levar ideias em consideração para pôr um fim ao conflito, ideias que a maioria das pessoas e dos líderes do mundo consideraria razoável. Ele evitou tomar uma decisão porque tinha medo de arriscar perder o apoio do mundo. Ele percebeu que isso marcaria o fim de seu jogo. Ele passou seis anos falando em inglês sobre paz e conciliação e em árabe, a todos os líderes árabes e a seu povo, alimentando a esperança de destruir Israel usando o plano de longo prazo que seria implementado em estágios. Ele percebeu que, desde 1967, o mundo vinha se relacionando com o conflito de maneira bivalente, tomando o lado de Israel em relação a como a solução deveria se concretizar – isto é, que os problemas deveriam ser resolvidos em negociações –, mas favorecendo os argumentos apresentados por Arafat.

Enquanto os líderes de Israel não estivessem dispostos a negociar com base nos princípios que o mundo considerava razoável, Arafat se beneficiou dessa bivalência. Mas o que acontece quando um governo israelense ou um primeiro-ministro israelense chega e diz "Eu estou disposto"? Isso o coloca à prova. Ele sentiu que não passaria no teste e que não era forte o suficiente.

A Intifada mudou a sociedade e levou à sua derrota eleitoral. Rabin recebeu outra chance e foi reeleito como primeiro-ministro. Será que o mesmo acontecerá com o senhor? O senhor então seria capaz de concluir o programa que queria implementar?

Eu não sei, não é claro para mim que o pêndulo oscilará de volta para o meu lado e pode acontecer daqui a vários anos. Fatores geográficos, demográficos e históricos ainda continuarão sendo o que são; afinal, um fracasso da liderança do outro lado não pode mudar os fatos. Então, quando o pêndulo oscilar de volta e os palestinos encontrarem um Sadat ou um rei Hussein, seremos capazes de chegar a um acordo que seguirá exatamente as linhas gerais que apresentamos em Camp David. Não é nada pessoal. Quando deixei o ministério, disse ao meu pessoal que me tornaria um soldado na reserva. Salientei que eles poderiam me mobilizar, mas só se fosse realmente necessário.

Parte do meu pessoal acredita que o meu retorno ocorrerá em questão de poucos meses e que tudo terá desmoronado até então. Eu lhes digo que é uma questão de anos, não meses, e que, se chegar o momento e as circunstâncias justificarem, estarei disposto a servir o meu país. Mas não acho que seja uma questão pessoal. Em certo sentido, tomei uma decisão deliberada. Eu estava plenamente ciente de que, ao fazer o que é bom para o país – buscando um acordo abrangente com Arafat e arrancando a máscara do rosto dele –, eu estaria pondo em risco o meu futuro político. Mas passei minha vida inteira com um dilema similar. Durante a minha vida inteira eu me arrisquei, em segredo e às escondidas, por um Israel mais seguro e mais forte. O risco na época era mais tangível do que o risco que corri quando assumi como primeiro-ministro. Então não acho que eu devo relutar em fazer a coisa certa. A minha consciência está tranquila. Estou confiante de que o que fiz foi pelo benefício do Estado e, apesar de ser possível prever que os cidadãos não apoiariam as minhas propostas mais para o fim do processo, mais cedo ou mais tarde ficará claro que o meu plano estava certo.

BENJAMIN NETANYAHU
Primeiro-ministro de Israel

"Armas nucleares nas mãos de ditadores irresponsáveis são a maior ameaça à humanidade."

Ele nasceu em Tel Aviv em 21 de outubro de 1949. Aos 12 anos, se mudou para os Estados Unidos com a família. Estudou arquitetura e economia no MIT e ciências políticas em Harvard.

Seu pai, o professor Benzion Netanyahu, um especialista em judaísmo espanhol, me disse em certa ocasião que "o candidato natural para assumir como primeiro-ministro" entre seus filhos não era Benjamin, mas seu primogênito, Yonatan, que morreu na famosa operação de resgate de reféns em Entebbe, que hoje leva seu nome, Operação Yonatan.

Entre 1984 e 1988, Benjamin Netanyahu foi um dos embaixadores mais brilhantes das Nações Unidas. Vários anos depois, Bill Clinton diria: "O inglês dele é melhor que o meu".

Em 1991, durante o mandato de Netanyahu como ministro suplente das Relações Exteriores, o então primeiro-ministro Yitzhak Shamir o levou para a histórica conferência de Madri, onde ele foi uma das estrelas de maior destaque. Em uma manhã de sexta-feira durante a conferência, Shamir decidiu voltar para Israel antes do início do Shabat e encarregou Netanyahu da missão. Eu tinha uma reunião marcada com Netanyahu naquele dia e, sentando-se ao meu lado, ele empalideceu, pediu um copo d'água, disse que estava exausto e pediu que eu fosse no dia seguinte, sábado de manhã, no Shabat, ao hotel onde os representantes israelenses estavam hospedados. Foi o que fiz e, ao sair do táxi, o vi com sua esposa, Sarah, pegando outro táxi para uma rápida visita turística à histórica Toledo. "Cymerman, não conte a ninguém", ele pediu, temendo que, se soubessem que ele viajava no Shabat, isso pudesse causar uma crise na coalizão com os partidos religiosos. "Me espere no hotel. Quando voltar, lhe darei o tempo que você quiser", ele disse.

E foi o que aconteceu. Na entrevista, eu o defini como "herdeiro de Shamir", um detalhe que ele guardou em sua incrível memória e mencionou a mim vários anos depois. Netanyahu usou os últimos dias da conferência para conduzir negociações não oficiais com representantes sírios e, conforme descobri, não excluiu a possibilidade que era considerada um tabu na época: alguma espécie de concessão territorial para os Montes Golã. Hoje, quando o lembro que vi em sua mesa um guardanapo com um esboço dos Montes Golã divididos em dois, ele sorri e pergunta: "Que guardanapo?"

Em 1993, ele conquistou a liderança do Likud depois de derrotar a velha guarda nas eleições internas, com a ajuda de toda a variedade de grupos sociais que o apoiaram na campanha eleitoral.

Em suas entrevistas e discursos, como o líder da oposição, ele acusou o primeiro-ministro Yitzhak Rabin de pôr em risco a segurança de Israel. Depois do assassinato de Rabin, ele não pôde conter o choque e tentou restringir suas acusações ao mínimo e se desculpar direta e indiretamente.

Na época, ele criticou membros do partido trabalhista por negociar com o "arquiassassino" Arafat. Quando assumiu o poder, contudo, o próprio Netanyahu negociou com Arafat e, depois de assinar o acordo que estipulava a retirada israelense de Hebron, chegou a chamá-lo de "meu amigo". O homem que atuava como seu ministro das Relações Exteriores na última fase de seu mandato, Ariel Sharon, nunca concordou em apertar a mão de Arafat; Netanyahu, por outro lado, fez isso.

Em junho de 1996, sete meses após o assassinato de Rabin, ele foi eleito o sétimo primeiro-ministro de Israel depois de derrotar seu rival, Shimon Peres, por uma pequena margem, de menos de 1 por cento.

Ele se provou um negociador inflexível com os palestinos e muitas vezes foi acusado de impedir o avanço das negociações. Continuou a realizar controversos projetos de construção no leste de Jerusalém e as negociações de paz chegaram a um impasse e foram paralisadas.

Em maio de 1999, ele foi dolorosamente derrotado por Ehud Barak e anunciou que se aposentaria da vida política. Passou a viajar pelo mundo dando palestras e é especialmente bem conceituado nos Estados Unidos.

Devido a erros de cálculos, ele deixou Sharon na liderança do Likud como o melhor candidato para o cargo de primeiro-ministro contra Barak, presumindo que poderia voltar a assumir o cargo posteriormente, em melhores condições. Ele se enganou. Nas eleições internas do Likud, perdeu para Sharon, então um primeiro-ministro interino que usufruía de um status especial na qualidade de uma pessoa que, diferentemente de Netanyahu, era capaz de unir os diferentes grupos nacionais.

Em 2002, Netanyahu voltou a governo sob o comando de Sharon, seu rival no partido, como ministro da Fazenda e liderou uma ampla reforma econômica que concretizava a política econômica liberal na qual ele acredita. Depois de longos anos de crise e uma recessão sem precedentes, a economia israelense se recuperou e vem apresentando taxas de crescimento anuais de 4 por cento ou mais, superando a média europeia.

Apesar de a guerra com os palestinos infligir perdas estimadas de 12 bilhões de dólares, Netanyahu conseguiu recuperar a economia e agora está de olho no cargo de primeiro-ministro. Ele apoiou o cessar-fogo anunciado por Sharon e Mahmoud Abbas, atraindo as críticas da extrema-direita, cujos membros tentaram atacá-lo em uma festa de casamento e retalharam os pneus de seu carro. Quando o governo conduziu a votação histórica para decidir a retirada de Gaza e a destruição dos assentamentos, Netanyahu se uniu a quatro ministros da direita votando contra a retirada, argumentando que seria necessário realizar um plebiscito para decidir a questão, para evitar um confronto com os colonos. A petição da retirada foi aprovada por uma pequena maioria liderada por Sharon, levando os comentadores a repetir algo que o ex-secretário de Estado americano Henry Kissinger disse em uma ocasião: "Israel não tem política externa, só uma política doméstica".

Em outro erro de cálculo, Netanyahu organizou uma rebelião contra Sharon, liderando um grupo de ministros que ameaçavam votar contra o plano de retirada no plenário do Knesset a menos que o primeiro-ministro concordasse em realizar um plebiscito. Sharon se manteve firme e, no último instante, Netanyahu e seus colaboradores se renderam incondicionalmente e votaram a favor do governo. Se eles tivessem votado contra, a moção teria sido aprovada de qualquer maneira, mas eles seriam excluídos do governo. Foi uma vergonha.

Apesar de mais experiente, vários meses depois Netanyahu votou no governo pelo adiamento do plano de retirada, mas anunciou que se absteria do plenário do Knesset quando uma moção similar fosse votada. Dessa vez, Sharon admitiu a derrota e não o demitiu como ministro da Fazenda. Vários dias antes da retirada, em meados de agosto de 2005, Netanyahu soltou uma bomba e anunciou sua renúncia para concorrer contra Sharon pela liderança do Likud e o cargo de primeiro-ministro. Netanyahu buscava o apoio da direita do partido e também esperava conquistar a aprovação dos membros. Nas eleições de 2006, nas quais o novo partido Kadima, uma ramificação do Likud e do partido trabalhista, conquistou 29 dos 120 assentos no Knesset, o Likud de Netanyahu mergulhou de 38 mandatos a 12.

Em 2009, o Houdini do mapa político israelense voltou ao topo ganhando as eleições. Dois anos depois seu governo parece sólido e a economia é uma das mais estáveis do ocidente, mas as negociações de paz continuam paralisadas.

Entrevista conduzida em 3 de março de 1998

Vários países europeus alegam que Israel não se interessa pelo envolvimento europeu no processo de paz a não ser para assinar cheques. O que o senhor pensa a respeito?

A Europa não assina cheques para Israel. Nós somos autossuficientes; são os palestinos que precisam de ajuda econômica. Nós aceitamos qualquer ajuda independente de sua origem. Acredito que as questões sejam solucionadas em contatos diretos e não através de mediadores. Em Madri, Israel e seus vizinhos tiveram a oportunidade de ter esse tipo de contato e esse é o cenário apropriado para o progresso das negociações. A Europa pode participar em parte das discussões, especialmente nas que dizem respeito ao destino final dos assentamentos e às negociações que levarão a uma paz estável entre Israel e os palestinos. É uma questão complexa que inclui, entre outras coisas, como distribuir a água da região. Mas a entrada de um outro participante nas discussões neste momento, além dos Estados Unidos, só causará confusão entre todos os participantes.

Como o senhor avaliaria o papel de mediação da União Europeia, com seu emissário especial, Miguel Angel Moratinos?

Acredito que Moratinos representa um novo espírito por parte da União Europeia em relação à região. Devo admitir que me preocupo menos com as relações com a Europa e seus representantes do que vários dos meus antecessores, incluindo aqueles do partido trabalhista. Acredito que, se conversarmos com os líderes europeus, como fiz com José Maria Aznar, chegaremos a um consenso mútuo e direto muito rapidamente. Mas, se você se basear apenas na mídia europeia, que, com todo respeito, apresenta rotineiramente uma imagem deformada e injusta do posicionamento de Israel, você chegará à conclusão de que a reação europeia é hostil. Eles nos descrevem como colonialistas, opressores e ocupantes. É quase certo que poucos sabem que não há mais ocupações. Noventa por cento dos palestinos hoje moram sob o governo de uma Autoridade Palestina. No entanto, em consequência das pressões diplomáticas, fatos como esses não são divulgados e o público não fica sabendo a respeito. Quando converso com líderes europeus, percebo que eles são justos, que sua intenção é ajudar e que eles não têm nenhum preconceito contra Israel, da mesma forma como não temos preconceitos contra os europeus.

O senhor favorece uma retirada israelense do sul do Líbano?

Gostaríamos de ter saído ontem do Líbano, não hoje e nem amanhã, mas ontem. Estivemos no Líbano pelos últimos vinte anos pela simples razão de que o governo deles não conseguiu controlar as atividades terroristas realizadas contra nós a partir de solo libanês. Queremos sair do sul do Líbano, queremos uma fronteira libanesa sem impedimentos, mas o governo libanês deve impedir o Hezbollah de atacar Israel. Qualquer intervenção internacional que possa ajudar será bem-vinda, mas o que queremos é uma resposta do governo do Líbano. Estamos dispostos a levar adiante a Resolução 425 do Conselho de Segurança e sair do sul do Líbano, contanto que a segunda parte da resolução também seja implementada; isto é, que deve haver uma situação que garantirá a paz e a segurança internacional. Na fronteira libanesa, queremos paz com segurança.

O senhor acredita que entramos em uma nova era na qual armas não convencionais se fazem presentes?

Acredito que essa era começou uma década atrás e quase com certeza até antes. O Irã, o Iraque e a Síria têm mísseis com cargas não convencionais. Essas armas constituem uma ameaça a Israel, à paz na região e a outros países que possam estar dentro de seu raio de alcance. Precisamos nos empenhar muito para impedir que os ditadores tenham acesso a recursos para fabricar armas não convencionais, inclusive armas nucleares. É uma ameaça para o mundo todo.

O Irã logo poderá produzir armas nucleares. O que deveria ser feito para impedir isso e como a sua estratégia regional de Israel mudará?

Estamos em contato com os países que estão vendendo tecnologia para o Irã. Nós lhes dizemos que também é do interesse deles que o Irã não desenvolva esse tipo de armas. Não é bom se o Irã tiver armas nucleares, nem para a paz global nem para qualquer país. Esperamos que eles entendam a mensagem, porque, caso contrário, teremos um Oriente Médio diferente, no qual vários países avançarão na direção da paz e outros, da agressão. O posicionamento da comunidade internacional é que o desenvolvimento de armas não convencionais deveria ser impedido. O trabalho de desenvolvimento no Irã provavelmente prosseguirá. Nós teremos de nos acostumar a viver nessas circunstâncias, tentando impedir ataques por parte desses regimes.

Algumas pessoas na Europa se perguntam por que o Irã e o Iraque deveriam se livrar de armas não convencionais se Israel não está fazendo o mesmo.

Eu não quero relacionar aqui o que Israel pode ou não pode ter. Mas diria que, se a Holanda, a Espanha ou alguma outra democracia quiser ter um determinado tipo de arma não convencional, isso não seria uma ameaça global. Isso porque, nas democracias ocidentais, a decisão de usar esse tipo de arma não é tomada por apenas uma pessoa. Esses países não têm um ditador que toma sozinho as decisões. Por outro lado, quando Saddam Hussein decide invadir o Kuwait, ele invade e ninguém interfere na decisão. Os iraquianos não votam em plebiscitos para decidir se Saddam tem a autoridade de tomar uma decisão como essa e para avaliar seus resultados. Coisas como essas não acontecem em qualquer democracia, inclusive Israel. Se a difusão de armas não convencionais é sempre perigosa, o perigo é muito maior quando envolve certos países. A possibilidade de esse tipo de armamento cair nas mãos de ditadores irresponsáveis é a pior notícia que a humanidade pode receber. E a pior coisa que podemos fazer é não perceber onde está o perigo e deixar que a nossa atenção seja desviada a outros problemas e lugares.

Certos líderes palestinos estão acusando Israel de explorar a crise do Golfo para expandir os assentamentos, violando os Acordos de Oslo e os acordos relativos às três retiradas. O que o senhor tem a dizer a respeito?

É uma acusação sem fundamento. Estamos construindo e povoando os territórios mais lentamente do que o governo anterior, que era liderado pelo partido trabalhista. A alegação de que os assentamentos contradizem os Acordos de Oslo é falsa. Eles não contradizem o que foi combinado em Oslo; pelo contrário, eles existem em conformidade com os acordos. Tirando isso, qual é a porcentagem de toda a Cisjordânia tomada pelas áreas públicas construídas pelos judeus? É de 1 por cento. Menos de 1 por cento. Esses são os assentamentos existentes. Quanto aos que estão sendo construídos agora, qual porcentagem você acha que eles ocupam? 0,1 por cento ou 1,1 por cento do território total, e isso não é nada. É um ataque falso, sem fundamento, que está sendo divulgado só para fins de propaganda política. Então temos a segunda alegação, de que estamos ocupando uma terra que não é nossa. Nós estamos ocupando a terra histórica do povo judeu. Entendemos que os palestinos nos questionem quanto a esse ponto. Precisamos dialogar a questão com eles e argumentar nosso posicionamento. Mas quero deixar uma coisa clara: não se trata de uma questão de ocupação. Hoje os palestinos controlam sozinhos áreas da Autoridade [Palestina]. Noventa e oito por cento [dos palestinos] vivem sob o governo palestino. Nos territórios em questão não há palestinos. Não há nenhum problema de direitos humanos lá. Não mais. Quanto à questão da segurança, sobre a qual pode haver controvérsias, precisamos negociar. O tema em pauta são os assentamentos.

O senhor cumprirá os Acordos de Oslo, inclusive as três retiradas, ou passará diretamente a negociações para o status permanente?

Nós já honramos os Acordos de Oslo ao nos retirarmos de Hebron e libertar as mulheres palestinas da prisão. Essas duas questões foram decididas nos Acordos de Oslo. Nós negociamos as concessões; abrimos o aeroporto e o parque industrial palestino. Nós fizemos tudo o que prometemos fazer, inclusive a primeira retirada. Os palestinos, por sua vez, não honraram nenhuma de suas dez obrigações estabelecidas no acordo de Hebron. Eles não prenderam terroristas; não confiscaram armas ilegais; eles não revogaram a cláusula do Pacto Palestino que ainda clama pela destruição de Israel; e não impediram os incitamentos contra nós na mídia. O convite à violência ainda está lá. Eles se colocaram ao lado de Saddam Hussein e o encorajaram a queimar Tel Aviv. Eles dizem que estão frustrados. Nós também ficamos frustrados quando dezenas de israelenses são assassinados em um ataque suicida no mercado de Jerusalém. Acredite, nós sentimos frustração. Mas é inimaginável, nem mesmo por um momento, para nós bombardear Gaza ou destruir Nablus. O que estamos vendo é que Israel está cumprindo suas promessas e está sendo acusado de violá-las, ao passo que os palestinos estão violando os acordos e estão sendo elogiados por honrá-los. Acho que essa situação é injusta para Israel e não contribui para a paz. Sugiro que Arafat siga em frente. Temos um interesse vital na questão dos assentamentos, então vamos conversar a respeito e decidir. Nós deveríamos avançar o mais rápido possível para chegar à raiz do problema e oferecer aos nossos povos e sociedades algo significativo, algo chamado paz. Esse é um programa que nós dois podemos realizar durante os nossos mandatos. Quanto mais adiarmos o início das negociações de status permanente, mais adiaremos a paz. As negociações de status permanente levarão à paz, e deveríamos começar agora.

Arafat diz que, em maio de 1999, ele proclamará um Estado palestino independente tendo Jerusalém Oriental como sua capital. O que o senhor diz a respeito?

Em primeiro lugar, ninguém prometeu a Arafat a maioria dos territórios e os Acordos de Oslo não lhe dão esse direito. Precisamos começar as negociações; ele defenderá o ponto de vista dele e eu defenderei o meu. É justamente por essa razão que essas negociações são necessárias. Em segundo lugar, acho que não é uma boa ideia tomar medidas unilaterais. Eu também poderia fazer isso, mas não acredito em fazer as coisas desse jeito. Não acho que nenhum dos lados deveria impor seu desejo ao outro. Eu acredito em negociações. Alguns líderes palestinos acham que é possível evitar negociar com Israel. Se nos retiramos da Judeia e de Samaria, Israel se tornará um país de dez quilômetros de largura; a coisa toda será uma estreita faixa costeira. Dá para imaginar a Espanha, que também tem um problema com terroristas, recuando a uma linha de dez quilômetros de largura e colocando as montanhas ao lado da costa nas mãos de pessoas que ainda declaram que sua meta é destruir o povo espanhol? Eu imagino que muitas pessoas na Espanha repensariam essa decisão. Então é óbvio que as questões de segurança e sobrevivência de Israel precisam ser negociadas. A melhor coisa que poderia ser feita é discutirmos juntos e não agir unilateralmente. Nós e eles não deveríamos agir dessa forma, porque isso não levará à paz.

O senhor propõe um novo Camp David. Como isso ajudaria a tirar o processo de paz do impasse atual?

Lembre-se de como elegem um Papa no Vaticano. Alguns cardeais favorecem um candidato, outros favorecem outro candidato, é complicado, mas sempre existe uma maneira de escapar do problema. Eles se sentam e deliberam e não se levantam enquanto não escolherem um candidato, e então a fumaça branca sai. É isso que precisa ser feito. Negociações precisam ser conduzidas em algum local isolado até a fumaça branca sair e podermos içar a bandeira da paz. Uma proposta como essa significa que os líderes precisam tomar uma decisão arriscada para eles – arriscada para mim e arriscada para Arafat e talvez também para Clinton, se ele se unir a nós. Mas acredito que esse seja o papel e o destino dos líderes, correr um risco em questões importantes e não em trivialidades. Precisamos colocar todas as questões na mesa. Isso nos permitirá trabalhar com mais flexibilidade, porque então é possível fazer concessões em uma questão para obter uma retribuição em alguma outra questão. Acredito que é isso que deveríamos fazer, e ininterruptamente.

Qual é a sua opinião sobre o plano americano que está sendo apresentado como um ultimato?

Não se pode atingir a paz com um ultimato. Estão em jogo a existência de Israel, do Estado judeu e do povo judeu, que vivenciou os desastres mais terríveis possíveis. O povo judeu atesta sua convicção e sua responsabilidade incontestável sobre suas decisões. Eu jamais colocaria a nossa segurança em risco. Os americanos sabem disso; e o secretário de Estado deles também. Arafat e eu chegamos a um entendimento no sentido de que Israel e só Israel tem o direito de tomar decisões relativas a sua segurança. Não acredito que os Estados Unidos imporão um acordo permanente; eles sabem que um *modus operandi* como esse não é desejável nem aceitável. Não há escolha; Arafat e eu precisamos nos reunir e encontrar soluções.

Na nossa última entrevista, o senhor me disse que é muito difícil chegar a um acordo no processo de paz com um governo que se baseia em uma coalizão composta de uma pequena maioria. Hoje em dia, depois da renúncia de David Levy, a coalizão está ainda menor. Como um governo que conta com tão pouco apoio poderá firmar um acordo de paz?

Trata-se de um fenômeno exclusivo do âmbito da política: quanto mais estreitas são as coalizões, mais estáveis elas se tornam. Acredito que isso ocorra porque cada um de seus membros tem menos espaço de manobra. Estou totalmente convencido de que, uma vez que chegarmos a um acordo com os palestinos no processo de paz, ou então com a Síria ou com o Líbano, todo o público israelense nos apoiará em massa. A razão é simples: o público está ciente do peso da responsabilidade sobre os nossos ombros, eles sabem que não faremos concessões no que se refere à segurança e também sabem que, se fizermos concessões, elas estarão em perfeita conformidade com as necessidades de segurança de Israel. Eles confiam em nós. Eles confiaram em nós quando nos retiramos de Hebron. Foi algo que o governo anterior não conseguiu fazer porque não contava com a confiança da sociedade. Acredito que este seja o governo que firmará os acordos de paz históricos e que concluiremos pelo menos um deles durante o meu primeiro mandato.

Com os palestinos?

Assim espero.

E quanto aos sírios?

Com eles também, eu espero.

O recente fracasso do Mossad na Jordânia em uma operação contra o líder do Hamas Haled Mashal põe em xeque o mito de que o Mossad é o melhor serviço de espionagem do planeta. O senhor concorda?

Não posso lhe dar uma lista dos sucessos do Mossad, inclusive dos primeiros dias, porque naturalmente essas operações são secretas. Mas o Mossad de fato parece ser diferente de outras organizações do tipo ao redor do mundo, apesar de cooperarmos com algumas organizações muito boas para erradicar o terrorismo e outros perigos que todos temos em comum. O Mossad é diferente porque serve um país ameaçado por Saddam Hussein e, infelizmente, também pelo regime iraniano e pelos terroristas que agem em nome desse regime. O Mossad é mais uma ferramenta que Israel pode utilizar para eliminar o terrorismo, a violência, o assassinato, a morte e, em resumo, tudo o que ameaça a existência de Israel. Eles contribuíram repetidas vezes para a nossa segurança nacional e para a segurança da Europa.

Qual é a maior realização de Israel e o maior problema em seus cinquenta anos de existência?

Você sabe onde estava Israel cinquenta anos atrás? Estávamos à beira de um abismo. Estávamos sendo aniquilados. Por milhares de anos vivemos sem um país próprio, sem um Estado e sem um exército para nos proteger e pagamos por isso um preço mais alto do que qualquer outro povo neste século. Ao longo dos últimos cinquenta anos, os sobreviventes do horrendo Holocausto restauraram seu Estado na nossa terra histórica, ressuscitaram uma língua antiga que não era falada e estabeleceram uma das economias mais promissoras do mundo. Tivemos de lutar ininterruptamente, mas tem sido um enorme sucesso para um povo marcado para ser exterminado. O nosso maior desafio, eu diria, é antes de mais nada fechar o círculo da paz, da verdadeira e segura paz com os nossos vizinhos; depois disso, concretizar a visão que tem nos acompanhado por milhares de anos, desde a época dos profetas. Eles previram que o povo judeu mais cedo ou mais tarde se reuniria na Terra Santa. Na próxima década, pela primeira vez em milhares de anos, uma maioria dos judeus estará vivendo neste país e no Estado judeu. Se uma visão profética expressa séculos ou mais atrás pode ser realizada, pode haver esperança para toda a humanidade. E acredito que o Estado de Israel e sua luta pela existência como uma entidade moderna é uma alegoria para toda a humanidade: se o povo judeu pode superar o impossível, todas as nações do mundo podem fazer o mesmo e se elevar à grandeza.

MARWAN BARGHOUTI
Secretário-geral do Fatah e líder da Intifada

"A minha esperança é que os soldados e colonos saiam do meu país amanhã e nós lhes jogaremos flores em vez de pedras e balas."

Aos 49 anos, Marwan Barghouti, cumprindo prisão perpétua em uma prisão israelense, sonha em se tornar o Nelson Mandela da luta palestina e o sucessor do presidente histórico da Palestina, Yasser Arafat.

Após a morte do *Rais*, Barghouti propôs sua candidatura nas eleições presidenciais de 2005, mas a retirou sob grande pressão. Sua intenção era derrubar a candidatura de Mahmoud Abbas, o candidato oficial do Fatah. Sua meta, compartilhada por sua esposa ativista, Fadwa, era dupla: incentivar as pessoas a não se esquecerem de sua existência enquanto ele permanecer atrás das grades e reforçar sua posição na guerra palestina pela sucessão.

Barghouti impôs muitas condições para retirar sua candidatura: a nova liderança palestina não deve renunciar totalmente à batalha armada como uma estratégia para atingir a independência e o retorno dos refugiados, a liderança deve parar de perseguir ativistas palestinos, deve haver um cronograma explícito para a libertação de todos os prisioneiros e as instituições palestinas devem ser democratizadas.

Barghouti observa com frequência que ele, diferentemente de todos os líderes palestinos que estiveram com Arafat desde o período da Tunísia, nunca ficou em hotéis cinco estrelas e não anda por aí em um Mercedes Benz novo em folha.

Eu me encontrei com ele em várias ocasiões, inicialmente durante a primeira Intifada que irrompera em 1987 (na época ele já estava detido em uma prisão israelense) e, mais recentemente, um pouco antes de ele ter sido preso em abril de 2002. Barghouti sempre disse, com muito orgulho, que a prisão israelense é sua universidade da vida, o lugar onde ele recebeu seu treinamento em liderança.

Pouco tempo depois de ser sentenciado a cinco penas de prisão perpétua mais quarenta anos pelo envolvimento na morte de cinco israelenses em vários ataques, Yuval Biton, o médico da prisão, nos disse que conversa com Barghouti durante uma ou duas horas todos os dias e que espera que Barghouti seja libertado em dois anos. "Para Barghouti", disse o médico, sorrindo, "a prisão israelense é uma escola para a presidência". Isso pode explicar por que eles permitem que ele use com frequência um celular, possibilitando, dessa forma, que ele se mantenha envolvido na política palestina, pelo menos até certo ponto.

Nas ruas de muitas cidades da Cisjordânia, é possível ver tantas fotos de Barghouti quanto de Arafat. Alguns o chamam de o "Pequeno Napoleão" e o consideram um líder carismático, um homem íntegro e um político absolutamente limpo.

Ele comandou, direta ou indiretamente, as Brigadas dos Mártires de Al-Aqsa, o braço militar do Fatah, e firmou importantes acordos com outras facções palestinas, em especial o Hamas e a Jihad islâmica, que o respeitam imensamente.

Durante nossas entrevistas e conversas, conduzidas na rua enquanto ele liderava manifestações de protesto que muitas vezes se transformavam em confrontos com a FDI, tive a impressão de que Barghouti é um líder que acredita plenamente na paz, contanto que Israel se retire de toda a Cisjordânia, Gaza e Jerusalém Oriental.

"Se Israel se retirou totalmente do território para assinar um acordo de paz com o Egito, e se os xiitas do Hezbollah conseguiram recuperar todo o Sul do Líbano, por que nós deveríamos nos contentar com menos?", ele perguntou, acrescentando indignado: "Nos anos 1990, depois dos Acordos de Oslo, eu tinha os telefones de mais de metade dos membros do Knesset na minha agenda. Eu tinha uma maioria no Knesset".

Eu me encontrei com ele sozinho pela primeira vez em novembro de 2001. Eu estava concluindo uma entrevista com Yasser Arafat e ele estava com os auxiliares seniores de Arafat na sala de espera da Mukata. Quando nos reconhecemos através de uma nuvem espessa de fumaça de cigarro, perguntamos um ao outro ao mesmo tempo: "O que o senhor está fazendo aqui?" Eu expliquei, sorrindo: "Vim entrevistá-lo". Ele respondeu: "Neste lugar, a única pessoa que fala é o presidente". Eu disse: "Marwan, então vamos a outro lugar". Ele piscou para mim e respondeu em voz baixa: "Não posso recusar uma proposta indecente".

Começamos a caminhar e fomos à sala onde Arafat recebera o emissário americano, o general Anthony Zinni, e o mediador da União Europeia, Miguel Ángel Moratinos. A primeira coisa que Barghouti fez foi mandar um agente de segurança palestino retirar as "bandeiras estrangeiras" (americana e europeia) e segurar para ele seu fuzil de assalto Kalachnikov. Durante a entrevista, ele falou sobre o presidente Arafat em um tom provocativo, um tom inaceitável na época: "Em qualquer acordo, de qualquer natureza, que [Arafat] firmar sob a pressão de mediadores internacionais que estão exigindo que ele acabe com a Intifada, a última palavra em qualquer caso será a palavra das ruas".

Quando perguntei como seus colegas das Brigadas dos Mártires de Al-Aqsa passaram a imitar os fundamentalistas começando a realizar ataques suicidas em Israel, ele ficou pouco à vontade e assumiu uma postura cautelosa (algo incomum para um homem tão direto). Há um consenso, ele explicou, sobre a luta armada contra a ocupação na Cisjordânia e na Faixa de Gaza, isto é, contra o exército e os colonos, mas há uma disputa interna em relação a ataques contra civis em Israel.

Na época, Barghouti dormia em um lugar diferente a cada noite e fugia sempre que ouvia um helicóptero israelense, presumindo que eles tentariam matá-lo. No futuro, ele diz, ele gostaria de voltar a ser um simples professor. Seus confidentes, contudo, admitem que seu verdadeiro sonho é se tornar um Nelson Mandela, que liderou os negros da África do Sul, ou um Jomo Kenyatta, líder dos rebeldes no Quênia. Os dois se tornaram estadistas e firmaram tratados históricos depois de passarem muitos anos na prisão.

Depois que Arafat morreu e Mahmoud Abbas foi eleito presidente da Autoridade Palestina, enviei perguntas a Barghouti, que estava preso, por meio de um colaborador próximo a ele no Parlamento palestino. Barghouti está convencido de que será libertado em breve e voltará à vida política palestina. Ele alega que, mesmo na prisão, está intensamente envolvido em negociações com o Hamas e a Jihad islâmica.

"Alguns dos políticos palestinos que estão no poder no momento são corruptos. A liderança do Estado palestino futuro crescerá aqui, nestas prisões, e algumas das pessoas no poder hoje nos substituirão atrás das grades."

"Abbas é um homem sério e tem uma chance de sucesso", afirma Barghouti. Com efeito, é por essa razão que Barghouti o apoiou. Ele acrescenta: "Temos uma oportunidade histórica. Mas mesmo assim, a Intifada acabará quando a ocupação acabar. A luta prosseguirá até a liberação".

Em 2007, quando, na distante Meca, o Fatah e o Hamas estabeleceram um governo unitário, foi divulgado que o "principal prisioneiro" dos palestinos havia mediado e coordenado as facções em sua cela na prisão israelense com a ajuda de seu aparelho celular. Em centenas de horas de negociações de sua cela na prisão, Barghouti alertou todos os lados de que a história seria implacável se os dois movimentos não conseguissem estabelecer um governo unido para destruir o dragão da guerra civil.

Quando, em junho de 2007, o Hamas tomou o controle da Faixa de Gaza, o presidente Abbas nomeou um governo emergencial liderado pelo ex-ministro da Fazenda, Salam Fayyad. Fayyad recusou-se a aceitar o cargo antes de visitar Barghouti na prisão israelense e receber a carta branca para a tarefa. Abbas está tentando convencer Israel a libertar Barghouti, alegando que ele é o homem que pode vencer as próximas eleições e liderar a luta contra o Hamas no futuro. No segundo semestre de 2007, houve uma acalorada discussão entre membros do governo e das forças de segurança israelenses para decidir se Barghouti deveria ou não ser libertado.

Entrevista conduzida em 28 de novembro de 2001

O presidente Arafat se encontrou hoje com o mediador europeu, Miguel Ángel Moratinos, e o emissário americano, Anthony Zinni. Estão sendo feitas tentativas para negociar um cessar-fogo com Israel?

Nós, os líderes da Intifada, inclusive os grupos islâmicos, estamos sempre tentando ajudar o presidente Arafat a possibilitar o sucesso das iniciativas dele. Infelizmente, todos os esforços por parte da comunidade internacional, especialmente dos Estados Unidos e da Europa, fracassaram devido às políticas de Ariel Sharon, que nunca concordou com essas iniciativas. Acredito que nós, os palestinos, não concordaremos em voltar à estaca zero, o ponto de partida, e nos sentar à mesa de negociações e nos submeter a todas as exigências dos representantes israelenses.

O senhor acredita ser possível dar um fim à Intifada?

Se os americanos e os europeus definirem um cronograma para as negociações que inclua a retirada israelense e se nós, os palestinos, pudermos consolidar a nossa liberdade e independência ao longo do próximo ano, acredito que isso fará muito para melhorar a situação e influenciará o desenrolar da Intifada.

O senhor acredita que o povo palestino continuará a apoiar a Intifada?

Sim, uma maioria absoluta, porque o povo palestino vê que essa é a única maneira de conquistar a independência. Viemos tentando por meio da negociação ao longo dos últimos dez anos, desde a Conferência de Madri e, nesse período, Israel dobrou o número de assentamentos, nacionalizou a nossa terra, continuou a ocupar Jerusalém e persistiu em prender o nosso povo e humilhar os nossos líderes, inclusive o presidente Arafat.

Arafat está sendo pressionado pelos americanos e europeus para acabar com a Intifada e o senhor, aqui em Ramallah, está esperando que os mediadores saiam da Mukata para exigir exatamente o contrário, que a Intifada continue.

[Risos.] Arafat é o presidente. Nós o respeitamos enormemente e confiamos cegamente nele. Mas nós temos nossa própria opinião, é claro. Nós trabalhamos no campo com as pessoas que estão lutando diariamente contra a ocupação israelense. Eu posso entender a enorme pressão que o presidente está enfrentando, mas não acho que ele deva se submeter a ela. Arafat deveria oferecer alguma coisa a essas pessoas, que se sacrificaram tanto nos últimos catorze meses. Não podemos dizer ao povo palestino que a luta chegou ao fim sem lhes dar alguma coisa em troca. Ele deve enviar uma mensagem de esperança e dar a boa notícia de que o fim da ocupação está se aproximando.

Dizem que o senhor é um dos principais candidatos à sucessão de Arafat.

Em primeiro lugar, acredito que Arafat ainda é o nosso líder. Ele representa a unidade do povo palestino e é um símbolo histórico da nossa luta. Nós confiamos nele e o apoiamos. Quanto ao futuro, acredito que as pessoas deveriam escolher seu presidente em eleições democráticas. O meu sonho é, depois de conquistarmos o nosso próprio Estado independente e soberano, eu poder abandonar todos os cargos públicos e voltar a ser um professor.

Qual é a sua opinião sobre as prisões que Arafat tem promovido de membros do Hamas e da Jihad islâmica?

Alguns desses ativistas foram presos pela nossa polícia e foram confinados em cadeias nossas. Eu me oponho a essas prisões e tenho pressionado para que elas sejam interrompidas. Acredito que os ativistas estejam exercendo seu direito de resistir à ocupação israelense. Somos uma resistência legítima porque a ocupação é ilegítima.

Nas últimas semanas, houve muitos ataques suicidas em Israel. O que o senhor pensa quando vê na TV os civis israelenses que foram mortos?

Eu sem dúvida fico muito sentido. Não gosto de ver como um israelense morreu. A minha esperança é que os soldados e os colonos saiam do meu país amanhã e nós lhes jogaremos flores em vez de pedras e balas. Mas eles precisam se perguntar qual é a motivação desses homens-bomba. Se os israelenses respeitassem os territórios e os cidadãos palestinos, acredito que ninguém iria querer atacá-los. Israel não terá segurança, estabilidade nem paz enquanto nós não tivermos a total soberania antes, o que significa um Estado palestino e a nossa terra, com Jerusalém Oriental como sua capital e o direito de retorno dos refugiados.

Quando o seu nome é incluído na lista do exército israelense de ativistas mais procurados, acusados de envolvimento em muitos ataques terroristas, o senhor tem medo?

Acredito que os israelenses estejam me monitorando, mas não estou com medo e, verdade seja dita, acho que eles não ganham nada se me assassinarem. Fui um dos primeiros e mais importantes líderes que apoiaram o processo de paz, inclusive os Acordos de Oslo.

O senhor dorme toda noite em um lugar diferente?

Sim, eu tento, mas sou humano, tenho mulher e filhos. Eu naturalmente quero continuar vivo e não ser assassinado pelas forças israelenses, mas não acho que a minha vida seja mais importante do que a vida daqueles que se sacrificaram pela liberdade e pela independência da Palestina.

A causa palestina permanece no centro da opinião pública internacional.

A causa palestina está no coração de cada muçulmano, cada árabe e cada pessoa no mundo inteiro que busque a justiça. Os Estados Unidos devem entender que, enquanto o problema palestino não for solucionado, não haverá estabilidade e paz no Oriente Médio nem no restante do mundo.

SHLOMO BEN-AMI
Ex-ministro das Relações Exteriores de Israel

*"Mitos e símbolos são o maior problema
nas negociações com os palestinos."*

Quando eu estudava na Universidade de Tel Aviv em 1980, fiquei sabendo de um brilhante professor no departamento de história geral. Ouvi dizer que alunos faziam fila para se matricular em seus cursos. Eu me matriculei em um de seus cursos, história da Espanha moderna, e o acompanhei de perto desde então. Vi como aquele professor, nascido em Tânger em 1943 em uma modesta família de judeus sefarditas, se tornou embaixador israelense em Madri; como na Espanha eles o chamavam de "o emissário diplomático mais popular" e como o rei Juan Carlos considerava que o enviado israelense falava espanhol melhor que ele próprio. Mais tarde, acompanhei seus primeiros passos na política israelense, quando ele chegou ao topo da lista de candidatos do partido trabalhista para o Knesset. Ele era a grande esperança da esquerda e do grupo que favorecia a paz. Para a surpresa de todos, o primeiro-ministro eleito, Ehud Barak, o nomeou ministro da Segurança Pública em uma medida que foi amplamente interpretada como uma tentativa de impedi-lo de ofuscar o primeiro-ministro. Posteriormente, ele recebeu o ministério das Relações Exteriores e se tornou um dos principais participantes do encontro de Camp David com os palestinos, em 2000.

Eu me lembro da enorme frustração de Shlomo Ben-Ami quando voltou a Jerusalém sem um acordo fechado. Ele acusou pessoalmente Yasser Arafat de mentir e cometer todos os erros possíveis. "Durante a Intifada, ele se comportou como Sansão e derrubou o prédio na nossa cabeça", ele conta.

Mesmo assim, Ben-Ami afirma que, em Camp David e depois, nas negociações de Taba, Israel e os palestinos chegaram a um acordo para a maior parte dos itens na pauta e diz que esses acordos servirão como pontos de discussão e futuras negociações.

Nos primeiros dias da Intifada, que irrompeu em setembro de 2000, a violência se estendeu também ao setor israelense-árabe. A polícia, agindo sob a responsabilidade ministerial de Ben-Ami, provocou a morte de treze jovens árabes. O incidente transformou um dos líderes mais identificados com a facção da paz no maior inimigo do setor israelense-árabe. Quando o Likud subiu ao poder, Ben-Ami, com a reputação maculada pela Comissão de Orr, que investigara os "eventos de outubro", saiu temporariamente do país, indo primeiro a Londres e depois a Madri, e escreveu livros.

Ele descreve o encontro de Sharon e Arafat nesse ponto crítico da história como "uma jornada para trás no túnel do tempo". Ele também afirma que o mundo árabe hoje está mais interessado no fenômeno de Bin Laden e na instabilidade de seus próprios regimes do que na ocupação israelense de Gaza e da Cisjordânia, que nunca foi mais intensa do que hoje, desde o seu início, em 1967.

O professor de história argumenta que a história precisa da intervenção internacional. Quanto ao aspecto pessoal, a questão é se Ben-Ami de fato descerá da torre de marfim acadêmica e voltará à vida política para, talvez, tentar concluir no século XXI o que começou no século XX.

Entrevista conduzida em 22 de janeiro de 2002

O que está acontecendo? Tantos ataques terroristas, tanta violência. Parece que isso nunca vai chegar ao fim.

Durante meses venho argumentando que estamos marchando na direção do desastre, de cada vez mais violência. Todas as palavras do mundo não passam de retórica vazia, porque não haverá nenhum processo de paz entre Israel e os palestinos. Há várias razões para isso. O governo de Sharon não tem espaço político de manobra e Arafat não é o nosso príncipe encantado; ele criou uma Autoridade Palestina com alguns elos faltando, um reinado de guerreiros. Ele não conseguiu se decidir e fechar um acordo com Israel e hoje se vê sem alternativas. Teoricamente, ele tem três opções. A primeira, ele pode combater o Hamas e a Jihad islâmica, mas não fará isso porque não tem interesse em uma guerra civil, especialmente quando sabe que o governo de Sharon não lhe dará nada em troca por isso. A segunda opção: ele pode continuar fazendo o que está fazendo agora, conversando com emissários da União Europeia, enquanto os ataques terroristas continuam e cada vez mais sangue é derramado, sugerindo ostensivamente que tem o controle da situação. A terceira possibilidade é que ele mesmo se transformará no líder da oposição, deixará de dissimulações e fingimentos e se tornará o líder da Intifada.

A única coisa que agrada as preferências dele e pode atrair a atenção da comunidade internacional é agir como Sansão, derrubando o prédio na cabeça de todos (Egito, Israel e os Estados Unidos). Yasser Arafat chegou a um impasse e não pode continuar onde está. Na minha opinião, a única solução é a intervenção internacional. É necessário retomar o caminho aberto pelo presidente Clinton. Nas negociações realizadas em dezembro de 2000, nós já tínhamos elaborado os pontos que ele propôs. Se um desastre da escala do ataque ao World Trade Center em Nova York ocorrer amanhã, uma possibilidade que não podemos desprezar, você não acha que a comunidade internacional acordará e procurará intervir mais? Os Estados Unidos não teriam lançado a campanha contra o terrorismo se não fosse pelo desastre do WTC.

O senhor critica Arafat, mas o senhor também não tem nada de bom a dizer sobre Sharon.

O encontro entre Sharon e Arafat foi uma jornada para trás no túnel do tempo, uma volta ao anacronismo do conflito. Tudo o que Sharon está fazendo é destruir a Autoridade Palestina. Essa é a meta dele e, com a ajuda de Shimon Peres, ele não está mudando de direcionamento. Peres não percebe que o partido trabalhista atualmente está apoiando uma política que é o oposto absoluto da política que eles deveriam representar.

Os europeus entendem que os dois líderes são responsáveis.

Arafat cometeu todos os erros possíveis. Ele mentiu, ele não conseguiu assumir a responsabilidade por um acordo de paz, ele não tem controle sobre seu povo e continua a falar dissimuladamente. Arafat não é um parceiro para chegar à paz; até a Europa já percebeu isso. Os europeus estão mais perto de entender a *problématique* de Arafat.

Bush poderá romper relações com a Autoridade Palestina?

É uma possibilidade que não pode ser excluída. Eles ainda não fizeram isso e eu não recomendaria, a menos que eles façam isso em troca de propostas realistas pela continuidade do processo de paz.

O que está acontecendo no partido trabalhista?

No partido trabalhista eles estão surfando nas ondas da boa-fé do público em troca de cargos políticos e ministérios interinos. O partido trabalhista não tem nenhuma razão para continuar na coalizão; a guerra ao terrorismo pode ser apoiada a partir da oposição. O partido está equivocado em suas perspectivas básicas. Eles não estão fazendo nada no governo e não estão tornando as políticas de defesa do governo mais moderadas. Eu lembro que, quando estávamos no poder, em todas as reuniões do governo Peres criticava incisivamente Barak por sua política em relação aos palestinos e hoje o partido está legitimizando o governo da direita. Hoje em dia, como parte do processo de paz, a direita ataca e os ministros do partido trabalhista aplaudem. Nesta situação, o partido tem como pedir o voto dos eleitores? Minha resposta é um enfático "Não".

Na arena internacional, é possível que Israel enfrente a ameaça de armas não convencionais?

Os Estados Unidos estão explorando maneiras de dar continuidade à segunda fase de sua guerra ao terrorismo internacional. Outra questão que os Estados Unidos precisam decidir é se agirão individual ou multilateralmente, porque até agora eles lutaram nessa guerra sozinhos. É impossível resolver o problema do Oriente Médio só com a ação americana unilateral. E será muito difícil montar uma coalizão contra o Iraque no mundo árabe a menos que os Estados Unidos façam algo mais eficaz na arena palestina.

A verdadeira mudança pode ser a destruição do regime iraquiano, não a questão afegã. Quanto à questão do terrorismo, o Irã continuará a ser o maior problema.

A revolução iraniana foi um grande fracasso em alguns sentidos porque eles não conseguiram se "exportar", a não ser para o Líbano. O navio recentemente capturado transportando armamentos prova que o Irã tentou instituir um eixo entre o Líbano, a Autoridade Palestina e os árabes israelenses. Isso significa que o Irã estendeu seus tentáculos até o centro do conflito criando um eixo estratégico de terror que poderia levar a uma situação revolucionária. O Irã está continuando a exportar o terror, tentando exportar o modelo iraniano, e continua a desenvolver armas de destruição em massa. É o único Estado que não esconde a sua meta de destruir Israel.

O senhor acha que existe uma possibilidade de guerra nessa região nos próximos anos?

Há uma possibilidade de guerra entre os Estados Unidos e um dos regimes árabes, no caso, o Iraque. Não vejo nenhuma possibilidade de guerra entre Israel e o mundo árabe. Os árabes não têm interesse em permitir que a situação se agrave até chegar a uma guerra. No entanto, devemos notar que Israel está em pé de guerra com os palestinos e que a atual ocupação israelense é a mais intensa desde 1967. Mesmo assim, o mundo árabe está observando o desenrolar dos acontecimentos com certa indiferença. Onde estão os regimes árabes que não nos davam nenhum minuto de paz? Eles estão ocupados assegurando sua própria estabilidade contra o fenômeno Bin Laden. Eles têm os próprios problemas. Além disso, eles perderam a fé em Arafat e percebem que ele, por si só, é um problema. Isso explica a relativa passividade do mundo árabe diante da questão israelense-palestina.

Entrevista conduzida em 15 de novembro de 2004

Como o senhor avaliaria a situação palestina após a morte de Arafat? O senhor confia nos sucessores dele?

Mahmoud Abbas e Ahmed Qurie são pessoas sérias e talentosas, mas têm um grande problema de legitimidade. O período de transição será conturbado porque eles não têm uma base política nem poderio militar. Eles estão diante de uma enorme tarefa; eles precisam negociar tudo. Em tempos de guerra, pessoas como Marwan Barghouti, Jibril Rajoub e Muhammad Dahlan ganham legitimidade por serem comandantes militares. É por isso que políticos e militares formam alianças.

O período de transição continuará em duas fases. Na primeira, haverá um equilíbrio instável entre os vários grupos. Na segunda fase, surgirá uma liderança a partir das bases – pessoas como Barghouti e Dahlan. Acredito que, apesar de Israel não dever intervir no processo, podemos criar condições para permitir que a transição ocorra sem muitos percalços. O Hamas começou a mudar seu posicionamento e falar sobre a possibilidade de se unir às instituições palestinas. Hoje em dia, com a popularidade de Abbas em baixa entre seu pessoal, eles dizem "nós queremos entrar". Eles estão em uma encruzilhada onde o equilíbrio de forças na sociedade palestina está sendo recriado.

A divisão de poderes entre Abbas e Qurie é a divisão que eles mesmos queriam atingir quando eram primeiros-ministros de Arafat?

Talvez. Abbas, como presidente do conselho da OLP, tinha um status similar ao de um secretário-geral do partido no modelo comunista. Ele era a autoridade suprema, distanciado de questões como a construção de estradas e questões de segurança, de responsabilidade de Qurie, o primeiro-ministro. Qurie é um negociador espetacular; ele vem do mundo dos negócios e gosta da vida política. Abbas é um dos fundadores do Fatah e da OLP, algo como um intelectual ideológico. Arafat e Israel são os culpados diretos pelo fracasso dele como primeiro-ministro de Arafat, mas sempre existe o significativo elemento da responsabilidade pessoal. Não sabemos se, na esteira do desaparecimento de Arafat do cenário político, veremos o fenômeno egípcio de Nasser-Sadat em Abbas – a transição de um líder carismático a um sucessor que todos tratam com desprezo, mas que, de todas as pessoas, se transforma um líder extraordinário. Eu não descartaria totalmente uma possibilidade como essa. Quando Abbas sair da sombra de Arafat, é possível que sua liderança possa florescer.

Os dois se manifestaram contra a violência da Intifada. O senhor acredita que eles possam em breve declarar o fim do levante palestino?

Não, é perigoso demais para eles. Acho que seria muito difícil para eles anunciarem o fim da Intifada sem chegar a um acordo de paz com Israel. Eles tentarão acabar com a Intifada sem anunciar isso. Um estado de guerra é a pior coisa que pode acontecer para todos eles; afinal, eles não têm poder algum. As guerras foram criadas para líderes carismáticos.

Todos nós vemos milícias armadas nas ruas e, em pelo menos um caso, em Gaza, eles mataram um guarda-costas de Abbas. Existe o perigo de uma guerra civil palestina?

Não devemos excluir totalmente a possibilidade. Uma guerra como essa não irromperá se eles honrarem o legado de Arafat. Arafat sempre tentou impedir qualquer confronto entre palestinos e conseguiu isso por ter sido um líder carismático. Mas por que a milícia de Tanzim ou as "Brigadas" deveriam respeitar Ahmed Qurie? Agora, se, por exemplo, Israel fosse libertar Barghouti da prisão – se o país concordasse com esse gesto para firmar a cooperação entre a velha guarda e a jovem guarda, a que de fato governa na prática –, a situação poderia melhorar. Mas, se isso não acontecer, uma guerra entre os palestinos é de fato um perigo tangível. Eu iria um passo além e diria que, se o Hamas não se unir à liderança e se os palestinos não produzirem benefícios econômicos para a população como uma parte do processo de paz, não me surpreenderia se o Hamas se tornar um braço da Al-Qaeda ou da Hezbollah. Tudo bem para Israel dizer que não tem interesse em intervir nas questões da Autoridade Palestina, mas Israel precisa dar algo a Abbas, interromper as eliminações direcionadas de líderes palestinos – além das "bombas-relógio" –, criar novas condições econômicas e tentar coordenar a retirada de Gaza para evitar o caos. O que fortaleceria mais Abbas do que a retirada de Gaza é a questão dos prisioneiros palestinos.

O senhor acredita que Ariel Sharon, o patriarca dos assentamentos, conseguirá fechar as colônias de Gaza e norte da Samaria?

Hoje em dia ele é o único capaz de fazer isso; não há mais ninguém. A esquerda israelense foi às eleições com o plano de retirada de Gaza e sofreu a pior derrota de sua história.

Não se deve sair de Gaza com base em uma estratégia de terra arrasada [destruir, na retirada, tudo que possa ser aproveitado pelo outro lado], por que isso permitiria ao Hamas declarar sua vitória. A retirada deveria ser transformada em um passo na direção de um futuro mais favorável. A assistência europeia também é necessária. O papel da Europa nesse contexto não é um luxo; é uma verdadeira necessidade devido à instabilidade econômica dos países do Mediterrâneo e das comunidades muçulmanas na Europa. A administração espanhola incumbente está mais familiarizada com os caminhos que as instituições palestinas estão tomando.

Quais condições precisam estar presentes para a instituição de um Estado palestino durante o segundo mandato do presidente Bush?

Bush deveria ter passado do discurso à ação e deveria ter se aproximado da fórmula de Blair, dando aos europeus mais espaço de manobra e fazendo do Quarteto internacional um instrumento mais forte. É impossível negociar com o Iraque e o Irã sem antes definir uma estratégia coordenada com os europeus para a região e sem solucionar o conflito israelense-palestino. Essas três questões são como três artérias tangenciais; só com o envolvimento de todos os lados é que a Europa concordará com uma estratégia em comum.

SILVAN SHALOM
Ex-ministro das Relações Exteriores de Israel

*"Se a Europa quiser ter um papel no processo de paz,
eles precisam adotar posicionamentos mais equilibrados."*

Silvan Shalom, de 48 anos e ex-ministro das Relações Exteriores de Israel, tem uma longa história política e ambiciona ser eleito primeiro-ministro no futuro próximo. Ele nasceu na Tunísia no dia 4 de agosto, assim como seu inimigo mortal, Yasser Arafat. Seu pai, um funcionário de banco em Beersheva, foi assassinado em um assalto quando Silvan tinha 3 anos de idade.

Shalom tem formação em direito, economia e administração pública e é membro do Knesset desde 1992. Ele atuou como ministro interino da Defesa, ministro do Tesouro e, mais recentemente, ministro das Relações Exteriores e primeiro-ministro interino. Sempre que é entrevistado, ele enfatiza a enorme importância de manter as relações com a Europa, diferentemente de outros líderes israelenses, que claramente preferem o relacionamento estratégico com os Estados Unidos. Shalom afirma enfaticamente que Israel não deveria virar as costas para a Europa. No entanto, ele também manifesta uma grande frustração no que se refere a duas questões. Em primeiro lugar, "Muitos europeus não nos entendem e não querem nos entender". Em segundo lugar, ele lamenta o ressurgimento do antissemitismo no continente europeu "menos de sessenta anos depois do Holocausto".

Em seu partido, o Likud, ele manteve um relacionamento bivalente com o primeiro-ministro Sharon. Externamente ele defendia o plano de retirada, o recuo israelense da Faixa de Gaza e norte da Samaria realizado na segunda metade de 2005. Internamente, no Likud, e nos bastidores, contudo, ele criticava o unilateralismo da medida e exigia que ações como essas fossem implementadas em coordenação com a Autoridade Palestina. Shalom salientou repetidamente que sua maior meta é atingir a paz.

Como ministro das Relações Exteriores, Shalom lutou para convencer o governo a deportar Arafat quando ele estava sitiado na Mukata [o quartel-general do presidente palestino] em Ramallah. Ele alegava que o *Rais* nunca faria concessões e que, desde que Arafat foi à Gaza, em 1994, sob os Acordos de Oslo, ele tem "explorado todos os canais disponíveis a ele: a mídia, as escolas, acampamentos de verão, para incitar a violência e o terrorismo do 'martírio'". Shalom retomou o contato com a liderança palestina depois que Mahmoud Abbas foi eleito para a presidência da Autoridade Palestina.

Shalom liderou a campanha por um plebiscito para decidir a retirada israelense de Gaza e do norte da Samaria. No entanto, diante da feroz oposição do primeiro-ministro e do apoio à retirada por parte da Autoridade Palestina, do Egito, da Jordânia, Estados Unidos e União Europeia, ele acabou votando a favor da retirada.

Hoje em dia, analistas acreditam que, com o fim da era de Olmert, Netanyahu e Shalom, representando o Likud, serão os principais candidatos para a sucessão.

Entrevista conduzida em 16 de maio de 2004

O senhor acredita que Israel acabará se retirando da Faixa de Gaza? Quando isso acontecerá e em quais circunstâncias?

O primeiro-ministro Sharon está buscando maneiras de implementar suas ideias. Ele está decidido a seguir adiante com seus planos de retirada da Faixa de Gaza. Dessa forma, atualmente ele dedica seu tempo se reunindo com os líderes do partido e consultando importantes políticos tanto da coalizão quanto da oposição. Ele definiu um cronograma que deixa pouco tempo para preparativos e organização, de forma que eu diria que ele apresentará seu plano dentro de duas ou três semanas.

Qual é o seu posicionamento pessoal? O senhor acredita que a plenária do Knesset aprovará o plano?

Nós, do Likud, nos comprometemos a honrar os resultados do plebiscito. Esse compromisso ainda é válido. Isso explica por que Sharon está procurando maneiras e métodos de implementar suas ideias e tentando apresentá-las de forma diferente. É claro que tenho falado com Sharon sobre a questão. Ele está estudando alternativas e acho que mais cedo ou mais tarde ele escolherá a mais apropriada.

A FDI recentemente sofreu baixas em emboscadas na Faixa de Gaza. Na sua opinião, é possível surgir um movimento popular israelense para exigir a retirada de Gaza, como aconteceu no caso do Líbano?

Não acho que haja alguma necessidade de pressionar Sharon ou o governo. Sharon apresentou o plano de retirada sem ninguém o pressionando ou o forçando a isso. Precisamos tomar as melhores medidas para o povo e isso deve ser feito pela pessoa eleita pelo povo. Estamos no meio de uma guerra extremamente longa contra o terrorismo palestino e estamos fazendo todo o possível para reduzir as tensões nas bases.

Alguns europeus acreditam que o plano de retirada de Gaza não passa de uma armadilha maquinada por Sharon para reter os territórios restantes a oeste da cerca de separação. Eles argumentam que essa é única explicação para Sharon, o patriarca dos assentamentos, estar disposto a fechar 21 colônias na Faixa de Gaza.

São temores ridículos. Não há nenhuma motivação oculta por trás do plano. Por várias razões, o primeiro-ministro chegou à conclusão de que deveríamos adotar uma política que inclua concessões. O plano dele tem o apoio internacional, tanto nos Estados Unidos quanto na Europa.

De acordo com pesquisas de opinião, uma grande proporção de israelenses favorece a retirada de Gaza. Por que vocês [os israelenses] preferem fazer isso unilateralmente e não como parte de um acordo com o primeiro-ministro palestino?

A opinião do público é conhecida e muito importante. Eu preferiria ver o plano implementado como parte de um acordo com os palestinos, mas Sharon chegou à conclusão de que não tem ninguém com quem conversar lá. Tentamos durante meses marcar uma reunião entre Sharon e Qurie, mas o primeiro-ministro palestino não quis se encontrar com Sharon. A nossa meta é um futuro melhor. Queremos elaborar planos de paz com eles e eu ainda afirmo que o diálogo com eles é importante e válido. Mas eles não querem falar conosco. Está absolutamente claro que a melhor opção de todas, se possível, seria uma retirada de Gaza em coordenação com os palestinos. Afinal, poderíamos continuar sem levantar um dedo até as eleições de 2007. Mesmo assim, tentamos dar esperança ao povo de Israel, mesmo colocando o nosso controle em risco.

O que o senhor diria a Ahmed Qurie se pudesse? O que o senhor espera dos palestinos?

Em primeiro lugar, o terrorismo deve ser combatido e a infraestrutura do terror deve ser desmantelada. Essa é uma das obrigações que ele aceitou e esse é o ponto principal. Até agora, os palestinos não fizeram nada para combater o terrorismo. Deve haver uma liderança palestina responsável. Estamos no meio de uma longa guerra ao terror. Continuaremos a construir a cerca de separação porque, nos pontos onde ela já foi construída, o número de ataques terroristas caiu significativamente. Em termos militares, continuaremos a perseguir os grupos extremistas e, no âmbito político, nos empenharemos para incluir Hamas na lista de organizações terroristas, como a União Europeia decidiu fazer. Dessa forma, é muito importante concluir a legislação europeia e incluir também a Jihad [islâmica] e o Hezbollah como organizações terroristas. Uma terceira necessidade, na minha opinião, é uma decisão estratégica em relação a Arafat. Enquanto ele estiver aqui, não será possível surgir uma liderança moderada e acredito que haja moderados entre os palestinos. Por fim, precisamos formular um verdadeiro programa, que levará a um Oriente Médio mais estável, um Oriente Médio que marchará na direção da paz e incluirá concessões dos dois lados.

O senhor é a favor de deportar Arafat apesar de Sharon se opor a isso por enquanto. O senhor não teme que isso só pioraria as coisas?

A presença de Arafat na região destrói todas as esperanças de paz. Ele veio para cá em 1994 e nós lhe entregamos Gaza e até canais de televisão para que ele pudesse instruir seu povo para escolher o caminho da paz, como ele nos prometeu. No entanto, o que ele fez e está fazendo é incitar o ódio em seu povo e incentivar o terrorismo suicida. Todo o fenômeno da violência, dos terroristas suicidas e da Intifada é obra de Arafat. Ele nunca fará concessões. Eu não afirmo que ele deveria ser pessoalmente atacado, mas deveriam ser tomadas medidas para retirá-lo da região. Só com isso será possível o surgimento de outros líderes. Os próprios palestinos nos dizem que não há chances de concessões e de um fim para o conflito enquanto Arafat estiver por perto.

Como o senhor avaliaria as relações de Israel com a Europa? Em Israel, toda a União Europeia é acusada de ser pró-Palestina.

Ao longo do ano passado, muito se progrediu nessa questão com a União Europeia, apesar de esporadicamente ouvirmos opiniões que se aproximam do lado palestino. Acredito que a União Europeia não pode se envolver nas negociações se adotar um posicionamento pró-Palestina. Não precisamos aceitar a nomeação de qualquer mediador. Se eles quiserem exercer um papel importante nas negociações entre nós, não pedirei que eles sejam pró-Israel, mas eles definitivamente devem ser mais imparciais; de outra forma, eles não poderão atuar como mediadores justos. No passado, as nossas relações com a Europa foram de amor e ódio. Desde primeiro de maio, quando o Chipre entrou na União Europeia, Israel está a 32 minutos de distância da Europa. Israel e Europa compartilham valores de democracia e liberdade e estão cooperando na guerra ao terror. Metade da população israelense é de extração europeia. Eu favoreço enormemente o diálogo com a Europa. Deveríamos dialogar com todos os países europeus.

AZAM EL-AHMED
Vice-primeiro-ministro palestino

"Se a iniciativa árabe de paz fracassar, seremos forçados a encontrar outros meios, o que nos levará ao caminho do extremismo."

Azam El-Ahmed, um político do Fatah, foi um dos colaboradores mais próximos do fundador da organização, Yasser Arafat, e de seu sucessor, Mahmoud Abbas. O atual presidente palestino, Abbas, nomeou El-Ahmed, nascido em Jenin em 1947, para liderar a facção do movimento no Conselho Legislativo e recentemente o nomeou primeiro-ministro interino do governo da Unidade Nacional com o Hamas; em outras palavras, o segundo em comando depois do líder do Hamas, o primeiro-ministro Ism'ail Haniya.

Por um lado, El-Ahmed enfatiza o acordo fechado com o Hamas em Meca, que, em sua opinião, dá ao presidente Abbas a autoridade de negociar com Israel, e, por outro lado, salienta repetidamente as diferenças entre seu movimento nacionalista e grupos islâmicos como o Hamas. Ele é o "iraquiano" da Autoridade Palestina, considerando que viveu principalmente em Bagdá de 1972 até 1996. Durante a maior parte desse período, ele foi o embaixador de Arafat no Iraque e atuou como o intermediário entre Arafat e Saddam Hussein. Até hoje, El-Ahmed admira enormemente o presidente iraquiano executado e enfatiza o quanto sente a falta dele. No início de 2003, por iniciativa dele, ele me acompanhou à Mukata, o quartel-general de Arafat em Ramallah, que tinha sido quase totalmente destruído, e convenceu Arafat a me conceder outra entrevista. O então presidente palestino o respeitava muito e viria a nomeá-lo para muitas tarefas políticas, solicitando que ele atuasse como um simpatizante na política palestina. Abbas forçou a maioria dos políticos associados com "O Velho" Arafat a se aposentar. El-Ahmed é uma grande exceção à regra e, em Ramallah, ele é chamado de "o gato da política palestina que sempre cai em pé".

Entrevista conduzida em abril de 2007

"Se o boicote internacional contra o governo da Unidade Nacional entre o Fatah e o Hamas criada em Meca continuar, eu seria o primeiro a exigir uma mudança de direcionamento do presidente e do governo. Faria algum sentido continuar com a Autoridade Palestina? Existe mesmo um processo de paz, o processo que se tornou a nossa opção estratégica, ou ele desapareceu?", pergunta Azam el-Ahmad, o vice-primeiro-ministro palestino e chefe da facção do Fatah no Parlamento, o "número dois" do poder executivo. No passado ele foi um aliado próximo de Arafat e atualmente é um estreito colaborador de Mahmoud Abbas; ele não esconde sua animosidade em relação ao Hamas e ao primeiro-ministro Ism'ail Haniya.

O senhor sempre teve suas diferenças com o primeiro-ministro islâmico, Haniya. Como o senhor conseguirá trabalhar com alguém que criticou tantas vezes no passado?

Nunca o critiquei no nível pessoal, só como um político. É verdade que o Hamas e o Fatah tiveram suas diferenças, mas elas foram basicamente solucionadas no acordo de Meca. Tirando o governo, não tenho nada em comum com o primeiro-ministro.

Um dos principais movimentos no seu governo é o Hamas, que não reconhece Israel. Como pode haver negociações de paz nessas condições?

Faz um ano que temos conduzido conversas com o Hamas para chegarmos a um acordo. Foi o Hamas que se ajustou em grande parte à ideologia da OLP (Organização para a Liberação da Palestina), a plataforma do Fatah. No passado, o Hamas não se dispunha a reconhecer o Estado de Israel de acordo com as fronteiras de 1967; em outras palavras, uma solução de dois Estados. Nem estava disposto a aceitar as decisões da Liga Árabe, mas eles agora declararam seu comprometimento com essas resoluções e, da mesma forma, em relação aos acordos assinados pela OLP no passado. É verdade que ainda há diferenças em relação a pontos específicos. O único elemento em comum é a plataforma do governo.

O Hamas ainda considera que Israel está em território islâmico. O senhor não acha que isso poderia levar à queda do governo unificado?

O reconhecimento de Israel é uma questão que será solucionada entre governos e não entre movimentos políticos. Somos internacionalmente representados pela OLP, e Israel e a OLP reconheceram um ao outro. O partido Likud, por exemplo, não reconhecia a OLP. Dessa forma, quando exigem que o Hamas reconheça Israel e os acordos assinados no passado, não entendo por que o mesmo não é exigido dos partidos de direita israelenses.

Não é uma vergonha que, em vez de progredir na direção da paz e da criação de um Estado palestino, o tema do debate seja o reconhecimento mútuo?

A solução é que a comunidade internacional não deveria tomar sempre o lado israelense. Desde as decisões do Encontro de Riad, o povo árabe lançou uma "ofensiva de paz", que tem revelado a obstinação israelense. Se a estratégia de paz não funcionar, seremos forçados a buscar uma alternativa. Até agora, temos sido um parceiro de Israel pela paz. Israel continua com seus planos repressores: a anexação dos territórios palestinos, o isolamento de Jerusalém, a construção do muro de separação, ignorando tudo o que foi decidido pelas organizações internacionais. Eu me lembro claramente de Sharon, Olmert e Mofaz afirmando que esta geração não está preparada para a paz. As palavras deles resumem o verdadeiro posicionamento de Israel.

Quanto ao encontro dos países árabes na Arábia Saudita, o senhor teme uma redução do apoio dos países árabes ao governo palestino?

Os líderes do mundo árabe sentem uma grande responsabilidade pessoal e coletiva no que se refere à causa palestina. Essa é a razão pela qual sou otimista quanto à unidade árabe em relação ao acordo de Meca e ao comprometimento deles com o novo governo palestino e com a iniciativa de paz. Acredito que o posicionamento do mundo árabe unificado contribuirá para influenciar a Europa a adotar uma atitude mais positiva e, em colaboração com a Rússia e a China, talvez conseguir pressionar os Estados Unidos a se tornarem um mediador imparcial e pressionar Israel. Essa é a minha esperança. A Espanha também tem um importante papel, não devido à sua história em comum com o árabe, mas pelo desejo de assegurar a paz e a segurança do mundo. Se a iniciativa de paz fracassar, seremos forçados a encontrar outros meios, o que nos levará ao caminho do extremismo.

Quanto à questão dos prisioneiros palestinos e, especificamente, Marwan Barghouti, o senhor acha que Israel estará disposto a libertá-lo? Barghouti pode liderar o Fatah?

Não acredito que Israel se disporá a fazer isso, pelo menos não por enquanto. Barghouti é um ativista de longa data no nosso movimento e posso lhe garantir que ele tem uma grande influência, apesar de estar na prisão. É claro que, se estivesse livre, sua capacidade de ação seria maior. A questão dos prisioneiros palestinos é uma das nossas prioridades, especialmente considerando que 7.000 dos 9.500 palestinos detidos em prisões israelenses pertencem ao Fatah.

O senhor tem esperança de que Barghouti será libertado em troca de Gilad Shalit, o soldado israelense sequestrado por militantes do Hamas?

Shalit é uma outra questão. Israel deve acelerar as negociações. O sequestro de Shalit é uma estratégia e esse tipo de conflito é resolvido em qualquer lugar do mundo por meio da troca de prisioneiros. Tanto o governo palestino quanto o presidente Abbas prometeram fazer de tudo para libertar o soldado. A culpa pela demora no processo é do primeiro-ministro israelense.

O senhor foi o embaixador palestino no Iraque de 1979 a 1994 e teve um relacionamento próximo com o líder executado, Saddam Hussein. O que o senhor sentiu quando viu imagens da morte dele?

Foi uma grande dor ver um fim tão trágico. Senti que perdemos um líder, apesar de todas as críticas. Ele sempre apoiou, em todos os âmbitos, a causa palestina, econômica, moral e política, sem interferir nos nossos assuntos internos. Ele abriu uma nova página nas relações entre o Iraque e a Palestina.

No nível pessoal, sinto que perdemos uma pessoa humilde e amistosa, muito diferente de sua imagem pública. Sei que ele não gostava de morar no palácio e nunca dormiu lá durante sua presidência. Eu me lembro de uma ocasião, durante um encontro com Arafat, em que ele mesmo preparou a refeição e não aceitou a ajuda do líder palestino porque estava preparando comida iraquiana. Ele era uma pessoa muito humilde e sempre me lembrarei dele como alguém que amava a Palestina.

O senhor acha que os seus filhos ou netos verão a paz no Oriente Médio?

Devemos manter o otimismo e devemos acreditar que nós e os nossos filhos viveremos em tempos de paz. Da mesma forma como Arafat costumava dizer até seus últimos dias submetido ao cerco, a paz é uma escolha estratégica. Eu sinto mais do que nunca a falta dele. Ele foi um líder excepcional, um verdadeiro fenômeno que não será repetido na história do povo palestino. Chega de derramamento de sangue, chega de dor e sofrimento, tanto do lado israelense quanto do lado palestino. Chegou a hora de convivermos em paz, como fizemos até 1948. Devemos fazer de tudo para manter viva a esperança de paz e transformá-la em uma realidade.

ABDEL HALIM HADAM
Ex-vice-presidente da Síria

O PESADELO DO PRESIDENTE SÍRIO

Após passar metade de sua vida como um dos homens fortes do regime sírio Baath e o braço direito do "Leão de Damasco", o presidente Hafez Al-Assad, Abdel Halim Hadam renunciou em outubro de 2005 e se refugiou em Paris, levando consigo a família inteira, inclusive os quatro filhos. O ex-vice-presidente formou uma frente de oposição ao novo presidente, Bashar Al-Assad, que inclui grupos comunistas e a Irmandade Muçulmana.

Ele mora em um palácio em Paris protegido pelo serviço secreto francês. Mantivemos contato durante semanas com seu filho Jihad, responsável pela sua agenda. Ele mudou o local de encontro a cada vez. Primeiro, Jihad Hadam combinou nos encontrar em um café em Paris, onde nos interrogou durante três horas sobre as razões para a entrevista. No dia seguinte ele nos convidou à residência de seu pai na França, onde passamos mais uma hora respondendo às suas últimas perguntas. Quarenta e oito horas depois ele pediu que eu o encontrasse em Bruxelas, para onde Hadam tinha viajado com sua comitiva e o serviço secreto francês especialmente para a entrevista, uma das primeiras concedidas à imprensa ocidental.

O Hotel Conrad, um dos mais luxuosos da cidade, foi cercado por agentes de segurança sírios e franceses e Hadam ocupou um andar inteiro, que só podia ser acessado por membros de sua comitiva. Para chegar até ele, fomos submetidos a uma exaustiva revista por parte dos agentes franceses. Hadam só recebeu a luz verde para nos receber em seu quarto quando o serviço de segurança posicionou um guarda-costas em cada janela. Durante a entrevista um dos guardas o alertou que um comando sírio, cuja missão era matá-lo, tinha saído de Damasco algumas horas antes. Hadam recebeu a informação com indiferença e me disse: "Não tenho nem um pouco de medo. Eu escapei da morte quatro vezes. Na primeira, em dezembro de 1975, enviados iraquianos atiraram sete vezes e dois tiros me atingiram. Na segunda, em dezembro de 1976, o irmão de Assad organizou um atentado no qual dois dos meus guarda-costas morreram. Na terceira, em dezembro de 1977, um oficial rebelde do exército libanês tentou me matar no aeroporto de Abu Dhabi. Um ministro que me acompanhava morreu, mas eu saí ileso. Na quarta vez, em julho de 1984, um carro-bomba explodiu, mas eu não fui ferido. Tirando todos os atentados desconhecidos contra a minha vida".

Entrevista conduzida em março de 2006

"Assad matou Hariri, o primeiro-ministro libanês."

"Devido à ditadura, há vários movimentos na Síria que apostam na mudança e é natural que eu esteja entre eles, porque busco um futuro melhor para a Síria e toda a região", declara o ex-vice-presidente e ministro das Relações Exteriores sírio, Abdel Halim Hadam, que tem 74 anos de idade. "É quase irônico que, na Síria, eles estejam organizando um julgamento contra mim, considerando que o verdadeiro traidor é o presidente Bashar Al-Assad. Em um país onde ele decide tudo e não existem instituições legais, tudo é uma fachada para as decisões do presidente."

Sr. Hadam, por que nos encontramos em Bruxelas em vez de realizarmos a entrevista em Paris, a cidade onde o senhor mora atualmente?

Sou um convidado do governo francês e eles me pediram para não me envolver em nenhuma atividade política contra qualquer outro Estado (leia-se: Síria), de forma que eu respeito as regras.

E, na Síria, eles o chamam de um traidor e estão preparando um julgamento contra o senhor...

O chefe do Estado é a única pessoa que toma decisões na Síria. Foi ele que colocou o país em uma situação tão crítica, enfraquecendo-o como nunca. As pessoas estão mais pobres a cada dia. Há uma inatividade e uma corrupção extrema.

Essas são acusações sérias. O senhor pode nos dar alguns exemplos?

[Suspira] Não há nada no país que não seja corrupto. O tio de Assad morreu alguns meses atrás. Nos anos 1970 ele foi um funcionário público de baixo escalão, com um salário mensal de menos de 30 dólares. Ele faleceu recentemente com fundos e propriedades no valor de mais de 4 bilhões de dólares. No futuro, pretendo revelar alguns outros exemplos, muitos deles envolvendo parentes de Assad.

Mas, Sr. Hadam, com todo o respeito, o senhor participou do regime durante 35 anos. Por que o senhor não insistiu nas mudanças que defende hoje?

Eu era responsável pela política externa e a política interna estava nas mãos do chefe do Estado e alguns dos ministros. Quando Bashar assumiu o poder, apresentei algumas propostas de reformas, que ele rejeitou completamente. Foi quando decidi renunciar. Também percebi que Assad pretendia estender o mandato do presidente Lahud do Líbano.

Como a sua frente de oposição constituída por oito movimentos pretende chegar ao poder na Síria? Por meio de uma revolução?

Eu não gostaria que uma revolução militar ocorresse nem gostaria de envolver as forças armadas na política. Defendo o fim da ditadura por meios democráticos.

O senhor tem o apoio do exército e do serviço secreto?

Não quero que as forças de segurança interfiram na política.

Entendi que o senhor acabou de ser informado que uma célula do serviço secreto sírio partiu de Damasco para matá-lo. O senhor não tem medo?

Não, já sobrevivi a quatro atentados, em 1975, em 1976, em 1977 e em 1984. Houve muitos outros atentados que não foram divulgados promovidos pelo regime de Damasco, um governo baseado em uma cultura de assassinatos. Eu lhe garanto que, no futuro, quem enviou os assassinos pagará o preço.

Quem assassinou seu amigo, o primeiro-ministro libanês Rafik el Hariri?

Bashar Al-Assad o matou... Há evidências do assassinato, que tem raízes profundas... Antes de cometê-lo, ele falou a respeito na sede do partido Baath e todos nós percebemos que ele tinha adotado uma posição muito perigosa. Agentes de segurança da Síria e do Líbano cooperaram no assassinato de Hariri.

O senhor acusou o regime antes, mas nunca o presidente Assad diretamente. O que levou a essa mudança?

Tenho muitas informações. Assad nos disse no partido que havia uma conspiração entre Hariri, Chirac e Bush contra a Síria. Quando ele [Assad] o caracterizou [Hariri] como um colaborador, ficou claro que ele queria a sua morte. Duas semanas antes do assassinato, Assad ligou para seus seguidores no Líbano e pediu que eles começassem a lançar acusações de que Hariri estava colaborando com Israel. O objetivo era criar uma atmosfera que justificasse o assassinato.

Hoje o senhor declara que Assad deu a ordem pessoalmente. O senhor informou isso ao comitê internacional de investigações das Nações Unidas?

Sim. Todas as decisões, até as menores decisões, passam pelo presidente. Foi um crime de tamanha magnitude que demandou muito planejamento e muitos especialistas. Uma ação que envolve mil quilos de explosivos tão poderosos quanto o C4 não é uma tarefa para uma pessoa ou um grupo, mas envolve o Estado todo. Sei que alguns oficiais sírios e libaneses só estavam cumprindo as ordens do presidente. Neste exato momento, Assad está preocupado e com medo e está se isolando cada vez mais, lançando suas forças de segurança contra tudo e contra todos.

Alguns analistas consideram que os Estados Unidos querem mudar o chefe do Estado mas manter o regime. O senhor é o candidato?

É impossível manter esse regime, que foi arrasado pela corrupção. É necessário passar de um Estado governado por um homem só a um governo democrático. Eu estarei onde o povo sírio está e onde o nosso povo pode ir a partir da crise.

O senhor é o candidato do ocidente?

Não tenho tido contato com a União Europeia nem com os Estados Unidos porque estou convencido de que a mudança deve começar de dentro.

Como o senhor vê o apoio sírio às milícias fundamentalistas libanesas do Hezbollah e a transferência, via Damasco, de armas iranianas a esse grupo?

A ocupação israelense no Líbano terminou, exceto pelas Fazendas de Shebaa. Existe um Estado libanês e todos devem colaborar para preservar sua soberania. Quanto à transferência de armas através da Síria, acredito que seja um grande erro.

Provavelmente faz parte da aliança estratégica entre Assad e o Irã, o protetor do Hezbollah.

Assad não tem uma estratégia própria e na verdade serve os interesses iranianos. Sou a favor de relações com o Irã, mas há uma diferença entre isso e ser a marionete de outro país.

Como o senhor vê as declarações do presidente iraniano clamando pela destruição de Israel e negando o Holocausto?

Isso é algo que você deve perguntar aos iranianos. Ao mesmo tempo, seria válido perguntar a Sharon o que ele está fazendo com os palestinos. Só a paz pode impedir o caminho para o extremismo.

O senhor acredita que, depois de Afeganistão e do Iraque, os Estados Unidos poderiam atacar a Síria?

Não acredito que os Estados Unidos se envolveriam em uma operação militar contra a Síria.

No passado, o senhor lutou contra a Irmandade Muçulmana síria e, no entanto, eles hoje constituem uma parte importante da sua frente de oposição ao regime de Assad. Isso não é contraditório?

Exatamente quando o islamismo está ganhando importância na Autoridade Palestina e outros países da região, a Síria precisa de unidade, e tudo isso faz parte da arena política. O crescimento dos grupos islâmicos é uma parte das decisões equivocadas do regime. Na Autoridade Nacional Palestina, muitos erros políticos foram cometidos e Yasser Arafat está cercado de corrupção...

Muitas pessoas em Israel expressaram curiosidade em relação às suas declarações. O senhor tem alguma mensagem para Ehud Olmert, o novo primeiro-ministro?

Sei que, para os israelenses é importante que o regime de Assad se mantenha, porque isso enfraquece a Síria e eles querem que a Síria continue fraca. Eu digo aos israelenses: se vocês realmente quiserem a paz, devem respeitar as decisões do Conselho de Segurança das Nações Unidas.

O senhor aceitaria uma completa normatização com Israel, incluindo relações diplomáticas, turismo etc. e quais seriam as suas condições?

Esses tópicos são irrelevantes no momento. Quanto ao processo de paz, não temos indicação alguma de qualquer progresso.

Talvez seja difícil falar a respeito porque isso dificultaria a criação de uma frente de oposição... em outras palavras, o senhor jamais consideraria visitar Jerusalém no futuro para promover a paz, como fez o presidente egípcio Anwar El Sadat em 1977?

Todos os árabes rejeitaram a visita de Sadat. Nenhum líder isolado do mundo árabe tem o direito de agir unilateralmente como se estivesse sozinho.

Depois de dezenas de anos de vida política, como o senhor gostaria de ser lembrado na história?

Passei sessenta anos servindo o meu país. Tenho certeza de que serei lembrado de forma positiva. Consegui levantar a voz do meu país no mundo. Pode acreditar, eu e você logo voltaremos a nos reunir. Da próxima vez, nos encontraremos em Damasco.

A SOCIEDADE CIVIL

Desde setembro de 2000, pais israelenses e palestinos passaram a ter algo em comum: o medo que os acomete sempre que seus filhos saem de casa para ir à escola, entram em um ônibus ou visitam um amigo. Isso porque, esses anos, anos de ataques suicidas e operações militares, viram a morte tomando as ruas.

Desde o início da Intifada até março de 2005, o número de bebês, crianças e adolescentes mortos nos confrontos, ataques suicidas e operações militares atingiu proporções trágicas, chegando a 683 menores de idade palestinos e 118 israelenses.

Oitenta e duas crianças palestinas foram mortas entre setembro de 2000 e o fim do mesmo ano, sem nenhuma vítima israelense com menos de 18 anos.

Um ano mais tarde, 112 crianças palestinas e 38 crianças israelenses foram mortas.

Em 2002, o ano mais violento até então, 48 crianças israelenses e 184 crianças palestinas foram mortas.

Em 2003, 122 foram mortas do lado palestino e 22 do lado israelense.

Em 2004 e nos três primeiros meses de 2005, houve 183 baixas no lado palestino e 10 no lado israelense.

Os grupos palestinos extremistas, o Hamas, a Jihad islâmica e a Brigada dos Mártires de Al-Aqsa, não hesitaram em empregar menores em várias ocasiões para ataques suicidas e ataques a alvos israelenses militares e civis.

Em Israel, o medo acelerou a construção do que é chamado de "a cerca de segurança" ou "o Muro da Cisjordânia". Em junho de 2002, o governo de Ariel Sharon começou a implementar um projeto originalmente proposto por membros do partido trabalhista: a construção de uma cerca de segurança na Cisjordânia, com 700 quilômetros de extensão e dividindo dois povos.

A barreira, que custa cerca de US$ 2,5 milhões por quilômetro, é feita de cercas de arame farpado e muros de concreto, dependendo de onde for construída, e para justificá-la argumenta-se que ela é fundamental para impedir a infiltração de terroristas.

O posicionamento da cerca, cunhada pelos palestinos de "o Muro do apartheid", em certos casos engloba áreas além da Linha Verde e prejudica diretamente a economia, interferindo na vida de cerca de 10 mil palestinos.

Uma decisão da Corte Suprema obrigou o governo israelense a rever o posicionamento da extensão de 30 quilômetros da cerca que passa pelo lado noroeste de Jerusalém e entra na área do assentamento Alfei Menashe, devido a "dificuldades indevidas" que foram impostas à população árabe.

O Tribunal Internacional de Justiça em Haia determinou que o muro constitui uma violação das leis internacionais e uma "anexação de facto", que infringe o direito palestino de autoasserção. Eles exigiram que o muro fosse derrubado, determinando o pagamento de indenização para as pessoas prejudicadas durante a sua construção. Como um resultado dessa determinação, a Assembleia Geral das Nações Unidas exigiu que Israel acatasse a decisão do tribunal de Haia, que, na verdade, não obriga a implementação.

Após a entrada do partido trabalhista no governo de Ariel Sharon, no início de 2005, o delineamento da cerca foi alterado e o território palestino "anexado" foi reduzido.

Uma grande parte dos assentamentos permaneceu além do muro ou da cerca. Os palestinos sentiram que esse foi um dos golpes mais dolorosos. A medida envolve cerca de 150 assentamentos estabelecidos nos territórios ocupados durante a Guerra dos Seis Dias (1967) e dezenas de postos avançados considerados ilegais também pelo governo israelense, posicionados em diferentes locais nas áreas ao redor das colônias.

Segundo os Acordos de Oslo, o futuro dos assentamentos deveria ser decidido em negociações do status permanente. É justamente por esse motivo que o número de colonos nos territórios dobrou desde a Conferência de Paz de Madri, no outono de 1991, de 120 mil a mais de 240 mil.

O objetivo dos colonos sempre foi se enraizar no solo, impedir a devolução dos territórios e o estabelecimento de um Estado palestino na Judeia e na Samaria, e tudo isso alegando o direito divino à posse da Grande Israel, Eretz Israel Hashlema (a terra completa de Israel), concedida aos judeus em suas escrituras sagradas.

Ariel Sharon foi a força impulsionadora por trás dessa atividade, em seu cargo como ministro da agricultura e depois como ministro da Habitação, alegando se tratar de uma medida de segurança. Em consequência, desde que o primeiro-ministro quebrou o tabu e desocupou 21 assentamentos em Gaza e quatro em Samaria, o "Padrasto dos Colonos" se tornou o arqui-inimigo deles.

A Autoridade Palestina vê os colonos como "os verdadeiros instigadores do roubo descarado de território e os representantes do conceito da ocupação israelense". Além disso, a necessidade de manter os assentamentos levou ao estabelecimento de dezenas de postos de fronteira militares nas estradas, prejudicando os palestinos e dificultando a vida cotidiana da população local, de forma que percorrer apenas alguns quilômetros de carro pode levar muitas horas.

Após a retirada israelense de Gush Katif, a Faixa de Gaza acabou sendo transformada em um Estado palestino em miniatura, sem nenhuma presença civil ou militar israelense. Até essa mesma evacuação, Israel controlava 42 por cento dos 360 quilômetros quadrados da Faixa. Cerca de 8.500 colonos judeus em 21 assentamentos utilizavam mais de metade das fontes de água e um quarto das terras cultiváveis.

992.670 palestinos, dos 1.400.000 moradores de Gaza (metade dos quais tem menos de 14 anos de idade), estão registrados como refugiados. O índice de desemprego na Faixa chega a 50 por cento, em consequência da Intifada e da perda de postos de trabalho em Israel.

De acordo com estatísticas das Nações Unidas, 66 por cento dos palestinos sobrevivem com uma renda que não chega a US$ 2,5 por dia. Cerca de 12,7 por cento das crianças com menos de 5 anos sofrem de desnutrição. Desde junho de 2007, a cidade-estado de Gaza se transformou em um Hamastan controlado pelo movimento extremista islâmico.

Um dos fenômenos que ameaçam a sociedade palestina é o aumento da emigração, não apenas por parte dos cristãos palestinos, como também por parte dos muçulmanos instruídos e com recursos. Esse fenômeno envolveu cerca de 20 mil pessoas ao longo do ano passado, incluindo pessoas que viajaram para o exterior para trabalhar, principalmente para o Canadá, Austrália e Estados do Golfo Pérsico, devido à anarquia que controla as ruas e à falta de esperança. Mais de 50 mil pessoas estão cadastradas em várias embaixadas estrangeiras para receber vistos e autorizações de imigração. O principal problema é que essas pessoas constituem a força impulsionadora da economia palestina, de forma que em geral só os extremistas e pessoas mais pobres vão ficando para trás.

Enquanto isso, deve ser observado que, de acordo com pesquisas de opinião conduzidas tanto no lado israelense quanto no lado palestino, a maioria das pessoas que permanecem em seus respectivos países apoia invariavelmente que seus países façam concessões para chegar a um acordo. Apesar de a voz dos extremistas ser ouvida com muito mais frequência, como naturalmente é o caso, a questão é se essa maioria conseguirá ditar um processo de reconciliação entre os dois povos. Uma das lições aprendidas com os acordos dos anos 1990 é que não basta que os líderes assinem acordos de paz. Sem o apoio do público e uma educação para a paz e a tolerância, esses acordos podem não passar de folhas ao vento, destituídos de qualquer importância.

OMAR OSAMA BIN LADEN
Filho de Osama Bin Laden

"Atormentado pela sombra de seu pai."

Omar Osama Bin Laden viveu com seu pai, Osama, até os 20 anos, inicialmente na Arábia Saudita e depois no Afeganistão. Por um tempo o líder da Al-Qaeda não permitiu a seus (ao menos) 20 filhos (de 4 mulheres) estudar em escola, e tudo o que tinha um toque ocidental, como geladeira, brinquedos, aparelhos eletrônicos ou ar--condicionado, estava totalmente proibido.

Omar decorou o Corão e frequentemente participava de treinamentos militares. No ano 2000, um dos ajudantes do "terrorista número um", Abu Haadi, se atreveu a dirigir-se a Omar para lhe contar um segredo: "Estamos preparando um grande plano secreto (os atentados de 11 de setembro) e a base dele é que nos tornemos *shahids*, mártires. Recomendo que peça permissão a seu pai para nos acompanhar".

Segundo Omar, foi a última vez que ele viu o líder da Al-Qaeda. Meses mais tarde, Omar dormia em sua casa quando um de seus tios, irmão de Osama Bin Laden, começou a gritar: "Seu pai, meu irmão, nos destruiu...". Na televisão a família Bin Laden observava estupefata as imagens de um avião colidindo contra as Torres Gêmeas de Nova York e estas desmoronando. Foi a última vez que alguém do grande clã fez referência ao assunto diante de seus familiares. Para essa família de antigos camponeses do Iêmen, que, graças ao petróleo, em duas gerações passou a ser uma das mais ricas do mundo árabe, o 11 de setembro passou a ser um tabu.

Quatro dias antes, em 7 de setembro, sua mãe Najwa havia abandonado o refúgio de Osama, seu primo e marido, pedindo-lhe para se separar. "Nunca obrigarei uma esposa a ficar comigo", respondeu o líder da Al-Qaeda. Apenas lhe permitiu levar os três filhos menores: 6 irmãos de Omar ficaram com o pai e não se sabe se estão vivos ou mortos. No dia 10 do mesmo mês, já na casa de seus pais em Damasco, a mãe de Omar ligou para ele e parecia muito alterada. Mãe e filho nunca mais falaram sobre o assunto.

Em Jedda, Omar se casou com uma saudita e se dedicou ao comércio. No outono de 2006, conheceu uma britânica, Jane Felix Browne, casada por cinco vezes antes, que, com ele, andava a cavalo próximo às pirâmides do Egito. Segundo ela, se apaixonaram e ela se converteu ao islamismo, adotando o nome Zaena. Ela era 26 anos mais velha que Omar. Ele se compara ao profeta Maomé que, quando tinha 20 anos, se casou com Khadija, uma mulher de 40 anos.

Há pouco mais de dois anos, contatamos Zaena por e-mail. Primeiro marcamos uma entrevista com o casal em Paris, a qual foi cancelada por não terem recebido o visto de entrada do governo francês. Então remarcamos o encontro em Cuba, mas este também foi cancelado. Quando pousamos em Doha, ligamos para ele. Ele marcou o encontro em determinado hotel, mas, ao chegarmos, descobrimos que eles não estavam no lugar. Um representante dele que nos observou atentamente nos indicou o hotel em que nos esperavam. Ele admitiu que Omar teme que alguém tente matá-lo.

Finalmente me encontrei com o filho do líder da Al-Qaeda, vestido como um xeque saudita, e com sua esposa Zaena, coberta com um véu negro, característico da região. Seus olhos azuis refletiam muita tensão. "Omar deixou o pai porque não acredita que suas ações sejam corretas, mas ainda sente sua falta", explicou. Ambos me fizeram assinar um documento segundo o qual tudo o que falávamos permaneceria em sigilo. Então me disse que gostaria de ajudar o Fórum Mundial de Aliança de Civilizações da ONU, que ocorrerá em 11 de dezembro de 2011, no Catar, para enviar uma mensagem de paz. Após duas horas e meia conversando, Omar aceitou ser entrevistado, "embora isso possa prejudicar os negócios de construção e outros, que estou tentando desenvolver no Catar". Seu cartão de visita dizia: Omar Osama Bin Laden. "Claro que não mudarei meu sobrenome. É meu orgulho", afirmou.

Seu tio Bakr Bin Laden é presidente do grupo familiar saudita e é considerado pela conceituada revista *Arabian Business* o décimo segundo árabe mais influente do mundo. A publicação calcula a fortuna dos Bin Laden em 10 bilhões de dólares.

É uma família dividida entre a pureza religiosa do islã mais tradicional e as tentações do ocidente. É uma fusão dos extremos culturais: de um lado o mundo das mulheres totalmente cobertas com um véu negro, apenas os olhos descobertos, totalmente proibidas de falar com homens estranhos, de outro, o glamour dos petrodólares com Ferraris, Rolls-Royces, palácios monumentais e jet skis próprios.

Todas essas contradições e muito mais se refletem no olhar do filho de Osama Bin Laden, em cada uma de suas palavras. "Sim", resume, "eu, Omar Bin Laden, quero dizer ao mundo que gostaria de ser um enviado especial para o bem do Oriente Médio".

Entrevista

"Recebi um convite do então presidente dos Estados Unidos, George W. Bush, em seus últimos dias na Casa Branca, para encontrá-lo em Washington e revelar onde estava meu pai. Recusei a oferta porque isso contradiz minhas crenças religiosas, contradiz o que meu coração e meus princípios me dizem. Com a informação que tenho, me desculpei e disse que não atuo desse modo", declarou em uma entrevista exclusiva Omar Osama Bin Laden, de 30 anos, o quarto filho do líder da Al-Qaeda, o terrorista mais procurado do mundo. Seu pai o elegeu futuro líder, mas ele abandonou a Al-Qaeda meses antes do 11 de setembro.

Nos encontramos em um pequeno hotel de Doha, capital do Catar, e a primeira coisa que me pediu foi para não publicar seu nome. Omar e sua esposa, a britânica que se converteu ao islamismo, Zaena Bin Laden, confessam seu temor de que alguém tente matá-los.

Parece que em janeiro de 2009 enviados do presidente Bush bateram à sua porta. O que lhe propuseram?

Os representantes dele me disseram que eram da Casa Branca, que me levariam para lá, para me defender, me ajudar e me proteger, com a condição de que eu os ajudasse a encontrar meu pai. Disse-lhes que sentia muito, mas não me comporto dessa maneira. Ele é meu pai e eu sou seu filho e, em geral, um filho quer bem ao pai e o respeita. Ainda que muitas vezes, como pessoa, possa ser contrário às ideias do pai.

E você, o que pensa da violência e do terrorismo?

Como qualquer ser humano e, especialmente um ser humano na minha posição, não apoio a violência, os combates, os ataques e esse tipo de coisa. Apenas se ocorrerem por uma boa razão e com o consentimento dos grandes governos, e se estes estiverem buscando justiça, como ocorre na Líbia. Por exemplo, a ONU possui tropas e as usa em situações específicas para alcançar a paz. Em casos como esse, nesse tipo de circunstância, estou disposto a me envolver.

Como você se sentiu depois do 11 de setembro, depois do atentado aos Estados Unidos, onde você estava e como se sentiu nesse dia?

Não quero falar muito sobre esse dia. Mas faz 10 anos e eu já disse que ninguém pode estar de acordo com isso. Eu não sei quem está por trás desses ataques e ponto. Isso é tudo o que posso dizer sobre o assunto. É um assunto doloroso e não gosto de falar muito sobre ele.

Você disse que não sabe quem levou a cabo o ataque de 11 de setembro; você realmente não sabe?

O importante não é se eu sei ou não. Não quero me pronunciar sobre isso pois é um assunto antigo e não irá beneficiar ninguém falar dele. O relevante é que não estou de acordo com o que foi feito.

Você disse que quer bem a seu pai, embora não esteja de acordo com ele. Pode explicar melhor?

Sim, as pessoas de cultura oriental têm, de vez em quando, opiniões divergentes. Eu deixei o esconderijo de meu pai quando tinha 20 ou 21 anos. Decidi ir em busca da minha vida independente. Não tem nada a ver com eles, eu queria voltar para casa, viver em paz, não me meter na vida de outros povos.

Quando há ataques terroristas em diferentes lugares do planeta, atentados onde morrem cidadãos inocentes, o que você sente?

Morrem inocentes em todos os lugares do mundo, é fato. Sinto o mesmo por todos os inocentes que morrem pelo mundo: judeus, palestinos, americanos, afegãos, iraquianos... são seres humanos e não importa qual a cidadania nem a que se dedica o governo de seu país; eu me importo com as pessoas, são civis.

Se seu pai escutasse suas palavras, você acha que ficaria decepcionado? Você foi educado e treinado militarmente por ele...

Não tenho nenhuma mensagem para meu pai, agora vivo em meu próprio mundo e meu pai no dele. E esse é um assunto que para mim é difícil de falar, então não quero falar sobre isso.

O que Omar Bin Laden pode fazer para conter a violência? Pode usar a força da palavra para educar as pessoas para que não usem da violência, para que não pratiquem o terrorismo?

Depende da situação do país, do povo. Às vezes as pessoas usam da força por terem sido expulsas de casa; em um caso como esse, o que se pode fazer? Dizer-lhes para não serem violentos? Isso ajudaria a quem os ataca. Neste caso, eles têm de usar a força para deter o outro lado, resolver o problema e exigir justiça. Mas as pessoas que usam a força apenas porque querem controlar todo mundo sem motivo sem dúvida vão contra os direitos humanos, contra a mentalidade dos direitos humanos.

A que se referem quando dizem que o uso da força pela Al-Qaeda é legítimo em algumas situações?

Sobre a Al-Qaeda não sei. Não sei o que acontece com as pessoas da Al-Qaeda, parece que agora elas estão em muitos países diferentes e planejam muitas coisas... Às vezes têm diferentes pontos de vista: algumas são boas, outras são más, outras religiosas, outras terroristas, parte delas é razoável, mas todas abandonam suas famílias e encontram a hospitalidade de meu pai. E, assim, permanecem com ele.

Mas vejo que Omar Bin Laden quer ser mensageiro da paz. Minha pergunta é o que você diz às pessoas, aos terroristas, que talvez estejam planejando agora mesmo um atentado em qualquer lugar do mundo, na Europa, Palestina, Israel, América Latina ou Estados Unidos? O que você diria a elas?

À Al-Qaeda? Não tenho nenhum recado para a Al-Qaeda, não conheço essas pessoas e não sei se os terroristas são da Al-Qaeda ou não. Então não vamos falar da Al-Qaeda, mas de terroristas em geral.

Você acha que seu pai está vivo ou morto?

Não sei, mas acho que está vivo.

Você não recebeu nenhuma mensagem desde que ele deixou seu esconderijo com alguns de seus irmãos?

Não, desde que deixei de morar com ele e com meus irmãos não recebi nenhuma mensagem de ninguém. Sou como você. Você recebeu alguma mensagem? Não somos diferentes.

De Osama Bin Laden não...

Então não somos diferentes, ele não tem nada para me dizer e eu não posso me comunicar com ele.

Mas você fica um pouco triste quando fala dele...

Isso me deixa muito estressado. Como disse antes, uma entrevista pode me trazer muitos problemas, mas você não me escutou. Apenas aceitei estar aqui porque espero que minha mensagem seja para o bem de todos.

Você justificou antes o ataque da aliança contra o regime Gaddafi, com isso entendo que apoia as revoltas árabes...

Você pode ver que em muitos países os povos se unem para derrubar os governos. Por diferentes motivos isso não aconteceu em meu país, Arábia Saudita, e eu agradeço a nossos líderes, ao rei Abdala, que Deus o abençoe, e que abençoe a família árabe-saudita, acho que atuam de maneira justa e por isso o rei saudita não tem problemas como esse. Isso porque ele é justo. Bendito é também o povo do Catar, e Amir Sheik Hamed pelo que ele faz em todo o mundo em nome da paz. Graças a Deus a situação no Golfo Pérsico é boa. Em contrapartida, nos países do Norte da África há lutas entre os governos e os povos. Se o povo não quer mais seu líder no poder, este tem duas possibilidades: melhorar o que desagrada ao povo ou deixar o cargo e colocar alguém em seu lugar, alguém que o povo tenha eleito. Mas lutar contra eles, se opor, matá-los... não é uma boa coisa. Os países fortes do mundo devem intervir e ajudar a contornar a situação. Se há revolta significa que o líder faz mal ao povo e que o deixa passar fome. Mas em nosso país não tem ocorrido revolução, isto quer dizer que o rei e os que o rodeiam governam bem. São melhores que nos outros países.

Então você está de acordo com a revolta do Egito?

O povo egípcio pode responder a essa pergunta. Mas expulsar o presidente (Mubarak) do país não é boa ideia. Ele dedicou sua vida inteira à presidência e não é justo expulsá-lo. Mas, se querem tirá-lo de seu posto, todos devem estar de acordo no que é legítimo. Porém, não se deve tratá-lo com desrespeito e expulsá-lo do país. Ele tem o direito de morrer em sua pátria.

Você acha que é necessário derrubar Gaddafi?

Sobre Gaddafi acho que tanto ele como seu filho realizam ações terroristas contra civis de seu país. Os cidadãos, a princípio, não tentaram derrubá-lo do poder, mas no final não restava outra alternativa. Gaddafi e seu filho são como uma organização terrorista.

Você acredita que a oposição e a comunidade internacional – incluindo o Catar – devem prender Gaddafi?

Sim, e se tivesse permissão do rei saudita, iria prendê-lo pessoalmente.

Os norte-americanos estão há anos tentando matar seu pai, Osama Bin Laden, sem conseguir. Como você explica isso?

Não tenho o que dizer sobre este assunto.

E o que você irá dizer a seu filho, Ahmed Bin Laden, de 7 anos, quando crescer e perguntá-lo quem tem razão, seu pai Omar ou seu avô Osama?

Ele ainda não fala sobre esse tipo de coisa e não sabe o que vai acontecer. É muito cedo para falar de algo assim. Nunca conheci um terrorista em minha vida... Talvez alguns, mas me oponho a eles. Me afastei deles. Direi a meu filho para que não se torne terrorista, que devemos ser pessoas normais vivendo uma vida normal.

Se você pudesse mudar algo em seu passado, o que mudaria?

A resposta é simples: o que passou, passou, e pronto. Em dezembro, no Catar, haverá uma reunião do Fórum Mundial da Aliança de Civilizações da ONU. Me ponho à disposição para ajudar, se desejarem meus serviços, como enviado do Oriente Médio. Em nome da paz o mundo todo deve se mobilizar, não apenas um indivíduo, pois um indivíduo não pode fazer nada, nem eu, nem ninguém. Se as pessoas não se unirem, nada acontecerá. E eu sei que é assim e disponho minha pessoa, se estiverem interessados. Se me pedirem ajuda, antes pedirei a meus líderes, ao rei e ao emir do Catar.

AVI OHAYON
Um homem que enterrou a família inteira em um dia

"Eu só quero que as pessoas se lembrem dos meus filhos."

Avi Ohayon trabalha em Tel Aviv como editor do Canal 2 e do Canal de Esportes. Ele era um israelense típico da nova geração, secular e dedicado ao trabalho, até que se tornou um dos símbolos da tragédia israelense.

Seus pais se mudaram de Casablanca a Israel em 1966, dois anos antes de ele nascer. A família Ohayon tinha três filhas e um filho, que tinha acabado de nascer em Marrocos. Avi, o caçula, estudou Cinema na Faculdade de Tel Chai, onde conheceu Revital, com quem se casou em 1996. O casal teve dois filhos, Matan e Noam. Em 1999 eles se divorciaram, mas mantiveram um bom e próximo relacionamento.

Em agosto de 2002, Revital se mudou com os filhos para o Kibutz Metzer, perto da Linha Verde da Cisjordânia. Na noite do dia 10 de novembro, quando Avi estava no trabalho, Revital ligou para seu celular e disse que colocou as crianças para dormir e que estava prestes a ler uma história para eles. De repente ela pediu que ele esperasse um pouco porque alguém estava à porta. Avi esperou e ouviu um golpe, o som de uma porta sendo arrombada, os gritos de Revital e das crianças, uma voz desconhecida, gritos e tiros. A ligação caiu.

Um colega de trabalho de Avi que viu o quanto ele ficou angustiado o levou imediatamente ao kibutz, localizado a cerca de 70 quilômetros ao norte de Tel Aviv. Quando chegou a Metzer, eles precisaram esperar três horas na entrada do kibutz porque os atacantes, dois irmãos, estavam sendo procurados. Eles já sabiam que os terroristas tinham matado um homem e uma mulher e atacado uma casa, levando, assim a três mortes adicionais, que aparentemente incluíam duas meninas. Os filhos de Avi tinham cabelos compridos.

Horas mais tarde foi divulgado que as pessoas mortas foram o secretário do kibutz, Yitzhak Dori, 44 anos, Tereza Damari, 42 anos, que estava visitando uma amiga e três almas que constituíam a vida inteira de Avi: Revital, 34 anos, Matan, 5 anos, e Noam, 4 anos. A Brigada dos Mártires de Al-Aqsa assumiu a responsabilidade pelo ataque terrorista e Arafat o censurou. O terrorista foragido foi identificado como Sirhan Sirhan, 19 anos, um palestino de Tul Karem. Em outubro de 2003, onze meses depois, ele foi baleado pela Unidade Especial da Polícia em um dos campos de refugiados em Tul Karem.

No dia seguinte ao ataque terrorista, fui à Metzer e visitei a casa de Revital. Entrei no cômodo onde eles encontraram seu corpo. Vi os brinquedos e os livros ao lado da cama na qual os meninos foram assassinados. Foi difícil para mim olhar para as manchas de sangue que ensopavam os lençóis coloridos. Dois dias depois fui ao funeral, ao qual mais de 3 mil pessoas compareceram, entre elas representantes das vilas palestinas vizinhas e o emissário especial da União Europeia no Oriente Médio, Miguel Ángel Moratinos.

O tempo passou. Eu acompanhei Avi em seu luto. No dia 4 de outubro de 2003, um sábado, Hanadi Jaradat, uma advogada de 29 anos detonou uma bomba que levava consigo no Restaurante Maxim na costa de Haifa, matando 21 [pessoas] e ferindo 60 árabes e judeus.

Entre as vítimas estava o noivo de Adar, a artista gráfica responsável pelo design do cartão feito para o funeral de Revital, Matan e Noam. Adar e seu futuro marido namoravam desde o colegial. Avi me contou: "Em menos de um ano, nossa turma do colegial precisou ir ao funeral de dois dos nossos amigos".

Avi é um homem triste e magoado e seus encontros com políticos não lhe deram nenhum consolo. Em fevereiro de 2004, Avi viajou à Haia com um grupo de cidadãos israelenses para pressionar o Tribunal Internacional de Justiça que tinha dado início às audiências para decidir sobre a legalidade da cerca de separação. No dia 9 de julho, o Tribunal declarou, com uma maioria de 14 dos 15 juízes, que a cerca de segurança, que o governo israelense tinha começado a construir ao longo de aproximadamente 70 quilômetros em território palestino ocupado, era ilegal.

Antes da decisão, em novembro de 2002, Avi tinha participado de uma delegação de seis parentes de vítimas do terrorismo que o ministério das Relações Exteriores enviara a Bruxelas para conversar com os representantes europeus. A delegação se reuniu com Javier Solana, o alto representante da União Europeia para os Negócios Estrangeiros e a Política de Segurança, com o ministro das Relações Exteriores belga, Louis Michel, com o presidente do Parlamento europeu, Pat Cox, e com membros do Parlamento europeu. Eu o entrevistei pouco depois de seu retorno a Tel Aviv. Avi estava muito tenso e não conseguiu conter as lágrimas no começo e no fim da entrevista.

Recentemente, depois de muitos tratamentos psicológicos, Ohayon voltou a se casar e teve uma filha de nome Ela, que quer dizer "deusa" em hebraico.

Entrevista conduzida em Tel Aviv, 14 de fevereiro de 2003

Fiquei sabendo que você se reuniu com representantes europeus para contar seu drama pessoal a eles.

Isso mesmo. Nós montamos uma delegação de seis membros, o que sobrou de famílias destruídas pelo terrorismo. Nós fomos a Bruxelas, onde ficam as instituições da União Europeia, e nos reunimos com diplomatas, representantes da comunidade judia e muitos jornalistas. Uma experiência muito impressionante foi a reunião agendada para nós com um dos comitês da União Europeia. Eu coloquei com cuidado as fotos dos meus filhos diante do microfone e senti que, naquele instante, estava começando a realizar o meu sonho, de contar ao mundo o que tinha acontecido aos meus filhos, de divulgar a história deles. Os membros do Parlamento pediram as fotos, que lhes dei. Pedi que eles as incluíssem nos álbuns de fotos de família deles, para que, daqui a quinze anos, quando tiverem se esquecido de mim e da minha tragédia, eles possam abrir o álbum e se lembrar da minha família.

Como o senhor se sentiu na Europa, que nem sempre entende o lado israelense?

Os europeus fizeram de tudo para direcionar a conversa aos aspectos políticos do conflito. Eu me lembro de ter dito a um jornalista: "Se você realmente quiser falar sobre política, podemos falar sobre isso porque tenho as minhas opiniões políticas, mas não vim aqui para isso. Muitas pessoas estão participando da delegação e cada uma tem a própria opinião. Estamos aqui para explicar a vocês e a todos os participantes que os meus filhos não foram mortos por razões políticas. Os meus filhos não constituíam uma ameaça à existência do assassino, nem do mandante, nem de ninguém".

Você acha que eles entenderam?

Não sei. Eu gostaria de acreditar que sim. Tentei explicar que a União Europeia é o principal colaborador da Autoridade Palestina. Eles transferem mais de 40 milhões de euros por mês em ajuda humanitária. Eu lhes disse: "Isso é excelente. Mas, se vocês acham que eles precisam desse dinheiro, certifiquem-se de que a doação chegue aos destinatários. Porque muita gente diz que o seu dinheiro subsidia o terrorismo e existem muitos documentos provando isso". Mesmo assim, os palestinos não estão preparados para formar um comitê para supervisionar a utilização desses fundos. Como é possível?

Você acha que os políticos europeus desconhecem a verdade?

Não sei se eles agem movidos pela crueldade. Eu gostaria de pensar que não é esse o caso. Acho que ele estão simplesmente assumindo uma posição conveniente. Eles estão tão longe do que está acontecendo aqui e eles se posicionam influenciados pela mídia claramente anti-israelense. Viemos aqui para dizer aos políticos: "Os senhores se posicionam automaticamente em relação ao Oriente Médio. Não importa o que está acontecendo lá e qual é a verdade. Mesmo quando eles matam meus dois filhos, a União Europeia divulga um anúncio censurando qualquer atividade terrorista dos dois lados e eu só consigo gritar: 'Cavalheiros, eles mataram uma criança de 4 anos e uma criança de 5 anos. Essas crianças não estavam ameaçando ninguém e o seu anúncio também condena os meus filhos e os culpa pelo terrorismo!" Chegamos a um ponto irracional. Quando você passa por cidades palestinas, os ouve dizendo: "Os Estados Unidos sempre apoiam Israel, mas os europeus estão na nossa mão". E vocês provam a eles todos os dias que esse de fato é o caso.

Você sentiu ódio?

Senti que eles não se importam com o que dissemos. Não conseguimos explicar nada a eles. Então dissemos a eles: "Quer saber? Talvez não devêssemos ter vindo aqui hoje. Talvez tivesse sido melhor se seis pessoas que ainda não perderam membros de sua família tivessem vindo no nosso lugar. Talvez fosse mais fácil para os membros da União Europeia olhar para essas pessoas nos olhos, porque elas não sofreram como nós. E espero que, em um caso como esse, a reação de vocês seja mais comprometida, porque vocês ainda podem salvar essas pessoas. É tarde demais para me ajudar. O meu mundo foi destruído para sempre. E, quer saber o que mais me magoa, o que parte o meu coração? É me ver no dia em que esse conflito terminar. Não importa como terminar. Eu estarei em mil pedaços nesse dia. Porque nesse dia vocês vão perceber, como eu percebi hoje, que meus filhinhos morreram em vão... e vocês não tiveram a sorte de conhecê-los!" [desata a chorar]

Foi por isso que você disse que gostaria que seus filhos fossem famosos?

Sim. Porque não consigo encontrar uma razão para continuar vivendo. Eles eram garotos maravilhosos. Sinto que não tenho como expressar em palavras como eles eram incríveis. As crianças da escola deles queriam ter uma mãe como Revital. Nunca vi nada parecido. Os pais das crianças da escola diziam: "Seus filhos são incríveis". Qualquer coisa que Matan e Noam quisessem fazer quando crescessem eles teriam realizado da melhor maneira possível. Matan era um Einstein ou um Galileu potencial; ele poderia inventar a vacina contra a Aids e salvar toda a humanidade. Noam era a epítome da integridade e da determinação. Ele poderia ser a pessoa que nos tiraria do buraco no qual estamos afundando, tanto israelenses como palestinos. Sei que, se quisesse, ele conseguiria fazer isso. Vocês perderam isso. Eu perdi três almas, a humanidade perdeu três almas para sempre.

Onde o senhor estava no dia do ataque terrorista?

Estava no trabalho em Tel Aviv. Eu tinha terminado de editar uma matéria quando, às 11h15 da noite, Revital me ligou. Eu atendi o telefone e a única coisa que consegui ouvir foram os gritos dos meninos e de repente um ruído alto e a ligação caiu. Eu imediatamente soube que alguma coisa terrível tinha acontecido. Meu amigo que estava por perto me levou direto para o kibutz. Nós chegamos lá em 20 ou 30 minutos. No caminho ouvimos que houve um ataque terrorista no Kibutz Metzer e eu soube que tinha perdido tudo. Comecei a gritar no meio da estrada.

Você já teve de explicar o significado dos ataques terroristas ou da guerra com os palestinos aos seus filhos?

É claro. Matan, de 5 anos, adorava assistir às notícias na TV. Eu tive de explicar as notícias mais de uma vez a ele, especialmente quando havia um ataque terrorista em Israel. O que é difícil de explicar aos seus filhos é que os árabes não são maus só porque são árabes, mas que estamos em guerra com um certo povo, um povo árabe, e que alguns deles são terríveis e detonam bombas em um ônibus ou na praia ou em um bar, ou em qualquer outro lugar. No verão passado eles foram à praia com Revital e jovens israelenses e árabes se envolveram em uma briga. Um dos jovens árabes foi com sangue pingando ao estacionamento da praia, justamente quando os meus filhos chegaram. Sem pensar duas vezes, Revital voltou ao carro e levou o árabe ferido ao hospital. Naquele momento ela não pensou nos meninos, ela não pensou que isso poderia ser uma experiência traumática para eles, ela só viu um jovem sofrendo e o ajudou. Mais tarde ela explicou a decisão às crianças e disse que era a maneira apropriada de agir.

A sua família, a família Ohayon, mudou-se para o Kibutz Metzer três meses antes do ataque terrorista. Uma das razões para a mudança foi que Matan entraria no primário e a melhor opção para ele seria estudar na prestigiosa escola regional, que só podia ser frequentada se a família da criança morasse na área. O Kibutz Metzer é conhecido pelo posicionamento moderado e chegou a protestar [contra a cerca] quando o governo planejou construir a cerca na área onde os israelenses e árabes trabalhavam juntos. É difícil de acreditar, não?

Não me parece lógico. Talvez essa fosse a situação dois anos atrás, antes de irromper a Intifada. Mas, depois que sangue foi derramado lá, eles precisaram dizer: "Tudo bem, eu acredito em algo, mas devo sobreviver para avançar essa ideologia. Se eles me matarem por isso, não terei realizado nada". Apesar de tudo, me parece que os membros do Metzer foram cativados pela imagem romântica que a mídia pintou para eles. Eles continuaram na atitude "Nós vivemos em paz e irmandade com os palestinos que moram perto do kibutz".

O senhor notou alguma mudança neles depois do ataque terrorista?

Eu não os conhecia bem antes, mas sei que suas opiniões pessoais não são as apresentadas à mídia. Mas o que acontece? Quando as luzes da câmera se acendem, eles repetem a mesma mensagem: "Acreditamos na coexistência, vivemos dois anos em paz, nós e Meisar (uma vila árabe das redondezas) usamos água do mesmo poço e cultivamos o campo com as pessoas de Kafin (uma vila palestina)". Mas, quando as luzes se apagam, eles dizem que a cerca deveria ter sido construída antes. Hoje a cerca existe e sei que as pessoas levam os filhos para a cerca e dizem que, se ela tivesse sido construída antes, Matan e Noam, os amigos das crianças, não teriam sido mortos. As crianças chamam a nova cerca de "A Cerca Esperta" e a anterior de "A Cerca Burra".

É assim que eles tranquilizam as crianças do kibutz para conseguirem dormir à noite, porque agora os estrangeiros não podem entrar livremente no kibutz e matá-los, como mataram os meus filhos. Você precisa entender que eles mataram um amiguinho de uma criança de 4 anos. As crianças do kibutz me viram chorando na TV diante dos túmulos da minha família e recebi centenas de desenhos delas, todos em preto e branco. Uma criança de 4 anos que vê a vida assim! Que direito nós temos de fazer isso com elas!?

Antes da mudança, o senhor não temia pela localização do kibutz, ao lado da Linha Verde?

Não. Pardes Chana, onde nós morávamos antes, ficava a cinco ou dez minutos da Linha Verde. A distância de Metzer a Hadera é similar. Não há lugar nenhum em Israel onde você pode dizer sem medo: "Estou seguro aqui". Você abre o mapa e vê, de norte a sul, que houve ataques por toda parte. Por outro lado, devo dizer que não fiquei mais tranquilo sabendo se tratar de um kibutz moderado.

Não sei como explicar isso. Os que tiveram a sorte de não passar por um ataque terrorista têm uma espécie de "Valium" interno que lhes permite continuar vivendo. Algo como "Isso não vai acontecer comigo!"

É uma coisa irracional e é boa, porque, se você não se sentisse assim, ficaria trancado em casa, sem ousar sair. Eu também achava que isso não aconteceria comigo e levava uma vida normal. E de repente aconteceu. Eu era um editor de notícias e não faço mais isso. Agora só edito transmissões do canal esportivo. Não sei o que me aconteceria se tivesse que editar notícias sobre um ataque terrorista para serem transmitidas na TV e não quero me colocar à prova. Não quero trabalhar e de repente ter de interromper as notícias normais do dia para incluir a transmissão de um ataque terrorista. Não seria certo eu ter um ataque de nervos quando alguém espera o meu melhor trabalho. Além disso, vivo constantemente pensando no que teria acontecido com eles em seus últimos segundos e não quero acrescentar imagens mortificantes de outras pessoas a essa angústia.

Vinte e nove pessoas foram mortas em um ataque terrorista vários meses atrás na antiga estação central de ônibus em Tel Aviv. Estamos falando da guerra com o Iraque e devemos lembrar que um míssil convencional não mata 29 pessoas. Um ataque terrorista sim.

É possível que algumas vezes perdemos nosso senso de proporção?

Sem dúvida. Depois de um ataque terrorista no qual três pessoas morrem, a televisão continua com sua programação normal e até transmite programas com pessoas dançando em cima de mesas e cantando. Isso virou rotina, com as emissoras dizendo: "Estamos aqui para fazer com que vocês se esqueçam da realidade". Mas vamos parar um pouco e pensar, se você escapar da realidade com a ajuda de drogas, vai para a cadeia e, se escapar emocionalmente, você vai ao psiquiatra. As regras da sociedade determinam que uma pessoa que vive em um estado de escapismo é anormal, mas em Israel temos uma sociedade inteira que vive uma existência escapista.

As pessoas não viveram o que o senhor viveu.

É verdade. Mas a questão que devemos nos perguntar é: "Nós esperamos até você e o seu vizinho perderem alguém para fazer algo a respeito ou entendemos que é anormal viver assim?" Esta é a nossa realidade e devemos lidar com ela.

O que podemos fazer?

Pessoalmente falando, não faço ideia. Quatro meses se passaram e cada dia que passa é mais difícil para mim. Todos os dias, quando acordo, digo a mim mesmo "mais um dia sem eles". Não posso descrever o quanto sinto a falta deles. Na primeira semana, senti uma dor estranha, não sabia como lidar com isso. É uma dor estranha, mas nova. Depois de várias semanas, ficou claro que era simplesmente saudade deles. Você sem dúvida conhece a sensação. Você já sentiu isso. O poder dessa emoção é imensurável e a frustração que a acompanha é terrível, porque você sabe que não os verá, nem amanhã, nem depois de amanhã, nunca. Quer saber como é? As pessoas me dizem para fazer alguma coisa. Mas não consigo fazer nada. Eu vou trabalhar duas vezes por semana porque isso tranquiliza as pessoas ao meu redor, meus pais, por exemplo. Eles perderam os netos e se preocupam comigo. A minha visão de vida mudou. Não vejo mais as coisas como antes. O trabalho no noticiário que antes me satisfazia... Vejo as pessoas correndo de um lado ao outro antes da transmissão, todas nervosas, e digo a mim mesmo: "Espere um pouco. Não é tão ruim assim!" As pessoas se enfurecem com o chefe ou se irritam com os mínimos detalhes. Eu sinto que tudo isso não é tão importante.

As pessoas mudaram a forma como o tratam?

Sei que no meu trabalho pediram que as pessoas me tratassem o mais naturalmente possível e elas tentaram fazer com que eu me sentisse à vontade, mas é difícil. E temo que as pessoas vão acabar se afastando de mim, porque, no fim das contas, minha história é deprimente. Mas o tema reverbera constantemente na minha cabeça e não consigo me livrar disso. Alguns dias atrás editei uma matéria sobre o ônibus espacial Discovery com Ilan Ramon, e nós o vimos em uma tela enorme. Todos os meus amigos riram e estavam contentes. De repente eu pensei que a última vez que vi todo mundo junto foi quando eles choraram pela morte dos meus filhos. Eu pensei comigo mesmo: "Ilan Ramon, você conseguiu nos dar felicidade". O acidente do Discovery foi um golpe duro para mim. "Nós não podemos ser felizes?" Eu não posso ser feliz, tudo bem. Mas e as pessoas ao meu redor?

É estranho pensar que você conhecia todas as pessoas que vieram a cobrir a sua tragédia pessoal.

Sim. Eu lembro que, no cemitério, vi Shimon, o fotógrafo do noticiário do Canal 2, com quem trabalhei e que eu conhecia bem. Lembro que o vi tirando fotos e chorando. Eu percorri o caminho do cemitério e lembro ter me virado e dito a ele: "Shimon, veja onde estou agora!"

Por que, na sua opinião, a sua história toca tão profundamente todos os israelenses?

Talvez porque a minha tragédia tenha sido mais do que só a perda da minha família. Na infância, tudo o que você tem é o que os seus pais lhe dão, seus professores na escola, seus amigos. Quando cresce, tudo o que tem é o que você mesmo criou. Como um adulto, tudo o que criei foi a minha família. A minha primeira verdadeira decisão na vida foi me casar. A grande decisão para nós dois foi ter filhos. Essa é a única coisa que dei ao mundo. Tudo o que fiz como um adulto foi destruído. Em termos da minha contribuição ao mundo, voltei aos 14 anos de idade.

Você sente que as pessoas têm pena de você?

É claro. A mulher que me vende cigarros me olha e tenta me consolar e me acalmar com os olhos. Mas eu serei esquecido, porque, no fim das contas, não sou importante. É por isso que a única coisa que quero é que as pessoas se lembrem dos meus filhos. Israel é um país jovem que vive de histórias de heróis, de Trumpeldor em Tel Chai a Ilan Ramon. Então eu digo a mim mesmo: "Esses dois meninos devem entrar nos anais da história". Não porque eles salvaram alguém, mas pelo simples fato de terem ido dormir de pijama. A casa deles foi invadida e eles gritaram. Eu sei que eles gritaram! Eu os ouvi ao telefone. O terrorista não atirou em crianças adormecidas e ele ouviu o que elas disseram. Ele olhou para a mãe que tentava proteger os dois filhos, a mãe que implorou pela vida dos filhos e, com o sangue frio de Satã, atirou nos três. Eu vi o corpo de Noam com uma bala no olho. Um menino de 4 anos! Eu vi o rosto desfigurado de Matan, porque as balas destruíram seu maxilar. Eles são heróis! Podem se esquecer de mim, eu não sou importante, mas não se esqueçam dos meus filhos.

É por isso que você dedica a sua vida a contar a história deles?

Tudo o que eu quero é que as pessoas saibam que cada um dos três era melhor do que eu. Agora, até certo ponto, devo viver a vida de três pessoas. Sei que eles acreditavam que precisamos continuar tentando salvar vidas. As negociações não chegaram a um impasse. Existe uma saída para tudo isso.

Você concorda com os encontros de pais dos dois lados que perderam entes queridos?

Devemos deixar uma coisa muito clara: não há dois lados iguais. Nenhum israelense entraria em um quarto e atiraria intencionalmente em uma cama com crianças chorando. Jamais! Nenhum israelense explodiria um ônibus na Cisjordânia ou em Gaza ou se suicidaria com uma bomba em restaurantes palestinos. Nenhum israelense iria ao outro lado para matar crianças. Nenhum! E não é assim que as coisas deveriam ser julgadas. No mesmo dia do ataque terrorista em Metzer, representantes europeus e palestinos se reuniram no Cairo para chegar a um acordo para impedir os ataques terroristas em Israel. Isso significa que, se Matan e Noam morassem 200 metros dentro da Cisjordânia, teria sido admissível matá-los. Teria sido legítimo! Não devemos aceitar essa crença na igualdade de direitos que eles estão tentando divulgar.

O senhor consegue simpatizar com a dor de um pai palestino que perdeu o filho na Intifada?

Posso imaginar a dor dele e sentir empatia por ele. Mas a verdade é que não estou mais tão certo de que entendo ele. Quando vejo uma mãe que acabou de perder um filho que se suicidou detonando uma bomba em um ônibus, e ela distribui doces e canta, não consigo me identificar com ela nem sentir empatia. Eu ensinei os meus filhos a amar uns aos outros, a amar a terra e a natureza. Eu os ensinei a se afastar do ódio e de qualquer maldade e não consigo me identificar com essa mãe que ensinou insanidade e ódio ao filho.

Na sua opinião, houve casos de mortes não justificadas também no lado palestino?

É claro. Estamos em guerra e essas coisas acontecem. Mas esses casos são mais enganosos do que pensamos. Sempre que acontece, tanto o povo quanto o governo israelense ficam chocados. Ninguém neste país, independente de visão política, quer matar crianças e pessoas inocentes. No caso de uma morte não justificada, todos nós, em Israel, sentimos dor e não é só para mostrar ao mundo. Mas não enviaremos crianças às linhas de frente da guerra, enquanto eles enviam as crianças deles para impedir tanques. Como eles podem mandar crianças à frente de batalha? Que tipo de pais eles são? Eles se aproveitam de nós. Eles sabem que somos compassivos. Somos uma democracia que respeita os direitos humanos. As pessoas do mundo inteiro gostam de comprar o jornal e ver uma foto de um tanque em um campo de refugiados posicionado diante de uma velha. Mas o que os leitores não sabem é que, quando a câmera é desligada, o soldado não atira na velha, porque, por atrás dela está uma democracia comprometida com regras éticas.

Não existe um "nós" e "eles", porque nós e eles não nos comportamos do mesmo jeito.

Israel deveria se separar deles?

Imediatamente. Assim as pessoas vão parar de falar sobre dois lados. Nós vamos parar de pensar no que podemos dar a elas, porcentagens de território ou qualquer outra coisa. Nós só pensaremos em nós mesmos. O que nós queremos? Hoje só queremos viver. Nem viver bem, só viver com segurança, sabendo que quando sairmos de casa voltaremos com saúde e inteiros, sem sermos estilhaçados por uma bomba em um ônibus ou um café. E, se isso significa que precisamos definir uma fronteira, construir uma cerca de separação, então isso deveria ser implementado imediatamente. Antes de mais nada devemos proteger a continuidade da vida. Se, no segundo estágio, quisermos assinar um acordo de paz, depois de nos sentirmos seguros, melhor ainda.

Uma última pergunta. Daqui a vinte anos, onde o senhor estará e onde Israel estará?

Eles chegarão a algum tipo de acordo, porque queremos viver em paz. As pessoas viverão melhor. Onde eu estarei? Sei que não quero ter mais filhos. Adoro crianças, mas não quero uma compensação pelos meus dois filhos. Sei que, se tivesse um filho, ele sofreria, porque cresceria sabendo que não teria nascido se Matan e Noam estivessem vivos. Não quero fazer isso com nenhuma criança; certamente não com o meu próprio filho. Acho que estarei sozinho, tentarei fazer boas ações, ser como eles. Eles já estão um passo à frente e só posso sonhar em atingir a pureza deles. Espero ser levado a eles assim que possível. Eles nunca voltarão; e me chamarão para me unir a eles quando eu for digno disso. [A entrevista termina aqui, porque Avi não consegue se conter e desata a chorar.]

MUHAMED IBRAHIM NIMAR NAIFA
Um líder das Brigadas dos Mártires de Al-Aqsa

*"O shahid que enviei matou duas
crianças israelenses e minha mulher chorou."*

Muhamed Ibrahim Nimar Naifa está preso em uma cadeia israelense acusado de enviar os palestinos responsáveis pelo ataque terrorista ao Kibutz Metzer, no qual foram mortos, entre outros, a esposa e dois filhos pequenos de Avi Ohayon. Ele foi condenado a treze penas de prisão perpétua, mais cinquenta anos. Ele é um membro do braço militar do Fatah.

Naifa foi preso na vila de Shwaka, ao norte de Tul Karem, quatro dias depois do ataque terrorista no Kibutz Metzer. O líder das Brigadas dos Mártires de Al-Aqsa foi cercado por forças da FDI e ligou para escritórios da Unicef e para o Betzelem (grupo israelense de direitos humanos) pedindo que eles garantissem sua vida. Depois de receber garantias, ele se rendeu com dois outros membros da organização.

No dia anterior, a FDI destruiu sua casa em Tul Karem. Naifa, 32 anos, casado e pai de dois filhos, está preso na prisão de Shikma em Ashkelon. Para ter acesso a ele, que está em uma das prisões de máxima segurança do país, os guardas revistaram todos os meus equipamentos e meus pertences pessoais, me fizeram passar por um detector de metais e pediram que eu deixasse meu celular com eles. Os telefones celulares são o maior inimigo da administração da prisão, porque se suspeita que líderes palestinos os utilizem clandestinamente enquanto cumprem suas penas para organizar ataques terroristas do lado de fora.

Naifa, com braços e pernas contidos por algemas e correntes, foi levado ao salão das visitas onde o nosso encontro foi realizado na presença de vários guardas da prisão. Nós dois conversamos por meio dos serviços de tradução de um jornalista israelense de etnia árabe. Depois de duas horas e meia de perguntas e respostas por meio das quais pudemos nos conhecer melhor, decidi abrir mão do intérprete e o entrevistei diretamente com breves perguntas prosaicas nas quais ele não poderia mais empregar suas táticas evasivas.

Em pouco mais de meia hora vi um jovem e inteligente palestino, com uma presença impressionante, que, devido às trágicas circunstâncias dos anos 1990 e ao fracasso do processo de paz, se transformou em um terrorista que sentia por não ter perdido a vida em uma das dezenas de operações das quais participou.

Foi particularmente chocante para mim quando ele me contou que, depois do ataque terrorista em Metzer, sua mulher lhe perguntou chorando por que ele causara a morte de duas crianças que tinham a mesma idade que a dos filhos deles.

Ele foi condenado a 40 dias de detenção, aparentemente devido à conduta imprópria. Ele diz que perdeu muito peso lá. "Os israelenses pagam médicos para fazer dieta. Eu ganhei uma dieta gratuita. Não tenho do que reclamar", ele disse, enquanto os guardas da prisão voltavam a prender as correntes a suas pernas. Naifa se afastou, com as correntes de metal em seus tornozelos reverberando no piso do salão das visitas.

Entrevista conduzida em 12 de março de 2003

Como você se sentiu ao se despedir de um homem-bomba que estava prestes a realizar um ataque terrorista? Você sabia disso quando enviou Sirhan Sirhan?

Palestinos inocentes são mortos todos os dias, mas o que você ouve é que estamos controlando os jovens e que estamos fazendo lavagem cerebral neles. Isso é propaganda política israelense. O *shahid* que parte em uma missão contra Israel faz isso porque está motivado e determinado a isso. A pessoa que leva a cabo um ataque terrorista é muito superior a mim ou a outras pessoas. Ela está dando a coisa mais preciosa que tem – a vida dela – em benefício de todo o seu povo e está convencida de que Deus lhe dará uma recompensa especial por isso. É o que está escrito no Corão. Eu respeito uma pessoa que faz isso. Eu mesmo fotografei homens-bomba antes de eles partirem para cumprir suas missões e eles estavam em paz. Eles não estavam com medo e sentiam o sofrimento de seu povo. O número de *shahids* dobrou depois das eliminações direcionadas (execuções extrajudiciais) conduzidas por israelenses em helicópteros Apache. Eu espero e, como um membro do braço militar do Fatah, estou certo disso, que no futuro próximo haverá operações adicionais e muitos ataques terroristas.

Você não se incomoda com o fato de as vítimas dos ataques terroristas serem civis inocentes?

Todos nós, civis palestinos e israelenses, somos soldados e pessoas armadas. Todo mundo denuncia os ataques terroristas. Mas por que eles não denunciam a morte de civis palestinos? O sangue dos palestinos vale menos que o dos israelenses? O sangue dos palestinos vale muito. Eu digo a Mahmoud Abbas e a Arafat: "Chega das suas concessões e chega de dar coisas a Israel". Estamos envolvidos em uma luta contra a ocupação israelense e temos muitas pessoas no caminho, até chegarmos a 1 milhão de *shahids*.

Você não tem medo?

A Agência de Segurança de Israel pode impedir dez ataques terroristas, mas um em cada dez sempre tem sucesso. Os israelenses têm tecnologia moderna, mas nós temos *shahids* que se multiplicam a cada dia. Nós, os palestinos, somos um povo que desconhece o medo. Na guerra no Iraque pedimos que eles abrissem as fronteiras para que pudéssemos lutar contra os Estados Unidos.

Por que Sirhan Sirhan?

Sirhan Sirhan é um dos jovens que se ofereceram para ser um *shahid*. Por isso, ele foi treinado para sua missão. A operação teve início no momento em que Sirhan partiu de Tul Karem para ir ao Kibutz Metzer. Depois que entrou no kibutz, ele começou a atirar.

Por que você escolheu esse kibutz, de todos os kibutzim?

Nós sabemos que no Kibutz Metzer existem pessoas pacifistas que apoiam os palestinos, e não digo isso só para as câmeras, porque já disse isso em juízo. Elas estavam dispostas a abrir mão de terra do kibutz para evitar tirarem terra dos agricultores palestinos. Acho que o alvo não era esse kibutz. O que aconteceu foi um erro na identificação do alvo. Alguns dias atrás, Israel cometeu um erro de identificação [de seu alvo] quando tentou matar o Dr. Rantisi (um líder do Hamas) e, em consequência desse erro, inocentes foram mortos. Sinto pelas mortes das crianças em Metzer e estou certo de que Deus as perdoará e as levará ao Céu. Da mesma forma, também temos crianças palestinas morrendo na guerra e os dois lados devem arcar com as consequências. Depois do ataque terrorista, Sirhan cometeu outro ataque suicida. Quando voltou de Metzer, ele começou a chorar porque não tinha mais balas.

Sirhan tinha tanto ódio assim?

Por que ele deixaria de odiar? Pessoas estão sendo mortas por toda parte. Eles dizem que nós somos terroristas, mas onde está o mundo? Os Estados Unidos também são um Estado terrorista. Gostaríamos de uma verdadeira paz, não só uma paz na qual as pessoas nos bombardeiam de um avião.

Você conhece Avi Ohayon? Você sabe o quanto ele sofre com a morte da família dele?

Entendo o que Avi Ohayon sente e o que ele está passando. Ele perdeu a família inteira, mas devemos lembrar que nós também perdemos famílias inteiras. O problema é que o povo de Israel apoia Sharon, que foi quem colocou os israelenses nessa situação. Foram os soldados israelenses que entraram nos territórios palestinos com tanques e aviões e mataram palestinos. Onde estão as famílias deles? Em Tel Aviv e em Netanya. Isso significa que as famílias apoiam o que eles estão fazendo.

O que você diria a Avi Ohayon se o encontrasse pessoalmente?

Eu não quero vê-lo. Ele que fale com os líderes dele. Não tenho nada contra ele e não devo nada a ele. Sei que os filhos dele eram inocentes.

Que mensagem você transmitiria a Ohayon?

Diga para ele apoiar e reforçar a paz. É verdade que os filhos dele foram mortos, mas ele deve ver o que aconteceu com os outros, para que o que lhe aconteceu não aconteça aos outros. Ele precisa pedir ao governo para não fazer com que outros sofram o que ele está sofrendo. Eu tenho filhos da mesma idade que os filhos dele e, no dia do ataque terrorista, falei com a minha esposa. Ela chorou pela morte das duas crianças. Não tenho interesse em falar sobre o que aconteceu entre mim e Sirhan depois do ataque terrorista. Não quero divulgar o que houve entre nós, particularmente em relação às crianças.

Você mandou Sirhan matar mulheres e crianças?

Não. Não lhe dei instruções para isso. Sirhan partiu em sua missão e aquele não era o alvo escolhido, mas foi o que aconteceu. Eu faço parte do povo palestino. Da mesma forma como Israel tem uma força militar de reserva, nós somos os soldados da reserva da Palestina. Mesmo se tivesse propriedades e fundos eu largaria tudo e me alistaria na luta.

Em nome de quem você mata e está disposto a matar?

A razão pelas mortes é a ocupação. Quero matar o maior número possível de judeus. Nós pedimos que os israelenses dessem um fim à ocupação. Mesmo se não fizerem isso agora, eles acabarão se retirando com mais baixas. Quero que os israelenses venham ao nosso território como visitantes e não como invasores.

Você odeia os israelenses?

Não. Tenho amigos israelenses que são muito importantes para mim.

Você tem algum arrependimento?

Não me arrependo de nada. Nós não temos vida. Os israelenses nos tratam como animais. Eles sempre tentam humilhar os prisioneiros palestinos. Eu digo a todas as pessoas para quem a paz tem algum sentido que queremos paz e buscamos a paz. Quem ceder não é um covarde e não está cedendo por medo. Eu peço ao mundo inteiro, como pedi ao presidente Bush, para intervir em nome da paz. Um grande problema atualmente é a situação dos prisioneiros palestinos. O número de prisioneiros já chegou a 10 mil e cada um deles tem uma família que não está disposta a se entregar e esquecer. Deus abençoe aqueles que morreram. Não peço que Sharon dê a vida de volta aos mortos, mas que liberte os prisioneiros.

No tribunal onde fui julgado, eu disse que a sentença que recebi foi uma tentativa de nos intimidar, mas o que acontece é o contrário; isso nos fortalece. Não estamos acostumados a ceder e por isso digo aos israelenses que eles não vão conseguir nada pela força.

Quando a milícia armada do Fatah, as Brigadas dos Mártires de Al-Aqsa, foi criada?

Para nós, a ocupação é um câncer que impregna permanentemente a nossa terra. Longos anos de negociações não bastaram para acabar com a ocupação, por isso o povo palestino deu início à Intifada. Grupos de jovens armados foram formados e, em vários meses, brigadas de soldados da Al-Aqsa foram formadas. Nós não usávamos bombas e não atirávamos no início da Intifada. O emprego desses métodos começou depois do assassinato insano do Dr. Thebet Thebet por militares israelenses.

Por que vocês escolheram esse método de combate?

Não tínhamos nenhuma arma e, quando Israel começou seu extermínio direcionado, precisávamos responder de maneira similar para amansar os israelenses.

Como vocês recrutam homens-bomba?

O recrutamento é simples e não envolve muito empenho, porque o povo palestino é uma nação madura. Não precisamos convencer as pessoas a serem *shahids*, porque todos estão convencidos de que não temos nenhuma outra escolha. Se essas operações são chamadas de atos de terrorismo, nos orgulhamos de ser terroristas. Os israelenses dizem que podem impedir essas ações. Eles que tentem. É impossível. Dizemos que queremos paz para a nossa geração e para as gerações futuras, mas, infelizmente, o encontro de Aqaba não atendeu as nossas expectativas, apesar de termos agido com a intenção de levar a tranquilidade aos territórios.

Qual é o retrato de um homem-bomba palestino?

O *shahid* que quer executar uma missão não pode ser uma pessoa procurada pelas forças de segurança israelenses ou uma pessoa muito conhecida. Ele é escolhido quando ele mesmo está convencido de que deve dar sua alma pela sua terra natal e pelo seu povo.

Existe alguma diferença entre um homem-bomba e uma mulher-bomba?

Todos têm o direito e o dever de lutar pela terra natal. As jovens palestinas estão preparadas para executar ataques terroristas a qualquer momento, mas, enquanto tivermos homens, eles têm a prioridade. No entanto, acredito que o direito de combater a ocupação seja um direito igual para todos. É natural receber solicitações de jovens palestinos que queiram executar ataques terroristas. Não nascemos para matar judeus. O nosso problema foi criado com a ocupação em 1967. As operações começaram no quarto mês da Intifada. Nós executamos uma série de operações contra os colonos e o exército. Houve muitos ataques terroristas.

O que e quem é um shahid?

Deus criou o *shahid* e ele é a pessoa que recebe Deus. O *shahid* é especial aos olhos de Deus e aos olhos da religião, apesar de, na verdade, eu não saber o que acontece ao *shahid* quando ele morre e vai para o Céu.

Por que você não quis ser um shahid?

Desde o início da Intifada realizamos muitas operações que poderiam ter terminado em sacrifício. Não tenho medo de ser um *shahid*, porque o significado dessa morte é que o corpo morre, mas a alma continua a viver.

Se você não teme a morte, o que você teme?

Só alguém que tem medo pode provocar medo nos outros. Isso é um fato. Todos nós temos medo, mas a situação aqui nos foi imposta contra a nossa vontade. Ou nós sucumbimos, ou continuamos a lutar. Eu mesmo fui perseguido durante oito horas por soldados israelenses. Infelizmente, não tinha uma arma ou nenhum outro meio de me defender, de forma que me entreguei. Eu sei o que é a prisão. Eu gostaria de morrer e não estar na prisão, que é um cemitério para os vivos. Peço que o mundo inteiro interfira para libertar os prisioneiros.

Você gostaria que seus filhos sejam shahids?

Eles podem ser. No tribunal israelense eles me fizeram a mesma pergunta e respondi que estou aqui pelos meus filhos. Foram os israelenses que fizeram os meus filhos crescerem com ódio. Os meus filhos nasceram durante a guerra e viverão em guerra e em conflito com os israelenses. Então, o que eles esperam? O que teria acontecido se eles tivessem crescido em um período de paz, com relações normais com Israel? Eu sem dúvida ficaria orgulhoso se os meus filhos decidirem se tornar *shahids*. Veja as mães palestinas que enviam seus filhos a essas missões. O meu filho começará a odiar os israelenses quando eles lhe disserem que ele não pode visitar o pai. As pessoas vivem pelo mundo todo, mas só os palestinos vivem humilhados na própria terra natal.

Se você fosse um shahid, *onde estaria neste exato momento?*

Não sei. Só depende de Alá. Dizem que os *shahids* têm virgens esperando por eles e que a vida boa é garantida. Mas eu não vi isso, só ouvi falar.

Em Israel, Arafat é culpado por se envolver pessoalmente em ataques terroristas das brigadas do Fatah.

Não me lembro de Arafat ter se envolvido em um ataque terrorista. Se tivéssemos mais fundos ou meios mais sofisticados, causaríamos mais danos a Israel. Não matamos e assassinamos judeus por lazer, mas para libertar o nosso povo. As Brigadas dos Mártires de Al-Aqsa não recebem ordens de líderes políticos do Fatah. Nós temos liberdade de ação.

As Brigadas dos Mártires de Al-Aqsa não desaparecerão apesar das sentenças de prisão e do extermínio direcionado realizado por Israel. Responderemos a toda e qualquer tática israelense, particularmente se o extermínio direcionado continuar.

JAMAL AL-DURA
Pai de uma lenda, Mohammed Al-Dura

"Meu filho Mohammed subiu aos Céus."

Jamal Al-Dura e seu filho estavam voltando ao campo de refugiados Al Burij. Isso aconteceu dois dias antes dos violentos levantes em Jerusalém, que irromperam, entre outras razões, como resultado da visita do então líder da oposição do Likud, Ariel Sharon, ao Monte do Templo, também chamado de Al-Haram Al-Sharif (o nobre Santuário dos muçulmanos). O pai e o filho que voltavam de uma visita a uma loja de brinquedos a dois quilômetros da junção de Netzarim-Shuhada se surpreenderam com a troca de tiros entre manifestantes palestinos e os soldados israelenses que estavam no posto avançado.

Naquela mesma tarde de sábado, com as costas literalmente contra um muro de concreto, Mohammed e Jamal tentaram se refugiar perto de um barril d'água e se proteger em meio ao trovejar de tiros, coquetéis Molotov, fumaça de gás lacrimogêneo e uma chuva de pedras. Eles foram capturados pela câmera de Talal Abu Rahma, um palestino que trabalhava para a rede de televisão France 2, que os filmou durante 45 minutos de terror e morte. O motorista da ambulância palestina que tentou socorrê-los foi baleado e outro paramédico ficou gravemente ferido.

Quando tudo acabou, Mohammed estava morto nos braços do pai, com o corpo perfurado por quatro balas, e Jamal estava sentado, ferido e com sangue escorrendo de cinco outros ferimentos à bala. Havia quinze buracos de bala no muro de concreto. Naquela mesma noite, 30 de setembro, a rede France 2 deu luz verde para transmitir as imagens da junção de Netzarim. Da noite para o dia, a bala que perfurou Mohammed Al-Dura se transformou em um símbolo da segunda Intifada, a Intifada de Al-Aqsa.

Três dias depois, a FDI assumiu a responsabilidade pela "morte não intencional" de Mohammed, mas, no dia 27 de novembro, o porta-voz da FDI divulgou um estudo que argumentava ser impossível Mohammed ter sido atingido por israelenses. As conclusões do relatório e principalmente um documentário produzido pela rede alemã ARD, transmitido no dia 18 de março de 2002, indicavam que Mohammed quase certamente fora morto por tiros palestinos.

Naquela mesma semana, Danny Shek, diretor do Departamento Europeu das Relações Exteriores, conjecturou que, independentemente dos fatos e das novas teorias e sua divulgação, era improvável que a opinião pública sobre o que aconteceu em Netzarim mudaria.

O jornal britânico *The Economist*, em sua edição de 5 de outubro daquele mesmo ano, fechou qualquer debate possível quando publicou que "A imagem de Mohammed Al-Dura, o garoto filmado no dia 30 de setembro por 45 minutos, agachado e tomado pelo terror ao lado do pai, sob uma salva incessante de tiros israelenses é inesquecível".

Jamal Al-Dura, pai de sete filhos, ainda sofre com os ferimentos que lhe foram infligidos na junção de Netzarim e não silencia suas expressões de ódio e angústia pela morte de seu filho Mohammed, mas expressa esperança de que seus outros filhos não vejam mais a guerra.

Entrevista conduzida em 4 de novembro de 2003

Fiquei sabendo que o senhor deve ir ao Egito para uma série de exames e cirurgias no hospital.

Sim, mas desta vez com Israel não deixando que eu saia da Faixa de Gaza. Essa é a primeira vez que a Agência de Segurança de Israel está me impedindo de sair das fronteiras da Palestina, apesar de no passado eu já ter feito várias cirurgias no exterior. Fiz seis cirurgias na Jordânia e uma no Irã. Sempre recebi autorização, mas não desta vez. Eles não me deram nenhuma explicação. Então entrei em contato com organizações de direitos humanos e abri uma ação judicial porque eles não estão me permitindo viajar ao Egito. Entrei em contato com Ahmad Tibi [político árabe israelense] para descobrir a verdadeira razão da proibição. Devo me submeter a uma série de cirurgias nas mãos e pernas. Tudo isso me aconteceu por causa do exército da ocupação israelense, diante das câmeras e diante do mundo inteiro. Todo mundo viu como eles me feriram e como eles mataram o meu filho.

O que o senhor pede dos israelenses?

Não espero nada dos israelenses. Eles mataram o meu filho. Eles mataram o meu filho quando ele estava nos meus braços. Eles assassinaram crianças, eles assassinaram pessoas inocentes e atiraram em nós apesar de não estarmos participando de nenhum confronto e não jogamos nenhuma pedra. E estávamos desarmados.

Independente da questão de quem o matou, a morte do seu filho, Mohammed, foi um momento decisivo na Intifada.

Eu estava histérico. Apesar de ter tentado proteger meu filho com todas as minhas forças, não consegui protegê-lo de um inimigo difícil e incontrolável, sedento de sangue e que assassina crianças. Meu Mohammed não foi a primeira criança que eles assassinaram e certamente não será a única. Algumas crianças são mortas diante das câmeras da TV, mas muitas delas morrem sem nenhuma testemunha. Não existe nenhum regime na história que tenha feito o que os judeus fazem. Nem Hitler fez o que os judeus e os israelenses fazem. Eles matam crianças, mulheres e velhos.

O que o senhor lembra daquele dia fatídico?

Tudo. Nunca vou conseguir me esquecer daquele dia. Eles começaram a atirar em nós quando não tínhamos para onde ir ou nos esconder. Nós só vimos o muro de concreto e nos refugiamos lá. Mohammed começou a me perguntar: "Por que os judeus estão atirando em nós?", eu não pude responder porque estava ocupado procurando uma maneira de protegê-lo.

Depois de cerca de quinze minutos de tiroteio, Mohammed foi ferido no pé direito e me disse: "Os cachorros me feriram, os cachorros me feriram". Eu respondi: "Não tenha medo. Logo uma ambulância virá e nos tirará daqui". Mas a ambulância não chegou. A ambulância chegou quando tudo já tinha chegado ao fim e meu filho estava morto. Todos os tiros foram direcionados a nós. Quarenta e cinco minutos de tiroteio incessante contra nós.

Como a sua família lida com esse trauma?

As crianças acordam à noite, especialmente quando se lembram do irmão. Um deles se levanta à noite, chora e grita: "Os judeus atiraram nele". Minha segunda filha, Basma, acorda à noite tremendo e dizendo: "Mohammed subiu ao Céu". Os irmãos dele o adoravam. Algumas vezes eles brigavam, mas no fundo do coração eles o amavam, eles brincavam juntos e faziam tudo juntos. Agora eles estão em choque. Até hoje, quando ouvem aviões, tanques e helicópteros, eles ficam com medo. Sugiro que o senhor passe a noite aqui e ouça os tiros e o som dos aviões e helicópteros. Nós ouvimos esses sons como se estivessem dentro da nossa casa.

O que o senhor se lembra de seu filho Mohammed?

Tudo. Como pode ver, temos muitas fotos dele nas paredes da casa. A alma de Mohammed não é importante só para mim; todos os habitantes do campo de refugiados têm memórias dele. Ele era uma criança de quem todos gostavam. Mohammed gostava especialmente de pessoas pobres, que não tinham recursos. Ele ajudava qualquer pessoa que não podia ter uma casa. Ele levava comida de casa para dar às pessoas mais pobres. Ele era contra a discriminação. Ele era um pequeno guerreiro lutando pelos pobres. Ele tinha 12 anos. Eu me lembro dele agora, sentado aqui. Lembro que uma semana antes de ele ter sido assassinado, numa sexta-feira, ele estava aqui e dormiu aqui mesmo [ele chora, segurando uma foto do filho]. Ele estava muito feliz naquele dia, porque me pediu para comprar um carrinho de brinquedo e eu prometi que lhe compraria um. No dia em que saímos para comprar o carrinho, ele morreu nos meus braços.

O que o senhor diria a Mohammed se pudesse?

Eu pediria para ele desejar paz a seu povo e ao mundo inteiro. Uma paz verdadeira e justa, não uma paz falsa. Nós promovemos a paz com Israel anos atrás e não recebemos nada em troca, nem um torrão de terra.

O senhor está ciente de que, na Intifada atual, houve uma era antes e depois da morte do seu filho Mohammed, que é um símbolo para a nação dele?

Sim, tenho muito orgulho disso. Ninguém se esquece do meu filho. Mohammed não é só um orgulho meu, mas de todo o povo palestino, e de todo o mundo árabe.

O senhor odeia os israelenses? O senhor guarda rancor? O senhor deseja se vingar?

É claro que odeio os israelenses e lhe direi por quê. Tenho razão para odiá-los. Eu gostaria de perguntar ao senhor como se sentiria se eu matasse o seu filho. O senhor gostaria de mim ou me odiaria? Eu faço outra pergunta: se alguém vier, tirar sua terra e o expulsar da sua casa, qual seria a sua reação? O senhor gostaria dele ou o odiaria? A resposta é clara. Não odeio os israelenses porque eles são israelenses ou os judeus porque são judeus. Existem israelenses bons. Alguns deles ligaram e me ofereceram ajuda.

Nós odiamos a ocupação. Nós odiamos a política deles. Nós odiamos os colonos. Nós odiamos os soldados. Os fatos nos levam a odiar. A guerra que vivemos hoje é a tentativa do inimigo sionista de nos expulsar das fronteiras da Palestina, e eles não conseguirão isso.

O senhor sabe que crianças israelenses foram mortas por terroristas? O que o senhor diria aos pais das vítimas israelenses de ataques suicidas?

O nosso lema como muçulmanos é amor e irmandade. Paz no mundo inteiro. Eu diria à mãe ou ao pai israelense que sou forte apesar de ter perdido meu filho. Eu sou forte e continuarei sendo forte graças a Alá. Quero a paz que nos permitirá todos os nossos direitos e liberdade e que possibilitará o estabelecimento de um Estado palestino, com capital em Jerusalém, Al--Quds. Eles tiraram nossa terra em 1948 e agora querem nos banir de Gaza e da Cisjordânia. Eles nos matam com caças de combate. Como eles esperam que reajamos a isso?

Como o senhor se sentiu recentemente com a morte do seu filho, que o senhor também chamou de Mohammed?

O nascimento de Mohammed foi para mim um momento de grande alegria mas também de grande tristeza. Espero e rezo a Alá que Mohammed tenha uma vida longa.

E, para concluir, o que o senhor gostaria de desejar a ele?

Desejo que todas as crianças do mundo tenham uma vida de paz e amor, e não uma vida cheia de guerras.

YITZHAK EISENMAN
Um pai em luto

"Não há dor maior no mundo do que enterrar um filho."

Já eram 7h da noite e todas as pessoas que esperavam em pontos de ônibus no bairro da Colina Francesa da Jerusalém Oriental se apressavam para chegar a seus destinos. Noa Alon atravessava a rua empurrando o carrinho de bebê com seu neto, Sagi. Atrás dela estava sua filha, Pnina, e ela segurava a mão da segunda neta, Gal. Elas estavam voltando de uma festa no jardim de infância de Gal.

Naquele momento, o homem-bomba explodiu. Foi no dia 19 de junho de 2002. Gal, de 5 anos de idade, e sua avó, Noa, morreram instantaneamente.

Yitzhak Eisenman ficou sabendo do ataque terrorista pelo rádio e ligou para o celular da esposa. Não houve resposta e o médico, que tinha feito *aliáh* [se mudou] para Israel da Colômbia nove anos antes, começou a procurar a família em prontos-socorros dos hospitais de Jerusalém. Depois de horas de busca interminável, ele identificou os corpos de sua filha Gal e da avó dela. Ele localizou seu filhinho, que sobreviveu com ferimentos leves, e encontrou sua esposa, Pnina, em estado crítico.

Quando Pnina retomou a consciência vários dias depois, Yitzhak e o pessoal do hospital tentaram esconder a verdade dela, mas ela soube imediatamente que a morte tinha se abatido sobre sua família.

O ataque terrorista na Colina Francesa provocou a morte de 5 outras pessoas e feriu 50, e o Hamas assumiu a autoria do atentado. Na noite anterior, dia 18 de junho de 2002, um homem-bomba das Brigadas dos Mártires de Al-Aqsa se explodiu em um ônibus, também em Jerusalém, matando 8 pessoas e ferindo 74.

A casa da família Eisenman agora se parece com um templo em memória de Gal e Noa, a avó dela. Yitzhak não consegue se esquecer da perda irreparável e não perdoa os assassinos. Mas ele diz que, com a esposa Pnina, encontrou forças para continuar vivendo, em consideração a Sagi e sua filha Noga, nascida depois da tragédia.

Entrevista conduzida em 25 de novembro de 2003

Como o senhor se sente um ano e meio depois de ter perdido a sua filha e sogra?

Nós suportamos nosso sofrimento e dor com grande coragem. Graças a Deus, cinco meses e meio atrás, nossa filha Noga nasceu e mudou nossa vida para melhor. O nascimento dela nos incentivou a seguir em frente, nos dando a força necessária para continuar vivendo. É claro que nos lembraremos dos nossos entes queridos, Gal e a mãe de Pnina, que, devido às trágicas circunstâncias, não estão mais entre nós.

O senhor se lembra do que sentiu e fez quando ficou sabendo do ataque terrorista na Colina Francesa em Jerusalém?

O primeiro sentimento foi de total desespero, porque percebi que o ataque terrorista tinha sido grave e era muito provável que minha família estivesse lá. Eu pensei no pior, pensei que talvez minha família inteira tivesse sido morta. Para a nossa trágica infelicidade, a mãe da minha esposa e minha querida filha de 5 anos de idade Gal foram mortas na explosão. Nunca me esquecerei de como precisei ir ao hospital para identificar minha filha morta. Naquele dia trágico uma difícil tragédia se abateu sobre a nossa família e tudo devido ao fenômeno dos homens-bomba, que infligiram tantos danos a tantas famílias israelenses inocentes.

Não existem palavras para descrever a dor que um pai sente quando vê o corpo de sua filha, uma filha tão pequena, e, o pior, ver como ela foi brutalmente assassinada. Eu chorei sobre o corpo da minha filha e a beijei. Eu me afastei dela chorando amargamente e com grande angústia. [Yitzhak segura as fotos da filha e da sogra.] Dá para ver que elas são duas criaturas boas, inocentes, que não têm ligação alguma com a guerra que nos foi imposta pelos palestinos durante anos. Como podemos negociar amanhã com pessoas que mataram uma menina tão bela e inocente e se alegraram com a morte dela? Quando não há respeito pela vida, o princípio mais básico das negociações se perde. Não é possível impor certas condições ou uma aspiração política pela força, com explosões e terrorismo. Essa tática nunca teve sucesso.

O senhor odeia as pessoas que planejaram e executaram o ataque terrorista?

Alguém pagou vários milhares de dólares para que velhos e crianças fossem mortos. Não há explicação para isso e não há perdão divino para isso. É muito estranho que uma mãe aparecendo na televisão com uma arma na mão ao lado do filho, que também está empunhando uma arma, faça uma declaração completamente ciente de que seu filho é um homem-bomba que levará a morte a muitas pessoas. O que eles estão fazendo não tem sentido para mim. Eles distribuem doces e ficam felizes quando crianças inocentes são mortas. O terrorista que assassinou minha filha e sogra em Jerusalém sem dúvida viu as crianças esperando no ponto de ônibus. Para eles, elas eram carne fresca: o objetivo era matar o maior número de pessoas possível e, se forem crianças ou velhos, melhor ainda. Eu não considero esses terroristas humanos. Desde a infância eles são educados para odiar os judeus e são submetidos a uma lavagem cerebral. Essas coisas se acumulam e, quando crescem, a única coisa que querem é matar cada vez mais judeus. Mas você não precisa odiar. Temos uma resposta para as pessoas que adoram a morte, a resposta do povo judeu ao povo árabe: vocês devem adorar a vida. Nós amamos a vida e isso nós dá força para prosseguir, apesar da grande dor. De fato, uma grande dor.

Vivemos em um país que afunda em um conflito histórico extremamente violento.

A situação de Israel é de incerteza e não podemos ver a luz no fim do túnel como gostaríamos, a certeza de que temos um futuro para criar nossos filhos em paz. Os que querem a paz acreditam que podemos viver neste país em circunstâncias decentes. Acho que a guerra e todo o fenômeno do terrorismo não levaram a nada. A única coisa que eles conseguiram foram muitos lares arruinados, com o sentimento de perda total. O objetivo fundamental do povo judeu e de toda a população israelense é constituir uma família, reforçar o país e seguir em frente, tanto como israelenses quanto como judeus. Acredito que este seja um exemplo que transmitimos às outras nações do mundo. Israel só depende de sua própria força, o poder das pessoas que vivem no país e o poder da sociedade para progredir.

Mas os palestinos também sofrem e são mortos e centenas de crianças palestinas inocentes são mortas, muitas das quais são como a sua filha Gal.

Como um ser humano, sinto o sofrimento deles. Não posso ser indiferente ao sofrimento dessas pessoas, mas não justifico o ódio deles em relação a nós. Não justifico a crença deles de que os problemas podem ser resolvidos pela força. Não tenho como justificar isso. No dia em que eles encontrarem um líder que tentará buscar uma solução e manter negociações de maneira boa e justa, sem usar a violência, e conversará com os israelenses, com os judeus, reconhecendo o direito de existência do Estado de Israel, acredito que as coisas melhorarão. Eles têm o direito de viver com dignidade, em boas condições. Eu sou o primeiro a dizer isso, mas é necessário reconhecer o fato de que o problema não pode ser resolvido com violência, enquanto inocentes como a minha filha e sogra são atacadas.

Como o senhor acha que as pessoas na Europa e no resto do mundo veem o conflito?

A sociedade europeia não entende apropriadamente o que tem acontecido aqui, talvez por não terem explorado o que se passa nas nossas almas com profundidade suficiente. Eu sei, por exemplo, que na Espanha há pessoas que me conhecem e sabem o quanto a nossa família tem sofrido e que realmente acreditam que o ataque terrorista não tem justificativa e validade. Penso que os europeus devam dar mais apoio às pessoas envolvidas nesse problema de forma tão trágica. Quando uma pessoa vive em uma rotina na qual ela não precisa se fazer muitas perguntas, é possível que ela não se importe com os vizinhos. Há muito egoísmo nesse estilo de vida europeu. Acho que, nesse sentido, a sociedade dos Estados Unidos expressa muito mais solidariedade em relação a Israel.

O nascimento de sua filha Noga foi como uma catarse para vocês.

Nós passamos pela coisa mais triste que uma pessoa pode passar. A perda da nossa filha abriu um vazio em nós, um vazio que não tentamos preencher porque ficará conosco por toda a nossa vida. Mas de alguma forma nasceu em nós uma necessidade muito intensa de dar mais uma chance à vida, mais uma chance de seguirmos em frente e tentarmos retomar a nossa vida. Você sente que o mundo está desmoronando ao seu redor, que você está perdendo o chão e precisa da força emocional para dizer "Devo seguir adiante com algo, algo que me conectará com a vida. Não perderemos a nossa vida devido ao que aconteceu". A nossa resposta é a continuidade, a tentativa de dizer ao mundo: "Estamos tentando fazer a nossa parte e seguir adiante". Acho que o chamado da vida é enorme. É mais poderoso que a morte.

Como Sagi, o irmão mais novo de Gal na época, e hoje o filho mais velho, reagiu na ocasião?

Ele também precisava de sua companheira, que ele perdeu para sempre. Ele sem dúvida passou por um trauma. Penso todos os dias na minha filha Gal. É difícil para mim lembrar de todos os momentos que sei que nunca voltarão, porque são detalhes que gostaria de ter de volta e sei que não é o caso, que eles estão perdidos para sempre, não poderemos mais fazer carinho nela, abraçá-la, brincar com ela.

O que o senhor deseja para seus filhos?

O que quero mais do que tudo para os meus filhos, além de desejar que eles cresçam saudáveis e continuem vivos, é que eles cresçam em uma sociedade sem violência. Eu pediria um futuro melhor, um futuro mais tranquilo; que o que aconteceu com a minha filha nunca se repita, e nunca aconteça, não com meus filhos nem com nenhuma outra criança; que a dor imposta à minha família não seja o destino de nenhuma outra família em Israel nem em qualquer outro lugar do mundo.

UM HALIL IDRIS
Mãe de Wafa Idris, a primeira mulher-bomba palestina

*"Não existe nenhum palestino
que não odeie os israelenses."*

Quando a notícia chegou a Ramallah, ela se espalhou como fogo de palha pelas ruas da Autoridade Palestina e de Israel. Foi a primeira vez que uma mulher se tornou uma bomba humana na região. Ela era uma enfermeira no Crescente Vermelho (a Cruz Vermelha Islâmica) e, no dia 28 de janeiro de 2002, se maquilou, pintou as unhas e saiu para morrer e espalhar a morte, escondida em uma ambulância e explorando o fato de que esse tipo de veículo passa pelo posto de fronteira de Calandia com mais facilidade. Wafa Idris tinha 27 anos.

Idris, membro do movimento Fatah, viu dezenas de palestinos morrerem em sua ambulância, vítimas das forças de segurança israelenses. Ela também sofreu sua carga pessoal de dor. De acordo com as histórias sobre ela, contadas no campo de refugiados onde morava, o marido dela se separou porque ela não conseguia lhe dar filhos e não pôde suportar o insulto quando, na frente da casa dela, fizeram uma festa de aniversário para o primogênito de seu ex-marido.

Depois do choque inicial que repercutiu por todo o empobrecido campo de refugiados Al Ama'ari, nas proximidades de Ramallah, seus habitantes a transformaram em uma figura lendária.

Quando cheguei à casa dela, mais de um ano após o incidente, a região ainda estava cheia de pôsteres e pichações apresentando Idris como a primeira heroína da Intifada. "*Shahida* [mártir] Wafa, que você seja feliz", se via escrito neles. Os vizinhos dela contaram, sem esconder o orgulho, sobre o controle que ela demonstrou quando provou sapatos caros em uma das lojas da Rua Jaffa e depois saiu para a rua e apertou o detonador do cinto de explosivos, provocando a morte de um homem de 81 anos e ferindo mais de cem israelenses.

A enorme foto de Idris na Praça Al Manara em Ramallah era maior que a única foto de Yasser Arafat deixada lá. O nome dela ganhou fama pelas ruas do Oriente Médio. O jornal egípcio *Al Wafed* comparou Idris à Mona Lisa, mencionando seus "olhos sonhadores e o sorriso misterioso em seus lábios". Muitos deram o nome dela às recém-nascidas. Idris abriu as portas a um novo e horripilante tipo de feminismo, a nova luta pela igualdade dos sexos. As mulheres-bomba palestinas são tão eficazes quanto os homens.

Todas as primeiras mulheres palestinas que cometeram suicídio com a intenção de matar pertenciam ao braço militar do Fatah, mas o xeque Yassin, líder do Hamas, quebrou um tabu e convocou as mulheres de sua organização para participar da guerra santa contra Israel.

Foi assim que as mulheres passaram a ser um fator adicional na equação de morte da Intifada. Em setembro de 2000, 40 mulheres-bomba partiram em suas missões. Sete delas conseguiram provocar danos e as outras foram detidas por forças de segurança israelenses. Vinte e uma delas pertenciam ao Fatah, seis à Frente Popular para a Libertação da Palestina, seis à Jihad islâmica e uma pertencia ao Hamas. Trinta e sete delas eram da Cisjordânia, duas de Jerusalém e uma da Faixa de Gaza. De acordo com estimativas israelenses, 37 israelenses foram mortos nos ataques terroristas conduzidos por *shahidas* [mártires do sexo feminino].

A maioria das mulheres-bomba era solteira, mas também havia divorciadas e mulheres casadas com filhos, como a mulher que se suicidou em um posto de fronteira da FDI em janeiro de 2004. Esse caso provocou críticas internas na sociedade palestina. Um fator adicional que as mulheres-bomba têm em comum é a faixa etária, entre 20 e 30 anos.

Em comparação com suas contrapartes do sexo masculino, as mulheres-bomba são mais instruídas e sua motivação é em grande parte pessoal, aliada ao argumento tradicional da luta palestina.

A mãe de Wafa, Um Halil, transformou sua miserável casa de dois cômodos no campo de refugiados Al Ama'ari em um templo em memória de sua *shahida*. Ela me contou que o Estado de Israel, estabelecido em 1948, a transformou em uma refugiada e explicou os vários estágios da vida de Wafa, que a motivaram a sacrificar a vida e a entrar nos anais da história da região.

Entrevista conduzida em 4 de fevereiro de 2003

Há quanto tempo a senhora mora no campo de refugiados Al Ama'ari e de onde a senhora veio?

Viemos de Ramleh depois do Nakba [a "catástrofe", como eles chamam o êxodo palestino de 1948]. No começo morávamos em barracas, depois as pessoas começaram a construir pequenas casas no acampamento e nós ficamos.

O que a senhora se lembra de sua filha Wafa?

Ela era uma moça simples e muito inteligente. Todos gostavam dela, ninguém a odiava. Ela era muito ativa na escola e sempre participava de manifestações.

Quantos anos ela tinha e o que ela fazia?

Ela tinha 27 anos e trabalhava para o Crescente Vermelho palestino.

A Intifada e o contato com tantos feridos tiveram algum efeito sobre ela?

Sim. No Crescente Vermelho ela via feridos e mortos e me contava tudo: pessoas com os intestinos de fora, com os crânios abertos. Aquilo exerceu uma grande influência sobre ela e lhe causava muita dor. Algumas vezes, quando ela voltava do trabalho, não queria comer e ia direto para a cama.

A senhora viu algum sinal de que ela pretendia executar um ataque terrorista suicida?

Wafa foi ferida três vezes. Ela sofria no trabalho e viu coisas terríveis. Ela salvou pessoas feridas em confrontos e trocou tiros com soldados israelenses.

Wafa falou alguma coisa para a senhora sobre a possibilidade de essas experiências poderem levá-la a agir?

Nunca. Ela saía de casa e sempre voltava para casa como qualquer outra jovem. Ela não nos contava nada; ela era muito reservada. Não sabíamos de nada até o momento em que ficamos sabendo que ela executou o ataque suicida.

A senhora se lembra do último dia dela?

Foi um dia normal. Ela tomou chá de manhã com a tia e a cunhada e me disse para não esperar por ela. Não sabíamos de nada. Só dois ou três dias depois do ataque terrorista é que o nome dela foi divulgado na televisão de Belém. Até então não sabíamos de nada.

Mas ela ficou dois dias sem voltar para casa, o que a senhora fez?

Sim, ela não voltou para casa naquele dia e os irmãos dela a procuraram em hospitais mas não a acharam. Eles nos disseram que ela saiu do trabalho às 9 horas. Ninguém sabia. Se eu soubesse, não teria deixado que ela saísse de casa.

Como a senhora se sentiu quando viu na televisão as imagens do ataque terrorista executado pela sua filha?

Só pensei na minha única filha. Os meus irmãos não queriam me contar nada. Naquele dia entrei em colapso e fui internada no Hospital Mukkased.

Na opinião da senhora, quais circunstâncias explicam a ação de sua filha?

Os judeus nos matam e nos perseguem. Alguns dias atrás eles nos tiraram de casa à 1h da manhã para prender os irmãos de Wafa, que não tinham feito nada. Eles queriam destruir a casa. Fomos todos jogados na rua, meus filhos e todos os vizinhos, no frio terrível da noite. Eles nos deixaram voltar para casa porque não conseguiram encontrá-los. Eles sempre querem dificultar a nossa vida e nos causar sofrimento.

Como a senhora se sentiu quando viu fotos do ataque terrorista? A senhora sabia que a última coisa que ela fez antes de detonar a bomba foi olhar sapatos em uma loja?

Não vi as fotos, eu estava no hospital, mas meus irmãos viram. Nós, os árabes, quando alguém morre, nós ficamos de luto, não assistimos TV.

Como a senhora se sente com o fato de sua filha ter sido a primeira mulher-bomba?

Que ela descanse em paz. Ela morreu e espero que vá para o Céu. Estamos fartos de tudo. Perdemos a nossa terra, perdemos tantos jovens... tantos deles em prisões israelenses. O que eles fizeram? Eles não têm mais nada. Toda noite nós vimos e ouvimos o exército ao nosso redor. As crianças e todas as famílias vivem em um inferno.

A senhora odeia os israelenses?

Sim, eu os odeio. Nós, os palestinos, todos nós odiamos os israelenses pelo que eles estão fazendo. Todos os lares perderam duas ou três pessoas. O que nós fizemos a eles para nos odiarem tanto? Veja o que eles fizeram em Tul Karem, em Gaza e em Jenin. Eles deixaram muitas pessoas sem um teto sobre suas cabeças. Foi isso que Alá os mandou fazer? Esses atos são contra Alá.

O que a senhora pensa sobre o apoio que Saddam Hussein oferece às famílias dos shahids palestinos?

Quando alguém perde o filho, recebe assistência para poder comer. Quando você é uma viúva sem o filho, quem vai se certificar de lhe dar alimento? Quem vai cuidar de você? Nem todo o dinheiro do mundo paga a vida da minha filha.

A senhora recebeu ajuda financeira do governo do Iraque?

Sim, e usei o dinheiro para pagar o hospital, porque tenho um problema cardíaco.

Posso perguntar quanto a senhora recebeu?

Eu não sei, porque todo o dinheiro foi enviado diretamente ao hospital e não sobrou nada para despesas adicionais. Minha cunhada diz que a quantia foi de 10 mil dólares.

Os seus vizinhos a apoiam em virtude do ato de Wafa?

As pessoas dizem que minha filha é uma *shahida* que se sacrificou pela terra natal. Eles nos ajudam muito.

A cunhada dela (segurando um bebê no colo) diz que é muito difícil para uma mãe consentir em deixar o filho se sacrificar. Mas, no fim das contas, ele está se sacrificando pela sua terra natal e pela sua religião, e de acordo com o islamismo, o *shahid* ocupa um lugar muito importante no Céu. Eu também quero ser uma *shahida*, morrer uma santa antes dos meus filhos. Que os nossos inimigos queimem no inferno.

Mas os movimentos islâmicos não apoiam o uso de mulheres em ataques suicidas.

Se alguém morrer durante a guerra com os judeus, de acordo com as leis do islamismo, ele é um *shahid*, e o mesmo se aplica tanto a uma mulher quanto a um homem. Eu mesma não sei se teria coragem de fazer o que Wafa fez.

O que a senhora pensa de Saddam Hussein?

Ele é um homem muito forte, difícil. Ele não tem medo de qualquer um. Cada pessoa com o próprio destino. Saddam é o governante de um país e ele nunca fez nada de mal a ninguém. Uma guerra já foi combatida contra ele e eles procuraram armas nucleares, mas não acharam nada. Saddam não está só protegendo a si mesmo.

A senhora é grata pela ajuda dele?

Não sou grata ao Iraque pelo dinheiro, mas sim ao povo iraquiano pela ajuda. O povo iraquiano também é uma nação árabe, de forma que as pessoas presumem que devem nos ajudar. Os americanos querem substituir o *Rais* Arafat, mas nós, o povo, lutaremos para ele continuar no cargo.

A senhora gostaria que Saddam atacasse Tel Aviv?

Não, não quero que ele envie mísseis a Tel Aviv. Ele só precisa liderar o povo dele.

O que a senhora diria a uma mãe judia cuja filha morreu em um ataque terrorista?

Não posso dizer nada a ela, porque o ato de Wafa foi cometido de acordo com a decisão dela e ela não incluiu ninguém nessa decisão. Ela viu o sofrimento de seu povo e decidiu reagir. Ela queria se vingar. O que posso fazer? Esse é o destino que está nas mãos de Deus.

Nós queremos paz, não guerra; não queremos que ninguém morra. Ninguém quer perder seu povo. Queremos viver em paz. Desde que Sharon foi eleito primeiro-ministro ele vem promovendo a guerra. O que está acontecendo aqui e no Iraque é a mesma coisa. Não queremos mais derramamento de sangue.

MOHAMMED MAHDI
Um adolescente que tentou um ataque terrorista suicida

"O sorriso nos lábios dos mártires [shahids] *mortos me convenceu a cometer suicídio."*

Foi um dos dias mais tristes da minha vida como jornalista. Depois de entrar na Prisão Hasharon e passar pela rigorosa segurança, Hanna, o representante da administração da prisão, me levou por um labirinto de corredores, cada um com as próprias portas de ferro, até chegarmos à "Área 7". "É aqui que ficam as crianças terroristas", disse Hanna.

Quando fomos lá pela primeira vez em 2004, encontramos 80 adolescentes palestinos, entre 14 e 18 anos. Em 2006, quando voltamos, o número tinha subido para 150. De acordo com as autoridades, todos eles participaram de ataques terroristas e uma grande maioria matou israelenses com as próprias mãos. Eles me submeteram a uma revista minuciosa, e a notícia da minha presença se espalhou rapidamente de uma cela à outra. A Cruz Vermelha os visita uma vez por mês. Se não forem punidos por mau comportamento, eles podem receber a visita da família uma vez a cada duas semanas e conversar com eles através de uma divisória de vidro.

Ahmad Salah Shwiki, de 14 anos de idade, que esfaqueou uma jovem israelense em cinco partes diferentes do corpo, me explicou que as visitas familiares são muito raras, porque muitas vezes os irmãos e pais têm dificuldade de sair de Gaza ou da Cisjordânia ou estão envolvidos demais com os problemas domésticos. Com a autorização de Mohammed Mahdi, Ahmad me conta com indiferença que foi condenado à prisão perpétua porque ele e um grupo de garotos do colégio formaram um grupo para executar um ataque terrorista.

"Vimos um casal de jovens se aproximando de nós no calçadão em Armon Hanatziv em Jerusalém. Nós os emboscamos e começamos a persegui-los. Eles se separaram e a mulher caiu. Eu pulei sobre ela e a esfaqueei assim, assim, assim", ele me explica gesticulando. Mahdi levanta o braço como quem sugere "basta" e me diz: "O professor logo vai chegar e a aula deles vai começar. Se você quiser me entrevistar, podemos começar agora".

Mahdi, que está se aproximando dos 17 anos, faz um gesto quase imperceptível e todos ficam em silêncio. Ele é o líder. No final de 2006, quando atingiu a maioridade, ele foi transferido a uma prisão de adultos. Sua história é marcada com um fato singular: ele é um dos poucos que pertenciam simultaneamente a dois principais grupos palestinos, o Hamas, grupo islamita extremista, e o Fatah, nacionalista.

Os guardas da prisão permitiram que eu entrasse na cela dele e nos trancaram lá por 45 minutos. Mahdi me explicou que o que o motivou a pensar em se tornar um *shahid* foi o enterro de dois jovens que ele conhecia, mortos no ataque israelense em Nablus. Um sorriso estava nos lábios dos dois jovens mortos.

Em 2007, negociações foram conduzidas para libertar o soldado israelense sequestrado Gilad Shalit pelo Hamas em troca de mais de mil prisioneiros palestinos, como os adolescentes que encontrei naquele dia e mulheres.

Entrevista conduzida na Prisão Hasharon em 9 de fevereiro de 2004

Por que você decidiu executar um ataque terrorista suicida?

A nossa situação é muito difícil. Nós sofremos muito. Estamos sob uma terrível ocupação e, de acordo com a lei internacional, cada pessoa tem o direito de proteger sua terra natal.

Quem o enviou para levar a cabo o ataque terrorista?

Eu era um membro do Hamas, que é um movimento social popular, e não uma organização terrorista. Depois me tornei um membro das Brigadas dos Mártires de Al-Aqsa, que pertence ao Fatah.

Como eles lhe explicaram como você deveria conduzir um ataque terrorista? Eles o mandaram levar uma bomba e detoná-la?

Cada pessoa, particularmente os jovens, que vive sob a opressão do regime de ocupação, está preparada para fazer qualquer coisa. Jovens do movimento de oposição propuseram que me tornasse um *shahid* e eu concordei. Ao mesmo tempo meu tio foi morto por um míssil israelense no campo de refugiados Askar e se tornou um *shahid*, como alguns dos meus amigos. Aquilo me magoou muito. Eles me fizeram a proposta exatamente quando, mais do que nunca, eu queria me tornar um *shahid*. Foi na minha adolescência. Podia ser porque eu estava afobado, ou muito nervoso, mas decidi executar o ataque terrorista.

E como foi a despedida da sua família quando você foi cumprir sua missão?

Depois que decidi executar o ataque terrorista, fui para casa mais ou menos às 11h da noite. Eu olhei para a minha mãe e fui dormir. De manhã acordei e vi minha mãe de novo e saí sem dizer uma palavra. Não falei com ninguém, não me despedi de ninguém. Meus pais e a minha família não sabiam de nada. Quem sabia era Ali Adhuri, que me recrutou e me enviou. Só ele sabia. Ali já foi executado por soldados israelenses.

Você tem raiva da pessoa que sugeriu que você se tornasse um homem-bomba?

Sempre agradeço a Alá por todas essas coisas. Mas, aos 16 anos, você não tem como decidir sozinho, porque a sua forma de pensar pode mudar. A pessoa que me enviou já recebeu sua punição.

Como você imagina o Paraíso?

Quando decidi realizar o ataque terrorista, não pensei no componente religioso. Eu só pensava em me vingar. Mas, como uma pessoa religiosa, acredito em Alá e no destino de cada pessoa. Eu só pensei em como eles mataram meus parentes e meus amigos. Eu só queria me vingar. Hoje, graças a Deus, penso diferente. E, com todo respeito, acho que essa questão é irrelevante. Eu já respondi a você e já lhe disse que me entreguei. Se não quisesse continuar vivendo, eu teria apertado o botão de detonação da carga explosiva; eu teria me sacrificado e matado soldados israelenses. Mas mudei de ideia no último instante.

Mas muitos outros jovens decidem cometer suicídio.

Acho que os ataques terroristas suicidas não são a coisa certa e são contra a religião islâmica.

Todos os seus companheiros de prisão pensam como você? Talvez eles estejam sob pressão?

Todos nós somos jovens com opiniões próprias, e ninguém pode nos forçar a nada. Quando conversamos entre nós, todo mundo pensa como eu. A maioria dos jovens se arrepende do que fez. Na ocasião, todos nós estávamos no auge da adolescência e nossa mentalidade mudou desde então. Somos mais maduros hoje.

Como você foi preso?

Estávamos a caminho de Nablus para executar o ataque terrorista. Fomos parados por soldados que nos instruíram a sair dos carros e nos pediram para levantar a camisa. Quando viram que eu tinha um cinto de explosivos, eles me ameaçaram com armas. Eu me rendi e lhes entreguei o cinto.

Você acha que seus pais ficaram bravos quando descobriram?

Eles podem ter se zangado com as minhas intenções de levar a cabo um ataque terrorista. Eu mesmo fico bravo com isso.

Isso significa que você se arrepende do que fez?

Talvez. Hoje eu não me arrependo. Mas, se não tivesse feito aquilo, eu seria uma pessoa livre hoje e eu preferiria estar livre. É verdade que eu pretendia executar o ataque terrorista, mas depois de ser preso, penso diferente. Posso ter sido recrutado quando era mais fraco e estava disposto a fazer de tudo para vingar a morte dos meus amigos. Hoje cheguei a uma idade na qual posso distinguir entre bom e mau. Hoje, se for libertado, eu não repetiria de maneira alguma a tentativa de executar um ataque terrorista. Quando uma pessoa comete um erro, ela sempre tenta se reformar. Aprendi muito na prisão. Podemos agir de muitas maneiras que não envolvam a luta armada.

Os jovens europeus da sua idade saem e se divertem e você tentou executar um ataque terrorista. Como eles pediram para você fazer isso?

Em primeiro lugar, a situação na Europa é completamente diferente da nossa situação na Palestina. Não há ocupação nos países europeus e eles vivem com liberdade e independência e têm eleições. Não há pressão e você não vê assassinatos e morte. Assim, os jovens de outros países têm a oportunidade e o tempo livre para fazer o que quiserem. Eles têm infinitas escolhas. Mas, quando o exército israelense procura um ativista palestino, eles estão preparados para matar metade da vila para capturá-lo ou executá-lo. Então não acho que qualquer pessoa que cometa atos como tentei seja desumana. A violência sempre leva à violência. Um acordo político, um acordo de paz, é melhor que violência e morte. Se Israel pudesse fazer algumas concessões e os palestinos pudessem fazer algumas concessões, poderíamos resolver todos os problemas, mas infelizmente Israel não quer ceder, apesar de nós cedermos. E apesar de eles serem a força de ocupação.

Você sente falta da sua família?

Sem dúvida que sinto falta da minha família, que não vejo há dois anos. Eu só os vi uma ou duas vezes no tribunal. O meu pai morreu um mês e meio atrás. Eu acredito em destino e em Alá. Espero não ficar vinte anos aqui, que é a minha pena.

Como vocês se organizam na prisão? Cada prisioneiro é afiliado ao grupo político do qual é membro?

Eu, como uma pessoa religiosa, acredito em Alá e não penso ser importante pertencer a um ou outro grupo.

Você chora à noite?

Não existe pessoa neste mundo com sentimentos que não chore.

Você odeia os judeus?

Não odeio ninguém. Não acho que haja pessoas que odeiam as outras, mas que há ações de seres humanos que causam o ódio em relação a eles. Não odeio judeus nem árabes, não odeio ninguém. Eu respeito todas as pessoas e todas as religiões.

EYAD EL-SARRAJ
Diretor dos Serviços Psiquiátricos em Gaza

"Para muitas crianças palestinas o Hamas se tornou a figura paterna."

"Em Gaza nós criamos uma geração de crianças que não sabem como sorrir e são incapazes de sorrir. Eles serão os futuros terroristas, homens-bomba, guerrilheiros ou qualquer outra denominação que quisermos lhes dar. Se não lhes proporcionarmos hoje uma solução emocional, social, econômica e política, amanhã será tarde demais", afirma o psiquiatra palestino Dr. Eyad El-Sarraj, 59 anos, ativista dos direitos humanos e CEO dos Serviços Psiquiátricos, que atuam em toda a Faixa de Gaza.

"A psicologia judaica é orientada pela emoção primitiva do medo, da época das perseguições e do Holocausto. Entre os palestinos é mais comum o sentimento de ser destituído e desprovido, que os domina desde o Nakba, a 'calamidade' ou a 'catástrofe', isto é, o estabelecimento do Estado de Israel."

Nos Serviços Psiquiátricos de Gaza, uma faixa de terra com uma população de mais de 1.300.00 pessoas (45 por cento das quais têm menos de 15 anos), muitos jovens confessam que sonham em se tornar mártires ou homens-bomba [*shahids*]. Com efeito, segundo um estudo conduzido pelo Dr. El-Sarraj com centenas de crianças palestinas de 12 anos, 24 por cento das quais disseram que seu maior sonho era se tornar *shahids*.

"Não concordo com os homens-bomba, mas eles são intocáveis, porque já se tornaram santos e são idolatrados por toda a população palestina. Quando um jovem paciente me diz que quer morrer executando um ataque suicida, tento dizer que seria melhor não morrer, mas sim lutar pela vitória, pelo seu próprio bem, pelo bem de sua família, pelo bem da nação e pelo bem da humanidade."

El-Sarraj também tem um passaporte britânico, mantém vínculos estreitos com movimentos israelenses pela paz e foi agraciado com prêmios internacionais de direitos humanos.

Eu me encontrei com ele quando ele visitava a família Hawiti, nas proximidades de Daraj em Gaza. A mãe, Muna, e dois filhos, Subehi e Mohammed, de 6 e 5 anos, foram mortos durante uma eliminação direcionada (execução extrajudicial) no dia 22 de julho de 2002. O comandante do braço militar do Hamas, Salah Shehada, responsável pela morte de centenas de cidadãos israelenses em vários ataques suicidas, se escondeu entre civis sem que eles soubessem. À meia-noite, um F-16 israelense lançou mísseis no prédio onde Shehada morava, provocando sua morte instantânea, além da morte de mais 15 pessoas inocentes, dentre as quais 9 eram crianças.

Até aquela noite, Jihad, de 14 anos de idade, o melhor aluno da classe, queria estudar medicina. Agora, depois de ter perdido a mãe, ele mostra como fez uma fotomontagem no computador na qual transforma seus irmãos assassinados em homens-bomba e declara que seu sonho é ser um homem-bomba.

Seu pai, Mahmoud, salienta que concorda com esse desejo e afirma que o filho tem o direito de escolher o próprio destino. Na opinião dele, desde o ataque israelense, seus cinco filhos que sobreviveram, bem como outras crianças da vizinhança, "perderam o apetite, se tornaram violentas, têm pesadelos e se recusam a ir à escola". Mahmoud casou de novo e tem um filho chamado Mohammed, o nome de um de seus filhos mortos. Ele diz que deseja o melhor para seu bebê, mas, "se ele decidir se tornar um *shahid*, não o impedirei. Assim ele irá para o Céu, se encontrará com os dois irmãos, usufruirá da vida eterna ao lado de Alá e se casará com 72 virgens".

Entrevista conduzida em 4 de novembro de 2003

Como foi a vida do senhor, como diretor dos Serviços Psiquiátricos em Gaza, durante esses anos de Intifada? Como as pessoas sobreviveram a esses anos?

A população foi atingida por uma explosão de violência e sua presença prolongada, particularmente nos três últimos anos. Aqui em Gaza o conflito é mais dramático. Os israelenses transformaram Gaza em uma prisão – uma prisão da qual ninguém pode sair e todos são expostos a ataques aéreos, com ataques de caças F-16 e de helicópteros Apache. Os israelenses usam tanques e buldôzeres e as pessoas se sentem vulneráveis e vivem em constante estresse, ansiedade e algumas vezes pânico. Esse pânico sentido pelas famílias é transmitido às crianças por meio do comportamento dos pais, pais que não podem proteger a si mesmos nem aos filhos. A mensagem transmitida às crianças é muito clara: o seu pai não pode fazer nada para protegê-lo. A imagem da morte do menino Mohammed Al-Dura teve um enorme efeito e ficou gravada na memória das crianças. Isso também teve um efeito sobre a percepção do status do pai. Além disso, o cerco a Arafat, que foi submetido ao total controle de forças de Israel e foi humilhado, também teve um impacto em todos os palestinos. Não devemos nos esquecer de que Arafat exerce o papel de o Pai da Nação. A situação dele desmoralizou as forças palestinas e a nação.

Aqui, em Gaza, o senhor ainda considera Arafat, que nunca saiu de Ramallah, o grande líder dos palestinos?

Você pode gostar ou não de Arafat. Eu discordo de muitas de suas decisões e o critico abertamente, mas ele é o Pai da Nação.

Qual é o fator mais prejudicial para o povo palestino?

As ondas de violência de Israel, incluindo assassinatos. Mas o que é ainda mais danoso para o status de cada palestino é a destruição de lares. Na história da Palestina, a questão do lar é uma questão central. Em 1948, centenas de milhares de palestinos se tornaram refugiados que moram em acampamentos desde então. Israel, ao longo dos anos de ocupação, continua a destruir suas casas. Até nos campos de refugiados, as pessoas são forçadas a reviver o trauma inicial da perda de seus lares na Palestina. Esta é uma sociedade que vive num trauma constante desde 1948. O nosso primeiro grande trauma foi o exílio. Há duas causas importantes que devem ser levadas em consideração: a primeira é o status do pai e sua impotência, e a outra é o lar e o sentimento de insegurança.

Se o senhor me permitir, vamos voltar ao impacto que o incidente de Al-Dura teve sobre a sociedade palestina.

O evento na televisão foi tão tangível e poderoso, todo mundo viu uma pessoa morrendo diante de seus olhos. Isso é forte. E ver uma criança morta a tiros nos braços do pai que está tentando protegê-lo. Ver tudo isso diretamente e em uma cena prolongada. Essas imagens tiveram um grande impacto, particularmente sobre as crianças. Essas crianças identificaram imediatamente o pai de Mohammed Al-Dura com os próprios pais, que são incapazes de protegê-las e não têm a força necessária para impedir o poderio israelense.

Uma das consequências foi que as crianças começaram a perguntar aos pais, particularmente ao pai, por que eles não andam armados. Elas querem armas e chegam a se identificar com os ativistas dos movimentos armados, porque eles têm força. Quando a figura paterna, como o símbolo de poder, é destruída, as crianças precisam se identificar com novos símbolos de poder, que são os ativistas armados. Devemos manter em mente que, na primeira Intifada, os israelenses humilharam e espancaram pais na frente dos filhos. É um duro golpe e um grande choque emocional quando uma criança percebe que o símbolo de força é transferido do pai aos soldados. Para elas foi um enorme trauma, porque você não pode se identificar com o inimigo.

E essa tendência é explorada pelos grupos extremistas, como o Hamas, que instiga o terror dos homens-bomba. Qual é a sua opinião sobre o fenômeno do ataque suicida?

Na Intifada atual, o grupo que exerce o papel do pai é o grupo organizado, no caso, o Hamas. O grupo passou a substituir o pai. Conduzimos um levantamento com crianças de 12 anos de idade e lhes perguntamos sobre suas esperanças para o futuro. Vinte e quatro por cento das crianças reponderam que esperam e desejam se tornar *shahids*. Cada homem-bomba de hoje é o resultado da primeira Intifada, que começou em 1987. A criança que antes jogava pedras passou por várias situações traumáticas, inclusive identificar-se com uma nova autoridade depois de perder a autoridade do pai. A perda de esperança, a decepção com o processo de paz e o profundo trauma formam a psicologia palestina. Já no caso dos israelenses, é possível dizer que o que representa a psicologia judaica é o sentimento de medo que se aproxima da paranoia. Entre os palestinos o sentimento é de ser destituído e desprovido. É isso que eles têm sentido desde 1948 e nunca conseguiram superar.

Dessa forma, existe a ideia de que devemos lutar e não nos render. Mas não temos recursos para enfrentar os tanques, helicópteros e caças israelenses. Nós só temos o nosso corpo. Além disso, no islamismo há a cultura de idolatrar a vítima. Acredito que, em qualquer cultura, as pessoas idolatram quem se sacrifica pela nação. Nós idolatramos essas pessoas e as colocamos em um pedestal de profetas e santos. Não concordo com os homens-bomba em Israel, mas não consigo denunciá-los porque já se tornaram sagrados, porque morreram como santos, de forma que ninguém pode tocá-los. Você pode discordar dos ataques suicidas, dizer que eles são desumanos, pode criticá-los, mas não pode alcançar pessoas que já cometeram suicídio. Essa é a cultura do desespero, de grande injustiça e de atos que realmente exigem vingança.

O que o senhor diz ao jovem paciente que afirma querer ser um homem-bomba?

O mais importante é que a criança tenha algum tipo de esperança. A esperança é um fator que pode ser muito importante e ela pode ser cultivada se a família continuar unida e determinada a proporcionar à criança um ambiente de amor e segurança. Não posso lhes aconselhar diretamente sobre o que fazer, mas posso dar várias ideias mais vitais para a família.

A minha mensagem é que não precisamos morrer, mas sim lutar pela vitória, pelo seu próprio bem, pelo bem de sua família, pelo bem da nação. Pelo bem da humanidade. Se a ocupação continuar, se Israel continuar a humilhar os palestinos e não os tratar como seres humanos iguais, se o desespero e a desesperança prevalecerem, se as pessoas não receberem liberdade, e no futuro elas não terão nem educação nem uma profissão, e se o processo de brutalização sistemática da comunidade não chegar ao fim, não teremos outra escolha a não ser formar longas filas de homens-bomba.

E se houver uma solução para o problema palestino, a ameaça de terrorismo será mitigada em escala global?

Sou da opinião de que o problema do terrorismo internacional se relaciona diretamente com o problema palestino e a injustiça que está a serviço deles. O presidente da Malásia falou a respeito, Osama Bin Laden atacou as Torres Gêmeas, Saddam Hussein, Yasser Arafat e Hosny Mubarak falaram sobre isso. Pessoas do mundo inteiro vêm discutindo a Palestina nos últimos sessenta anos. Devemos solucionar esse conflito, porque de outra forma haverá uma catástrofe global. Até o chefe do Estado-maior da FDI criticou o governo israelense dizendo que, ao intimidar e coagir os palestinos, eles só estão intensificando ainda mais a violência.

O senhor acredita na sociedade israelense?

Israel foi o único país do Oriente Médio no qual manifestações foram realizadas contra Sharon devido aos massacres de Sabra e Chatila. Em Tel Aviv, 400 mil israelenses protestaram contra Ariel Sharon. Mas os israelenses, devido aos homens-bomba palestinos, começaram a temer e, dessa forma, passaram a apoiar Sharon. Se dermos um fim aos ataques suicidas em Israel, e espero que o Hamas e a Jihad de fato façam isso, estou convencido de que muitos israelenses se voltarão contra o governo e o forçarão a assinar um acordo de paz com os palestinos e acabar com a ocupação. Na minha opinião, todos os nacionalismos são análogos, o nacionalismo palestino e o sionismo são iguais na minha percepção. O que me interessa são os direitos humanos – ver cada pessoa como uma criação humana e não negligenciá-la. Muitos israelenses lutam por isso e muitos deles são meus heróis. Nós, os dois povos, sofremos muito; vimos enorme violência, muitas pessoas morreram e os dois lados sabem que existe uma solução. A solução é instituir dois Estados nas fronteiras de 1967.

O Hamas e a Jihad islâmica poderão concordar com um cessar-fogo? Por quê?

Não só devido à pressão militar de Israel, como também devido à pressão do nosso povo e, é claro, à pressão internacional. Os nossos amigos do mundo todo nos dizem que não podem defender ataques suicidas contra cidadãos israelenses, mesmo se quiserem nos ajudar a lutar pelo nosso princípio de justiça. Acredito que a maioria dos palestinos será a favor de um fim imediato à violência e aos ataques assim que eles virem que há a possibilidade concreta de paz, justiça e uma "solução de dois Estados".

Quais são os sintomas das crianças da Intifada que sofrem de estresse pós-traumático?

Gaza se transformou em um dos lugares mais difíceis para lidar com o período noturno; dormir é simplesmente uma experiência traumática. Quarenta e cinco por cento das nossas crianças com menos de 15 anos sofrem de insônia, elas não conseguem dormir tranquilamente à noite, e isso é um sinal de medo. A recusa de ir à escola indica uma fobia, um sintoma adicional do medo, porque as crianças sentem que, se forem à escola, podem se expor a um bombardeio ou, talvez, quando, voltarem para casa, não encontrarão mais sua casa, nem seu pai ou sua mãe. Muitos alunos sofrem de problemas de concentração e o desempenho escolar caiu nos últimos meses e anos. Algumas crianças perderam o apetite e não conseguem comer. Temos uma criança que molha a cama devido à ansiedade e algumas são violentas com as outras crianças. Vejo todos esses sintomas corriqueiramente em Gaza. Conheço muitas crianças que não conseguem sorrir. Em Gaza nós criamos uma geração de crianças que não sabem como sorrir e são incapazes de sorrir. Eles serão os futuros terroristas, homens-bomba, guerrilheiros ou qualquer outra denominação que quisermos lhes dar. Se não lhes proporcionarmos hoje uma solução emocional, social, econômica e política, amanhã será tarde demais.

Entrevista conduzida em agosto de 2005

"Se não encontrarmos uma solução para o problema palestino no curto prazo, haverá mais violência em nome do islamismo, e em alguns anos todo o Oriente Médio estará sob o controle de movimentos e governos islâmicos. Essa situação quase certamente nos levará a um 'Kulturkampf'. Também é possível que, no Ocidente, pessoas objetivas, como o senhor ou como o primeiro-ministro da Espanha, entenderão que é muito importante cooperar porque não podemos permitir um choque entre as culturas do Oriente e do Ocidente, ou entre o cristianismo e o islamismo", explica o psiquiatra de Gaza e ativista pela paz, Dr. Eyad El-Sarraj. Ele acrescenta: "A religião é um jogo muito perigoso e, se alguém controlar um país em nome de determinado país e alegar que está agindo em nome de Deus, não haverá escolha a não ser obedecê-lo, porque, se você não fizer isso, se tornará um traidor e pode ser assassinado".

O que mudou nos territórios palestinos depois da retirada israelense de Gaza e o desmantelamento de 25 assentamentos?

Esse é um dos estágios mais importantes do processo, mas há sintomas conflitantes. Algumas vezes fico otimista; mas esse sentimento se dissipa quando vejo a realidade. Isso aconteceu porque no fundo não acreditamos que a Autoridade Palestina será capaz de controlar essa situação da maneira correta. Por outro lado, é claro que não confiamos no governo israelense e também há problemas internos entre o Hamas e o Fatah. Trata-se de uma situação tensa e confusa. Atualmente, quando o exército israelense, que é o "inimigo" e a fonte de violência, se fizer menos presente, é possível que toda violência se volte para dentro, para o nosso povo, em consequência da tensão, da raiva e da polarização. O fato de termos tantas pessoas armadas, sem nenhum controle armamentista, devido à falta de ordem e disciplina, resulta no caos.

O Hamas provoca Mahmoud Abbas e a Autoridade Palestina. O senhor acha que uma guerra civil é uma possibilidade?

Existe uma possibilidade de confrontos entre grupos fundamentalistas e entre o Hamas e a Autoridade Palestina. Devemos considerar o fato de que em Gaza todas as pessoas estão armadas. Toda família tem pelo menos duas ou três armas e explosivos e, quando as armas são disponibilizadas a todos e não há ordem, as pessoas fazem justiça com as próprias mãos. Para uma pessoa como Mahmoud Abbas, que respeita a democracia, é muito difícil lidar com os problemas porque ele não tem condições de combatê-los. Na minha opinião, a razão para a retirada foi que Sharon decidiu unilateralmente que não quer continuar atuando como um ocupante. Ele teme que um dia os palestinos se rebelarão e exigirão ser cidadãos iguais, no mesmo nível que os israelenses. Em outras palavras, ele decidiu pela retirada por razões demográficas, além de razões adicionais, porque, quando os israelenses atuam como ocupantes, eles se tornam responsáveis pelo que está acontecendo lá. Por outro lado, Sharon pretende paralisar as negociações de paz com a retirada. Essas são as intenções de Sharon; ele não está se retirando por causa de Mahmoud Al-Zahar, o líder do Hamas, ou por minha causa. Ele está fazendo isso porque acredita ser a melhor medida para a segurança de Israel.

É verdade que a juventude se identifica com o Hamas?

O Hamas é uma figura exemplar para os jovens, porque representa um padrão diferente de seus pais, que parecem impotentes e indefesos. O modelo do Hamas parece ser a epítome da integridade, do poder, do recato, da disciplina, da organização, de valores religiosos e culturais e tudo isso se justapõe com a Autoridade Palestina, que representa exatamente o contrário: corrupção, desordem e caos. Naturalmente, o Hamas não tem nenhuma contraparte, eles são os únicos capazes de transmitir uma mensagem de ordem, determinação e poder em virtude das armas dos jovens.

O líder do Hamas em Gaza, Mahmoud Al-Zahar, diz que jamais se conformará com a existência do Estado judeu e que perseguirá os israelenses, e os filhos e netos deles. Por outro lado, o xeque Hassan Youssef, o líder do movimento na Cisjordânia, tem falado nos últimos meses em concordar com as fronteiras de 1967.

Pode haver duas explicações para isso. Uma, que Al-Zahar disse o que pensava. A segunda explicação, que é mais provável, é que ele acredita que o Hamas está se aproximando de sua transformação para um poder político. Todos são contra o uso de armas, inclusive a Autoridade Palestina, porque eles acreditam que já basta. Mas, para manter a influência do Hamas, Al-Zahar faz discursos mais extremistas, contrabalançando, dessa forma, um possível fracasso eleitoral usando seu poderio militar. Acredito que ele esteja muito isolado em sua posição e não represente a população palestina em geral.

Na opinião do senhor, os palestinos estão se aproximando de uma sociedade mais islâmica ou mais democrática?

Neste exato momento estamos em uma encruzilhada. Veremos no futuro próximo para onde o povo palestino está voltado. Então, não apenas seu próprio destino será decidido, como também o destino de todo o Oriente Médio. Se o Hamas e outros fundamentalistas islâmicos vencerem as eleições em Gaza e na Cisjordânia e se tornarem a principal força política, isso será um convite e um incentivo para todos os grupos islâmicos da região assumirem o poder. Os palestinos devem decidir se querem escolher um líder que não concordará com as negociações com Israel – isto é, o Hamas – ou se preferem se satisfazer com as reformas propostas pelo Fatah. Tudo depende do que o Fatah e seu líder, Mahmoud Abbas, farão nos próximos meses. Se eles transmitirem fraqueza, o Hamas conquistará a maioria. Mais da metade dos palestinos estão buscando um terceiro caminho. Eles não querem se voltar à direita extremista representada pelo Hamas, mas também não querem o Fatah. Eles estão em busca de um terceiro caminho, um caminho intermediário que possa ser gerado de dentro e sem o Fatah na sociedade palestina.

Al-Zahar disse que o fenômeno dos shahids *atingiu proporções que fazem com que seja necessário impedi-los, porque eles precisam de pessoas vivas para dar continuidade ao movimento de oposição. O senhor acha que ainda existe a tendência dos* shahids*?*

Sim, mas não como existia alguns meses atrás. As coisas mudam porque as pessoas têm uma esperança e querem viver e apreciar a vida. O nível mais básico normalmente prefere uma vida normal, mas as pessoas, principalmente os jovens, são influenciadas pelo ambiente. Se o ambiente for violento, desesperado e a injustiça social for desproporcional, a juventude prefere escapar disso tudo e se voltar a Alá, acreditando que, com isso, eles serão apresentados a uma vida melhor. No entanto, se o ambiente for seguro, civilizado, tranquilo e justo, as pessoas vão querer viver e não cometer suicídio.

Quais são as razões que levam um jovem a se transformar em uma bomba humana? É porque ele acredita que irá ao Céu ou devido à educação e lavagem cerebral à qual ele é submetido?

É muito simples. Quem precisa do Paraíso? Estamos vivendo no inferno. Vivemos no inferno, de forma que buscamos o paraíso. E como chegar ao paraíso? Morrer em nome de Deus. É muito simples. Viver em uma sociedade normal na Espanha, em Nova York ou Londres, você não tem de se preocupar nem com o inferno nem com o paraíso, porque tem uma boa vida cotidiana. Ao passo que, para a maioria das pessoas, o inferno é aqui. Penso que seja o sentimento de injustiça que motiva esses atos de suicídio. É impossível viver em um mundo tão terrível e injusto. A única maneira de reparar essa injustiça é morrer matando o inimigo. Não há uma grande diferença entre Bush e Bin Laden, no sentido de que ambos dividem o mundo em dois: as pessoas boas e as pessoas más. Eu sou bom e você é mau. Um de nós deve morrer.

Qual é a força da Jihad internacional de Bin Laden no mundo árabe?

Bin Laden não é popular. A maioria não gosta dele e só uma minoria concorda com seus atos vis. Mas ele sem dúvida representa a repugnância árabe e muçulmana pelos regimes opressivos, apoiados pelos Estados Unidos, e aversão pela opressão imposta pelos israelenses, que também têm o apoio americano. Mesmo assim, a maioria dos palestinos não concorda com os massacres de Madri, Nova York e Bagdá.

O senhor tem muitos amigos em Israel. Como vê a sociedade israelense, com seus traumas existenciais e medos, do seu ponto de vista como um psiquiatra?

Acredito que Israel seja uma sociedade paranoica devido à história de perseguições do povo judeu ao longo das gerações. Os judeus estabeleceram o Estado de Israel, mas continuam com medo. Algumas vezes isso se justifica, já que eles têm inimigos que não aceitam a existência do Estado, mas algumas vezes trata-se de uma paranoia extrema. O fato é que Israel nunca concordou em reconhecer sua culpa e seus erros; eles não querem ver isso, mas só se os israelenses se conscientizarem disso é que eles serão capazes de nos tratar de igual para igual. É difícil para os israelenses fazer isso, porque eles temem que, se admitirem seus erros, precisarão se perguntar sobre o que estão fazendo aqui e serão forçados a confrontar a questão de devolver os territórios aos palestinos. Os israelenses se veem como vítimas, de forma que impõem a mentalidade de gueto a Israel. Israel se tornou um lugar impregnado de medo e paranoia, um lugar onde o destino de toda a humanidade e o da paz podem ser decididos. Esta é a missão dos israelenses, dos judeus do mundo e dos amigos de Israel: salvar Israel de si mesmo. De forma similar, os amigos da Palestina devem salvar a Palestina de si mesma.

O senhor não acha que essa paranoia se justifica, quando o líder do Hamas, por exemplo, declara que os judeus nunca foram perseguidos?

Sim, é claro. Mas os grupos radicais estão sempre em todo lugar, não só na Palestina, mas também na Espanha, em Israel e nos Estados Unidos. Estamos falando da maioria. Três por cento do mundo inteiro é constituído de extremistas e o restante é vítima desses radicais. Pessoas inocentes como você e eu são mortas devido a esses atos extremistas. Por que a maioria aceita essa situação, determinada por grupos extremistas, tanto religiosos quanto seculares?

Por vezes é possível ter a impressão de que esses três por cento de extremistas se acumularam nesta região.

Sim, porque de forma irônica, trágica e ilógica, todas as religiões começaram aqui e se espalharam pelo mundo. Vejamos, por exemplo, a questão de Jerusalém. Eu adoro Jerusalém tanto quanto um judeu, e o judeu adora Jerusalém tanto quanto eu. Cristãos, judeus e muçulmanos adoram Jerusalém na mesma extensão.

Qual é a sua mensagem para Israel?

Olhem para vocês mesmos [no espelho] depois me olhem como uma criação humana, um igual.

Com tudo o que vem acontecendo aqui ultimamente, como o senhor consegue dormir à noite?

Este é um lugar fascinante, e sempre foi. Coisas acontecem aqui o tempo todo, algumas vezes boas, algumas vezes ruins, mas do meu ponto de vista viver aqui é uma experiência, porque eu ajudo o meu povo, a minha comunidade e o resto do mundo. Eu realmente acredito que este é o centro do mundo.

LITI SAIED
Colona israelense em Kiryat Arba, nas redondezas de Hebron

"A Torá é o contrato de compra mais antigo do mundo."

Liti Saied veio de Buenos Aires, Argentina, vinte e quatro anos atrás e se estabeleceu em Kiryat Arba com o marido, também argentino, e com os filhos, cujo número exato ela não divulga temendo o "olho do mal". O mais velho revela que são doze filhos e que quase todos eles nasceram no assentamento. Em 1983, Saied trocou as ruas de Buenos Aires pelas ruas caóticas e inseguras de Hebron.

Durante a nossa conversa, ela nos mostrou a Bíblia, agitando-a ao ar e definindo-a como o "contrato de compra que data de milhares de anos". Enquanto uma das meninas mais velhas cuida dos irmãos mais novos, ela nos conta que não consegue entender como grande parte do mundo que vê a Bíblia como "o maior *best-seller* de todos os tempos" não reconhece os direitos históricos do povo judeu à "Terra da Bíblia".

Com uma Bíblia em uma mão e um dos bebês no colo, ela diz que "depois de Jerusalém, Hebron é a cidade mais sagrada para o povo judeu, certamente mais sagrada que Tel Aviv, construída em terra ocupada por filisteus nos tempos antigos". Antes de se despedir, uma das meninas toca uma composição de Beethoven ao piano e a mãe diz com orgulho: "Hebron é o berço da cultura".

Entrevista conduzida em 17 de julho de 2003

Qual é a verdadeira conexão entre essas ruas de Hebron e a Bíblia?

A importância de Kiryat Arba é que estas são as raízes do povo judeu, porque nosso antepassado Abraão, como conta a Bíblia, se estabeleceu em Hebron. Nós somos os filhos de todas essas raízes. Abraão deu a Efron, o hitita, 400 shekels em prata, o que, de acordo com as estimativas de arqueólogos, é uma quantia maior do que a que Abraão pagou para enterrar Sara lá. O Túmulo dos Patriarcas fica aqui e nos campos das redondezas. Ele não apenas enterrou Sara aqui como também viveu aqui e, posteriormente, seu filho Isaac e seu neto Jacó viveram aqui. Estas não são provas que alguém falsificou. Ninguém questiona isso. Todo mundo reconhece isso, inclusive a Igreja Católica e todo o cristianismo. Sem isso, o cristianismo também não existiria.

Por que a senhora decidiu viver em um lugar tão controverso, e até perigoso, e o que a senhora se lembra dos primeiros dias em 1983?

Em 1983 a situação era diferente. Em particular, o relacionamento entre árabes e judeus era diferente. Eram relações comerciais; nós fazíamos compras no mercado local. Os árabes eram corteses, dentro dos limites de uma mentalidade e cultura completamente diferentes, é claro. Mas eles eram corteses, tão corteses quanto podiam ser considerando as circunstâncias. Nós tínhamos relações normais e amigáveis até o começo da primeira Intifada em 1987, quando eles começaram a jogar pedras em nós e houve uma explosão de ataques terroristas. Pedras também matam. Há pedras de tamanhos diferentes e rochas também são pedras. Eles nos jogavam pedras nas estradas e provocavam acidentes e mortes. Então a situação piorou quando eles começaram a usar armas e sofremos até hoje com explosões e os homens-bomba. Estamos em um estado de guerra muito difícil, que é extremamente cruel e injusto, terrivelmente injusto do ponto de vista israelense.

Como a senhora vê o conflito com os palestinos hoje?

Esta guerra é injusta do nosso ponto de vista, e consideramos imoral o que os palestinos estão fazendo. Nós assinamos um acordo com eles, nós concordamos em fazer concessões, nós lhes demos territórios e não dá para confiar na palavra deles. A única coisa que recebemos em troca foi a invasão de homens-bomba. Eu culpo o Ocidente por isso, porque o que está acontecendo aqui em Israel com o terrorismo árabe é o que está acontecendo e o que acontecerá em grande escala no mundo todo. Eles invadem e exploram as democracias do Ocidente que lhes oferecem uma vida de liberdade, educação e desenvolvimento, para espalhar o terror. Nós já vimos o que estou falando no dia 11 de setembro de 2001 nos Estados Unidos e pode esperar... logo veremos o que acontecerá na Europa. Eu culpo o Ocidente, que deu o Prêmio Nobel ao maior criminoso do planeta, Yasser Arafat. O terror se desenvolve enquanto eles exploram as infraestruturas e as oportunidades de desenvolvimento que as grandes democracias do mundo têm a oferecer. A população israelense deve lidar diariamente com o terrorismo. O que nós, em Israel, vivemos no nível micro é o que a Europa viverá no nível macro. O terrorismo tem explorado as grandes democracias que lhes dão liberdade de acesso, para montar centros e células, algumas delas clandestinas, outras nem tanto. Eu culpo o Ocidente por ter lhes dado essa oportunidade e quem paga o preço é o cidadão comum que vai trabalhar, que pega ônibus, que quer viver em paz. É ele que paga o preço pesado e não os políticos abrigados em seus escritórios, protegidos por guarda-costas. Nós vemos isso em Israel e também nos Estados Unidos, no 11 de setembro. Eles até conseguiram chegar ao Pentágono.

No Ocidente eles dizem que isso acontece porque vocês, os ocupantes, tomaram terra que pertence a outras pessoas.

A nação de Israel foi exilada de sua terra natal contra a vontade. Ela foi pilhada e banida dos quatro cantos do mundo. Pessoas chegaram aqui e ocuparam ilegalmente o local, sabendo muito bem que não era deles. Eles não compraram, eles não herdaram. Eles ocuparam. Agora os verdadeiros proprietários chegaram, nós [os israelenses], e não sou só eu dizendo isso, mas a Bíblia, o Livro dos Livros, diz que esta terra é para os herdeiros de Abraão, antes de Jesus e Maomé. Somos uma nação de milhares de anos de idade. O que eu digo não é um absurdo, mas sim fatos baseados em provas decisivas, em testemunhos históricos que não podem ser refutados. A história é uma cadeia que tem uma continuidade; não é como ir ao cabeleireiro, onde você pode cortar um pouco aqui e deixar um pouco lá. Antes de 1967, o ano no qual Israel libertou Hebron, a área era um distrito do reinado jordaniano. Um dos distritos mais pobres e mais destituídos, com uma taxa de mortalidade infantil típica do Terceiro Mundo. Não havia água encanada, eletricidade, não havia nada. Quando Israel libertou Hebron, o Estado construiu um sistema de água potável, vacinas para as crianças, sistemas escolares, faculdades e universidades com as quais a população árabe nunca sonhava. Com vacinação e água potável, Israel possibilitou que os bebês e, mais tarde, os filhos desses bebês, não morressem. E o que recebemos em troca? Morte, assassinato e homens-bomba. É assim que os árabes mostram que estão gratos.

Vale a pena colocar seus filhos em risco para defender esses princípios? Só se vive uma vez...

Quando você acredita que tem a posse da verdade e que não é só a sua própria verdade pessoal, mas sim uma verdade que o mundo inteiro reconhece, então sim. Eu não inventei a Bíblia; todo o mundo ocidental a reconhece, todo o mundo cristão. Essas são verdades que não podem ser refutadas. Somos os descendentes de Abraão. Só se vive uma vez, mas não posso viver uma mentira. Há pessoas que preferem viver uma vida de verdade, com os riscos que isso envolve. Eu digo isso como uma profecia que está se realizando. O que nós sofremos em Israel no dia a dia, o medo e o terror que nos acomete, se tornará uma ameaça a todo o mundo ocidental. Eles têm contas bancárias na Europa, livre acesso, liberdade de movimento, com toda a lavagem cerebral que fizeram a eles. A culpa disso é do mundo livre, por conceder legitimidade a grupos terroristas para serem parceiros em negociações, quando eles não cumprem a palavra dada. Não se pode confiar na palavra deles, a assinatura deles não significa nada. Eles assinaram um acordo na Casa Branca, todos os signatários receberam um Prêmio Nobel da Paz, o mundo ficou satisfeito, mas nós, os israelenses, somos os únicos que sofremos, sofremos e sofremos. O mundo ocidental, que é racionalista, deve dar um fim a isso e estou certa de que eles têm os meios para fazer isso. O mundo só recebe informações através da mídia e as pessoas não têm tempo de investigar os fatos. As nossas fontes [ela aponta para a Bíblia] não recebem a importância que merecem, e dessa forma até muitos judeus não sabem do que estamos falando. [Interrompe a conversa, pega a Bíblia e lê o Gênesis, Capítulo 23, porção semanal Chayê Sara, a vida de Sara.]

A senhora quase pagou com a vida por ser uma colona em Hebron.

Três meses atrás fui vítima de um ataque terrorista assassino, um ataque terrorista árabe. Na noite de sexta-feira, 7 de março, saí para caminhar com meu marido. Quando demos as costas para a cerca que circunda Kiryat Arba, dois terroristas vieram e atiraram em nós por trás. A primeira bala atingiu o meu pé e as duas pernas do meu marido, mas conseguimos nos abrigar, instintivamente, cada um para um lado. Um dos terroristas me perseguiu, atirou em mim e uma bala ficou alojada no meu pescoço e duas na minha barriga [aponta para o local da bala]. O milagre aconteceu quando o terrorista, não satisfeito, apontou para a minha cabeça, atirou uma vez, mas estava sem munição, atirou de novo e não saiu nada. Então ele entrou correndo em uma das casas e matou um adorável casal, os matou de uma maneira cruel e hedionda, na melhor tradição árabe. Eu fui levada ao hospital, fiquei em estado crítico, mas Deus ouviu as preces dos meus filhos e dos que me amam e me salvou. Mesmo assim, fiquei com um problema na perna; não consigo andar direito. Não somos mais como antes. [Risos.]

Isso significa que, não importa o que o futuro lhe reserva, nem passa pela sua cabeça sair deste lugar.

Sair de Kiryat Arba significa premiar o terrorismo. O terrorismo quer que eu saia de Kiryat Arba. Essa é a única coisa que o terrorismo e o mundo árabe querem. Quantos países árabes existem no mundo? Cinco, dez, quinze, vinte? Eu lhe digo. São vinte e dois países árabes que ocupam um enorme território no planeta. Será mesmo que estes poucos metros quadrados de Hebron é que salvarão o povo palestino?

Mas Hebron também é uma cidade sagrada para o povo palestino.

Onde? Onde Hebron é mencionado no Corão? Não é mencionado. A cidade sagrada deles é Meca. Será que um dos vinte e dois países árabes não pode ajudar as famílias palestinas que vivem aqui? Alguns metros que nem aparecem no mapa, é isso que os palestinos querem? Não, o que eles querem é nos forçar a sair, porque o ódio ao povo judeu é a única coisa que interessa a eles e lhes dá razão para seguir em frente. Se não for isso, como alguém pode entender o exército de homens-bomba que eles têm? Crianças na idade pré-escolar, na primeira infância, aprendem a ser homens-bomba, para receber as 72 virgens no outro mundo.

Mas alguns colonos estão saindo dos But.

Quantos saíram? Ninguém. Pelo contrário. Eles estão voltando, cada vez mais, e mais famílias estão vindo. Muito poucos saem. No fim, a verdade eterna prevalecerá, a profunda ideologia que não vem de nós, mas Dele [aponta para cima]. É preciso ter muita determinação para viver na Judeia e na Samaria e nem todo dinheiro no mundo pode superar isso.

O Dr. Baruch Goldstein cometeu um massacre em Hebron e matou 29 muçulmanos que foram rezar. A senhora o conhecia?

Você não o conheceu como eu o conheci. Ele era o médico que cuidava dos meus filhos. Ele era um judeu angustiado com tudo o que viu. Ele tratou todos os soldados feridos por bombas escondidas e triturados até os ossos por todas as pedras jogadas neles. Um pai e seu filho foram assassinados na estrada. Ele chegava em casa ensopado de sangue, mas eles, os líderes, assinam acordos. Ele era um ser humano maravilhoso, um excelente médico, um membro do "Alpha, Omega, Alpha", um dos melhores cirurgiões dos Estados Unidos, um pai maravilhoso, um marido maravilhoso, um homem decente.

Mas essa mesma pessoa que a senhora está descrevendo assassinou 29 pessoas, 29 pessoas inocentes.

A Agência de Segurança de Israel tinha informações confirmadas e precisas de que naquele dia um ataque terrorista seria cometido contra a população judia. Um ataque terrorista contra os israelenses. Mas, do ponto de vista do mundo, não aconteceria nada, porque era contra nós e não aconteceria nada. Nós já estamos acostumados com isso. O mundo nem piscou. Mas não quero falar sobre ele.

Ele não estava mentalmente perturbado?

Ele não era louco e não estava mentalmente perturbado. Se você o conhecesse sem saber o que aconteceu no Túmulo dos Patriarcas, teria dito que ele era um ser humano exemplar. Ele era uma pessoa digna de admiração. Mas não quero mais falar sobre ele.

O que a senhora tem a dizer às pessoas que definem vocês como um grupo de fanáticos, que só conseguem morar aqui levando armas 24 horas por dia?

Nós nos armamos porque infelizmente devemos nos proteger. Ficamos vigilantes 24 horas por dia. Nós amamos a paz, o progresso, a vida. Não enviamos os nossos filhos para explodir para ganhar 20 mil dólares de Saddam Hussein ou do Irã e para as mães se alegrarem. Somos um povo trabalhador e estudioso. Nossos filhos estudam música, eles são criativos. Veja as nossas belas escolas, a bela vida que criamos aqui. Não temos problemas com drogas, inadimplência ou danos infligidos contra os mais velhos. Temos uma vida de criatividade, flores, natureza. Valores ecológicos são muito importantes para nós. Temos uma vida normal e, considerando tudo o que nos é imposto, isso é uma grande realização.

Entrevista conduzida em março de 2005, pouco antes da retirada israelense da Faixa de Gaza

Qual é a sua opinião sobre o plano de retirada que inclui o desmantelamento de assentamentos?

Sharon está ludibriando as pessoas que o elegeram. Ele assumiu o poder prometendo reter todos os territórios liberados na Guerra dos Seis Dias, uma guerra que não foi uma conquista, mas sim uma guerra defensiva instigada pelos árabes. Israel não precisa se arrepender dessa guerra; pelo contrário, é o nosso dever proteger os territórios e os cidadãos. É proibido desperdiçar uma vitória militar na mesa de negociações. Sharon está colocando em risco a segurança pessoal dos colonos diante dos ataques terroristas palestinos que foram provocados pelos Acordos de Oslo. O terrorismo não distingue crianças, homens e mulheres. Desde Oslo, houve menos paz e mais terror.

A retirada não acontecerá por duas razões muito importantes. Uma envolve questões internas; isso cria uma fissura na nação com a possibilidade de terríveis consequências. A segunda razão é que os árabes não estão dispostos a honrar qualquer tipo de acordo e também não estarão preparados para fazer isso no futuro. Chegou a hora de dizer a verdade e dar um fim a essa farsa. A retirada já foi realizada em 1993 como um resultado imediato dos Acordos de Oslo. E o que eles fizeram? [Eles construíram] uma fortaleza de terror, criminalidade, ditadura, pobreza, ignorância e ataques suicidas incessantes. Isso só prova que os árabes em geral e os palestinos em particular não honram nem mantêm os acordos. As fundações sobre as quais a cultura árabe se desenvolveu não são as fundações do ocidente, nem as de Israel.

Um acordo de paz aos olhos deles é considerado um ato de capitulação e não um elemento aglutinador e, portanto, nunca haverá paz nesta região enquanto os árabes apoiarem o conceito da Jihad, antidemocracia, ditadura, ignorância e desigualdade social entre homens e mulheres. Enquanto crime e roubo forem legais e aceitos, não haverá uma verdadeira paz, mesmo se eu abrir mão da minha casa.

Como é possível que o "Pai dos Assentamentos" se transformou no arquiteto da evacuação de 8 mil judeus?

Não há dúvida de que Sharon decepcionou o público que o elegeu primeiro-ministro. Há muita dor e decepção. A diferença entre Sharon e os colonos é que os últimos vieram em nome de Deus e da Bíblia, que são valores eternos, ao passo que Sharon nada mais é que uma marionete no palco dos que controlam o mundo. Marionetes sobem ao palco por um tempo limitado e depois são esquecidas. Não há dúvida de que o desejo eterno prevalecerá sobre o desejo temporário em nome de Deus e das Escrituras Sagradas.

Sharon não é forte o suficiente para não se curvar às pressões dos Estados Unidos e do mundo árabe. Para ser o primeiro-ministro de Israel, a pessoa precisa ter coragem, muita força e principalmente muita fé. Quem não tiver fé tropeça. Como me senti quando ouvi o que Sharon disse? Naturalmente, muita decepção, porque votamos nele. Enquanto houver terrorismo não há justificativa para qualquer evacuação. Nós cedemos cada vez mais e eles continuam a nos dar terror e homens-bomba em troca.

A senhora acha que haverá violência quando os soldados tirarem os colonos de Gush Katif de suas casas?

Não haverá violência entre judeus. Todo discurso oficial na mídia referente à violência é o resultado de uma propaganda política demagógica direcionada contra nós. Nós buscaremos meios legais, nós apelaremos à Corte Suprema, porque isso nos trará paz. Só um Israel forte que sabe de onde vem e para onde vai será capaz de trazer a paz. Usaremos todos os meios legais à disposição de um cidadão em um governo democrático para impedir que os judeus sejam expulsos da Terra de Israel.

FADWA BARGHOUTI
Esposa de Marwan Barghouti

"Mesmo na prisão, Marwan influencia todas as facções da política palestina."

Fadwa Barghouti, uma advogada de 40 anos de idade e mãe de quatro filhos, dedica a vida a defender a luta de seu marido, Marwan Barghouti, e libertar ele e o filho, El-Kassem, de 20 anos, da prisão israelense. Chegamos ao prédio onde ela mora com três dos filhos, em um dos bairros de classe média alta de Ramallah. Não levou muito tempo para encontrar o lugar. Tudo o que precisamos fazer foi seguir os pôsteres com a imagem de Marwan Barghouti algemado. O tribunal israelense o condenou a cinco penas de prisão perpétua mais quarenta anos. Na estante da sala de estar, entre fotos da família e do líder que se tornou um símbolo palestino, vemos livros em hebraico sobre líderes israelenses como Sharon, Netanyahu, Peres, Barak, Ben Ami, Arie Deri e sobre a Intifada. Fadwa, como o marido, acredita que o levante palestino não foi um erro e que a luta deve continuar até o último soldado israelense evacuar os territórios palestinos. Apesar de falar inglês, ela prefere se expressar em árabe, temendo mal-entendidos. Ela gosta de ser comparada com Winnie Mandela, ex-esposa de Nelson Mandela, libertador da África do Sul. No entanto, ela sorri e observa rapidamente: "Sou Fadwa Barghouti, esposa de Marwan, e sempre serei. Nosso relacionamento começou quando eu tinha 14 anos de idade". No quarto de seu filho mais novo há um pôster do pai no teto. "Esta é a primeira coisa que ele quer ver quando acorda."

Recentemente, em 2007, o filho El-Kassem foi libertado depois de três anos em uma prisão israelense.

Fadwa é uma combatente de longa data pela libertação de mulheres palestinas e por direitos iguais para as mulheres. Quando pergunto se no futuro ela se vê como primeira-dama da Palestina, ela sorri timidamente e muda de assunto.

Entrevista conduzida em 1º de setembro de 2004

Como a prisão de Marwan afetou seus filhos?

As crianças precisam da presença do pai e da mãe. Na maioria das famílias palestinas a mãe também exerce o papel do pai.

Como a sua vida mudou no pós-encarceramento dele?

Depois que Marwan foi sequestrado, muita responsabilidade recaiu sobre os meus ombros. Antes do sequestro eu só lidava com questões relacionadas ao feminismo. Eu tinha um escritório e, como uma advogada, tentava melhorar a situação das mulheres.

Normalmente as esposas dos prisioneiros ficam em casa com os filhos e cuidam da educação deles. Mas eu, como a esposa de um líder como Marwan, que simboliza a luta palestina, não posso permitir me comportar como se Marwan fosse um prisioneiro qualquer.

Devo elevar o moral das esposas dos prisioneiros, dos jovens que estão lutando e das pessoas ao meu redor. Marwan escolheu esse caminho porque acredita na liberdade do povo palestino e de sua independência. Eu faço parte desta nação e devo transmitir a mensagem de Marwan.

Quantas vezes a senhora viu Marwan desde que ele foi preso?

Eu só o vi uma vez. Três meses depois de ele ser sequestrado. Fui encontrá-lo como parte de seu conselho de Defesa e desde então as forças de ocupação me proibiram de vê-lo.

Como vocês mantêm contato?

O contato entre nós é feito com cartas entregues por um advogado. No começo recebíamos cartas que ele mesmo escrevia, de próprio punho, mas agora o advogado escreve as cartas porque Marwan vem sendo mantido em encarceramento solitário nos últimos dois anos. Ele é mantido em uma cela separada e não pode falar com ninguém. Eu me comunico com ele só pelo advogado ou quando ele vai a tribunal.

Ele tem seus próprios meios para falar com o povo palestino e com várias entidades políticas, o que Israel proíbe. Um ano atrás ele tentou intermediar um *hudna* (cessar-fogo) com o Hamas e a Jihad islâmica. É por isso que as autoridades israelenses impuseram-lhe um isolamento ainda mais rigoroso, transferindo-o a uma cela no subsolo. E, no inverno, durante quatro dias, eles o deixaram só com as roupas de baixo e o proibiram de usar qualquer outra roupa.

Por que Marwan Barghouti é tão popular entre o público palestino?

Marwan Barghouti é muito popular e o povo palestino o considera um homem muito importante. O povo palestino o adora não porque ele é Marwan Barghouti, mas por causa do plano de ação nacional que ele propôs e porque ele é uma pessoa racional e criteriosa. Ele é um homem muito corajoso, que percorreu campos de refugiados e vilas palestinas para convencer os moradores a dar uma chance à paz e convencê-los a se aproveitar da oportunidade inerente no processo de paz.

Quando Israel não deu uma chance à paz e, em vez disso, perpetuou os assentamentos e a ocupação, o povo palestino deu início à Intifada. Também durante a Intifada, Marwan demonstrou sua coragem. Como a pessoa que foi eleita pelo povo palestino, ele não pôde se afastar de seu povo e precisava expressar seu desejo. Ele não conseguiu ficar em casa. Ele precisava liderar seu povo, na paz e na guerra. Se Israel realmente quer a paz, eles não conseguirão isso sem libertar Marwan Barghouti e outros prisioneiros, porque eles são a elite do povo palestino. A maioria dos prisioneiros é composta dos líderes das facções nacionalistas do movimento islâmico, que é a única força capaz de defender a paz. Se Israel realmente, verdadeiramente, quiser a paz, eles não conseguirão sem Marwan e os outros combatentes, que conquistaram um grande respeito e que são amados pelo povo palestino. A palavra deles é respeitada.

Marwan Barghouti tem alguma influência sobre o cenário palestino, mesmo cumprindo pena na prisão?

Marwan tem uma influência na política palestina, tanto nas facções nacionalistas quanto nos grupos islâmicos, mesmo estando na prisão. Cada grupo ou cada líder que queira realizar alguma coisa consulta Marwan. Ele pertence ao movimento Fatah, mas é respeitado por todas as facções palestinas e todo o povo palestino.

Houve alguma mudança no status dele desde que foi preso?

Nos últimos dois anos e meio eu percorri a terra natal, passei por campos de refugiados, vilas, escolas, universidades e cidades, e vejo como Marwan se tornou um símbolo. Ele também é um símbolo da verdadeira paz. Qualquer pessoa que fale sobre a verdadeira paz, fala sobre os princípios que Marwan representa. Ao contrário das intenções de Israel, Marwan não está isolado; pelo contrário, ele está em cada lar, em cada escola e em cada universidade.

Quais são as suas esperanças para o futuro?

Espero que a ocupação e o racismo de Israel tenham um fim, como aconteceu na África do Sul, que o problema palestino seja solucionado e que conquistemos a liberdade que tanto desejamos. Espero que Marwan volte para nós e volte a viver entre nós, como um marido, como uma pessoa amada, como um amigo e um líder.

Do ponto de vista político, é o povo palestino que deve decidir, em eleições democráticas, mas o que me interessa é a perspectiva pessoal; quero Marwan ao meu lado, como meu marido.

A senhora odeia Israel?

Eu odeio a ocupação e odeio Israel por ter ocupado nossos territórios, mas, se a ocupação acabar, não terei razão alguma para odiar os israelenses. Nós gostamos de todas as nações do mundo e todos os países do mundo. Temos relações com todos e cooperamos com todos.

Eu nasci na ocupação e sofri com isso minha vida inteira. Quando meu filho mais velho, El-Kassem nasceu, Marwan estava preso. Quando minha filha, Ruda, nasceu, Marwan estava escondido nas montanhas e não pôde estar ao meu lado. Quando meu filho Saraf nasceu, Marwan estava no exílio e eu estava em Ramallah. Ele não pôde viver esses momentos da vida tão significativos devido à ocupação.

Hoje, meu filho mais velho, El-Kassem, que tem 20 anos, está na prisão. Eu sonho com o dia em que poderei vê-lo estudando.

Qual é a sua opinião sobre as imagens exibidas na mídia israelense, nas quais Marwan Barghouti é visto violando a greve de fome dos prisioneiros palestinos em prisões israelenses?

Essas imagens só refletem até que ponto o governo de ocupação e a administração da prisão baixaram o nível. Eles fazem tudo o que podem para humilhar Marwan. Eles o filmam 24 horas por dia, ininterruptamente. Até quando vai ao banheiro, ele é seguido pela câmera.

O comportamento israelense é desprezível. Eles mostraram na mídia imagens antigas de Marwan, na qual ele parece estar comendo, para mostrar aos outros prisioneiros que seu líder está violando a greve de fome. Alguns prisioneiros ligaram para Marwan e pediram para ele não participar da greve porque ele é mantido na solitária, em condições difíceis, e porque ele tem problemas de saúde.

Nós pretendemos investigar a questão com os nossos amigos e processar Israel nas instituições internacionais pelo comportamento e atitude deles em relação a Marwan.

Como Marwan se posiciona em relação à corrupção entre a liderança palestina?

Mesmo quando a maioria dos líderes palestinos em posições seniores não censurava a corrupção, Marwan a denunciava e exigia [que o povo] lutasse contra ela. Ele pedia que todos aqueles responsáveis pela corrupção prestassem contas por isso. Ele também exigia reformas.

Marwan acredita em um país democrático, em vários partidos, na batalha contra a corrupção, no Estado de Direito e na independência da autoridade judicial. Ele lutou por esses princípios desde o início da Intifada.

Um povo que quer ser libertado da ocupação precisa criar uma sociedade justa e não corrupta.

Marwan Barghouti apoia ataques terroristas contra civis?

Ele é contra ataques terroristas contra civis dos dois lados. Ele apoia a luta dentro dos limites da lei internacional, que dá ao povo palestino o direito de lutar contra a ocupação. Marwan acredita em uma solução de dois Estados, na qual os dois países viverão lado a lado em paz. O Estado da Palestina deve incluir o território ocupado em 1967.

Como a senhora se sente quando vê imagens de ataques terroristas contra cidadãos israelenses?

O povo palestino odeia ver essas imagens sangrentas, mas nunca se esquece do que está acontecendo ao mesmo tempo nos campos de refugiados de Jenin, Tul Karem, Beit Hanun, Rafiah ou qualquer outro lugar na Palestina.

Não posso dizer que essas imagens me dão prazer, mas, quando as vejo, me lembro do que os israelenses fazem a nós.

Qual é a sua opinião sobre as palavras de Arafat: "Um milhão de mártires [shahids] *marchando para Jerusalém"?*

Essa expressão pretende refletir o desejo palestino de independência, liberdade e soberania em Jerusalém Oriental. Mesmo se perdemos um milhão de *shahids*, sempre desejaremos ter Jerusalém Oriental como a nossa capital.

Marwan passou bastante tempo escondido antes de ser preso. Como vocês mantiveram contato com ele durante esse período?

Quatro meses antes de ele ser preso, Marwan não pôde se comunicar conosco nem entrar no nosso lar. Os israelenses invadiram a casa durante quatro dias. Ele tinha medo de eles terem plantado escutas na casa. Nós só nos víamos em locais públicos ou na casa de amigos.

Quando e em quais circunstâncias a senhora o viu pela última vez antes de ele ser capturado, e como ele foi capturado?

A última vez que o vi foi quando as forças israelenses invadiram Ramallah. Normalmente ele não saía dos fundos do prédio onde fica o meu escritório, no centro de Ramallah, mas naquela vez ele se aproximou vindo dos fundos. Ele me disse que as circunstâncias eram difíceis e que, de acordo com a imprensa israelense, Israel assumiria o controle de Ramallah. Ele acrescentou que pretendia se esconder e que, se algo ruim lhe acontecesse, eu saberia pela mídia e que, se eu não tivesse notícias dele, significava que tudo estava bem. Ele se despediu de mim e das crianças. Naquele mesmo dia, ele ligou às 7h da noite, o que normalmente não fazia, e falamos em código sobre um encontro. Eu fui vê-lo e o encontro foi como uma despedida. Ele estava muito preocupado e me disse que Israel está violando direitos humanos e matando pessoas nas ruas. Ele me pediu para ter paciência e me disse que, se o destino permitisse, nos veríamos de novo e, se não, eu deveria cuidar das crianças.

Dezoito dias depois que os israelenses invadiram Ramallah, Marwan tentou trocar de esconderijo e foi preso. Marwan chegou à casa de um amigo e, em menos de meia hora, os jipes do exército israelense chegaram para sequestrá-los. Eles o chamaram com megafones. Eles plantaram explosivos no prédio para detoná-los em Marwan. Um exército evacuou todos os moradores do prédio e só Marwan e um casal de amigos ficaram. Os moradores gritaram dizendo para ele ficar e se render, porque temiam por seus lares e suas vidas. Marwan não quis prejudicá-los nem ferir nenhum deles, então ficou no apartamento e as forças israelenses entraram e o sequestraram.

Como a senhora lida com o sofrimento? A senhora às vezes chora?

Apesar do meu grande sofrimento, tento evitar chorar o máximo possível. Não choro na frente das pessoas para não destruir o moral delas. Quando estou sozinha no meu quarto, sou uma mulher cujo marido está longe e que sente falta do filho.

O que é mais difícil para a senhora, a prisão de seu marido ou de seu filho?

É natural que o coração de uma mãe sinta dor quando vê o sofrimento do filho. E não há dúvida de que as duas prisões são igualmente dolorosas. Eu amo os dois. Tenho certeza de que a prisão de El-Kassem é uma vingança para punir Marwan.

Para concluir, a senhora gostaria de dizer mais alguma coisa?

Eu gostaria de reforçar a mensagem de Marwan, que tem lutado há tantos anos. Marwan Barghouti é um homem que está lutando pela liberdade, pela independência, pela paz, pela justiça e pela humanidade.

Marwan Barghouti não é um homem qualquer. Ele simboliza uma filosofia, uma mentalidade. Ele representa uma perspectiva política. Ele tem um lugar especial no coração dos palestinos.

Orgulho-me de ter o privilégio de transmitir a mensagem dele e fico muito feliz porque Marwan me disse que se orgulha de mim, das minhas ações e dos meus pontos de vista, que venho apresentando nos últimos dois anos e meio.

HADAS TAMIR
Ativista da organização Machsom Watch ("vigilância em postos de fronteira")

"Acredito que nós, as mulheres israelenses do 'Machsom Watch', somos patriotas e nos concentramos no que acontecerá depois que a guerra terminar."

Hadas Tamir é uma das mulheres ativas da organização israelense "Machsom Watch", uma organização que supervisiona o tratamento de cidadãos palestinos nas dezenas de postos de fronteira espalhados ao longo da fronteira de Israel com a Autoridade Palestina, bem como na Cisjordânia ocupada.

O Machsom Watch, "vigilância em postos de fronteira", também chamado de Mulheres pelos Direitos Humanos, é um grupo diversificado de mulheres israelenses, "preferencialmente a mulheres maduras, profissionais", que têm "formação liberal ou esquerdista". O Machsom Watch afirma ter 400 membros, com destaque para Dana, filha do primeiro-ministro israelense Ehud Olmert. Algumas dessas mulheres estão na faixa dos 60 e 70 anos, de forma que chamam a atenção quando supervisionam os postos de fronteira.

De acordo com o site da organização, o grupo objetiva monitorar o comportamento de soldados e policiais em postos de fronteira, assegurar a proteção dos direitos humanos e civis dos palestinos que tentam entrar em Israel, e registrar e relatar os resultados das observações para o maior público possível, desde tomadores de decisão ao público geral. Alguns membros também incluem entre os objetivos protestar contra a existência dos postos de fronteira.

No dia 10 de agosto de 2005, Tamir chegou ao posto de fronteira de Beit Iba acompanhada de Raya Yaron e Sarah Leibowitch. Logo depois que começaram a trabalhar, Hadas sentiu tontura e foi levada ao hospital. Ela ficou dez dias em coma. Depois do derrame cerebral, todo o lado esquerdo de seu corpo ficou paralisado. Desde então ela se tornou o símbolo da organização.

Essas mulheres muitas vezes precisam lidar com soldado da idade de seus filhos ou netos. Elas também prestam assistência humanitária e se encarregam de transferir os cidadãos palestinos doentes ou feridos a hospitais em Israel. Tanto Raya Yaron quanto Hadas Tamir refutam todas as críticas que alegam que elas estão cooperando com o inimigo. Elas acreditam que são verdadeiras patriotas, já que demonstram uma imagem diferente, mais positiva, de Israel aos olhos de seus vizinhos palestinos.

Hadas me contou que, quando tinha 4 anos de idade, aprendeu a contar memorizando os números tatuados no braço de seus tios, sobreviventes do nazismo na Segunda Guerra Mundial e "aprendi desde então que ninguém é superior a ninguém. Nenhuma nação, comunidade, família ou sociedade. Absolutamente ninguém. Todos os seres humanos são iguais e nada neste planeta justifica a desigualdade ou a ocupação".

Entrevistei Hadas no hospital enquanto ela se recuperava de sua doença e, meses mais tarde, voltamos ao mesmo posto de fronteira onde ela teve o derrame, para aquela que viria a ser a última visita dela ao local. Dessa vez, ela voltou em uma cadeira de rodas.

Entrevista conduzida em 1º de abril de 2006

"Durante toda a minha vida adulta, me dediquei a promover a coexistência entre judeus e árabes. Acho que essa é a coisa mais eficaz que eu poderia ter feito para combater a ocupação", afirma Hadas Tamir, ativista do Machsom Watch, que nos recebeu no Hospital Beit Levinstein, onde se recupera de um derrame ocorrido quando ela trabalhava em um posto de fronteira. "Sempre fui educada para respeitar os outros."

Eles poderiam muito bem ser seus netos. O que a senhora sente em relação a esses jovens soldados servindo o serviço militar obrigatório no posto de fronteira e sobre o que a senhora conversa com eles?

Eu sinto grande pesar. Eles amadurecem em circunstâncias nas quais são obrigados a agir contra sua ética pessoal como seres humanos. Eu lhes expresso a minha esperança de que, quando eles crescerem, sejam capazes de se olhar no espelho. Eu me lembro de um soldado que nos disse: "Eu gostaria que a minha mãe viesse trabalhar com vocês".

Mas, quando esses soldados dizem à senhora que estão aqui para impedir que restaurantes de Israel sejam explodidos, o que a senhora diz?

Que isso não faz diferença. Os restaurantes explodirão de qualquer maneira. Os terroristas conseguirão se infiltrar se quiserem e o posto de fronteira não evita isso, mas só serve como um ponto de punição e humilhação para os palestinos. Eu também lhes mostro estatísticas horripilantes, demonstrando como inúmeros palestinos foram mortos em postos de fronteira devido à falta de profissionalismo e decisões equivocadas tomadas por soldados. Eu ainda me lembro dos gritos de uma menininha palestina quando o portão foi fechado abruptamente na cara dela. O grito de terror foi tão penetrante que o ouço até hoje.

Até que ponto os postos de fronteira espelham a sociedade israelense?

Acho que vemos aqui uma nação predominando sobre a outra. Amanhã será contra um vizinho, um imigrante, uma criança deficiente ou o idoso cego na rua. Se acredito que sou superior, não haverá limite ao abuso de poder.

O que os palestinos que passam pelo posto de fronteira lhe dizem?

Assim que chegamos eles nos agradecem por estar lá, porque a situação é muito pior quando não estamos lá.

O que aconteceu no dia 10 de agosto no posto de fronteira?

Eu estava em Beit Iba com minhas amigas Raya e Sarah. De repente, enquanto trabalhávamos com a população palestina, comecei a sentir tontura e estava prestes a desmaiar. Tive sorte de as minhas amigas me socorrerem e um soldado paramédico conseguiu salvar minha vida. Considerando que sou canhota, minha vida ficou insuportável. É muito difícil ser dependente dos outros.

Seria possível isso ter acontecido devido ao estresse extremo ao qual a senhora é submetida no seu trabalho?

Já faz um tempo que esse estresse vem me acompanhando. A cada vez que chegávamos a um posto de fronteira eu sentia uma grande empolgação e me perguntava: "O que nos aguarda hoje?"

Um número significativo de israelenses acusa vocês de cooperar com o inimigo...

Pior ainda, eles nos chamam de "putas de Arafat". No entanto, não estamos cooperando com o inimigo. Não somos traidoras. Somos patriotas do Estado de Israel e do povo israelense. Somos patriotas lutando pelos direitos humanos.

A senhora não tem medo de que pessoas que não aprovam o direito de existência de Israel possam se aproveitar das suas ações para fortalecer o lado delas?

Isso já acontecia antes de a nossa organização ser fundada e continuará a acontecer no futuro. A acusação de que o sionismo é uma forma de racismo antecede o Machsom Watch [a organização dela].

A senhora continuará visitando o posto de fronteira onde teve o derrame?

Eu gostaria, mas temo que isso me afetará de uma forma que não poderei suportar. Sinto falta dos meus amigos palestinos, que me telefonam com frequência.

Entrevista conduzida em 22 de março de 2006, na última visita de Hadas ao posto de fronteira de Beit Iba

Agora que estamos no carro a caminho do local onde a senhora sofreu o derrame, como a senhora se sente?

Estou um pouco apreensiva. Mas bastante curiosa para ver se alguma coisa mudou. Espero não ficar muito nervosa. Amigos palestinos me disseram que querem indicar a nossa organização, o Machsom Watch, ao Prêmio Nobel da Paz. É uma organização que nasceu de interesses públicos e não tem nenhum interesse ou afiliação política. Não temos verba nem hierarquia e somos todas mulheres que trabalham como voluntárias e nos arriscamos diariamente para fazer isso. Isso prova até que ponto as pessoas sonham com a paz neste país. É um conflito muito longo e o Machsom Watch apresenta uma verdadeira tentativa de aproximação e um autêntico protesto contra a ocupação.

Hadas, a senhora está voltando ao posto de fronteira depois de sete meses, desta vez em uma cadeira de rodas.

Estou muito empolgada. Antes de mais nada, porque estou voltando ao ponto inesquecível e mais difícil. Mas também porque esse lugar se tornou uma parte integral da minha vida cotidiana. Não posso dizer que sinto saudades. Mas sinto uma espécie de "atração" a esse lugar e ao nosso trabalho aqui, que considero importante. É impossível para um soldado que passa várias semanas servindo no posto de fronteira, em uma posição de extremo poder e autoridade, voltar para casa como uma pessoa completamente normal. Ele sem dúvida se comportaria de outra forma nas estradas, em uma fila para o cinema, no bar, ou simplesmente diante dos irmãos mais velhos. Esse tipo de comportamento está se enraizando cada vez mais profundamente na sociedade israelense.

A senhora já sentiu alguma ameaça à sua vida no posto de fronteira?

Sim, mas enquanto não houver um acordo com os palestinos, também será arriscado para qualquer pessoa que sair de casa em Tel Aviv. Muito mais cidadãos israelenses foram mortos em ataques terroristas em cidades israelenses do que em postos de fronteira.

A senhora acha que um dia voltará a trabalhar nos postos de fronteira?

Quem sabe? Uma coisa é certa: esse conflito continuará tirando vidas enquanto os dois lados considerarem que a terra é mais importante do que a vida das pessoas. Por meio da nossa atividade, cada vez mais pessoas perceberão que é possível solucionar este conflito só com o diálogo, em vez de utilizando a força. Acredito que nós, as mulheres do Machsom Watch, somos patriotas e nos concentramos no que acontecerá *depois* que a guerra terminar.

LÍDERES ISLÂMICOS FUNDAMENTALISTAS

"Alá é o nosso objetivo. O Profeta é o nosso líder. O Corão é a nossa lei. A Jihad é o nosso caminho e a morte em nome de Alá é a nossa maior aspiração". Esses são os slogans da "Irmandade Muçulmana", a mais antiga organização islâmica do mundo, fundada em 1928 por Hassan Al-Bana, "O General Guia", na linguagem da organização.

Al-Bana nasceu em 1905 na região do Delta do Nilo e buscou retomar o "caminho da correção" do islamismo – desde a guerra santa contra o governo estrangeiro e a promulgação do D'awa (um sistema de retorno à religião e assistência) até a reforma social, alfabetização e justiça. Na árvore genealógica do islamismo fundamentalista, a Irmandade Muçulmana é a primeira geração.

A Irmandade Muçulmana exerceu um papel ativo na política egípcia desde os anos 1930 e, em 1948, escolheu se envolver no terrorismo. Em dezembro de 1948, o rei Farouk declarou a organização ilegal e Hassan Al-Bana foi assassinado por agentes do governo dois meses depois.

Na ocasião, a Irmandade Muçulmana tinha uma influência considerável sobre o Oriente Médio, por meio de seus meio milhão de membros no Egito e os braços da organização que se estenderam a outros países da região. No início de seu reinado, alguns dos membros da Irmandade Muçulmana apoiavam Nasser, apesar de grandes críticas à sua passagem para a esquerda. Nasser, que foi alvo de várias tentativas de assassinato pela Irmandade Muçulmana, renovou a ilegalidade da organização e de suas atividades em 1954. Os governos egípcios alternativamente reprimiram ou toleraram a organização. Entre esses altos e baixos, a Irmandade Muçulmana manteve um complexo relacionamento com Anwar Sadat, que, em 1970, perdoou os prisioneiros da organização.

A incisiva oposição da Irmandade Muçulmana ao tratado de paz com Israel, assinado em 26 de março de 1979, provocou uma nova onda de repressão. Ativistas da organização se envolveram na conspiração para assassinar Anwar Sadat, em outubro de 1981. Durante os anos 1980, a Irmandade Muçulmana conquistou representação no Parlamento e garantiu a liderança de duas importantes associações profissionais.

Nas eleições de 2004, dezesseis membros da Irmandade Muçulmana foram eleitos ao Parlamento, todos com candidaturas independentes. A organização, antes ilegal, começou a realizar atividades terroristas ao mesmo tempo em que defendia um caminho não violento para impor a Shari'a, cujos partidários hoje constituem a principal oposição ao presidente Hosny Mubarak. Eles o chamam de "Ditador" e caracterizam as primeiras eleições presidenciais com diversos candidatos (em setembro de 2005) como uma farsa.

O principal grupo fundamentalista em Gaza e na Cisjordânia é o Hamas. O Hamas foi criado em 1987 pelo xeque Ahmad Yassin; suas origens ideológicas e organizacionais se entrecruzam com as da Irmandade Muçulmana. Hoje em dia, o Hamas é o maior grupo [palestino] a desafiar a supremacia do Fatah, o movimento nacionalista secular.

A meta do Hamas é libertar a Palestina por meio da Jihad, a guerra santa, e estabelecer um Estado islâmico entre o Mar Mediterrâneo e o Rio Jordão. O Hamas rejeita todo tipo de acordo político com Israel e se opõe a seu direito de existir. O braço militar da organização, as Brigadas 'Izz Al-Din Al-Qassam, promove ataques terroristas contra alvos israelenses, muitos dos quais são executados por terroristas suicidas. O Hamas tem uma enorme rede social, médica e educacional, que proporciona assistência aos setores mais destituídos da população, particularmente nos campos de refugiados.

Durante os seis anos da primeira Intifada, Israel conseguiu bloquear quase 12 milhões de dólares destinados ao Hamas e à Jihad islâmica, que foram depositados em contas de organizações filantrópicas.

Os assassinatos do xeque Ahmad Yassin e seu sucessor 'Abd Al-'Aziz Al--Rantisi pelo exército israelense provocaram uma crise interna na organização. Em janeiro de 2006, o Hamas venceu as eleições palestinas, as primeiras nas quais a organização participou, e estabeleceu o governo sob a liderança de Ism'ail Haniya. Depois de um ano de boicote internacional e estreitamento de vínculos com o Irã e o Hezbollah em sua busca de fontes alternativas de apoio, Haniya foi forçado a ceder e concordar com o estabelecimento, com o Fatah, de um governo de unidade nacional, intermediado pelos sauditas. Mas não por muito tempo.

Em junho de 2007, o Hamas deu início à sua "Guerra dos Seis Dias" em Gaza e assumiu o controle de toda a Faixa. A guerra civil contra o Fatah, que se prolongou intermitentemente por vários meses, chegou ao auge; o braço militar do Hamas (o 'Izz Al-Din Al-Qassam), aliado à força executiva do Ministério de Assuntos Internos da Palestina (uma força-tarefa especial, bem treinada e equipada, formada pelo Hamas desde a sua ascensão à liderança), assumiu o controle de toda a Faixa de Gaza de acordo com um plano premeditado. O Fatah e as bases da força policial da Autoridade Palestina, apesar de sua maioria numérica, foram se entregando um a um. Nos últimos anos, alguns dos líderes do Hamas foram treinar no Irã, utilizando, para esse fim, o posto de fronteira de Raffah, que dá acesso ao Egito.

Paralelamente, o Hamas promoveu uma ampla guerra na mídia, utilizando todas as mídias de sua propriedade disponíveis, como o canal de televisão Al--Aqsa. As imagens e sons de agentes de segurança sem camisa e vendados, bem como as ruínas das bases destruídas do Fatah chocaram o mundo.

O Hamas matou sem julgamento alguns membros do Fatah e, em um caso, jogou um deles de um prédio de dezoito andares. O clipes bem editados da transmissão televisiva do Hamas apresentam o presidente Abbas e seus auxiliares como um grupo de traidores que colaboram com Israel e os Estados Unidos. Na prática, a Faixa de Gaza, menos de dois anos depois da evacuação israelense, se transformou na primeira área dominada por um grupo islâmico extremista. Tudo isso acontece a menos de cinco minutos de carro da cidade israelense mais próxima, Ashkelon, e a uma hora de Tel Aviv.

Hoje o Hamas tem vários líderes: Khalad Mashal, em Damasco, o ex-primeiro-ministro Haniya e o braço armado da organização, o 'Izz Al-Din Al-Qassam, que está tentando ditar um direcionamento mais radical. É bem possível que no futuro o Hamas se veja em uma encruzilhada. Eles precisarão escolher entre a guerra santa e ataques terroristas por um lado e, por outro, uma linha pragmática, adotando alguns dos posicionamentos do Fatah.

O xeque pragmático Hassan Youssef, entre os líderes do Hamas na Cisjordânia, em uma prisão israelense, é o primeiro líder do Hamas a falar da possibilidade de reconhecer a existência do Estado de Israel, nas fronteiras de 1967.

O Hamas tem o apoio de fundamentalistas no exterior e recebe uma considerável ajuda financeira de indivíduos e organizações, bem como de países como o Irã e o Sudão.

A aliada menor do Hamas, a Jihad islâmica, foi fundada no fim de 1979 por estudantes palestinos no Egito, impressionados e influenciados pela revolução de Khomeini no Irã e pelo movimento islâmico no Egito.

Apesar de bajular a teocracia xiita no Teerã, essa organização basicamente recrutava sunitas e entrou rapidamente no conflito com Yasser Arafat e todas as organizações palestinas que aceitavam a existência de Israel nos anos 1990. O Hamas direcionou seus ataques terroristas apenas a Israel, Cisjordânia e Gaza.

A Jihad islâmica e seu braço militar, as Brigadas de Al-Quds, são ativos principalmente em Gaza, e seu efeito político é limitado, apesar de suas atividades terroristas serem conhecidas pela letalidade devastadora. Um grupo pequeno, mas muito extremista, a Jihad islâmica e seu líder, Ramadan Abdallah Shalah (que atual a partir de Damasco), cooperam com a milícia libanesa Hezbollah.

O Hamas e a Jihad islâmica são responsáveis por incitar quase todas as "bombas humanas" contra alvos israelenses.

As organizações islâmicas mencionam repetidamente as 72 virgens eternas, "Especiais em virtude do contraste em seus olhos – o preto dos olhos é mais preto que o preto e o branco [dos olhos] é mais branco que o branco", que irão ao Paraíso receber cada um dos crentes virtuosos que sacrificarem suas vidas pela Jihad. Conforme a tradição muçulmana, essas virgens são a mais completa manifestação da feminilidade; seus corpos foram feitos no Paraíso, de açafrão, almíscar e âmbar; e elas cativaram a imaginação de inúmeros intérpretes do Corão.

Também tem havido casos de terroristas suicidas do sexo feminino. Ataques suicidas executados por mulheres são um fenômeno relativamente novo e com possível origem no período pós-Segunda Guerra Mundial, depois da descolonização e depois de conflitos como a Guerra da Coreia. O nome "suicidas" se origina principalmente de culturas e religiões do subcontinente indiano, como, por exemplo, o Sri Lanka, e de áreas sunitas, que normalmente são mais seculares, como as regiões tchetchenas, curdas e palestinas.

O primeiro ataque suicida cometido por uma mulher na região ocorreu no dia 9 de abril de 1985, quando uma ativista de 16 anos de idade do Partido Nacionalista Socialista da Síria explodiu um caminhão em uma fila de veículos da FDI em Batar Al-Shuf Jezzin, Líbano, matando dois soldados. O Partido Nacionalista Socialista sírio usou mulheres em cinco dos doze ataques suicidas que executou no Líbano nos anos 1980.

Na Autoridade Palestina e em Israel, as primeiras mulheres-bomba (Wafa Idris, Dareen abu 'Ayasha e Ayat Al-Akhras) eram membros das Brigadas dos Mártires de Al-Aqsa, o braço militar do Fatah, criado durante a última Intifada.

Hiba Darajmeh, uma estudante de 19 anos, foi a primeira terrorista suicida do sexo feminino da Jihad islâmica. Ela detonou explosivos que levava consigo em um shopping em Afula no dia 19 de maio de 2003, matando três pessoas e ferindo outras 83.

O primeiro ataque suicida do Hamas executado por uma mulher foi em 14 de janeiro de 2004. Reem Salah Al-Rayashi, casada e mãe de um filho de 3 anos e uma filha de 1 ano, detonou os explosivos escondidos em seu corpo no posto de fronteira do exército na Passagem de Erez em Gaza, matando quatro soldados israelenses. A mulher envolvida tinha uma relação adúltera com um membro do Hamas e foi forçada a cometer suicídio para recuperar a honra do marido. O amante dela lhe deu o cinto de explosivos e seu marido a levou para a passagem de fronteira, onde ela se explodiu.

O xeque Yassin, que até então rejeitava a participação de mulheres em ações de *shahids* como inaceitáveis, justificou o ato com base nas dificuldades encontradas na execução das atividades terroristas. Ele fundamentou isso se referindo à lei do Corão que permite a participação de mulheres na Jihad, na ausência de homens capazes de executar a guerra santa. Em círculos teológicos muçulmanos, houve desacordos e discussões envolvendo citações do Corão que condenam suicidas do sexo feminino e foi só em agosto de 2001 que um *fatwa* [julgamento religioso] significativo foi promulgado pelo Comitê Islâmico Supremo na Arábia Saudita expressando consentimento e respeito pelas jihadistas palestinas.

De dezembro de 2000 até dezembro de 2004, 40 terroristas suicidas mulheres estavam ativas. Sete delas conseguiram levar a cabo ataques terroristas e provocaram a morte de 37 pessoas; as outras foram presas por forças de segurança israelenses. A maioria delas era solteira, com 20 a 30 anos de idade, da Cisjordânia e ativa no Fatah, a Frente Popular para a Libertação da Palestina, ou Jihad islâmica. Em alguns poucos casos, as jovens eram solteiras e grávidas e o ataque suicida era uma forma de expiação.

XEQUE AHMAD YASSIN
Líder fundador do Hamas

"Nós seremos vitoriosos e Israel desaparecerá."

Para entender o poder do líder fundador do movimento Hamas, seria necessário ter estado em Gaza no dia 22 de março de 2004, o dia em que um helicóptero israelense disparou foguetes que atingiram diretamente a cadeira de rodas do xeque Ahmad Yassin. O choque da população e a história provaram que para muitos palestinos Yassin era mais do que um líder político extremista. Ele era como um profeta islâmico.

Em outubro de 1997, Israel foi forçado a libertá-lo da prisão depois da tentativa fracassada de eliminar o líder do Hamas Khalad Mashal em Amã, Jordânia. Desde então, eu o visitei em várias ocasiões em sua modesta residência na região de Sabra, em Gaza. Ministros israelenses sustentavam que "Yassin fazia parte de um pacote dado ao rei Hussein da Jordânia para acalmá-lo" porque ele estava enfurecido com a ação dos agentes do Mossad [o serviço secreto israelense], que ousaram injetar substâncias tóxicas em Mashal em solo jordaniano.

Dar o antídoto para o veneno e libertar o xeque Yassin foram medidas aprovadas pelo primeiro-ministro, Benjamin Netanyahu. Yassin estava gravemente doente e Israel se preocupava com a possibilidade de ele morrer em uma prisão israelense. Dessa forma, em 1997, o xeque, que havia fundado o Hamas dez anos antes, voltou à Faixa de Gaza, onde foi recebido com efusão por centenas de milhares de pessoas. Eu me lembro de Yassin ter dito repetidamente em todos os encontros e conversas que tive com ele que apoia o estabelecimento de um Estado palestino governado de acordo com a lei islâmica, "contanto que isso não provoque uma sangrenta guerra civil entre os palestinos".

Yassin tinha um exército de homens-bomba disponíveis no braço militar da organização, chamado de Brigadas 'Izz Al-Din Al-Qassam. Eles se transformaram em uma espécie de arma palestina não convencional. Em alguns casos, ele chegou a financiar e apoiar representantes de Osama Bin Laden em Gaza, mas sempre lutou pela independência organizacional. O método utilizado para conquistar o apoio da sociedade palestina foi o estabelecimento de um extenso sistema de assistência social, proporcionando ajuda aos palestinos carentes e operando uma variedade de serviços, inclusive jardins de infância e escolas, dando bolsas de estudo superior e operando clínicas que distribuíam medicamentos gratuitamente. Ele se orgulhava de proporcionar alimento e educação religiosa aos palestinos.

Yassin estava sempre cercado de um grupo de filhos, partidários e guarda-costas, que o tratavam como se ele fosse um deus. Em uma ocasião eles me permitiram observar enquanto eles o lavavam sentado na cadeira de rodas; eles o fizeram em total silêncio, como se fosse uma cerimônia religiosa.

Uma coisa da qual me lembro em particular dos meus vários encontros com ele era seu olhar firme e hipnótico, que contrastava totalmente com sua voz fraca, feminina. Depois de seu funeral, ao qual um número enorme de pessoas compareceu, um de seus filhos me disse que seu pai tinha conseguido estabelecer uma autêntica autoridade islâmica nos territórios e esse era seu legado.

Entrevista conduzida em 5 de setembro de 2000

O senhor concordaria em fazer concessões na Cisjordânia, Gaza e Jerusalém para possibilitar o estabelecimento de um Estado palestino?

Nós, do Hamas, protegemos a Palestina da nossa maneira, independentemente, sem abdicar do direito a uma nação palestina. Se for necessário ir ao povo e convencê-lo de adiar a declaração da independência, isso deve ser uma decisão palestina independente e não o resultado de pressões ou mensagens de países estrangeiros. Eu mandei uma carta ao presidente do Conselho Nacional Palestino, na qual apresento o posicionamento do Hamas referente à declaração da independência. Não podemos dividir a soberania sobre os locais de Jerusalém que são sagrados para o islamismo. Esses locais devem ser exclusivamente de soberania islâmica.

Se Arafat declarar a independência, isso será um evento feliz ou triste?

Se a declaração de independência proteger os direitos do povo palestino, eu ficaria feliz. A guerra entre nós e os nossos inimigos ainda está aberta; algumas vezes atacamos e algumas vezes eles atacam. Nós continuaremos o conflito.

A Autoridade Palestina algumas vezes coopera com Israel na guerra ao terror. O senhor não tem medo de uma guerra civil?

Somos as vítimas da cooperação da Autoridade Palestina com Israel e os Estados Unidos na segurança, atuando contra nós. Nós continuaremos a nossa luta contra o inimigo sionista. Nós continuaremos a nossa guerra contra eles e nunca apontaremos as nossas armas aos nossos irmãos palestinos.

O Hamas não realizou nenhum ataque nas grandes cidades de Israel recentemente. Houve uma mudança de estratégia?

Nada mudou.

Se esse for o caso, por que não houve nenhum ataque?

Essa pergunta deve ser feita ao braço militar do Hamas, eles sabem mais do que eu a respeito. Um dos oficiais palestinos disse recentemente que a autoridade conseguiu frustrar 175 ações militares contra israelenses. Isso significa que a cooperação entre a polícia palestina e Israel está ajudando a reduzir as atividades militares do Hamas.

Então, é só uma coincidência que os ataques terroristas pararam depois de o senhor ter sido libertado da prisão israelense?

O senhor deve saber que Yassin foi libertado sem nenhuma condição. Além disso, estou em Gaza na qualidade de líder político do Hamas, não de seu braço militar. O braço militar é que decide onde, quando e como executar os ataques e decide com base em circunstâncias em campo.

O senhor mencionou a possibilidade de uma hudna, *ou recesso, de cinco anos na guerra contra Israel. Essa proposta ainda é válida?*

Eu fiz essa proposta três anos atrás, em 1997, mas os israelenses não reagiram apropriadamente. Dessa forma, a proposta não é mais válida.

Como o senhor acha que os ataques realizados nos anos 1990 afetaram a sociedade israelense?

Operações do Hamas foram executadas como uma reação aos atos israelenses contra o povo palestino, como, por exemplo, os eventos em Al-Aqsa e em Nazaré.

O senhor acha que a sociedade israelense ficou mais fraca desde então?

Não há dúvidas de que os nossos ataques tiveram um impacto. Quando uma nação é golpeada no estômago, sua economia enfraquece, sua autoconfiança enfraquece, o turismo é afetado. O Estado hebraico é forte, mas isso não significa que uma guerra não possa ser travada contra ele.

O senhor permitiria que seu filho cometesse suicídio em um ataque contra Israel?

Eu sempre quis ser um *shahid* [mártir], toda a minha vida. Por que eu impediria meu filho de ser um?

Que tipo de relacionamento o Hamas tem com outros grupos islâmicos do mundo, como a organização de Osama Bin Laden?

Não tenho contato algum com Bin Laden, mas respeitamos a guerra santa dele, a jihad pela liberdade.

É verdade que o senhor enviou membros do Hamas como voluntários para o grupo de Bin Laden?

Isso é totalmente falso. Não precisamos mandar voluntários ao grupo de Bin Laden e não esperamos que ele nos mande pessoas. O nosso conflito está aqui, na nossa terra, não no exterior.

Qual é a meta final do Hamas, o sucesso da revolução islâmica?

Acreditamos que, para transformar as pessoas em seguidoras do islamismo, devemos utilizar de sabedoria e persuasão. Não pela revolução, mas sim pela inteligência e por meios persuasivos, nós conseguiremos convencer o nosso povo de que o islamismo deve ser a única autoridade na vida deles.

Acredita-se que o senhor seja o aiatolá Khomeini dos palestinos. O senhor concorda com essa descrição?

Eu admiro enormemente o que o aiatolá Khomeini fez no Irã contra o colonialismo americano. Mas há grandes diferenças entre o Irã e a Palestina. Temos uma guerra santa aberta contra todos os conquistadores aqui. No Irã, a revolução se direcionava só contra os Estados Unidos.

O que o senhor pensa da possibilidade de haver um vice-presidente judeu nos Estados Unidos?

Isso não será nenhuma novidade. Na verdade, os judeus já controlam todos os Estados Unidos. O secretário de Estado, o secretário da Defesa, o conselheiro da Segurança Nacional, são todos judeus. Um vice-presidente judeu só aumentará o enorme poder do *lobby* judeu nos Estados Unidos.

Como um líder islâmico, se o senhor pudesse mudar alguma coisa, teria feito algo de maneira diferente do que fez?

De acordo com o islamismo, temos que fazer tudo da melhor maneira que pudermos. Não faz diferença se você tiver sucesso ou fracasso, o principal é tentar. O islamismo requer que façamos o nosso máximo para vencer e lutar. Como muçulmanos, devemos vencer ou morrer como *shahids*. Eu sempre fiz o melhor que pude.

Como um dos líderes do islamismo, como o senhor gostaria de ser lembrado?

Duas coisas são muito importantes. Antes de mais nada, que a história se lembre de mim como eu era. A segunda coisa é que peço que Deus, não as pessoas, se lembre de mim.

O senhor ficaria triste se perdesse o seu filho porque ele decidiu se tornar um shahid?

Ninguém é forçado a se tornar um *shahid*. Não estou pressionando o meu filho a cometer suicídio. Mas estou certo de que, se ele fizer isso e morrer como um *shahid*, eu ficaria muito feliz. Essa é uma decisão individual que só depende dele. Se ele quiser se tornar um *shahid*, eu só posso respeitar sua decisão. Depende dele. Temos duas alternativas: nos entregar aos nossos inimigos ou combatê-los. Acredito que precisamos apostar na segunda.

Na sua opinião, pode haver um acordo entre a Palestina e Israel no futuro?

O problema não é se podemos conviver ou não com os judeus. Esse não é o problema. O problema é que eles querem um país estabelecido na nossa terra, em parte da nossa terra natal. Os judeus na Idade Média viviam entre muçulmanos no norte da África e na Andaluzia [parte da atual Espanha]. Esse não é o problema. Os israelenses precisam parar de estabelecer o Estado deles em cima do nosso. Quando eles pararem de fazer isso, não haverá nada para impedir a coexistência. Os espanhóis não aceitam a exigência dos bascos de um Estado separado e vocês esperam que eu concorde com os israelenses tirando minha terra natal e construindo o Estado deles nela?

Se o senhor fosse se encontrar com o primeiro-ministro israelense, o que diria a ele?

Eu lhe diria que nós venceremos, que Israel desaparecerá e que ele vai morrer.

'ABD AL-'AZIZ AL-RANTISI
Ex-líder do Hamas

"Nenhum judeu pode se sentir seguro em nenhum lugar do mundo."

'Abd Al-'Aziz Al-Rantisi é filho de um médico que ordenava a morte de crianças. Depois do assassinato do fundador do Hamas, o xeque Ahmad Yassin, no dia 22 de março de 2004, em um ataque israelense, o Dr. 'Abd Al-'Aziz Al-Rantisi foi nomeado o novo líder do Hamas. Rantisi é considerado um representante do lado inflexível e extremista do movimento. Sua liderança durou pouco; menos de um mês depois, helicópteros israelenses o mataram no dia 18 de abril de 2004.

Certa manhã, eu era um convidado na casa dele em Khan Yunis, no sul da Faixa de Gaza, um dos locais menos desenvolvidos no coração de uma das áreas mais pobres do mundo. Rantisi estava usando roupas ocidentais e seu rosto mudava a cada vez que ele se referia ao "inimigo sionista". Seus olhos se arregalavam e ele não escondia seu intenso ódio. Seu ódio era mais flagrante do que o de qualquer outro xeque do Hamas ou da Jihad islâmica com quem falei ao longo dos anos.

Depois da longa entrevista, o acompanhei por várias horas e vi como os membros do grupo se reuniam ao redor dele, esperando suas ordens e ouvindo suas palavras. Tudo isso foi interrompido por apenas alguns momentos, quando Rantisi beijou seu filho pequeno, que corria pelo jardim.

Rantisi nasceu em outubro de 1947, em Kfar Yavneh, perto de Jaffa. Ele foi pediatra, casado e pai de seis meninos. Ele atuou como porta-voz do Hamas em Gaza até que, em março de 2004, herdou o papel que fora ocupado pelo professor espiritual do Hamas, o xeque Yassin.

Quando Rantisi tinha 1 ano de idade, irrompeu a primeira guerra entre árabes e israelenses. Em consequência do estabelecimento do Estado de Israel, a família de Rantisi abandonou o lar e encontrou abrigo no campo palestino de Khan Yunis, na Faixa de Gaza.

Rantisi estudou medicina no Cairo e lá conheceu membros da organização fundamentalista egípcia, a Irmandade Muçulmana, que na época exigia que o Estado adotasse as leis corânicas. Com base nesses contatos, em 1973, Rantisi fundou o Centro Islâmico em Gaza.

Em 1987, perto do início da primeira Intifada, ele se tornou um membro do recém-criado Movimento de Resistência Islâmica, o Hamas. A principal meta do Hamas é o estabelecimento de um grande Estado islâmico no mundo árabe, que incluiria o Estado palestino, e a destruição do Estado judeu. A Faixa de Gaza tem uma grande porcentagem de defensores do Islamismo Fundamentalista e se tornou rapidamente o centro dos eventos da Intifada.

Como um membro ativo da organização, ele se tornou o braço direito do fundador, o xeque Ahmad Yassin, e, tal qual Yassin, Rantisi estava na mira de Israel.

Entre 1988 e 1990, suas atividades o levaram a passar vários períodos em prisões israelenses e, em 1992, ele foi um dos 414 ativistas islâmicos deportados ao sul do Líbano por Israel. Ele se tornou o porta-voz dos deportados.

A assinatura dos Acordos de Oslo em 1993, que estipulavam a autonomia para Gaza no futuro próximo, possibilitou que ele retornasse do exílio, apesar de também ter voltado a uma prisão israelense, onde permaneceu até 1997.

Com o retorno do xeque Yassin a Gaza em 1997, os dois [Yassin e Al-Rantisi] reorganizaram a liderança e as atividades do Hamas na região. Suas críticas ao líder da Autoridade Palestina, Yasser Arafat, o levaram a ser detido e preso em uma cadeia palestina.

Em junho de 2003, ele escapou de uma tentativa de assassinato; um helicóptero da Força Aérea israelense atirou vários mísseis em um grupo de carros, entre eles o jipe de Rantisi, e ele ficou ferido. Aquela foi uma advertência que antecedeu o ataque fatal em abril de 2004, quando, como acontecera com o xeque Yassin quatro semanas antes, ele foi morto pelo exército israelense.

Entrevista conduzida em 18 de setembro de 2000

O senhor poderia me explicar o que é o movimento chamado de Movimento de Resistência Islâmica, o Hamas?

A ideologia do Hamas é a ideologia do islamismo. Ser bom em tudo. Os muçulmanos têm o direito de viver em liberdade na própria terra. O islamismo nos proíbe de dar nossa terra ao inimigo. Temos a obrigação de proteger o nosso povo.

Como o senhor vê a sociedade israelense? O senhor acha que o povo judeu tem o direito de estabelecer um Estado?

Eles dizem que esta era a terra deles porque alegam que estavam aqui 3 mil anos atrás. Isso realmente me surpreende. Eu estava na Palestina cinquenta anos atrás. Os imigrantes judeus sabiam que estavam vindo conquistar uma terra que não lhes pertencia. Dessa forma, a presença deles aqui é ilegal e eles sabem muito bem disso. Até os judeus religiosos extremistas se recusam a dar a terra aos palestinos. As políticas sionistas tradicionais são tentar engolir cada vez mais terra até os judeus realizarem o sonho deles, um Estado judeu do Nilo ao Eufrates. A guerra santa do Hamas depende da estratégia do Hamas de libertar o povo palestino.

Mas o Estado judeu é um fato. Qual é a solução que o senhor propõe? O exílio?

Tudo muda e tudo mudará. A Grã-Bretanha e a União Soviética já foram impérios. No futuro, não falaremos de Estados Unidos e Israel. Nada é urgente para nós. Acredito que, no futuro, teremos o poder para fazer isso. O senhor não está me perguntando sobre o destino das pessoas exiladas e oprimidas cinquenta anos atrás.

Qual ultimato o seu movimento apresenta a Israel?

De acordo com a declaração oficial do Hamas, se os israelenses não libertarem os membros da nossa organização que eles mantêm na prisão, haverá mais ataques dos nossos *shahid*s em cidades israelenses. Os israelenses não podem ignorar essa ameaça, especialmente quando ela vem do nosso braço militar, que já provou sua capacidade para o mundo inteiro.

Então o senhor acha que haverá outro ataque do Hamas?

Todo mundo sabe disso; até o primeiro-ministro israelense sabe.

Na opinião do senhor, qual é a reação da sociedade israelense aos ataques suicidas? Medo? Fraqueza?

Eles precisam lembrar os massacres contra os palestinos que vêm ocorrendo nos últimos cinquenta anos: Baruch Goldstein na mesquita em Hebron ou o massacre em Kfar Kana no sul do Líbano, que resultou em cem mortos. Eles precisam lembrar os 4 milhões de palestinos que vivem precariamente no exílio, enquanto eles [os israelenses] continuam a construir cada vez mais colônias em Gaza e na Cisjordânia. Eles precisam lembrar a mudança demográfica na população de Jerusalém e as tentativas de destruir a Mesquita de Al-Aqsa. Eles precisam lembrar todas essas ações de Israel antes de criticar os resultados das nossas ações.

O senhor vê medo nos israelenses?

Sim, acho que os israelenses têm muito medo. Eu repito, muito medo. Nenhum judeu na Palestina pode se sentir seguro diante dos nossos ataques. Nenhum judeu pode se sentir seguro em nenhum lugar do mundo.

Mas como o senhor se sente pessoalmente quando vê as imagens dos corpos de velhos e crianças, estilhaçados em uma explosão no centro de Jerusalém ou Tel Aviv?

Isso acontece uma vez. No mesmo instante, me lembro de imagens de crianças palestinas que foram mortas a sangue frio pelos israelenses. Eu me lembro de imagens de soldados israelenses atirando em crianças palestinas, atirando para matar, durante a Intifada. O islamismo se opõe a matar crianças, mas, se acontecer de uma criança ser morta em um ataque, isso não é importante.

Que tipo de pessoas são os shahids, *que estão dispostos a matar, que se matam em explosões no centro de Israel?*

São pessoas que sentem o sofrimento e a subjugação infligida pelo governo israelense e preferem morrer a viver humilhados sob a ocupação. Todo mundo precisa entender que a ocupação é o pior tipo de escravidão. A morte é preferível à vida sob a ocupação. Esse é um princípio sagrado. Nós, os palestinos, dizemos: "Chega de ocupação". Nossa paciência está se esgotando.

O senhor é pai de seis filhos. O que o senhor faria se um deles lhe disser que decidiu cometer suicídio?

Ele não me dirá isso. Ele agirá em silêncio. E, se fizer isso pelo seu povo e pela sua terra natal, ficarei orgulhoso dele.

O que diferencia o Hamas da Autoridade Palestina, liderada por Yasser Arafat?

O nosso único programa é o islamismo. Não somos uma organização secular. Se chegarmos ao governo, estabeleceremos um regime islâmico.

Como o senhor vê o governo de Arafat?

[Sorri.] Como o senhor vê. Não sou eu lhe dizendo, mas a maioria dos palestinos que está insatisfeita com o governo de Arafat.

Arafat prendeu centenas de ativistas do Hamas e da Jihad islâmica. O que o senhor pensa a respeito?

Arafat se tornou um obstáculo no diálogo intrapalestino nacional e está prejudicando a unidade da nação. Ele não deveria ter cedido à pressão israelense e americana. Agora ele perderá muitos de seus defensores.

Os americanos alegam que o Hamas é o inimigo número um do povo palestino.

Nós somos o inimigo número um da ocupação. Penso que o verdadeiro inimigo da paz é o governo de Israel e seu patrocinador, os Estados Unidos. Sem justiça não haverá paz. O princípio israelense, segundo o qual a paz deve ser fundamentada na força sionista e na fraqueza palestina, não levará à paz, mas à guerra. Os Estados Unidos cometeram um grande erro quando apoiaram essa abordagem e só espelharam o posicionamento de Israel.

Então o senhor prefere o partido trabalhista [israelense]?

Não, nesse sentido não há diferença entre o Likud e o partido trabalhista; os dois são sionistas.

Dizem que o Hamas é o segundo maior movimento palestino. Quantos partidários há na organização?

O Hamas é a organização política mais importante daqui. Não sei dizer a porcentagem exata de apoio que o Hamas tem, mas em todas as eleições, em universidades e sindicatos, sempre vencemos ou empatamos. Nós representamos centenas de milhares de palestinos.

Em meados dos anos 1990, a polícia de Arafat matou dezoito ativistas do Hamas. Vocês estiveram perto de uma guerra civil. Isso pode acontecer de novo?

Aquilo não foi uma guerra, mas um massacre em uma mesquita. Não queremos atirar em palestinos. Os nossos inimigos são os ocupantes. O Hamas não participará de uma guerra civil.

É possível que outro massacre ameace o reinado de Arafat?

Isso o enfraqueceria muito aos olhos da comunidade palestina.

Como o senhor vê a reação da opinião mundial aos ataques armados do Hamas?

Nós continuaremos a nossa luta, mesmo se o mundo não gostar.

O senhor acha que alguém, em Israel, na Autoridade Palestina ou nos Estados Unidos, pode destruir o Hamas?

O número de defensores do Hamas na Palestina chega às centenas de milhares. Os nossos defensores no mundo muçulmano chegam aos milhões. Pode perguntar aos muçulmanos da China ou da África do Sul. Os governos de Israel fizeram de tudo para tentar destruir o Hamas e não conseguiram. Acho que ninguém pode fazer isso. Eles podem matar o Dr. Al-Rantisi, mas não a ideia do Hamas.

O homem apelidado de "O Engenheiro", Yehiyyah Ayash, foi morto, bem como outro líder do movimento, Al-Maqadma. O senhor não se preocupa com a possibilidade de as forças de segurança israelenses o matarem também?

Eu não tenho medo. Estou pronto para essa possibilidade. Israel precisa lembrar o preço que pagou pela morte de Ayash.

Na opinião do senhor, quantos jovens palestinos estão preparados para ser shahids*?*

Milhares. Mesmo se eu disser dezenas de milhares, estarei dizendo a verdade, porque vivemos sob um implacável regime de opressão. Algumas vezes uma pessoa conclui que a morte é preferível à escravidão. Neste exato momento, estamos ouvindo um avião militar israelense sobrevoando Gaza. Essa é a prova de que os Acordos de Oslo não acabaram com a ocupação.

O conflito muçulmano-judeu se transformou em um conflito com muçulmanos de outros países, que cooperam com suas operações.

A Al-Aqsa não pertence apenas aos palestinos, mas a todo o mundo muçulmano. Todos os muçulmanos em qualquer lugar do mundo estão preparados para proteger a Mesquita de Al-Aqsa.

O senhor realmente acredita que o Estado judeu será exterminado da terra?

Dentro de algumas décadas, os israelenses serão exilados desta região.

O senhor odeia os israelenses?

É claro. Não porque eles são judeus, mas porque são o inimigo e os ocupantes. Se não tivessem vindo à Palestina, não haveria nenhum conflito aqui.

MAMOUN AL-HUDAIBI
Líder da Irmandade Muçulmana no Egito

"*Os judeus acreditam que Deus lhes deu a terra entre o Nilo e o Eufrates.*"

Houve uma época na qual grupos islâmicos no Egito tentaram enfraquecer a presidência de Hosny Mubarak e impedir investimentos estrangeiros no Egito detonando bombas em hotéis e restaurantes cheios de turistas estrangeiros.

Quando pedi que meu contato egípcio marcasse uma entrevista com líderes da Irmandade Muçulmana, a mais importante organização islâmica egípcia, cujas atividades representam um marco para todos os fundamentalistas do Oriente Médio, ele se recusou a continuar falando ao telefone. Quando eu já estava no Cairo, meu contato me disse que, apesar de o grupo ter representação no Parlamento, o serviço secreto egípcio ainda os vigia de perto, de forma que provavelmente surgiriam problemas durante a entrevista.

Apesar do perigo, marquei uma entrevista e, depois de perambularmos por vários bairros da cidade, entramos em uma ruela e subimos as escadas de um prédio escuro e antigo. Do outro lado do prédio, em um carro estacionado, estavam dois agentes egípcios que tinham nos seguido.

Atrás de uma porta sem nenhuma identificação, nos encontramos com um homem de 72 anos, um dois maiores líderes da Irmandade Muçulmana. Nascido em 29 de maio de 1921, ele fora um advogado e juiz e, em virtude de suas tendências islâmicas, foi preso pelos ex-presidentes Nasser e Sadat. Ele foi posteriormente eleito para o Parlamento como um representante da região de Guiza.

Al-Hudaibi reclamou que Mubarak, o atual presidente, não permitiu que a Irmandade Muçulmana se proclamasse um partido independente capaz de apoiar e defender a Shari'a, a lei islâmica. De acordo com Al-Hudaibi, um comando islâmico matou o presidente Sadat em 1981, porque "Ele assinou um tratado de paz com o inimigo sionista por iniciativa própria, sem o apoio da nação".

Seu movimento, que tem representação em setenta países, foi fundado no Egito em 1928 por Hassan Al-Bana, uma década depois da queda do Império Otomano. Seu slogan é: "Alá é o nosso objetivo. O Profeta é o nosso líder. O Corão é a nossa lei. A Jihad é o nosso caminho e a morte em nome de Alá é a nossa maior aspiração".

No dia 17 de novembro de 2002, Al-Hudaibi foi eleito o "General Guia", o principal líder do movimento. Ele morreu um ano depois, aos 83 anos, e seu funeral se transformou em uma grande manifestação em apoio aos princípios islâmicos.

Entrevista conduzida em 13 de março de 1993

O senhor poderia me explicar a importância e as metas do grupo que lidera?

O islamismo é uma religião diferente das outras religiões. O islamismo não se baseia apenas em rezas e crenças, mas na Shari'a, que é um sistema jurídico muito importante. A Shari'a organiza a nossa vida e constitui uma parte integral da religião. Quando os britânicos invadiram o Egito em 1882, eles anularam a Shari'a e a substituíram por leis britânicas e ocidentais. Eles nos impuseram um novo sistema jurídico, o que vai contra a nossa Shari'a. Foi um período difícil; a nossa religião nos instrui a agir de uma determinada maneira, mas as leis que nos foram impostas não respeitavam as nossas crenças. Quando a independência foi declarada, queríamos retomar as leis da Shari'a e restabelecê-las, porque mais de 90 por cento da nação, do povo, é composta de muçulmanos. A maioria a quer e acredita nela. Queremos viver tranquilamente e queremos um governo civil que respeite a Shari'a.

E o atual governo não a respeita?

Eu não diria isso. Só sustento que todas as organizações precisam respeitar todos os princípios da Shari'a. É o que queremos.

Quantos países muçulmanos no mundo de fato respeitam a Shari'a?

Isso não importa. Do meu ponto de vista, não interessa se os outros países respeitam ou não a Shari'a. É a nossa religião, são as nossas crenças, e devemos respeitá-la mesmo que os outros não respeitem. Não intimamos os outros países; temos nosso próprio caminho, indicado pelo nosso livro, o Corão, as nossas leis, e o nosso Profeta. É isso que importa e isso que nos interessa e isso que devemos respeitar, não o comportamento dos outros.

O Irã serve como um modelo para o senhor e a sua organização?

De maneira alguma. Eles são xiitas e nós somos sunitas. Há enormes diferenças entre os dois grupos.

O senhor tem relações com grupos palestinos, como o Hamas?

O Hamas é uma organização que se localiza na Palestina, não aqui. Presumo que eles acreditem nos nossos princípios, mas eles o fazem por conta própria. Eles fazem o que acham que devem fazer, mas são eles que decidem, não nós.

Como o senhor vê a atual situação no Egito, à luz das tensões dos últimos dias?

Nos entristecemos com isso. Estamos muito tristes. É um conflito ruim para todos os lados, mas o que podemos fazer? Anos atrás, quando eu era um representante do partido da Irmandade Muçulmana no Parlamento, avisei que isso aconteceria. Eu disse no Parlamento que o governo precisaria mudar suas políticas e que o uso de força contra determinadas pessoas não teria sucesso. Pelo contrário, a situação pioraria ainda mais. As instituições oficiais não cumpriram apropriadamente suas obrigações, o que levou à situação atual, na qual o público se sente desesperançado e não vê nenhuma possibilidade de mudança ou melhoria. O governo nem nos permite realizar nossas atividades tranquilamente. Então, o que eles esperam? Eles deveriam nos permitir fazer eleições e permitir que o público vote livremente, permitir que todos os partidos apresentem suas políticas, proporcionar tempo de transmissão para que os partidos se apresentem na televisão e no rádio e permitir campanhas eleitorais.

Mas o governo acusa os grupos islâmicos de sabotar os interesses do Estado, em ataques contra turistas estrangeiros e investidores estrangeiros.

Quero esclarecer que, na nossa visão, o turista estrangeiro também deveria poder se sentir seguro neste país. Ele precisa se sentir seguro. Não concordamos com os ataques contra turistas. Mas não devemos esquecer que os agressores são pessoas a quem foi negada a liberdade e que não tinham permissão de se expressar livremente e tranquilamente. Somos contra a violência dessas pessoas, mas também rejeitamos a violência que o governo usa contra elas.

Na sua opinião, por que o presidente Mubarak não permite que vocês distribuam legalmente seu jornal, o Al-D'awa?

Éramos o maior partido de oposição no Parlamento, mas o governo nunca permitiu que fôssemos um partido oficial. Eles deveriam ter nos dado a oportunidade e nos permitido servir como um modelo de livre expressão, um exemplo do fato de que todos têm a liberdade de expressar suas opiniões com lógica e tranquilidade.

Talvez Mubarak tenha medo de vocês pretenderem matá-lo?

Nunca tentamos assassiná-lo. Em momento algum. A Irmandade Muçulmana nunca se associou com atividades como essas. O presidente do Estado precisa fazer o que é certo. Eles mataram Sadat porque ele os prendeu sem levar o desejo da população em consideração. Ele assinou o tratado de paz com Israel sem levar o desejo das pessoas em consideração. Ele agiu como um individualista, ele decidiu tudo sozinho.

O senhor se opôs ao tratado de paz que Anwar Sadat assinou com Israel em 1978.

Nós acreditamos que Israel não quer a paz e que assinou o tratado de paz com o Egito para distanciar o nosso país de outros países árabes. Os israelenses não acreditam na paz. A questão não é se os árabes querem a paz, mas se os israelenses realmente querem a paz. E acredito que eles não querem. Os israelenses não tratam os palestinos como seres humanos em Gaza e na Cisjordânia; eles não deixam nenhuma esperança aos palestinos. Os palestinos não têm direitos e, ao mesmo tempo, a imigração para Israel, de todas as partes do mundo, continua. Onde os novos imigrantes viverão? Eles não querem a paz. Os fatos e a experiência indicam que eles não querem a paz. O verdadeiro problema nesta região é que os israelenses não querem a paz.

Qual é a solução para o conflito árabe-israelense?

A única solução é que aqueles [do Ocidente] que estabeleceram Israel na nossa região interfiram para chegar à verdadeira paz. Eles impedirão a onda de imigração judia, pararão a construção dos assentamentos e casas em terras árabes e darão aos palestinos tudo a que eles têm direito, os direitos políticos que lhes garantirão viver pacificamente.

O senhor aceita o direito de Israel de existir?

Não se pode negar o fato de que Israel existe. É um fato. Nós, os muçulmanos, podemos coexistir se eles realmente quiserem a paz. Mas, em primeiro lugar, eles devem dar aos palestinos todos os direitos pessoais e políticos. Quatro milhões de palestinos estão vivendo fora da Palestina. Onde estão os direitos deles? Eles têm o direito de voltar à nação deles.

O que o senhor sente em relação aos judeus que moram em Israel?

Se eles vierem aqui para nos matar, o que o senhor acha que sentiremos? Os judeus viveram em paz no Egito por muitos anos. Mas como o senhor se sentiria se as pessoas dos Estados Unidos viessem e pegassem a sua terra, a sua casa e matasse o seu povo? O que sentimos é natural, porque eles nos ameaçam. Eles acreditam que Deus lhes deu a terra entre o Eufrates e o Nilo, de forma que querem controlar o nosso país. Como deveríamos nos sentir? Por que os imigrantes russos têm o direito de se fixar na Palestina? Porque eles acreditam na Grande Israel. O que deveríamos sentir quando os vemos chegando do exterior e tomando terra e lares palestinos?

Na sua opinião, os refugiados palestinos têm o direito de voltar às casas onde moravam antes de 1948?

Não sou porta-voz dos palestinos e não quero entrar em detalhes. Eles têm os próprios problemas e são capazes de lidar sozinhos com esses problemas. Eu não quero interferir, só estou falando de princípios, do princípio da paz.

Os grupos islâmicos no Egito têm um grande apoio popular?

Um enorme apoio. E, se eles realmente quiserem saber quanto apoio nós temos, deveriam realizar eleições livres e limpas. Essa é a nossa exigência: eleições livres, algo que não acontece há mais de cinquenta anos. Desde os dias de Nasser não tivemos eleições livres e verdadeiras.

Como um movimento que ajuda os pobres, vocês pretendem se eleger ao governo pacificamente, sem o uso da força?

Nós ajudamos os pobres, não com base em considerações políticas, mas porque é um ato que a nossa religião nos manda realizar. Precisamos ajudar a todos, dividir nosso dinheiro e nossa propriedade. Essa é uma obrigação. Somos contra a utilização de força. A força não é algo positivo para a nossa religião ou para o nosso povo e, na verdade, é proibida pela religião. Não sei por que todo mundo tem tanto medo do islamismo. O islamismo é uma ideologia de paz. É possível conviver conosco em paz e harmonia. É possível ver isso no Egito, onde convivemos com os coptas e com judeus durante anos. Os coptas nunca sofreram aqui com eventos como os que hoje têm ocorrido na Bósnia. Nós nunca proibimos igrejas no Egito, porque a nossa religião nos proíbe de prejudicar a religião alheia.

Podemos viver em paz e com boas e corteses relações com os outros. O Ocidente não precisa nos temer, nem se levantar contra nós.

Mas grupos islâmicos ameaçam detonar bombas em cafés e hotéis no Cairo e ferir estrangeiros. Isso está correto?

É claro que nos opomos a tudo isso, mas não temos informações a respeito. Estamos vendo violência contra violência e esse não é um bom caminho para a nação e para as pessoas. A violência não pode vencer a violência. Políticas diferentes, melhores para o povo, devem ser implementadas.

RAED SALAH
Líder do Movimento Islâmico em Israel

"Em 2040, 70 por cento da população aqui será de árabes e 30 por cento de judeus."

O xeque Raed Salah se recusa a falar em hebraico ou participar de eleições israelenses. Ele se veste como o mais zeloso dos xeques e foi um dos prisioneiros mais guardados nas prisões israelenses até sua recente libertação.

Ele é o líder do Movimento Islâmico em Israel e tem o apoio de centenas de milhares de pessoas no setor árabe. Raed Salah, 49 anos, ex-prefeito de Um Al-Fahm, provocou uma divisão em seu movimento. Em oposição a um pequeno grupo do sul liderado pelo xeque Muhammad Darwish, Salah vê a participação nas eleições pelo Knesset como um indicativo de reconhecimento do Estado de Israel, de forma que as boicota. Sua influência tem aumentado ao longo dos anos.

De forma similar à Irmandade Muçulmana no Egito, ou ao Hamas em Gaza e na Cisjordânia, Salah criou uma infraestrutura social incluindo um sistema educacional, jardins de infância e aulas em mesquitas, dadas separadamente a homens e mulheres. Até em Jaffa, perto dos clubes noturnos e da agitada vida noturna de Tel Aviv, mulheres usando *r'alas* [cobertura tradicional de cabeça] podem ser vistas atravessando as ruas, bem como homens vestidos de acordo com as ordens do Talibã, com barbas como a de Bin Laden.

O Movimento Islâmico em Israel chega a ter a própria liga de futebol e os jogadores jogam com as pernas cobertas, em sinal de recato. Antes do início do jogo, os juízes pregam sobre os princípios do islamismo e a mais leve transgressão às leis religiosas pode ser usada para expulsar um jogador.

Salah concentra seus esforços na luta pela Mesquita de Al-Aqsa em Jerusalém Oriental, o terceiro local mais sagrado do islamismo. Durante anos ele tem organizado encontros e manifestações em Um Al-Fahm, instigando as pessoas a "defender a Mesquita de Al-Aqsa". Ele adverte que, "se um herege tentar tocar as mesquitas, o resultado será o apocalipse".

Em maio de 2003, a polícia israelense prendeu o xeque Raed Salah. O promotor o acusou de manter contato com o Hamas e a Jihad islâmica e de financiar algumas de suas atividades. Salah argumentou em seu julgamento que aquilo era "supressão política" e negou qualquer contato com movimentos fundamentalistas no exterior. Seus defensores juraram que não se esqueceriam deles mesmo enquanto ele estivesse atrás das grades. Eles continuaram a luta pela libertação dele e da Mesquita de Al-Aqsa.

Salah foi libertado em 2005 e o Movimento Islâmico preparou uma comemoração para recebê-lo. A ampla crença de que ele foi libertado devido a falta de provas fortaleceu ainda mais o movimento e hoje ele é o movimento árabe mais importante de Israel.

Entrevista conduzida em 17 de novembro de 2001

O ramadã, o mês mais sagrado do islamismo começa hoje. O que ele representa para o senhor?

O jejum do ramadã ensina a contenção muçulmana e outros aspectos positivos, até o momento em que o fiel se encontra com Alá. Não tenho dúvida de que Alá ajuda os muçulmanos durante esse mês. No passado, muitas guerras foram combatidas no mês de ramadã, e Alá ajudou os muçulmanos a vencê-las.

E o que o senhor pensa da guerra santa, a Jihad?

A Jihad é interpretada de várias maneiras. O sentido básico é que todos os muçulmanos devem fazer tudo o que podem por Alá. Os muçulmanos devem fazer isso de todas as maneiras possíveis.

Uma guerra santa contra os Estados Unidos?

Os Estados Unidos bateram o recorde com as atividades terroristas que realizam. Hoje os Estados Unidos são um país corrupto e terrorista. O auge foi marcado por suas atividades terroristas contra 30 milhões de muçulmanos no Afeganistão.

É possível que uma poderosa máquina militar como a dos Estados Unidos, a maior do mundo, seja totalmente direcionada para perseguir um único homem, Osama Bin Laden?

Para começar, é necessário corrigir um detalhe importante. A principal meta dos Estados Unidos não é perseguir Bin Laden. A América do Norte já afirmou qual é a sua verdadeira meta. Nós ouvimos Bush, Rumsfeld e Powell dizendo que a meta é atacar e prejudicar a Revolução Islâmica.

Qual é a opinião do senhor sobre Osama Bin Laden?

Nós, muçulmanos, não nos concentramos nas pessoas, mas nos atos delas. Até agora, todas as exigências de Osama Bin Laden estão corretas e concordamos com o que ele está pedindo e exigindo. Eu apoio Bin Laden e lhe diria que ele deveria absorver os ataques americanos e continuar a acreditar no caminho do islamismo. Isso porque, onde quer que estejamos, em Um Al-Fahm, em Cabul, em Kandahar ou Al-Quds, devemos continuar a acreditar nas nossas metas.

Bush é o maior inimigo?

Queremos que Bush se converta ao islamismo e não só ele, mas Kofi Anan, Blair e os outros líderes do mundo. Eles precisam se converter ao islamismo porque o islamismo é a religião dos virtuosos, é a religião da tolerância.

E o conflito entre a Palestina e Israel continua em um impasse, como de costume...

De acordo com os Direitos dos Povos, de acordo com a lógica e com bom senso, e até se tirarmos da equação a utilização de armas por parte de Israel, quem tem o direito de existir nessa terra é, sem sombra de dúvida, o povo palestino.

Arafat costumava dizer que a arma mais eficaz do povo palestino é o útero de suas mulheres. O senhor concorda com isso?

Judeus e árabes vivem entre o Rio [Jordão] e o Mar [Mediterrâneo]. Estamos falando de cerca de 9 milhões de pessoas, das quais 3,5 milhões são palestinos e quase 6 milhões são judeus. Em 2020, mesmo se os refugiados não voltarem, o número de judeus e árabes entre o rio e o mar será igual: 50 por cento de judeus e 50 por cento de árabes. Em 2040, a proporção será de 70 por cento de árabes e 30 por cento de judeus.

O que o senhor estaria disposto a fazer pela Mesquita de Al-Aqsa?

É muito fácil para mim responder essa questão, mas quem realmente está respondendo essa questão são os um bilhão e meio de muçulmanos dispostos a se sacrificar pelo terceiro local mais sagrado do islamismo.

O que o senhor acha dos jovens árabes que estão começando a adorar a cultura dos clubes noturnos e música?

Se aqueles que vivem assim são judeus, isso não me interessa. Mas, se forem árabes, é um grande problema. Chegará o dia em que todos expressarão remorso por seus atos e voltarão ao caminho da correção, o caminho do islamismo.

ABDULLAH AL-SHAMI
Um líder da Jihad islâmica

"Meu filho não quer ser um shahid [*mártir*],
o que me causa grande pesar."

Nunca tinha acontecido de uma entrevista conduzida por mim com um líder ter levado à sua prisão apenas horas depois de ser publicada, exceto no caso do xeque Abdullah Al-Shami, líder da organização palestina mais extremista, a Jihad islâmica.

Um pouco antes da primeira visita do presidente dos Estados Unidos a Gaza, em dezembro de 1998, fui à casa de Al-Shami, em um bairro de Gaza, para ouvir a opinião dele, antes de Bill Clinton ser recebido na região como um herói.

Al-Shami, da mesma forma que seus professores espirituais iranianos, chama os Estados Unidos de o "Grande Diabo" e Israel de o "Pequeno Diabo". Ele não deixou nenhum espaço para dúvidas e ousou dizer: "É claro que eu ficaria feliz de ver Clinton morto". Para um homem como ele, que organiza manifestações de milhares de pessoas nas quais virou uma tradição queimar as bandeiras americana e israelense, é muito difícil ver a Faixa de Gaza, onde ele nasceu, coberta de símbolos e bandeiras americanas ao lado de bandeiras palestinas.

Algumas horas mais tarde, as declarações dele foram transmitidas repetidas vezes na mídia europeia e americana. Um repórter palestino que me acompanhou à casa do xeque me telefonou naquela noite. Ele estava preocupado e me disse que, em consequência de uma solicitação da CIA e uma ordem direta do Rais Yasser Arafat, Al-Shami e todo o alto escalão da Jihad islâmica, incluindo nove líderes, foram presos.

No dia seguinte, quando eu acompanhava Clinton em sua visita a Gaza, algumas pessoas na rua apontaram para mim e disseram: "Lá está o homem que entrevistou o xeque". Depois que ele foi libertado da prisão, quarenta dias mais tarde, Al-Shami ligou para o repórter palestino que estava comigo e disse que não se ressentia de mim. Anos mais tarde, voltei à casa dele no auge da Intifada, quando ele já tinha sido marcado para ser morto por Israel. Diferentemente da situação no passado, dois guarda-costas ficaram na sala durante toda a entrevista, observando com atenção todos os meus movimentos.

O xeque, de 49 anos, casado com duas mulheres e pai de oito filhos, mencionou repetidas vezes sorrindo que "Este homem me mandou para a prisão" e acrescentou em um tom mais sério "Você não tem culpa pelo que aconteceu". No fim da entrevista, ele me convidou para tomar um café e me mostrou o "sagrado dos sagrados", uma biblioteca que inclui as biografias e autobiografias de todos os líderes israelenses e generais da FDI. "Devemos conhecer de perto o nosso inimigo", ele explicou, vendo a minha surpresa.

As paredes estavam cobertas com dezenas de fotos de homens-bomba de sua organização; de acordo com informações que ele nega, eles foram recrutados, entre outras coisas, com sua bênção pessoal. Ele alega que sua organização conta com o apoio de cerca de 8 por cento da população palestina – cerca de 300 mil pessoas. Depois da vitória eleitoral de Mahmoud 'Abbas (Abbas), o herdeiro do presidente Yasser Arafat, o novo Rais chegou a um acordo com a Jihad, impedindo ataques terroristas contra Israel em uma tentativa de implementar o cessar-fogo. De acordo com várias fontes, a Jihad, particularmente seu braço militar, as Brigadas de Al-Quds, prometeram manter a paz, mas continuam a planejar ataques terroristas estratégicos no caso de as negociações entre Israel e a Autoridade Palestina fracassarem.

Na primeira entrevista que conduzi com ele, em meados dos anos 1990, no auge do processo de paz, ele me disse que seu maior sonho era que seu filho, então com 15 anos de idade, fosse um *shahid* e cometesse suicídio em Israel. Cerca de nove anos depois, quando lhe perguntei se seu sonho tinha se realizado, ele me respondeu com uma expressão séria no rosto "Por enquanto ele não quer ser um *shahid*, o que me causa grande pesar".

Entrevista conduzida em 9 de julho de 2003

A última entrevista que conduzi com o senhor, na véspera da visita do presidente Clinton a Gaza, lhe causou muitos problemas. O que exatamente aconteceu?

Você não tem culpa do que aconteceu. Na véspera da visita de Clinton, eles interpretaram erroneamente o que eu disse contra ele e acreditaram que fosse alguma espécie de ameaça. As minhas palavras não constituíam nenhuma ameaça e eu não tinha intenção alguma de ameaçar Clinton, mas eles me prenderam.

A CIA pediu para prender o senhor. Quanto tempo o senhor passou na prisão da Autoridade Palestina?

Fiquei quarenta dias na prisão, com nove outros líderes da organização.

Como o senhor vê a situação atual, depois de mil dias de Intifada?

A Intifada irrompeu depois do fracasso completo do processo de paz dos Acordos de Oslo, um processo que não teve valor algum e humilhou os palestinos. O mesmo processo, que chegou a um beco sem saída em Camp David, provocou o levante. Agora eles estão tentando nos impor uma solução, chamada de "Road Map", que levará a outra explosão na região.

O senhor acredita que um plano de paz como esse não levaria ao estabelecimento de um Estado palestino, mas sim a uma nova Intifada?

Acredito que o plano de paz dos Estados Unidos e Israel, o "Road Map", seja um pacto de defesa que levará a uma rebelião nas ruas palestinas. Depois que os palestinos cumprirem suas obrigações de segurança segundo o acordo, Israel e os Estados Unidos não cumprirão as obrigações deles. Essa é a razão pela qual rejeitamos esse plano. Acreditamos que os Estados Unidos e Israel não levem a sério o cumprimento do lado deles do acordo.

Por que a Jihad islâmica concordou com o cessar-fogo islâmico, a hudna?

A Jihad islâmica concordou com a *hudna* e com uma interrupção dos ataques para impedir um conflito interno palestino. Um conflito como esse só serviria aos interesses do inimigo, Israel. O ponto fraco dos palestinos, que seria exposto por um conflito interno como esse, não levaria a nenhuma pressão contra os israelenses, de forma que passamos a honra a Israel. Desse modo, a pressão internacional e a dos países árabes será totalmente direcionada contra Israel e não contra o povo palestino.

O que exatamente é uma hudna*? Um cessar-fogo de acordo com a lei corânica?*

Isto não é uma *hudna*, mas um cessar-fogo unilateral, da parte dos palestinos. Uma *hudna* é um acordo entre dois lados que concordam em parar de lutar por um determinado período. Não houve um acordo como esse entre os grupos de oposição e Israel. Nós aceitamos o cessar-fogo nos nossos próprios termos. Se Israel cumprir suas obrigações, o cessar-fogo continuará; se não, voltaremos a lutar. Enquanto isso, podemos explicar e justificar nossos ataques terroristas, especialmente depois das violações israelenses, dos assassinatos, das mortes e das operações do exército nos territórios. Israel ameaça a Mesquita de Al-Aqsa quando permite que judeus entrem nela. E há discriminação entre prisioneiros da Jihad islâmica e do Hamas em comparação com os outros prisioneiros. Nós rejeitamos totalmente isso.

Quantos prisioneiros do seu movimento o senhor espera que sejam libertados por Israel e quantos membros da organização Jihad estão detidos em prisões israelenses?

Até onde sei, há milhares de prisioneiros da Jihad islâmica. Estou convencido de que esses prisioneiros serão libertados, especialmente se os israelenses quiserem que a situação continue tranquila. Não estamos exigindo a libertação só dos prisioneiros da Jihad islâmica, mas de todos os prisioneiros palestinos.

Quantos membros tem o braço militar da Jihad?

Não mantemos estatísticas, porque a nossa luta não acabou, mas podemos dizer que centenas pertencem à Jihad islâmica e às Brigadas de Al-Quds.

Qual é a sua explicação para o fato de Israel ter matado tantos líderes e ativistas durante a Intifada, entre eles muitos da sua organização, mas deixaram o senhor vivo?

[Risos.] Só sei que o nosso inimigo israelense preparou uma emboscada para nós e disse isso publicamente. Depois do assassinato de Abu 'Ali Mustafa, Israel divulgou uma lista de líderes palestinos que pretendem matar, e eu estou nessa lista. Está nas mãos de Alá se Israel vai me matar ou não.

Não vejo grandes medidas de segurança implementadas aqui, além dos guarda-costas. O senhor não tem medo?

Não tenho medo de nada e especialmente não de Israel. Eu não vivo com medo; tenho uma vida normal e espero ser um *shahid* como todos os outros *shahids*, com a meta de ser libertado de todas as dificuldades deste mundo.

Na época, o senhor disse que se orgulharia se o seu filho se tornasse um shahid. *O senhor sem dúvida viu* shahids *antes de saírem para executar os ataques. O que o senhor acha que eles sentem nesse momento?*

Nunca encontrei ninguém antes de a pessoa partir para um ataque porque não sou responsável pelo braço militar do movimento. Mas posso dizer com confiança que tal pessoa está no auge do êxtase nesse momento, porque esperou meses e até anos pelo ataque.

Então é como um casamento? Vemos pessoas distribuindo doces depois de um ataque suicida e não entendemos. É como um casamento porque ele sobe ao Céu? O senhor poderia nos explicar?

É um sentimento difícil de explicar. Quando uma pessoa mora em uma casinha apertada e eles constroem uma grande mansão para ele, equipada com a mais recente tecnologia e tudo mais, ele se muda para a nova casa, o sentimento dele muda ao ponto de ele ser irreconhecível. Algo similar acontece durante um ataque suicida.

Quantos candidatos a shahid *há em Gaza? Centenas? Milhares?*

Acontece que o suicídio se transformou em uma espécie de cultura entre as crianças, mulheres e toda a sociedade palestina. Eu não estaria exagerando se dissesse que há milhares de palestinos querendo ser *shahids*. Os funerais dos *shahids* são uma prova disso.

Quanto apoio a Jihad tem em toda a Palestina?

Não temos dados oficiais, mas, de acordo com fontes não oficiais, o apoio à Jihad islâmica aumentou desde o início da Intifada. Algumas pessoas estimam que a força da Jihad seja de 8 por cento. Outras fontes alegam que a porcentagem de apoio ao Hamas e à Jihad juntos seja maior que a do Fatah.

A Autoridade Palestina e o primeiro-ministro estão conduzindo negociações com Sharon. Na semana passada, eles chegaram a se abraçar quando se encontraram. O senhor os considera traidores?

Acredito que nenhum líder palestino possa trair o povo palestino e sua luta, porque a questão palestina não é uma questão separada, ela pertence a todo o povo palestino; é uma ideologia que não pode ser abandonada. Acredito que Abbas não passa de um episódio político temporário, provocado por pressões internacionais e israelenses. Ele será substituído, como já aconteceu em outros períodos. A Palestina é mais importante que qualquer pessoa.

O que o senhor acha de Sharon? O senhor acha que eles o matarão?

Sharon é o último dos líderes da geração que estabeleceu o Estado de Israel e o povo de Israel se voltou a ele quando viu que estavam com problemas. A época de Sharon passará e ele será substituído como aconteceu com outros líderes. Pressionado pelos nossos grupos e pela Intifada, ele começou a mudar sua forma de pensar.

O senhor acha que Sharon pode ser o homem que assinará um acordo com os palestinos?

Não digo isso. Sharon não pode assinar um acordo com os palestinos nem fazer nenhuma dolorosa concessão, devido à pressão da direita israelense.

O senhor acha que existe a possibilidade, como eles temem em Israel, de a Jihad agir contra líderes políticos israelenses?

Tudo depende do que o inimigo israelense fizer. Até agora, a nossa estratégia foi matar colonos e soldados. Mas, quando Israel atacou os nossos cidadãos, a nossa estratégia foi atacar os cidadãos deles. Tudo é mútuo. Quando Israel prejudicar os nossos líderes, nós agiremos de forma similar.

O senhor esteve onze vezes em prisões palestinas, em várias ocasiões e por vários períodos, de um mês a um ano e meio. O que o senhor sentiu em uma prisão palestina?

Eu fiquei furioso. Minha raiva é especialmente intensa quando tanto a Autoridade Palestina quanto as forças de ocupação israelenses nos prendem. Justamente nos momentos mais difíceis do conflito, a Autoridade prende nossos jovens que estão lutando contra a ocupação. Quando esses jovens estão nas prisões da Autoridade, eles se tornam alvos fáceis para Israel.

O senhor acredita que a polícia palestina confiscará as armas do seu povo?

Nas nossas conversas com o primeiro-ministro palestino, ele nos prometeu que não haveria prisões nem confiscação de armas nos nossos lares. Esse foi o acordo com a Autoridade. Há armas ilegais que estão sendo usadas para conflitos internos e brigas familiares. Armas que constituem uma ameaça à segurança palestina devem ser confiscadas.

Eles confiscarão as armas da Jihad islâmica?

Essas são armas legítimas, cujo propósito é combater a ocupação e proteger o povo palestino. Ninguém tem o direito de confiscar essas armas enquanto o povo palestino for ameaçado.

Quem o senhor respeita e considera um líder, o presidente Arafat ou o primeiro-ministro Abbas?

O próprio Abbas aceita a liderança de Arafat. Arafat é o líder histórico, que liderou a OLP e o povo palestino. Ele deu legitimidade a Abbas.

O que o senhor pensa do ataque de 11 de setembro contra os Estados Unidos e do movimento de Osama Bin Laden?

Esses ataques ocorreram em consequência das políticas equivocadas dos Estados Unidos por todo o mundo. Me preocupo com os Estados Unidos continuando suas políticas equivocadas em relação aos países árabes e a luta palestina.

O senhor considera Osama Bin Laden um herói?

Osama Bin Laden é um importante representante do islamismo que sofreu muito com o tratamento injusto por parte dos governos árabes e dos Estados Unidos.

Ele é um herói?

Penso que as ações dele fizeram com que o povo islâmico e árabe o veja como um herói.

Então o senhor acha que haverá mais ataques da Al-Qaeda?

Se Osama Bin Laden não existisse, outros mil Bin Ladens teriam surgido contra os Estados Unidos. Penso que tudo o que está acontecendo no Iraque provocou o fenômeno de pessoas similares a Bin Laden, que lutam contra a ocupação americana.

O senhor nega o direito do Estado de Israel de existir?

Quero perguntar uma coisa. Os espanhóis se opuseram à presença árabe na Espanha e passaram 800 anos lutando contra isso. Nós não temos o direito de lutar contra a presença estrangeira na Palestina, uma presença que só tem menos de cinquenta anos?

O que acontecerá aos 6 milhões de judeus que moram em Israel?

Isso não é problema nosso. Nós não criamos Israel; o Ocidente criou. Dessa forma, quem deve resolver o problema é o Ocidente. Por que eles merecem a nossa terra? Por que eles não ganham terra em outro lugar, nos Estados Unidos ou na Austrália? Por que o problema do Ocidente precisa ser solucionado sobre as nossas costas? Não é lógico.

E o que os judeus que nasceram e vivem em Israel farão?

O fato de terem nascido aqui não dá legitimidade à presença deles. Cada judeu que já estava aqui e que vivia em terra palestina pode continuar morando conosco, sem problema algum. Mas todos aqueles que não nasceram aqui devem receber o direito de criar um país. Estamos lutando contra os judeus não porque eles são judeus, mas porque são ocupantes.

MAHMOUD AL-ZAHAR
Líder do Hamas em Gaza e ex-ministro das Relações Exteriores da Autoridade Palestina

> *"Sharon e Netanyahu são criminosos. Nós os perseguiremos onde estiverem e perseguiremos os filhos e netos deles e julgaremos cada pessoa que realizou crimes contra o nosso povo."*

A Intifada transformou Mahmoud Al-Zahar, aos 54 anos, em um líder do Hamas em Gaza; o Hamas é a organização palestina fundamentalista mais importante. Ao longo dos anos, quando era o número três na hierarquia da organização, ele viu os líderes que o precederam, o xeque Ahmad Yassin e o Dr. 'Abd Al-'Aziz Al-Rantisi, mortos pela Força Aérea israelense.

Al-Zahar é filho de pai palestino e mãe egípcia. Ele estudou medicina no Cairo e atuou como médico e professor de medicina em Gaza. Em 1988, ele foi preso pela FDI e, em 1992, exilado ao sul do Líbano, onde morou por um ano. Na segunda metade dos anos 1990, ele foi aprisionado e torturado pela polícia da Autoridade Palestina. No dia 10 de setembro de 2003, uma bomba lançada por um F-16 israelense atingiu sua casa. Al-Zahar ficou ferido, bem como sua esposa e um de seus três filhos. Seu filho mais velho, Khalad, e seu guarda-costas foram mortos.

Diante do sucesso do Hamas nas eleições, Al-Zahar se tornou mais extremista em suas declarações e criticou publicamente a Autoridade Palestina e seu líder, Mahmoud Abbas. Quando mencionei que Abbas está exigindo que milhares de ativistas do Hamas se rendam e entreguem as armas, com o argumento de que só pode haver uma autoridade, a da polícia palestina, ele riu e disse: "A única autoridade é israelense. Mesmo para ir de Gaza à Cisjordânia, Abbas não pode dar um passo sequer sem pedir a permissão de Israel".

"A retirada israelense é uma vitória concreta para nós. Só um ano e meio atrás, Sharon disse que o destino de Netzarim é o mesmo que o de Tel Aviv. E agora ele se retirou. Ele saiu unilateralmente, sem conduzir negociações com ninguém. Todo mundo sabe por que ele saiu de Gaza: por causa dos nossos mísseis Kassam, por causa dos ataques dos *shahids* e por causa da destruição dos tanques deles", Al-Zahar diz alguns dias antes do início da retirada israelense de Gaza.

"Este é um momento histórico. Atingimos parte da nossa meta e neutralizamos a ocupação corrompedora que destruiu tanto com tanta frequência. Estamos felizes, porque os colonos vieram aqui sem nenhum direito histórico, sem nenhuma base ética."

Seu irmão é um dos principais líderes do braço militar do Hamas. Al-Zahar foi um dos arquitetos do plano do Hamas para tomar o controle de Gaza em junho de 2007.

Entrevista conduzida em 24 de janeiro de 2007

"Os setores palestinos que reconhecem Israel e, por quase dez anos receberam instruções norte-americanas e israelenses, mantiveram constantes negociações políticas e profissionais com eles. O que eles conseguiram em troca? Absolutamente nada", disse Mahmoud El Zahar, ministro palestino das Relações Exteriores em uma entrevista realizada no ministério de Gaza. O líder do Hamas acrescentou: "Não desperdiçaremos o tempo do nosso povo e não faremos nada pelas costas deles. Nós lhes diremos a verdade, que Israel não está pronto para negociar e não está disposto a tomar medidas construtivas para criar um Estado palestino. Dessa forma, a negociação pela simples negociação não é o nosso estilo".

Um ano atrás o Hamas venceu o Fatah nas eleições parlamentares. Como o senhor avalia o primeiro ano do governo?

Acredito que este seja um período muito crítico e impressionante na nossa história, porque, durante as eleições, o nosso povo votou pelos líderes que representam reforma e reconciliação.

O governo de fato tem implementado reformas na administração, nas finanças, bem como na política. Por exemplo, no nível político, que é de minha responsabilidade como ministro das Relações Exteriores, abri muitas portas que estavam fechadas, como o Kuwait, a Líbia, Bahrein e Sudão. Também abri muitas portas na política externa. Eu visitei a Indonésia, a Malásia e o Irã. Levantamos fundos para o bem-estar do povo palestino, não apenas como verbas públicas mas também com doações populares, que foram de grande ajuda. Temos adotado uma maneira extremamente profissional de operar no nível administrativo, além da inclinação política dos nossos funcionários. Reduzimos o desperdício que não servia aos interesses do povo palestino.

Desde a criação do governo do Hamas, a Autoridade Palestina se vê diante de uma grave crise econômica e os Estados Unidos e a União Europeia congelaram a ajuda econômica. O senhor acredita que o Hamas conseguirá governar por mais quatro anos?

Quando começamos tínhamos um déficit orçamentário de um bilhão e meio de dólares e hoje estamos controlando adequadamente a ajuda econômica. O obstáculo que temos é que os bancos não podem ajudar os palestinos por meio de empréstimos por temerem sanções. Então o nosso problema não é como fornecer o dinheiro, mas como alocá-lo.

No que se refere ao processo de paz, vocês têm algum plano específico?

Lançaremos uma iniciativa com o apoio da comunidade internacional. Essa é a única iniciativa realista com o objetivo de chegar a uma *hudna* [trégua].

Tentaremos chegar a um período de tranquilidade para todos, mas não às custas do povo palestino. Nossa maior meta é impedir as agressões israelenses e impedir todas as ações militares na área. Em segundo lugar, queremos reformar os serviços educacionais, financeiros e de saúde para o povo palestino. Isso não pode ser feito se os prisioneiros não forem libertados. Também devemos abrir as portas entre Gaza e a Cisjordânia, além de abrir os portões entre a nossa região a todos os países árabes por meio da Jordânia e do Egito. Devemos implementar um programa de investimento – especialmente em Gaza – para chegar a uma trégua que ajudará a minimizar o sofrimento do povo palestino.

Mas o sofrimento deles é um resultado de lutas internas entre o Hamas e o Fatah. O senhor acredita que o povo palestino está à beira de uma guerra entre irmãos?

Eles [o Fatah] não levam em consideração os interesses palestinos. Eles são financiados pelos Estados Unidos e acreditam que os confrontos solucionarão todos os problemas deles. Para realizar seu plano eles não permitem que outros grupos entrem no governo e, dessa forma, estão colocando em risco a segurança palestina. A proposta de Condoleezza Rice [Secretária de Estado dos Estados Unidos] de implementar o primeiro estágio do Road Map, envolve neutralizar a resistência palestina, incluindo o nosso governo. Isso é inaceitável e infundado para todos. Os Estados Unidos e Israel os sustentam com mais de 86 milhões de dólares, com munição, armas e muitas outras coisas. Para satisfazer os americanos e israelenses, eles utilizarão de força se não constituirmos um governo tecnocrata sem o Hamas e o Fatah.

Se o presidente Mahmoud Abbas, que também é o atual líder do Fatah, solicitar as eleições antecipadas, como o Hamas reagirá?

Primeiro utilizaremos os nossos direitos legais, que é o que estamos fazendo agora. Pediremos para o nosso povo ser paciente e enfrentar a situação de modo democrático por meio de métodos legais. Eles vão perder, porque acredito que o povo palestino vai rejeitá-los da mesma maneira como fez nas últimas eleições.

O senhor alega que os países ocidentais estão contra vocês, mas na realidade eles só estão pedindo que vocês aceitem as condições do Quarteto de Madri, como reconhecer Israel e abandonar a violência...

Para começar, os Estados Unidos têm uma política anti-islâmica. A política faz com que pessoas ignorantes e estúpidas acreditem que todos os governos islâmicos, ideologias e plataformas são terroristas; em segundo lugar, nós fazemos parte de um conflito regional. Um conflito que existe entre Israel e o Líbano, um conflito que existe entre Israel e os Estados Unidos por um lado e com o Irã por outro lado; tudo que está acontecendo no Afeganistão e no Iraque bem como o que está acontecendo nos chamados "governos moderados" faz parte dessa atitude negativa em relação a nós. As pessoas têm medo dos grupos islâmicos porque acreditam que eles implementarão uma teocracia, mas não é esse o caso. Estamos aplicando um novo modelo administrativo que está colocando todas as pessoas em seu devido lugar, independente de suas crenças políticas. Na nossa lista temos um cristão e no nosso governo temos um ministro cristão. Eles distorcem as nossas intenções para difamar o islamismo. Eles ajudarão os israelenses de todas as maneiras possíveis para impedir qualquer governo como o nosso de ter um posicionamento firme contra Israel.

XEQUE HASSAN YOUSSEF
Líder do Hamas na Cisjordânia

"Nós, do Hamas, queremos estabelecer um Estado nas fronteiras de 1967."

O xeque Hassan Youssef é um líder do movimento do Hamas na Cisjordânia. Em 1992, ele foi um dos 415 ativistas fundamentalistas deportados ao sul do Líbano. Eu o visitei em sua casa, na região de Ramallah, em novembro de 2004, apenas alguns dias após sua libertação de uma prisão israelense, onde cumpriu uma pena de oito anos.

Mossab, 23 anos, seu respeitado filho e assistente mais próximo, me recebeu e disse: "Vocês, do Ocidente, precisam entender que não somos terroristas. Nós só queremos defender os nossos direitos". Ao mesmo tempo, seu pai estava conduzindo negociações ao telefone com um oficial da Autoridade Palestina sobre os detalhes da declaração de cessar-fogo que seria divulgada mais tarde. Ele estava falando com a pessoa que era então candidato a herdeiro de Yasser Arafat, Abbas.

Durante a hora que passei esperando por ele, ouvi duas conversas que ele teve ao celular, que não parava de tocar. Uma foi com o líder do Hamas em Gaza, Mahmoud Al-Zahar, e a segunda, com o líder do movimento no exterior, Khalad Mashal.

Youssef me levou a seu jardim e, com um gesto visando quebrar os estereótipos, me deu uma flor. Durante a entrevista, ele jurou que o movimento estava tentando, antes de mais nada, se tornar um movimento político e, pela primeira vez, sugeriu não oficialmente que o Hamas reconheceria a existência de Israel, dentro das fronteiras de 1967.

Apenas alguns meses depois, em fevereiro de 2005, voltei para outra visita. A cortesia estampada no rosto do xeque tinha sido substituída por profunda raiva. Dos 500 prisioneiros palestinos que foram libertados, menos de 30 eram membros do Hamas. "Enquanto eles não libertarem todos os palestinos, entre eles 3 mil pessoas do Hamas, não haverá um verdadeiro cessar-fogo", o xeque ameaçou e sugeriu que a Autoridade Palestina aparentemente só se importava com os membros do movimento de Mahmoud Abbas.

De acordo com Youssef, o cessar-fogo anunciado por Abbas e o primeiro-ministro de Israel, Ariel Sharon, na conferência de Sharm El Sheikh em 8 de novembro de 2005, "Foi uma tragédia porque não toca nos verdadeiros problemas do povo palestino".

Em meados de 2007, Hassan Youssef ainda era um prisioneiro em Israel, participando ativamente da vida política palestina de sua cela em uma prisão israelense. Aparentemente ele tinha um celular, porque consegui falar com ele várias vezes. Na prisão, e mais ainda nos nossos encontros em Ramallah, Youssef enfatizou vez após vez que o Hamas está a caminho de uma linha mais moderada, para se ajustar à realidade, pelo menos na nossa geração, e reconhecer a existência de Israel ao lado do Estado palestino em toda a Cisjordânia, Faixa de Gaza e Jerusalém Oriental.

Entrevista conduzida em 23 de novembro de 2004

Como o senhor vê a situação criada após a morte do líder palestino, Yasser Arafat?

As coisas obviamente mudaram no período após eu ser libertado da prisão, e Arafat deixou um vácuo. Não se pode negar isso. Mas o povo palestino que gerou Arafat é capaz de gerar outros líderes que, no futuro, ocuparão o lugar do *Rais*. Penso que a morte dele deixou uma profunda ferida em nós, que dividiu a nossa sociedade, mas somos capazes de superar isso.

E, em algumas semanas, haverá eleições para a presidência.

Sobre as eleições, devemos lembrar que ainda estamos sob ocupação israelense. Eles continuam a nos atacar, temos mortos e feridos e prisioneiros em prisões israelenses. Não é possível realizar verdadeiras eleições no meio de todo esse caos. Mas, se tudo o que eu disse chegar ao fim, e é o que nós do Hamas queremos, estamos dispostos a apoiar as eleições e participar delas, mas precisamos ser democráticos.

O Hamas participará?

Em geral o Hamas apoia as eleições. No momento estamos discutindo se vamos apoiar as eleições presidenciais e se devemos apoiar este ou aquele candidato. Queremos novos rostos, sangue novo; os palestinos que vêm nos liderando por tantos anos devem ser significativamente mudados. Dentro de 48 horas saberemos se o movimento do Hamas apoiará ou não as eleições presidenciais. Também vamos nos decidir sobre as eleições parlamentares nos próximos dias. Em geral, nós apoiamos as eleições para autoridades locais [municipalidades e conselhos]. Não temos eleições verdadeiras e justas aqui, exceto nas universidades, e lá o Hamas venceu com a maioria. Não posso dizer qual é a porcentagem do apoio ao Hamas em comparação com os outros movimentos. Mas posso dizer que a força do Hamas está crescendo a cada dia. Os milhares que vieram me receber quando fui libertado da prisão são uma prova do fato de que eles nos amam e nos querem [no poder].

Qual é a extensão do apoio ao Hamas na Cisjordânia e na Faixa de Gaza?

O movimento do Hamas deu os primeiros passos nas ruas palestinas dezessete anos atrás. Desde então, temos tido um apoio cada vez maior na Cisjordânia e em Gaza. Atualmente contamos com um apoio muito grande, especialmente na Faixa de Gaza. Não pretendemos lutar com outros movimentos pela presidência, mas a nossa meta é unificar o povo palestino para dar um fim à ocupação israelense.

Como a Autoridade Palestina liderada pelo Hamas será diferente?

Nós, no Hamas, acreditamos em amizade e igualdade entre os povos, sejam judeus, muçulmanos ou cristãos. Somos um movimento claro e transparente capaz de influenciar os outros. Se fôssemos tão negativos quanto algumas pessoas alegam, como é possível explicar o apoio que recebemos das pessoas?

O Hamas está dando continuidade à Intifada, mas Abbas se opôs a ela. O que o senhor pensa de Abbas?

Somos um movimento que, no nível individual, respeita todas as pessoas e concorda com todos os palestinos. No nível político, nos opomos ao que Abbas e Abu 'Ala estão fazendo. Como disse antes, somos um movimento aberto, disposto a dialogar com todos os movimentos e líderes palestinos para chegar a um acordo. As próximas eleições serão democráticas e, se Abbas for eleito, estaremos dispostos a dialogar com ele.

E a Intifada?

A Intifada não é a meta final do povo palestino, mas um meio para impedir a ocupação e a destruição israelenses e chegar à libertação dos nossos prisioneiros mantidos em prisões israelenses. Se a Espanha fosse ocupada por outro país, que matasse o povo espanhol e os aprisionasse, como seria a reação? Somos os últimos a querer ver uma única gota de sangue neste país, mas a Intifada só terminará quando formos livres.

O Hamas executou vários ataques suicidas em Israel. Isso continuará?

Eu repito: a Intifada não é um fim, é só um meio. O problema não somos nós, mas os israelenses que matam nossas crianças, nos aprisionam e destroem os nossos lares. Como posso me defender de caças F-16 que lançam mísseis nas nossas casas? A única ferramenta que tenho na luta contra a ocupação israelense é a pessoa que está disposta a se sacrificar. Não queremos ver nenhuma gota de sangue, mas eles devem nos deixar em paz, eles devem se retirar, e só então concordaremos com uma *hudna*. Como podemos concordar com um cessar-fogo se eles continuarem morando aqui na região? Não quero ver mais ataques terroristas no futuro, mas também não quero ver israelenses matando palestinos. Queremos paz e tranquilidade, mas o inimigo sionista continua a destruir e matar. O que podemos fazer?

Como o senhor explica o fenômeno de jovens cometendo suicídio? O senhor deixaria seu filho fazer isso?

Tudo o que acontece aos palestinos se aplica a mim e à minha família. Eu não quero morrer. Somos seres humanos, representantes de Alá na Terra. Por que fazemos isso? Por causa dos crimes israelenses de ocupação. Se você fosse uma vítima da ocupação, se visse com os próprios olhos como eles mataram sua esposa e filhos, o que você faria? Eu lhe digo o que eu faria: eu lutaria contra eles, e é isso que estamos fazendo.

O que o senhor sente quando alguém comete suicídio em Israel?

Por que você não pergunta o que eu sinto quando os israelenses matam palestinos? Por exemplo, veja o que aconteceu com o oficial israelense que matou uma menina palestina, uma criança inocente. Por que eles matam crianças? Eles mataram quase 700 das nossas crianças e temos quase 3.500 ou 4.000 vítimas. Milhares de lares foram destruídos, mais de 10 mil casas foram danificadas. Israel não se importa nem um pouco com isso? Não quero que nenhum palestino seja atacado, nem que ataque os outros.

O senhor está dizendo que o Hamas será mais como um partido político e menos como organização armada?

Não concordo com essa escolha de palavras. É claro que eu, pessoalmente, estou disposto a dialogar e negociar com os outros líderes, mas como posso fazer isso se tanques vêm do outro lado para me matar e destruir o meu lar? A ocupação é um fato. Como posso ir para o outro lado? Estamos dispostos a conversar com eles se nos deixarem em paz, se saírem dos territórios e acabarem com a ocupação.

O senhor concordaria com a existência do Estado de Israel ao lado da Palestina? Rantisi nos disse que jamais concordaria com isso.

Não concordo com o Dr. Rantisi. Estamos falando aqui de uma *hudna*, porque queremos uma *hudna*. Estamos atentos aos mais profundos desejos da população palestina, de forma que apoiamos a ideia de uma *hudna*. Mas lhe digo uma coisa: Israel não quer um cessar-fogo, eles não querem a paz conosco. Nós, do Hamas, queremos estabelecer o nosso Estado nas fronteiras de 1967. Mas com quem negociaremos um cessar-fogo? Claramente, com o outro lado, com o outro país, com o Estado de Israel. Mas, mesmo se todos os palestinos saírem da Cisjordânia e da Faixa de Gaza, Israel não ficará satisfeito, porque tem planos de ocupar outros países.

O senhor concorda com a criação de dois países dentro das fronteiras de 1967?

Como já expliquei, nós, do Hamas, somos muito claros e abertos. Se concordarmos em estabelecer um Estado nas fronteiras de 1967, isso significa que concordamos que haverá um outro país do outro lado da fronteira. Isso é lógico. Se esse Estado palestino foi estabelecido, não seremos seus líderes, porque então seremos soldados e o defenderemos. Eu repito. Nós, do Hamas, dizemos que, se a ocupação acabar, estaremos prontos para qualquer possibilidade.

O líder do seu movimento em Gaza, Mahmoud Al-Zahar, se recusa a entregar as armas e diz que se oporá a isso. Qual é a opinião do senhor?

Concordo com Al-Zahar. Não podemos entregar nossas armas; precisamos nos defender da ocupação israelense. É uma oposição normal para qualquer pessoa, até para animais; quando sentem perigo, eles se defendem.

A retirada de Gaza simboliza uma vitória para o Hamas?

É lógico que a ocupação chegará ao fim em Gaza e eles partirão. Eles estão fugindo, não com uma coroa de flores na cabeça, mas sendo expulsos pela força. Eles estão recuando devido à nossa luta contra a ocupação. Foi o que aconteceu a Hitler; o destino dele foi decidido pelas forças armadas. As pessoas da Europa, em sua luta, reconquistaram sua liberdade.

Depois do tempo que o senhor passou na prisão, o senhor odeia os israelenses?

Eu não odeio os israelenses, nem odeio os judeus. Só odeio os ocupantes. A ocupação matou muitos do meu povo e continua a destruir nossos lares. Eu considero os judeus como nossos irmãos. Os dois lados são monoteístas; eu respeito os judeus.

Entrevista conduzida em 14 de fevereiro de 2005

A condição de vocês para o cessar-fogo é a libertação de todos os prisioneiros palestinos?

Sim. Dezenas de prisioneiros nos telefonam todos os dias e nos dizem que sabem que temos a questão dos prisioneiros no nosso coração e que confiam em nós. Eu recebo cartas, telefonemas e mensagens dos advogados deles. Os prisioneiros que recorrem a nós pertencem a todos os partidos e movimentos palestinos, não apenas ao Hamas. Recebo mensagens de prisioneiros de outras organizações que dizem que, no que se refere a uma solução para os problemas deles, eles só podem contar com o Hamas. Todos os prisioneiros nos dizem que precisamos nos manter firmes na nossa posição sobre essa questão, para que eles sejam libertados.

Essa é a única condição para um cessar-fogo?

Não, e quem achar isso está enganado. Nós poderíamos nos poupar de muitos problemas se pensássemos assim. Eles fizeram uma proposta tentadora: posições ministeriais; participação no governo; uma vida mais tranquila e mais descontraída; mas nós recusamos, porque isso vai de encontro aos direitos do nosso povo, e pagamos um preço alto por essa recusa. A questão dos prisioneiros não é um problema só do Hamas. Estamos esperando pela libertação do primeiro prisioneiro e não nos importa a qual grupo ele pertence. Não preferimos um membro do Hamas a um prisioneiro de algum outro partido. A luta é geral, do povo todo.

O senhor não se preocupa com a possibilidade de, no fim, a Autoridade Palestina agir contra vocês se não concordarem com um cessar-fogo?

Sabemos que podemos nos ver em uma situação delicada. Não queremos criar uma situação de conflito interno na sociedade palestina. Foi traçada uma linha na areia para nós e não pretendemos cruzá-la. No passado, apesar de eles nos condenarem, nos aprisionarem e nos perseguirem, sempre nos recusamos ser arrastados a um conflito. Nos esforçaremos para impedir lutas internas. No entanto, por outro lado, estamos sendo pressionados pelos prisioneiros e suas famílias e por toda a população que conta conosco e com nosso posicionamento firme e acredita que não abriremos mão dos nossos direitos ao nosso país, à nossa honra, à nossa terra e aos locais sagrados para o islamismo e o cristianismo. Todos estão nos pressionando em relação a essas questões e estamos com as costas contra o muro e tentando equilibrar todos os partidos para impedir o conflito interno.

Quem decide no Hamas, vocês na Cisjordânia e em Gaza, ou os líderes em Damasco?

Juntos ficamos sabendo de todos os problemas: em Gaza, na Cisjordânia, nas prisões e no exterior. Todos os mecanismos do Hamas discutem as várias posições e chegam juntos a uma decisão final. Nenhuma pessoa ou grupo específico no Hamas força seu posicionamento aos outros. Não existem diferenças entre nós, todos trabalham como um grupo; não há extremistas. Somos uma coisa só; não há possibilidade de coerção interna. Quando chegamos a uma decisão, todos concordam em implementá-la.

Qual é a opinião do senhor sobre o encontro de Sharm El Sheikh?

Para nós, o encontro de Sharm El Sheikh foi uma tragédia e uma grande decepção. Não conseguimos nem o mínimo, à luz dos sacrifícios que fizemos. O que o nosso povo conseguiu em Sharm El Sheikh? Nada. Não chegamos a discutir nem mesmo o menor dos problemas lá, como a reconstrução das instituições palestinas em Jerusalém e o muro da separação. O que foi feito em relação ao problema dos refugiados e à questão de Jerusalém? E a questão de um Estado palestino soberano? Os prisioneiros? Tudo foi adiado. Quando discutiremos todas essas coisas? Como discutiremos outros problemas que são muito mais graves? Em Sharm El Sheikh, eles falaram de segurança, e a questão palestina não se relaciona à segurança, mas sim à questão de um povo que tem o direito de viver em um país livre, independente e soberano.

O que acontecerá ao mundo islâmico se extremistas judeus conseguirem atacar mesquitas?

Digo que tudo é possível sob a ocupação. Grupos que planejam ataques como esse já foram presos várias vezes. Não é algo novo; essas ideias já foram levantadas vinte anos atrás. Alguns grupos judeus muito extremistas e muito fundamentalistas acham que não há outra escolha a não ser destruir a Mesquita de Al-Sharif. Eles alegam que o mesmo local sagrado, o Templo de Salomão, pertence a eles, apesar de escavações em Al-Aqsa não terem encontrado nenhuma prova de suas alegações. O sistema atual da polícia islâmica provavelmente explorará a fúria das massas para os próprios fins, mas a reação não mudará o fato de a mesquita ser destruída e isso provocará um abalo no nosso mundo.

O senhor acredita que o Hamas possa vencer as eleições legislativas?

Nossa maior alegria será o fim da ocupação. Temos muito apoio e, depois da ocupação, eleições livres e limpas serão realizadas e aceitaremos quem quer que o povo eleja. Seremos soldados servindo qualquer partido que for eleito. Quanto às eleições ao conselho legislativo, precisamos analisar se a nossa participação servirá ou não aos nossos interesses. Nas eleições anteriores, por exemplo, vimos que a nossa participação não beneficiaria o povo, de forma que não participamos. O tempo validou a nossa decisão. Ainda estamos discutindo as próximas eleições e logo chegaremos a uma decisão. A minha posição pessoal é que, da forma como as coisas estão sendo conduzidas hoje, deveríamos participar.

O senhor vê uma possível vitória para o Hamas?

Esperamos que isso aconteça.

Como o senhor vê as mudanças de posicionamento do primeiro-ministro Ariel Sharon?

É um erro achar que a pessoa que controla e administra as coisas em Israel é Sharon. É verdade que Sharon é conhecido por ser uma pessoa extremista que derramou sangue. No passado, ele foi responsável por massacres de palestinos, realizados desde o estabelecimento do Estado de Israel até agora.

Antes de ser primeiro-ministro, ele era um comandante do exército e subiu a importantes posições e níveis do governo, de onde influenciou decisões e políticas israelenses. Mas digo que é um erro pensar que Sharon governa as coisas na entidade sionista. Aquele país tem instituições que toma as decisões e governa as coisas. É verdade que, como primeiro-ministro, Sharon tem mais influência do que os outros, mas a política israelense se baseia nessas instituições, que são o Parlamento, as organizações de defesa, o exército, os serviços de segurança e grupos econômicos e sociais. São todos esses grupos juntos que planejam as políticas israelenses.

Os dias de ataques suicidas chegaram ao fim?

Antes de mais nada, precisamos nos perguntar quem é o culpado por essas ações. Esse é o método palestino de oposição e, como os outros métodos, resulta da ocupação israelense.

Nós, o povo palestino e o movimento do Hamas, não estamos felizes com essas ações e sempre dissemos isso. Não queremos causar sofrimento a ninguém. Não ficamos felizes em derramar o sangue de ninguém. Mas é preciso ver quem é o culpado por essa situação, e o culpado é a ocupação.

COLABORADORES: TRAIDORES AOS OLHOS DE SEU POVO

No dia 5 de setembro de 2004, o Tribunal de Gaza abriu o julgamento de sete suspeitos acusados de colaborar com a Agência de Segurança de Israel (o Shin Bet israelense), mas os advogados de defesa abandonaram seus clientes. Eles alegaram que estavam convencidos da culpa dos acusados e que os parentes dos suspeitos os pressionaram, tentando convencê-los a proteger "aqueles que traíram a terra natal", isto é, aqueles que a promotoria buscava executar. O julgamento foi suspenso até mais provas serem apresentadas.

No primeiro semestre de 2004, quase sessenta palestinos foram acusados de colaborar com Israel, no entanto os julgamentos foram repetidamente adiados. A Autoridade Palestina impediu a condenação nos tribunais por ter sido forçada a anular a execução de dois colaboradores em dezembro de 2001, devido a pressões internacionais. De 1995 até 31 de maio de 2003, cinquenta e nove pessoas foram condenadas à morte nos Territórios sob a supervisão da Autoridade Palestina, mas apenas seis foram executadas.

Duas das pessoas condenadas à execução tiveram suas sentenças alteradas para cumprir penas na prisão; um prisioneiro foi morto ao tentar escapar, e o veredito ainda está pendente para inúmeros prisioneiros. As várias organizações palestinas, com o apoio da população local, executaram colaboradores comprovados e suspeitos em frequentes julgamentos em campo e linchamentos em massa. Durante a primeira Intifada, de 1987 a 1994, aproximadamente

500 colaboradores palestinos foram assassinados, e esse número aumentou em quase 100 nos últimos quatro anos.

O presidente da Autoridade Palestina, Mahmoud Abbas, assinou as sentenças de morte de 50 colaboradores, mas a execução do veredito foi adiada até segunda ordem. Conjectura-se que em Gaza e na Cisjordânia haja milhares de colaboradores contratados e eles são desprezados mais do que nunca pelo seu povo. Eles são acusados de passar informações às forças israelenses, auxiliando dessa forma nos ataques aéreos direcionados e em solo a centenas de ativistas da Intifada.

Os palestinos chamam atividades da FDI como essas (realizadas com a ajuda de colaboradores palestinos) de "assassinatos" e "execuções extrajudiciais". Os israelenses se referem a elas como "prevenções direcionadas" e "autodefesa ativa". Não há controvérsias sobre as ações em si; a FDI executou mais de trezentos ataques, normalmente usando um helicóptero de ataque para lançar mísseis em ativistas ou líderes palestinos. Eles normalmente são localizados por um veículo aéreo não tripulado, equipado com câmeras sofisticadas, que sobrevoam a área palestina em busca dos alvos de ataque. O veículo aéreo não tripulado informa a posição ao helicóptero e, depois de receber autorização dos escalões superiores e algumas vezes até do próprio primeiro-ministro, o helicóptero executa o ataque. A aprovação do primeiro-ministro foi dada, por exemplo, nas eliminações do líderes do Hamas Ahmed Yassin e Abd Al-'Aziz Al-Rantisi. De acordo com fontes estrangeiras, Israel desenvolveu veículos aéreos não tripulados capazes de lançar mísseis nos alvos.

De acordo com fontes israelenses, "191 terroristas palestinos definidos como bombas-relógio" foram mortos em ataques como esses. Já de acordo com fontes palestinas, o número de vítimas mortas devido a esses ataques chegou a 424, muitas delas pessoas inocentes que só estavam por perto, que perderam a vida em disparos imprecisos.

Do lado israelense, "o traidor número um" é o espião Mordechai Vanunu, que divulgou segredos nucleares de Israel ao mundo inteiro.

Shimon Peres, considerado o arquiteto do plano nuclear de Israel, resumiu a política de Israel em seu testemunho no julgamento de Vanunu, "As suspeitas e incertezas que giram ao redor dessa questão constituem um fator positivo, por aumentarem nossa capacidade de inibição".

A percepção de que o recém-nascido Estado de Israel precisava de armas nucleares para salvaguardar sua existência levou, em 1949, à criação de uma unidade especial da FDI voltada a encontrar urânio no Negev e, três anos depois, ao estabelecimento do Comitê de Energia Atômica.

Na década de 1950, a França forneceu em segredo recursos técnicos e humanos a Israel para a construção da usina de energia nuclear em Dimona. Em 1964, o processamento de plutônio já era um fato. Suspeitas por parte de autoridades americanas levaram Israel a negar repetidamente a existência de um plano nuclear secreto, apesar de, nos anos 1960, a agência de inteligência americana, a CIA, já ter caracterizado os planos militares de Israel como irreversíveis.

De acordo com fontes estrangeiras, os mísseis de longo alcance de Israel podem ser equipados com ogivas nucleares, e esquadrões da Força Aérea e unidades da Marinha estão preparados para utilizar armas nucleares, além de armas químicas e biológicas.

Segundo informações não oficiais, um submarino da Marinha israelense percorre regularmente o Mar Vermelho e outro se encontra posicionado no Mediterrâneo. Esses submarinos têm a capacidade de lançar mísseis com ogivas nucleares. Esses três sofisticados submarinos fabricados na Alemanha (um é mantido de prontidão) constituem os mecanismos de defesa mais dispendiosos da FDI. Nos próximos anos Israel receberá mais submarinos alemães. Toda a frota serve com um "recurso contra-ataque" no caso de um ataque nuclear a Israel.

Apesar de Israel não ter confirmado oficialmente a posse de armas nucleares, eles se recusaram a assinar um tratado contra a proliferação nuclear, e suas instalações militares e civis não são supervisionadas pela Agência Internacional de Energia Atômica.

RAED ZAKARNE
*Colaborador palestino do Shin Bet
(Agência de Segurança de Israel)*

*"Meu único objetivo foi sobreviver e viver.
Se eu caísse no mar e me afogasse, levaria meu
filhinho comigo e me apoiaria nele para
que eu pudesse viver um pouco mais."*

Zakarne nasceu 32 anos atrás em Kabatiya (na Cisjordânia) e é o mais velho dos dez filhos de uma família palestina. Em 1992, quando tinha 17 anos, ele começou a trabalhar para a Agência de Segurança de Israel, o Shin Bet. Sua família teve vários representantes nos escalões superiores do braço político e militar do Fatah e do Hamas, a quem ele foi entregue. Seu tio revelou a traição um ano e meio depois que Zakarne começou a colaborar com o Shin Bet, e sua família o entregou a membros das organizações palestinas, que subsequentemente o torturaram.

Zakarne alega que "há aproximadamente 60 mil colaboradores palestinos na Cisjordânia, em Gaza e em Jerusalém Oriental". Eles trabalham por dinheiro e algumas vezes por benefícios adicionais para as famílias. Os colaboradores são uma das armas mais secretas e eficazes de Israel.

De acordo com os palestinos, os colaboradores são "traidores e mercenários". No passado, Zakarne viveu escondido no norte de Israel e muito raramente saía de casa, temendo ser vítima de atos de vingança. Um dia um colega palestino me ligou e disse que um colaborador expressou interesse em ser entrevistado por mim depois de ver um relato meu transmitido na televisão israelense. Pedi que ele perguntasse ao colaborador se ele estava ciente de que estaria em perigo depois de se expor em público. Ele disse que estava tão desesperado que não tinha nada a perder.

Pensei na possibilidade de se tratar de um trote ou de uma armadilha e combinamos de nos encontrar na casa da esposa dele, uma árabe-israelense que era a mãe do filho dele e muito mais velha que ele. Quando cheguei ao prédio dela, liguei ao celular dele para dizer que estávamos chegando, mas Zakarne não atendeu.

Depois de cerca de duas horas tentando ligar sem sucesso para o celular dele, e quando estávamos quase desistindo, Zakarne ligou e perguntou quantas pessoas estavam comigo. Com meus colegas e a equipe de TV que me acompanhava, entrei no prédio onde ele estava e subimos as escadas sob os olhares curiosos dos vizinhos, que desconheciam a verdadeira identidade de Zakarne.

Conversamos por várias horas, mas qualquer ruído suspeito que ele ouvia vindo da rua o aterrorizava. Vários dias depois que a entrevista foi ao ar, a imprensa hebraica escreveu sobre a primeira entrevista conduzida com um colaborador palestino e Zakarne foi preso pela polícia israelense, que temia pela vida dele. Quatro meses depois ele foi libertado e transferido a um outro esconderijo.

Ele me ligou novamente com uma proposta ultrajante de que eu o acompanhasse até a vila dele para assistir à sua execução, ele presumia, pelos próprios moradores. Eu recusei a oferta.

Zakarne ainda vive.

Entrevista conduzida em 20 outubro de 2003

Quem você acha que pode matá-lo?

Muitas pessoas querem me matar. Por exemplo, os Panteras Negras, a milícia do Fatah, membros do Hamas ou da Jihad islâmica, todos eles querem fazer isso, até pessoas que moram e trabalham aqui e os ajudam gostariam de fazer isso. A situação é muito perigosa e assustadora. Tenho pesadelos todas as noites, durmo e acordo em desvario. Hoje em dia tenho medo de todo mundo, até dos palestinos que moram em Israel. Estou em um estado constante de medo da morte. Sempre que vejo alguém acho que talvez esteja me filmando ou me seguindo. Todo dia penso que não haverá amanhã, posso morrer na próxima hora. Qualquer pessoa capaz de vir até aqui e explodir em um ônibus ou em um restaurante pode chegar até a minha casa.

Quem o recrutou para o Shin Bet israelense e como?

Os parentes do meu pai eram membros do Fatah e os parentes da minha mãe pertenciam ao Hamas. Os meus pais eram neutros. Uma noite o exército israelense entrou na nossa casa. Os soldados me prenderam e me interrogaram por dezessete dias. Um oficial me disse que sabia que éramos pobres, que estávamos em dificuldades e acrescentou que meu pai estava prestes a perder o emprego. De fato, enquanto eu era interrogado, meu pai foi demitido. Então o oficial me disse: "Se você trabalhar para nós, nós o ajudaremos. Nós lhe daremos dinheiro". Ele fez muitas promessas e assinamos um contrato que dizia que, mesmo se eu fosse exposto, meus recrutadores me transfeririam a Israel, onde eu receberia um lugar para morar, uma identidade e assistência durante 25 anos. O oficial me convenceu não só com o dinheiro, mas porque pensei nas pessoas inocentes sendo mortas ao entrar em um ônibus, por exemplo. Eu era contra o terrorismo.

Quais foram suas primeiras missões?

Depois de fazer o acordo [com eles], comecei a colaborar e meu primeiro trabalho foi entre meus parentes. Levei muitos dos meus primos a serem presos. Por exemplo, Mohammed, o marido da minha prima, que pertence ao Hamas, disse que, se alguém precisasse morrer, ele morreria. Mohammed Zakarne foi a primeira pessoa que dedurei e ele foi preso. Eu tinha informações sobre ele e sobre explosivos de posse dele. Ele admitiu que ajudou muitas pessoas a executarem ataques terroristas, como o homem que se matou em Afula.

Como eram seus encontros com agentes israelenses?

Os israelenses me deram uma senha, números de telefone e um número de telefone pessoal para o qual eu podia ligar sem precisar dizer meu nome. Fiz tudo o que eles pediram e até mais. O meu contato no Shin Bet se identificava como Omer. Depois de vários meses fui informado de que seu verdadeiro nome era Gil. Ele era o comandante do Departamento de Inteligência do Shin Bet na região. O pessoal do Shin Bet me pegava em Jenin e nos encontrávamos em Afula, Nazaré Illit, Haifa ou Tel Aviv. Para não levantar suspeitas eu não ligava de casa. Eu não podia ter um telefone e eles me escreviam códigos na estrada para combinar encontros e as minhas tarefas. Eu recebia dinheiro de acordo com o valor da informação que lhes dava e de acordo com o meu trabalho como informante, além de um salário fixo de 2 mil [shekels] por mês. Nos Territórios isso é considerado muito dinheiro. Eu comecei a sustentar a minha família. Depois de um tempo meus pais começaram a suspeitar e perguntaram de onde vinha tanto dinheiro, e respondia que fazia bicos. Eu lhes disse, por exemplo, que fui trabalhar em Tamra, quando na verdade estava executando missões ou ajudando em interrogatórios de presos palestinos no Shin Bet. Os israelenses me diziam quem era o suspeito, eu fingia ser um deles e fazia o suspeito falar até se incriminar ou confessar suas ações. Nós conseguíamos fazer o que os interrogadores israelenses não conseguiam.

Você ia aos interrogatórios para incriminar os palestinos?

Sim. Se o prisioneiro fosse um membro do Hamas, por exemplo, eu dizia que era do Fatah e que realizávamos mais operações do que eles contra Israel. Eu o acusaria de colaborar e, dessa forma, para se defender, ele começava a me contar como eles fizeram isso e aquilo. Todas essas conversas eram gravadas. Quando você interroga ativamente e não importa se o interrogatório dure um dia ou dois, várias semanas ou meses, no fim eles sempre se entregam. Você sempre consegue fazer com que eles se comprometam. Quando o prisioneiro é detido pelo Shin Bet, ele vai a julgamento e depois à prisão, e lá ele fala comigo.

A sua família não suspeitou de você? A sua vila?

No fim todo mundo sempre fica sabendo de tudo; também houve detidos na minha vila. Em menos de dois meses você já está queimado. A minha família não suspeitava de mim até que meu tio, Hawaki, que é um sujeito muito esperto, me notou e me expôs. Um dia nos sentamos para tomar café e ele me disse, sem nenhum interrogatório preliminar e depois de várias horas de conversa: "Sei que você vai me colocar na prisão. Sei que você colabora com os israelenses". Eu neguei tudo. Ele me disse que todo mundo que me conhece acaba na prisão algumas semanas depois e, após essa conversa eu fiquei com medo, porque temi que ele fosse me delatar. Quando voltei para casa, quatro homens mascarados já estavam me esperando e me colocaram em um carro. Não há outro caminho; você se move, você morre. Os palestinos não têm tribunais e não têm leis; eles fazem a lei com as próprias mãos. Nós crescemos em uma vila onde tudo era terror; você sai da vila para cometer ataques terroristas, para jogar pedras, para dirigir um carro-bomba.

O que eles fizeram com você? Você teve medo de ser assassinado?

Eles me interrogaram e me torturaram com cigarros acesos, eles queimaram meu rosto, eles apertaram meus testículos, eles enfiaram um bastão no meu ânus. Eles tinham todo tipo de métodos horrendos. Eles não se importam se você morrer durante o interrogatório. Membros do Fatah me diziam: "Conte-nos a verdade. Nós vamos cortar o seu pé fora e você continuará morando aqui e você vai nos ajudar". Eu me levantei e contei algumas coisas, mas não tudo. Se tivesse contado tudo, eu não teria voltado para casa mancando, eu nunca teria voltado para casa. Eles teriam me matado na hora. Eu disse que algumas vezes eu dedurava pessoas que jogavam pedras. Eu prometi que pegaria armas para eles dos beduínos e até do próprio Shin Bet. Eles precisavam de armas e não se importavam de onde vinham. Às 4h da manhã eles me soltaram, eu estava cheio de queimaduras e mal podia andar. Eles prefeririam me fazer sofrer até que eu morresse e não me permitir uma morte rápida.

Quando cheguei em casa, liguei para o Shin Bet e contei tudo. Eles me perguntaram onde eu estava e o exército veio me pegar. Se antes eu estava 95 por cento queimado, agora tinha ficado 500 por cento queimado. Depois disso, só pude participar de operações, ser um soldado israelense disfarçado de árabe para executar uma operação militar ou coletar informações e matar pessoas procuradas.

O oficial israelense me deu uma arma e me disse para voltar para casa. Ele me disse que, se alguém me incomodasse, eu poderia me defender e que poderia fazer o que quisesse. Não assinei nada, a arma não era registrada em lugar nenhum, o que significava que era como se eu a tivesse encontrado ou comprado, de forma que, se eu matasse alguém, o Shin Bet não seria responsável e eles não saberiam nada a respeito. Eu disse que não queria voltar. Ele me deu 13 mil shekels para o caso de eu precisar de alguma coisa.

Então você voltou para a sua casa em Kabatiya...

Sim, voltei para casa e meu pai me disse: "Eu mesmo vou matá-lo, ninguém mais. Não vou deixar que ninguém mais o faça; eu vou matá-lo com as minhas próprias mãos". Comecei a distribuir armas do Shin Bet aos Panteras Negras do Fatah. Como fui informado depois, o Shin Bet plantara dispositivos de localização nas armas, que lhes permitiam localizá-las quando elas eram disparadas. Uma noite os Panteras Negras vieram à minha casa, mas meu pai lhes disse que eu não estava em casa e não abriu a porta para eles. Na manhã seguinte o oficial israelense me ligou e eu disse que não poderia mais morar nos Territórios. Ele me disse que eu deveria sair de lá e que eles me arranjariam acomodações em Israel, em Afula ou Haifa, onde eu quisesse. Os agentes do Shin Bet me trouxeram a Haifa e me colocaram em um hotel modesto. Eles me disseram que eu deveria continuar trabalhando em missões específicas ou ir para um centro de reabilitação.

Preferi participar de missões do Shin Bet, para poder ver meus parentes de vez em quando, mesmo se fosse só um vislumbre furtivo de longe. As missões nas quais participei naqueles dois meses permanecerão em segredo e nunca as revelarei. Foi a época mais perigosa da minha vida. Fiz coisas das quais minha alma não participou, só o meu corpo, minha cabeça e minhas armas estavam presentes, nada mais. Eu consegui tirar pessoas de seus esconderijos.

Nunca me esquecerei de três missões das quais participei. Se alguém me pegar agora nos Territórios, com certeza serei morto. Executei missões sem pensar duas vezes, como um robô, que só pressiona o gatilho e atira. Não matei nas missões em si, eu levei os soldados disfarçados de árabes até a pessoa procurada e eles a matavam. Foi criada uma unidade chamada de "unidade dos exterminadores" e eu lhes dava informações para eles matarem pessoas procuradas. Eu não matei nenhum deles, mas nos Territórios, dar informações sobre alguém é como matá-lo com as próprias mãos. Cinco ou seis ativistas foram assassinados graças à minha colaboração.

Você viu os métodos de ação dos soldados disfarçados de árabes para executar uma operação militar ou para coletar informações?

Sim, é claro. Os soldados disfarçados de árabes iam usando barbas, *keffiyehs*, eles falam árabe melhor do que eu. Ninguém suspeita deles, mas eles suspeitavam de mim porque eu já estava queimado. É como nos filmes na TV, nos quais também há homens e mulheres que se disfarçam, colam uma barba, bigode, mudam o cabelo, se vestem como palestinos dos Territórios, não como árabes de Israel. Os soldados disfarçados de árabes conhecem a vila melhor que os próprios palestinos que nasceram lá. Eles estudam a missão, passam vários dias praticando antes da missão e visitam o local da missão antes de executá-la.

Há muitos como você em Gaza e na Cisjordânia? Qual é o principal motivador para se tornar um colaborador?

Há dezenas de milhares. Há até oficiais palestinos que trabalham com o Shin Bet. Conheço um oficial da polícia palestina que colabora com Israel. Nenhum colaborador conhece qualquer outro colaborador. A principal razão é o dinheiro. Um jovem nos Territórios tem aspirações como os jovens de qualquer outro lugar do mundo. Ele quer comprar cigarros, quer se casar. Ele está certo de que ninguém notará e que ninguém jamais o descobrirá. Por exemplo, se você estiver passando informações sobre um membro do Fatah, recebe mil shekels, para um membro do Hamas, 5 mil shekels e, para alguém da Jihad, você recebe 10 mil shekels. Você diz onde ele está naquele exato momento, em que casa, quem está com ele, e os agentes israelenses o prendem ou o matam. Há muitos membros do Hamas que, se Israel quisesse, poderia prender hoje, mas eles deixam. Israel brinca com os palestinos e faz o que quiser com eles.

Eles intensificam a Intifada se considerarem ser a coisa certa a fazer. Eles reativam a Intifada quando querem e tranquilizam as coisas quando querem. Eu mesmo joguei pedras seguindo ordens do Shin Bet. Sob o comando deles, fiz coisas que uma pessoa comum é incapaz de fazer.

E você não se sente um traidor, na qualidade de um muçulmano e um palestino?

Sou muçulmano, mas não sou religioso e nunca serei religioso. Estou no inferno agora. Eles ensinam que, se você matar um judeu, vai direto ao Céu, não há ninguém no portão perguntando aonde você vai, você vai direto ao Paraíso para o seu palácio com 72 virgens. Eles lhe dizem que você receberá tudo isso, basta matar um judeu. Eu não entendo e não aceito isso. Concordo quando é um soldado contra um soldado, é legítimo, mas não posso aceitar que alguém entre em um ônibus cheio de crianças inocentes, se detone uma bomba lá e as mate.

Você já conheceu um palestino que quisesse ser um homem-bomba?

Eu tive um amigo que escondia de mim o fato de ser um membro do Hamas – ele queria executar um ataque –, da mesma forma como consegui ocultar dele o fato de eu ser um colaborador. De repente ele sumiu durante um mês e depois bum! Ele explodiu em Israel e levou à morte pessoas inocentes. Uma vez que é recrutado, o jovem que vai cometer um suicídio passa cerca de um ou dois meses em um local isolado ao lado do Corão; no Corão há versos declarando que uma pessoa deve matar judeus e cristãos. Todos os hereges.

Vamos voltar ao seu caso. Você morou em Israel e participou de operações nos territórios palestinos. O que aconteceu depois?

Eu morava em Afula, no norte de Israel. Um dia meu pai me ligou e disse que minha mãe estava muito doente e precisava fazer uma cirurgia. Lá, sem dinheiro você não tem como fazer uma cirurgia, eles o deixam largado na porta do hospital. Eu disse que não tinha problema, eu tinha dinheiro e pedi que ele enviasse meu irmão ao posto de fronteira para que eu pudesse lhe dar o dinheiro. Ele se recusou e disse que queria que eu levasse o dinheiro pessoalmente. Fui a Jenin com a sensação de que jamais voltaria vivo de lá. Todos os meus primos e parentes estavam lá, não havia mulheres, estavam todos tristes. Durante uma hora e meia eles vestiram a minha mãe e eu pensei: "Para quê? Eles vão viajar com ela? Ela não está doente?"

Eles me ofereceram café, mas eu não confiava na minha mãe nem no meu pai. Eu temia que eles tentariam me envenenar, então peguei o copo do meu tio, aquele do Fatah–, mas ele é esperto e sabia que eu estava com medo. Eu disse, brincando: "O senhor bebe do meu copo e eu bebo do seu". Eu bebi e em alguns segundos já não sabia mais onde estava. Quando acordei, minhas mãos estavam atadas, o sol queimava meu rosto e não tinha ideia de onde estava. Mas, quando vi o uniforme do soldado e as armas da polícia de Arafat, percebi onde estava. Estava atordoado e perguntei onde estava e por que eles estavam fazendo aquilo comigo. Eles responderam que eu estava em Jericó, que eles pertenciam às forças de segurança palestinas e que iriam me interrogar. Durante três dias fiquei confinado em uma sala, eles me deram boa comida, como se eu fosse um primeiro-ministro, mas fui mantido o tempo todo amarrado. Depois de três dias percebi que o pessoal do Shin Bet não estava me procurando e não se importava se eu estava vivo ou morto, e os palestinos me disseram que me matariam e que nem Israel me queria mais. Eles me disseram que eu morreria e ninguém sentiria a minha falta.

Então eles me interrogaram. Eu tinha visto interrogatórios conduzidos pelo Shin Bet em Petah Tikva, e eles são duros, mas nem chegam perto do serviço de segurança da Palestina. Os palestinos são mais duros e mais pacientes nos interrogatórios, mas os israelenses têm mais informações sobre a pessoa sendo interrogada, eles recrutam muitas pessoas que trabalham em cada caso. Os palestinos têm força, paciência, experiência em infligir dor e sofrimento, técnicas que adquiriram nos interrogatórios aos quais eles mesmos foram submetidos no Shin Bet. Eles aprenderam como infligir dor e sabem como interrogar e como humilhar cada vez mais a pessoa. Todo mundo que passa por você bate em você ou cospe em você, eles o penduram de cabeça para baixo e algumas vezes o deixam pendurado dessa forma pelos pés por doze horas até você não sentir mais a cabeça. É terrível.

Eles me disseram que sabem tudo sobre mim, sobre a "unidade de exterminadores", sobre o fato de eu morar em Israel etc. Eles me perguntaram se eu queria viver e eu disse que sim, é claro. Eles me pediram para escrever tudo, de A a Z, desde o início e me mandaram assinar o que escrevi. Depois eu continuaria vivendo na Mukata e trabalharia na limpeza. "Você não vai sair daqui", eles me disseram. Eles queriam saber como o Shin Bet ativava os colaboradores e o que eu sabia sobre outros colaboradores. Então comecei a falar e também disse muitas bobagens, por exemplo, que matei com as próprias mãos Walid Peru, um cantor libanês que até hoje continua a cantar. A pessoa que estava me interrogando era um palestino vindo da Jordânia, não dos Territórios, e escrevia sem parar. Para ele o mais importante era que eu confessasse ter cometido um ou outro ato. As forças de segurança palestinas me interrogaram durante quatro meses e, depois de dois anos de prisão, paguei um resgate de 45 mil shekels que tinha no banco em Jenin e consegui sair. O juiz me deu permissão para comparecer ao casamento da minha irmã, eu fui lá mas não fui ao casamento.

Um amigo me ajudou a sair de Kabatiya e me levou ao posto de fronteira. Eu entrei ilegalmente em Israel. Entrei em contato com o Shin Bet, mas, enquanto estive preso, os números e os operadores tinham mudado. Eu conhecia alguns dos colaboradores que moravam em Haifa e renovei o contato com o Shin Bet por intermédio deles. Eles me disseram para ligar em uma semana. Eles queriam verificar se eu tinha sido enviado pelos palestinos ou se realmente tinha fugido. Eu não tinha dinheiro e nenhum lugar para dormir e não podia voltar aos Territórios.

Eles o ajudaram?

Eu disse ao oficial do Shin Bet que estava cheio e que até estava pronto para voltar aos Territórios, pegar um cinto de explosivos e me tornar um homem-bomba em Israel. Assim eu pelo menos chegaria ao Paraíso. Sei que não é verdade, mas pelo menos teria paz. Eu estava desesperado. Até pensei em matar cada um dos colaboradores e ajudar em ataques terroristas e cometer suicídio se fosse preso. A minha ideia era "primeiro farei vocês sofrerem e depois morrerei". Eles me lembraram de que sempre fui contra ataques suicidas e respondi que era verdade, mas agora eles não estavam me deixando viver. No início de 1998, o Shin Bet me deu um visto de permanência em Israel válido por três meses, mas sem um visto de trabalho. O Shin Bet queria que eu me destruísse.

Então você começou a traficar drogas...

Eu estava desesperado, queria ir à prisão para ter um lugar para sentar em paz e dormir, mas não queria matar ninguém. Peguei um pedaço de pau e quebrei a porta de um carro em Haifa. Eu disse ao policial: "Tenho um presente para vocês, eu roubei um carro". Ele riu e respondeu: "Você deve estar brincando. Se quiser alguma coisa para comer, entre e coma".

Como eu não tinha ficha criminal, peguei seis meses de prisão, mas, depois de três meses eles queriam me libertar. Eu disse ao juiz que não tinha para onde ir e, se eu voltasse à minha vila, eles me matariam. Na prisão aprendi a ler e escrever em hebraico.

Fiz uma petição à Corte Suprema e, no final, meu advogado conseguiu forçar o Shin Bet a me dar uma identidade, um visto de trabalho, um lugar para morar e um salário mensal por cinco anos. Eu concordei, eu só queria viver.

E agora você vive com uma árabe-israelense e tem um filho...

Eu sou grato a essa mulher que cuidou de mim e me deixou morar com ela. Ela é divorciada e tem dois filhos e propôs que fôssemos um casal. Eu tinha 27 anos e ela tinha 40. Um dia eu saí de um café na rua onde ela mora e de repente um carro parou na minha frente, quatro pessoas saíram, me xingaram, pularam sobre mim, me espancaram e quebraram a minha perna. Ainda não faço ideia de quem eles eram.

Por que você está interessado em se expor agora?

A minha exposição não me preocupa. Já passei muito tempo exposto e sei que a minha cabeça está a prêmio, que quem me matar receberá uma recompensa. Quem apresentar a minha cabeça nos Territórios ganhará um prêmio. Matar se tornou um negócio para eles. Todo mundo tem seu preço, 20 mil shekels, 40 mil shekels. Meu próprio irmão me disse que eles estão oferecendo 120 mil shekels pela minha cabeça, que eles sabem onde estou e que é melhor eu tomar cuidado. Meu irmão bateu à minha porta e me disse que, se ele conseguiu o meu endereço, a polícia palestina também conseguiria, e que eles lhe pagariam 120 mil shekels para me matar. Eu me mudei imediatamente. Nesta rua, a rua Adar em Haifa, sempre ando rapidamente e subo e desço as escadas rapidamente. Eu não fico à toa por aí porque tenho muito medo. Alguém me ligou da Cisjordânia e me disse que sabe onde eu moro e me disse o nome da rua em hebraico e em árabe. Eu liguei de volta para o mesmo número e perguntei quem ele era e descobri que era alguém que tinha trabalhado para o Shin Bet nos Territórios.

Qual é o seu objetivo hoje?

Meu único objetivo é sobreviver e viver. Se eu cair no mar e me afogar, levarei meu filhinho comigo e me apoiarei nele para poder viver um pouco mais. Sou capaz de agir contra os dois lados porque tanto os israelenses quanto os palestinos me fizeram sofrer. Dei meu sangue por eles, minha alma, minha vida, os anos da minha juventude, não fiz nada além de servi-los e sempre recebi medo e sofrimento em troca. Eu lhes dei a minha vida, abri mão do meu pai, da minha mãe, da minha família, da vila onde nasci e cresci. A verdade é que, durante um tempo, me orgulhei de ser israelense, mais do que os próprios israelenses, mas agora estou pronto para sacrificar todas as pessoas para poder viver um pouco mais. Se eu disser que sou capaz de matar pessoas para viver mais, não é porque não tenha sentimentos, mas porque sofri muito. Eu quero viver.

Como a sua família o trata?

Meu pai me considera um traidor e ele próprio me entregou à polícia palestina. Eu o compreendo e não o culpo de nada. Ele estava cansado de gente dizendo a ele que é pai de um traidor. Eles sempre o lembraram disso e é muito doloroso para ele. Eu sou o filho mais velho dele. Ele queria se livrar de mim, queria que eu morresse, queria me sacrificar para não precisar mais pensar em mim. Eu sinto muita saudade da minha família, da minha vila. É como se eles tivessem me exilado. A verdade é que doeu muito deixá-los, apesar de saber que eu não podia mais morar lá.

Você mencionou antes que se sente como um farrapo...

É bom ser um farrapo, porque você pode ser usado várias vezes e lavado, secado e usado de novo. O meu sentimento é que fui espremido como uma laranja ou um limão até a última gota e depois eles me jogaram fora e pegaram algo novo. Eles não sabem que há mel na casca, que você pode fazer mel com ela, mas, se a casca secar... Não estou ameaçando, mas depois de todo sofrimento pelo qual passei, digo em alto e bom tom e sem nenhuma vergonha que sou capaz de fazer qualquer coisa para viver.

Até matar colaboradores e se tornar um homem-bomba?

Estou pronto para matar colaboradores e também para trazer palestinos a Israel e lhes dizer onde e quando mais pessoas se reúnem para que eles possam se matar ou sequestrar pessoas. Eu dou a minha alma por dinheiro. Eu posso e estou pronto para sequestrar um soldado e vendê-lo por mil shekels. Sou capaz de fazer qualquer coisa por dinheiro. Rasgar meu visto, fazer qualquer coisa. Estou pronto para matar terroristas, do Hamas e da Jihad, que enviam pessoas para executar ataques terroristas; estou pronto para sequestrar e matar pessoas e ao mesmo tempo ajudar palestinos a entrar em Israel. Não tenho pena de mim mesmo, nunca tive, mas tenho pena dos jovens que o Shin Bet está recrutando neste exato momento e que sofrerão tudo o que sofri. Um em cada dez talvez consiga, mas não se sabe ao certo qual será o destino dos outros. Sempre achei que trabalhar para o serviço de segurança era bom para todos, porque eles nos protegem a todos. Mas hoje sei que o Shin Bet é mau, é cruel. Os americanos não concordam em dar dinheiro para construir o muro da separação e então acontece um ataque terrorista. E de repente eles estão dispostos a dar dinheiro. Com quem estamos brincando? Não estou dizendo que a mulher que explodiu era uma colaboradora, mas que o Shin Bet sabe quando eles estão mandando homens-bomba em muitas ocasiões. Sempre que Israel precisa de um ataque terrorista eles conseguem um.

As suas conclusões sobre o Shin Bet são muito duras.

O mundo precisa saber que o Shin Bet é uma ameaça. Israel é um país maravilhoso, eu amava este país mais do que ninguém, mas, quando descobri como o Shin Bet trabalha, sua pestilência podre, e o fato de que eles estão dispostos a sacrificar israelenses para atingir um determinado objetivo... para eles o fim justifica os meios e eles estão dispostos a sacrificar pessoas para atingir seus propósitos. É como o Festival Muçulmano do Sacrifício.

Você não tem medo de dizer essas coisas em público?

Eles não podem me prender por causa do que digo. Antes de mais nada, eles devem me dar tudo o que prometeram, me dar recursos. Satisfazer as minhas necessidades para que eu possa viver como um ser humano. Não quero morar em Israel, não quero morar em um país pelo qual sacrifiquei meu povo, meus pais e minha família. Deixe que eles me deem asilo político em outro país, eles que escolham qual.

MORDECHAI VANUNU
Espião do programa nuclear

*"Ninguém tem o direito de usar armas
de destruição em massa."*

Mordechai Vanunu é um dos homens mais desprezados em Israel.

Vanunu nasceu em Marrakesh em 1954. Ele imigrou com a família a Israel em 1963 e, em 1976, depois de três anos de serviço militar, começou a trabalhar como técnico na usina atômica de Dimona. Paralelamente a seu trabalho, ele estudava geografia e filosofia e começou a participar de manifestações de ativistas contra a ocupação dos territórios palestinos. Em 1985 ele pediu a demissão em um clima de controvérsia e, depois de um ano viajando no Extremo Oriente, no Nepal, Tailândia e Burma, ele se mudou para Sydney, na Austrália, e se converteu ao anglicanismo.

Sua revelação do programa nuclear israelense, na qual ele testemunhou que Israel possui um arsenal de mais de cem ogivas nucleares, foi publicado no *Sunday Times* de Londres em 5 de outubro de 1986. Cinco dias mais tarde, Vanunu saiu de Londres a caminho de Roma com uma americana, que mais tarde foi identificada como sendo Cheryl Hanin, uma judia ligada ao Mossad, que atualmente mora na Flórida. O Mossad sequestrou Vanunu ao chegar em Roma e o transferiu clandestinamente a um navio cargueiro destinado a Israel. Em março de 1988, ele foi condenado a dezoito anos de prisão por traição, espionagem e por revelar segredos de Estado.

Vanunu foi libertado em 21 de abril de 2004, e encontrou refúgio no mosteiro anglicano de St. George, em Jerusalém Oriental. Eu o entrevistei depois que seu advogado fracassou em suas tentativas de convencer os governos do Marrocos, Canadá, Grã-Bretanha, Irlanda, Dinamarca e Noruega a lhe conceder cidadania ou asilo político para que ele pudesse sair de Israel. Vanunu está avaliando a opção de solicitar a cidadania palestina.

Em meados de 2007, Vanunu ainda mora em Jerusalém Oriental e pede que o Ministério israelense do Interior lhe dê permissão para sair de Israel. Até agora a resposta tem sido negativa. Desde sua libertação, ele foi preso várias vezes, cada vez por alguns dias.

Entrevista conduzida em 2 de setembro de 2004

O senhor acha que o presidente Arafat lhe concederá a cidadania palestina?

Acho que sim, porque me sinto como um palestino e Arafat deve levar meu passado em consideração. Pedi para abdicar da cidadania israelense em 1998, mas as autoridades recusaram a minha solicitação porque eu não tinha uma cidadania alternativa. Quero sair de Israel e morar no exterior. Estou preparado para receber a cidadania palestina ou a cidadania de qualquer outro país, porque as autoridades israelenses foram muito cruéis comigo. Eles restringem os meus contatos com jornalistas estrangeiros, e a situação atual na qual eles podem me prender a qualquer momento me preocupa. Eles alegam que eu posso divulgar segredos militares, como se nos últimos vinte anos nenhuma inovação tecnológica tenha ocorrido.

Eu gostaria de trabalhar em uma instituição acadêmica ou um órgão vinculado às Nações Unidas, para combater a proliferação nuclear. Eu gostaria de escrever uma autobiografia.

O senhor teme pela sua vida?

Sem dúvida. Eu nunca vou à Jerusalém Ocidental é só ando em bairros árabes nos quais me sinto relativamente seguro e onde tenho muitos amigos. Mas só me sentirei seguro quando sair de Israel. Não posso sair de Jerusalém sem a autorização da polícia e, mesmo quando planejo dormir fora do mosteiro, devo informar as autoridades. A proibição de sair de Israel por um ano depois de eu ser libertado da prisão foi ratificada pela Corte Suprema apesar dos apelos dos meus advogados. As autoridades estão me negando os meus direitos básicos de liberdade de expressão e movimento. Sou vigiado pelo Shin Bet [Agência de Segurança de Israel] e estou convencido de que eles têm acesso às minhas conversas telefônicas e meu e-mail. Além disso, recebo ameaças da direita extremista e de grupos religiosos que me xingam e me ameaçam o tempo todo.

O que o levou a divulgar segredos militares de Israel?

O que revelei no *Sunday Times* expôs a verdade sobre o arsenal nuclear em posse de Israel, e na década de 1980 nem se suspeitava que o poderio israelense tinha tamanha dimensão. Trabalhei nove anos no reator de Dimona e cheguei à conclusão de que deveria dizer a verdade ao povo israelense, aos membros do nosso Knesset, ao mundo inteiro. O meu objetivo sempre foi impedir a possibilidade de Israel usar suas armas nucleares. Atualmente nem Mohammed Baredai, diretor da Agência Internacional de Energia Atômica, pode visitar o reator de Dimona porque Israel não assinou o Tratado de Não Proliferação de Armas Nucleares. Além disso, o reator esteve ativo desde 1963, sem nenhum controle internacional e devemos levar em consideração a possibilidade de acontecer um acidente com graves consequências para toda a região.

Alguns especialistas alegam que o senhor foi uma vítima das manipulações das autoridades israelenses que buscavam promover a política de inibição ao expor as dimensões do arsenal de armas nucleares sem que Israel tivesse que admitir publicamente sua existência e dimensões.

Pensei nessa opção dezenove anos atrás, mas, como ninguém conhecia as dimensões do arsenal de armas nucleares, cheguei à conclusão de que era de extrema importância, na verdade o meu dever, expor o que sabia. Apesar das armas nucleares que possui, Israel não pode negligenciar a necessidade de consolidar a paz com os árabes.

Uma nação que passou pelo Holocausto deve abrir mão do que muitos consideram uma "apólice de seguro de vida", um fator de inibição contra uma possível tentativa de aniquilação?

Armas nucleares não são um seguro de vida. Isso é um erro. São armas que podem levar a um Holocausto e ninguém tem o direito de matar milhões de pessoas para sobreviver. O exemplo dos Estados Unidos, que destruíram Hiroshima e Nagasaki, é terrível e horrendo. Foi um genocídio de japoneses. Os judeus que sobreviveram ao Holocausto deveriam ser os primeiros a abrir mão de armas nucleares. As armas só devem ter um papel defensivo.

O possível desenvolvimento de armas nucleares por parte do Irã, por exemplo, não justifica as armas nucleares de Israel?

Israel só terá segurança e garantias de sobrevivência quando optar pela paz. Israel pode atacar o Irã e justificar suas táticas com as mesmas desculpas que usou para justificar o ataque ao reator iraquiano em Osirak, em 1981. Então será a vez do Paquistão de ser invadido. Mas como Israel pode atacar uma instalação iraniana enquanto eles mesmos têm um reator em Dimona?

Toda essa conversa não passa de uma série de desculpas para evitar a paz com os árabes. Eles exploram politicamente armas nucleares mesmo quando não as utilizam. Essa é uma desculpa que justifica a violação de direitos humanos, a infração da lei internacional e das resoluções das Nações Unidas. Se os líderes de Israel destruíssem as armas nucleares, eles precisariam começar a levar a sério as negociações de paz.

Muitas pessoas em Israel o consideram um traidor. O que o senhor acha dessas acusações?

Passei dezenove anos na prisão, sendo que onze anos e meio desse período em confinamento solitário, o que me deu tempo suficiente para pensar e lidar com essas acusações, que também foram feitas pela minha própria família. Sinto que as minhas ações se justificam e não me arrependo de nada. Os direitos da humanidade são os únicos direitos que devem ser levados em consideração. Eles me culparam por quase tudo, eles disseram que sou um traidor sefardita (oriental) porque sou de ascendência norte-africana. Israel é um país controlado por asquenazes (judeus de ascendência do Leste Europeu), asquenazes como Shimon Peres, que recebeu o Prêmio Nobel da Paz, apesar de ser o responsável pelo desenvolvimento do programa nuclear. A minha conversão ao cristianismo foi tema de grandes debates. Meus pais e meus onze irmãos e irmãs me depreciaram pela conversão, mas respeitaram minha fé, como eu respeito a deles. Eles não foram arrastados à [filosofia do] apartheid que o Estado de Israel defende, na qualidade de uma autoridade judia que rejeita os direitos de outras crenças religiosas.

O senhor acha que outros países também colaboraram para silenciá-lo?

A mulher que me levou a Roma trabalhava para o serviço secreto norte-americano. O serviço de inteligência israelense informou aos americanos que eu sou um espião comunista, mas houve outros países que colaboraram com o meu rapto. Lembro-me de um motorista italiano e um francês e, no navio cargueiro que me trouxe a Israel, havia uma pessoa que dizia ser britânica. Foi uma iniciativa conjunta da França, Grã-Bretanha e Israel, os países que apoiaram a proliferação de armas nucleares durante a Guerra Fria e que venderam armas a Israel, à África do Sul, à Coreia do Sul e ao Iraque.

Durante as presidências de Johnson e Nixon, Washington firmou um acordo secreto com Israel, segundo o qual o Estado israelense poderia desenvolver um programa nuclear, mas só sob um manto de sigilo. Até hoje estou convencido de que Kennedy foi assassinado devido a sua oposição aos programas nucleares de Israel. Em 1986, Israel era a sexta maior superpotência nuclear do mundo depois dos Estados Unidos, da União Soviética, China, Grã-Bretanha e França. Hoje Israel certamente mantém a mesma posição, porque os programas nucleares da Índia e do Paquistão não estão suficientemente desenvolvidos. Além disso, como Israel não pode investir bilhões no desenvolvimento nuclear, eles se voltam à espionagem tecnológica e não hesitam em espionar nem mesmo os Estados Unidos, como prova o encarceramento de Jonathan Pollard, o analista do Pentágono, em 1985.

O senhor acha que um líder israelense seria capaz de usar armas nucleares?

Não acredito na reabilitação de um líder israelense que estaria preparado a utilizar armas nucleares. Ninguém permitiria que ele levasse a cabo uma ameaça como essa, que é, basicamente, um ato de suicídio. No Oriente Médio,

Israel é o único país que tem armas nucleares e seu arsenal seria destruído se o país contribuísse com a paz. O primeiro-ministro Sharon não hesitou em destruir o reator iraquiano em 1981 quando era ministro da Defesa e agora ele precisará desmantelar o arsenal israelense. Ele é um líder e tem o poder de convencer a opinião pública israelense de que Israel não precisa mais de armas nucleares, porque ninguém tem o direito de usar armas de destruição em massa.

LÍDERES INTERNACIONAIS E ESPECIALISTAS EM TERRORISMO

Ninguém na comunidade internacional duvida da centralidade do conflito árabe-israelense em suas duas vertentes, o problema palestino e a frente síria. Essa conscientização dos efeitos globais do conflito levou um novo plano de paz à mesa de negociações dois anos depois do início da Intifada.

Os membros do Quarteto internacional (as Nações Unidas, a União Europeia, os Estados Unidos e a Rússia) elaboraram a primeira versão de seu "Road Map" de três fases, no dia 17 de setembro de 2002, e divulgaram a versão final em abril de 2003. O Conselho de Segurança adotou o plano, cujas principais disposições são:

Meta: "Uma solução final e abrangente para o conflito israelense-palestino".

Fase I: Interrupção mútua da violência e reconhecimento do direito de existência dos dois Estados. O lado palestino deve desistir de todos os atos de violência, desarmar todos os grupos terroristas, reabilitar seus serviços de segurança e aplicar reformas administrativas para promover a formação de um Estado independente. Israel e a Autoridade Palestina devem retomar a coordenação para garantir as condições de segurança.

As forças israelenses devem desistir de todas as ações que ameacem o bem-estar dos civis palestinos, atuar para normatizar a vida da população dos territórios e, à medida que os indicadores de segurança e cooperação melhorarem, se retirar das áreas ocupadas a partir de 28 de setembro de 2000 em diante.

Israel também deve suspender a construção dos assentamentos e desmantelar postos avançados construídos a partir de 2000.

Fase II: Depois que as condições acima forem concretizadas, a possibilidade de estabelecer um Estado palestino independente dentro de fronteiras provisórias e sob uma administração soberana deverá ser avaliada, desde que a constituição democrática seja aprovada.

Uma conferência internacional para apoiar a revitalização da economia palestina deve ser realizada. Os países árabes devem retomar as relações diplomáticas que tinham com Israel antes de setembro de 2000.

Fase III: Uma segunda conferência internacional deve ser realizada, levando a uma resolução final de status permanente, incluindo determinações relativas a fronteiras, Jerusalém, refugiados e assentamentos.

Apesar de o plano ter dado à União Europeia e às Nações Unidas um papel expandido, israelenses e palestinos concordaram que os Estados Unidos seriam o principal intermediador em qualquer processo de negociação. A administração do presidente George W. Bush e a secretária de Estado Condoleezza Rice afirmaram repetidamente sua visão de atingir paz no Oriente Médio, inclusive o estabelecimento de um Estado palestino independente ao lado de Israel, durante o segundo mandato do presidente Bush.

Os Estados Unidos são o principal fornecedor de assistência econômica e militar aos países do Oriente Médio. O Conselho de Relações Exteriores de Nova York estimou que a ajuda total em 2003 foi de $ 14 bilhões, inclusive $ 2,1 bilhões em ajuda militar e $ 600 milhões em ajuda econômica para Israel. O Egito recebeu $ 1,3 bilhão em ajuda militar e $ 614 milhões para programas sociais. A Jordânia recebeu $ 198 milhões em financiamento militar e $ 250 milhões em assistência econômica. Desde 2004, o maior beneficiário da assistência americana tem sido o Iraque, tendo recebido $ 18,4 bilhões.

A Autoridade Palestina recebeu $ 20 milhões para a construção de sistemas de abastecimento de água e melhoria e reparo de redes elétricas e infraestruturas municipais. Desde que Mahmoud Abbas foi eleito presidente da Autoridade, tanto os Estados Unidos quanto a União Europeia vêm prometendo ajuda econômica de emergência e assistência básica. Eles reafirmaram a promessa na conferência de Londres em fevereiro de 2005. Abbas, diferentemente de seu antecessor, Arafat, aprecia o apoio americano; as portas da Casa Branca estão abertas para ele.

Depois da tomada de controle de Gaza por parte do Hamas em junho de 2007, a comunidade internacional lançou uma campanha visando ajudar Abbas, tanto no nível financeiro quanto em termos de treinamento de suas forças de segurança. O ex-primeiro-ministro britânico Tony Blair hoje é o enviado especial do Quarteto, tentando ter sucesso onde muitos outros mediadores fracassaram.

O segundo caminho do processo de paz árabe-israelense se concentra nos Montes Golã, conquistados por Israel da Síria, na Guerra dos Seis Dias. A área inclui os Montes Golã em si (1.070 quilômetros quadrados) e as elevações do Monte Hérmon (100 quilômetros quadrados). Grande parte da água do Lago de Genesaré (o Mar da Galileia), da qual Israel supre 30 por cento de suas necessidades de água, se origina dessa área. De acordo com o Escritório Central de Estatísticas de Israel, os Montes Golã tinham uma população de 37 mil em 31 de dezembro de 2003. Metade dessa população era composta de drusos e muçulmanos que mantinham relações estreitas com a Síria, mas também se beneficiavam dos serviços do Estado de Israel. Uma grande parte deles tinha cidadania síria; um número muito pequeno tinha solicitado cidadania israelense.

O restante da população, quase 18 mil pessoas, é composto de judeus israelenses que moram em 37 localidades: kibbutzim (coletividades), moshavim (cooperativas) e a cidade de Katzrin, lar de cerca de um terço da população judia nos Montes.

Em vários estágios e períodos durante os mandatos de Rabin, Peres, Netanyahu e Barak no cargo de primeiro-ministro, Israel e a Síria conduziram negociações tanto abertas quanto sigilosas, quase sempre com mediação americana e algumas vezes também com mediação europeia. Apesar de, em vários momentos, esses primeiros-ministros estarem dispostos a entregar os Montes Golã em troca de um tratado de paz, o processo nunca amadureceu até chegar a um acordo concreto.

O presidente dos Estados Unidos, Barack Obama, apoia decididamente a criação da Palestina ao lado de Israel e pressiona as duas partes nesse sentido. Obama mantém uma relação ambígua com o regime do presidente sírio, Bashar Al-Assad, apoiando a oposição a este, por um lado, e exigindo reformas democráticas de Assad em Damasco, por outro. Se Obama ganhar as eleições presidenciais e retornar à Casa Branca, a paz no Oriente Médio voltará a ser uma de suas prioridades.

JIMMY CARTER
Ex-presidente dos Estados Unidos

"O governo dos Estados Unidos deve analisar e decidir sua atitude em relação ao futuro dos ministros do Hamas."

O ex-presidente dos Estados Unidos, Jimmy Carter, sempre foi comprometido com o processo de negociação entre árabes e israelenses.

Carter, o 39º presidente dos Estados Unidos da América, deixou a Casa Branca em janeiro de 1981. Em Ramallah, no entanto, eles ainda se referem a Carter como se fosse um presidente ativo. Além disso, ele é o representante deles em Washington e a única pessoa nos Estados Unidos que simpatiza com a causa deles. Em todo grande evento, como uma campanha eleitoral, Carter comparece pessoalmente em áreas da Autoridade Palestina como o líder de uma equipe internacional de observadores. Sua comitiva percorre Jerusalém Oriental e Ramallah, e os palestinos lhes oferecem uma recepção digna de um rei por onde quer que ele vá. O governo palestino formado em 2007 sob a liderança do líder do Hamas Ism'ail Haniya espera que ele os ajude a dar um fim ao boicote internacional. O Quarteto internacional – os Estados Unidos, a União Europeia, as Nações Unidas e a Rússia – exigiram que o governo anterior do Hamas e o Governo de Unidade Nacional reconhecessem Israel e os acordos previamente assinados e renunciassem à violência.

Se os palestinos o consideram um herói, em Israel, bem como em comunidades judaicas no exterior, as opiniões sobre ele não são consensuais. Por um lado, nos últimos anos, vozes em Israel alegam que ele adotou a causa palestina. Eles o censuram pelo seu mais recente livro: *Palestina*: paz, sim. Apartheid, não. No resumo do livro, Carter caracteriza a política atual de Israel nos territórios como "um sistema de apartheid, com dois povos ocupando a mesma terra, mas completamente separados um do outro, com israelenses totalmente dominantes e reprimindo a violência ao privar os palestinos de seus direitos humanos básicos". Os israelenses não perdoam Carter especialmente pela inclusão da palavra "apartheid" no título do livro.

Por outro lado, uma das maiores realizações de Carter como presidente foram os acordos de Camp David, firmados em 17 de setembro de 1978. Esses acordos levaram ao primeiro tratado de paz entre Israel e um Estado árabe, o Egito, assinado sob os auspícios de Carter em 26 de março de 1979. Ele seria o único acordo de paz completo e definitivo firmado entre israelenses e árabes com o encorajamento de um presidente americano.

Carter, que muitas vezes lidera a missão de observação internacional para as eleições palestinas, conversou comigo em espanhol e expressou sua afeição pela Espanha, e especialmente por Barcelona.

Entrevista conduzida em janeiro de 2006

O senhor visita com frequência os territórios palestinos e observa atentamente o desenrolar dos acontecimentos em Gaza e na Cisjordânia, especialmente desde os Acordos de Oslo em 1993. Para onde o senhor imagina que os palestinos estão se direcionando depois dessa nova encruzilhada?

O povo palestino está apostando no futuro e, como líder da missão de observação internacional, estou ciente da enorme importância desses processos democráticos. Estivemos aqui durante as eleições legislativas dez anos atrás e também durante as eleições presidenciais no ano passado, e hoje vimos eleições quase perfeitas, o que é de grande valor para o povo palestino, que, deve ser lembrado, vive em uma situação lastimável e complexa. Hoje visitamos cerca de 30 centros de votação na Cisjordânia e não vimos nenhum problema. Mesmo assim, testemunhamos em Jerusalém Oriental algumas graves restrições para os palestinos, que não puderam votar em segredo, já que foram obrigados a votar em um balcão onde todos podiam ver sua escolha. Eles não puderam depositar o voto na urna. Além disso, só 5 por cento deles podem votar. Essa é a pior parte das restrições impostas pelas autoridades israelenses.

Essas eleições mostram a prosperidade do grupo islâmico mais importante, o Hamas. Mais do que nunca as bandeiras verdes do Hamas são vistas nas ruas palestinas. Qual será o posicionamento do presidente dos Estados Unidos se uma vitória do Hamas for confirmada?

Não sei. Neste ponto é difícil prever os resultados e não sabemos quantos membros do Hamas serão eleitos. O Hamas sem dúvida terá representação no Conselho Legislativo em Ramallah. Mas acredito que, se o Hamas restringir suas ações a seus assentos no Conselho Legislativo, os Estados Unidos devem se adaptar à nova situação. É importante enfatizar que, se o Hamas participar do governo futuro, a lei nos Estados Unidos não permitirá negociações nem diálogo com a Autoridade Nacional Palestina. Dessa forma, trata-se de uma decisão muito importante que o governo dos Estados Unidos deve analisar e adotar. A administração americana deve decidir qual será sua atitude em relação aos futuros ministros do Hamas.

O senhor concorda com o presidente palestino, Mahmoud Abbas, que caracteriza as eleições legislativas como um "sucesso total para o povo palestino"?

Não há dúvida de que as duas últimas campanhas eleitorais palestinas, as presidenciais em 2005 e as legislativas em 2006, representam uma importante manifestação de democracia. Não tenho visto uma demonstração de democracia melhor em todo o mundo árabe. O processo de votação foi um sucesso total, o que é outro sinal de que os árabes estão profundamente comprometidos com a democracia e a liberdade.

O presidente dos Estados Unidos tem enfatizado durante anos a necessidade de levar a democracia ao mundo árabe. O senhor observou as dificuldades palestinas devido à presença israelense na Cisjordânia e em Jerusalém Oriental. Em que sentido o senhor acredita que o processo democrático afetará o mundo árabe?

Não tenho visto, em todo o mundo árabe, uma demonstração de democracia melhor do que este processo da Autoridade Nacional Palestina. A campanha eleitoral foi um sucesso e mais uma vez comprova que os árabes dos países da região estão profundamente comprometidos com a democracia e a liberdade.

JAVIER SOLANA
*Ex-representante da União para os
Negócios Estrangeiros e a Política de Segurança*

*"Vamos esperar que aqueles que desejam avançar
no caminho para a paz, o caminho das negociações,
o caminho do processo político, derrotem aqueles que
querem conquistar a vitória pela força e pelo terrorismo".*

O diplomata espanhol Javier Solana é uma das principais figuras no empenho de mediação da comunidade internacional. Ele tem um status firme entre os membros do Quarteto (Os Estados Unidos, a União Europeia, a Rússia e as Nações Unidas). Ele percebe que a opinião pública e os políticos israelenses estão preocupados com seu posicionamento e o definem como "um europeu sistematicamente pró-árabe". Ele também está ciente de que Israel e o mundo judeu estão atentos ao aumento dramático do número de incidentes antissemitas na Europa, que subiu ao nível mais alto desde o fim da Segunda Guerra Mundial.

A União Europeia tende a apoiar a Autoridade Palestina e ajudar a nova liderança pós-Arafat. Solana tenta fortalecer a ala moderada palestina e o novo líder, o presidente Mahmoud Abbas. É por isso que ele interrompeu a nossa entrevista para falar ao telefone com Abbas, fazer advertências em todas as direções e deixar claro que a União Europeia participará do processo não importa o que acontecer, porque "O que acontece no Oriente Médio afeta diretamente a Europa". A União Europeia é a maior doadora da Autoridade Palestina, cobrindo cerca da metade do orçamento anual da Autoridade, com cerca de 500 milhões de euros por ano. Representantes europeus treinam as forças de segurança palestinas, ajudam a autoridade a construir novas prisões e proporcionam equipamento de segurança, como carros de polícia, motocicletas e equipamento para tropas de choque.

Em Ramallah, a União Europeia e Solana são considerados a principal fonte de apoio internacional para o estabelecimento de um Estado palestino independente.

Entrevista conduzida em 29 de agosto de 2005

Neste momento especial, após a retirada israelense de Gaza e de quatro assentamentos na Cisjordânia, o que o senhor diria do clima atual?

A minha impressão é de que há raios de luz e sombras. Há definitivamente um lado positivo. Ele inclui a maneira como a evacuação foi realizada – o profissionalismo, a integridade das forças de segurança israelenses e a rapidez com que a retirada foi realizada. Lembro que alguns acharam que a evacuação se arrastaria por várias semanas. No final, levou apenas seis dias. Considero tudo isso muito importante. Até certo ponto, isso definirá o futuro.

Por outro lado, ainda há pontos de escuridão. Muitos dos acordos que deveriam ter sido assinados antes da retirada completa – a segunda fase – não foram concluídos. Isso me preocupa porque não temos tempo para desperdiçar, especialmente no que diz respeito ao futuro dos habitantes de Gaza. Refiro-me às relações com o Egito, a fronteira em comum, as comunicações entre Gaza e Egito e os mecanismos que serão necessários a partir de agora para ir de Gaza a Israel e à Cisjordânia.

Um pouco mais de um ano atrás, Ariel Sharon disse que o que se aplica a Netzarim [um assentamento no norte da Faixa de Gaza] se aplica a Tel Aviv. Agora ele decidiu desmantelar todos os assentamentos da Faixa de Gaza e quatro outras colônias no norte da Cisjordânia. O senhor vem observando esse homem há um bom tempo. O que mudou nele?

Acredito que fatores importantes relativos ao status dele mudaram. A perspectiva do comandante militar é totalmente diferente da de um primeiro-ministro. Israelenses inteligentes percebem que, em um estado de estagnação, uma situação que não leva a nada, você precisa gerar movimento. De outra forma, os fatores demográficos sozinhos podem destruir Israel. Assim, algum tipo de iniciativa tinha de ser tomada. Ele escolheu fazer isso enquanto Arafat estava vivo e executar seu plano agora que Arafat se foi.

Na minha opinião, eis o que mudou: a forma de pensar do primeiro-ministro Sharon, como ele mesmo admitiu em um discurso na noite de 14 de agosto, logo antes da retirada. Ele aproveitou aquela oportunidade para afirmar abertamente: "Sou a pessoa que defendeu este território, sou a pessoa que o conquistou em 1948 e sou pessoa que o reconquistou em 1967. E hoje, em virtude das mudanças nas circunstâncias, o mundo mudou, a vida mudou, e sou a pessoa que o está devolvendo aos palestinos".

É possível que a comunidade internacional tenha avançado um pouco o sinal? É possível que Sharon esteja fazendo tudo isso para ficar na Cisjordânia?

Não acredito que esse jogo – "Eu saí de Gaza então ficarei na Cisjordânia" – tenha algum apoio entre a liderança israelense. É verdade que o processo em Gaza não chegou ao fim, porque as pendências ainda precisam ser resolvidas. Mesmo assim, é possível e é necessário elogiar o fato de que, pela primeira vez, colonos estão sendo forçados a se retirar desses locais como resultado de um cálculo político. Até agora, só temos visto o contrário, a multiplicação dos assentamentos. Agora também vimos alguns sendo evacuados.

O que Sharon disse ao senhor, que este é o início de um processo ou de algo novo?

Ontem ele me disse da forma mais clara possível que isso de maneira alguma se restringe a Gaza e que a retirada de Gaza deve acionar um processo que nos levará a uma solução permanente. Ele também me disse que a sociedade israelense estava traumatizada com as imagens que viu durante os dias tensos da evacuação. É a primeira vez que uma tensão tão grande se evidenciou até entre os próprios soldados, já que alguns deles vêm de famílias que moram nos assentamentos. Acredito, contudo, que, depois de um período de aclimatização que não durará muito tempo, embarcaremos em um importante momento decisivo para o futuro.

Também gostaria de lembrá-lo que a Autoridade Palestina realizará eleições muito em breve e que Israel fará o mesmo em 2006, no máximo até novembro e quase certamente antes disso. Dessa forma, agora haverá um período intermediário incompatível com iniciativas grandiosas e importantes. Mesmo assim, o *momentum* deve ser mantido, porque seria um grande erro permitir que ele se dissipe.

Agora é a vez de Mahmoud Abbas. O que o senhor dirá ao presidente palestino?

Não acho que seja a vez dele. Ele fez o que precisava ser feito e cooperou na evacuação [israelense] de Gaza de uma forma muito positiva. Agora ele precisa governar o local. Ele precisa fazer isso com entusiasmo, já que se trata de um território que ele não controlava plenamente e que muito em breve será todo dele.

Como a União Europeia está apoiando a Autoridade Palestina?

Nós o apoiamos de três maneiras principais. Em primeiro lugar, em questões de segurança, uma equipe multinacional de agentes de segurança e da polícia está ajudando a reabilitar as forças de segurança palestinas. Também há a ajuda material. A Espanha, por exemplo, foi bastante generosa; muitos policiais palestinos que são vistos nas ruas de Gaza dirigem motocicletas e veículos doados pela Espanha. Outros países fizeram o mesmo. Em segundo lugar, estamos ajudando consideravelmente em questões políticas como a construção de um Estado e o desenvolvimento de uma administração. A terceira área é econômica, porque nós ainda somos os principais doares de Gaza e dos territórios ocupados.

O que acontecerá com tudo isso se Hamas não vencer as eleições?

Não vamos entrar em profecias que ainda não se realizaram e, espero, não se realizem. Espero que a força simbolizada por Mahmoud Abbas será a principal força, aquela que conquistará uma maioria nas eleições parlamentares em janeiro de 2006. Vamos esperar que aqueles que desejam avançar no caminho para a paz, o caminho das negociações, o caminho do processo político, derrotem aqueles que querem conquistar a vitória pela força e pelo terrorismo.

Ontem mesmo, os líderes do Hamas disseram que querem varrer Israel do mapa.

Acredito que, com expressões como essas, eles não mereçam vencer as eleições. Uma retórica como essa, sobre pretender varrer Israel do mapa, não pode ser considerada uma parte da campanha eleitoral. Precisamos nos empenhar para que todos os Estados existentes possam viver em fraternidade e que todos permaneçam no mapa.

Na sua opinião, o que acontecerá depois da retirada?

Na minha opinião, estamos nos aproximando do Road Map em uma velocidade que deve ser acelerada um pouco, para que logo testemunhemos o estabelecimento de um Estado palestino e a coexistência entre os dois Estados.

Os israelenses se preocupam com o novo antissemitismo que está crescendo na Europa. O primeiro-ministro israelense acusa muitos europeus de serem totalmente insensíveis a sangue judeu.

Se algo como isso foi dito, não tem fundamento algum. Não há nenhuma onda de antissemitismo na Europa. Incidentes podem ocorrer aqui e ali, mas o antissemitismo é condenado por todos os países esclarecidos. O que pode existir é a crítica contra as políticas de um determinado governo em Israel. O governo de Israel estaria exagerando caso se apresentasse como representante de todo o mundo judeu. Há outros partidos, outros tipos de atitude e pessoas que não se identificam com as posições do governo.

Mas é fato que se passaram muitos anos desde que tantas sinagogas foram queimadas na Europa e tantos cemitérios judeus foram profanados.

Todas essas ações foram condenadas e os responsáveis foram punidos. O antissemitismo é pior que o racismo, é algo intolerável, especialmente na Europa, que viu tantas tragédias enormes.

MIGUEL ÁNGEL MORATINOS
Ex-ministro das Relações Exteriores da Espanha, ex-enviado especial da União Europeia ao Oriente Médio

"O problema palestino é o tumor maligno provocando desequilíbrio e frustração no mundo árabe e muçulmano."

O atual ministro das Relações Exteriores da Espanha talvez seja o mediador que mais se identifica com o Oriente Médio. Dizem que, durante seu mandato de sete anos como enviado especial na região, Miguel Ángel Moratinos percorreu 3 milhões de quilômetros. Moratinos fazia visitas semanais a Arafat, Abu'Ala, Shimon Peres e Shlomo Ben-Ami, e chegou a ser recebido pelo "Leão de Damasco", Hafez Al-Assad (e pelo seu filho e herdeiro Bashar); em várias ocasiões ele visitou o rei da Jordânia, Abdullah II, e o presidente do Egito, Hosny Mubarak. Seu relacionamento com o primeiro-ministro Ariel Sharon sempre foi complicado e, em algumas ocasiões, ele chegou a ser evitado pelo primeiro-ministro israelense. Sharon não perdoaria Moratinos por seu relacionamento íntimo com Arafat, que chegou a lhe agraciar com uma medalha de distinção. O enviado europeu aparentemente não sabia do fato de que, enquanto se reunia com Sharon em Jerusalém, este já sabia exatamente o que tinha sido dito na Mukata em suas conversas com Arafat. De acordo com fontes estrangeiras, serviços de inteligência israelenses tinham meios para gravar tudo o que era dito naquele prédio. Sharon criticava o fato de o espanhol ter denunciado, em nome da União Europeia, a eliminação direcionada por parte de Israel de dezenas de líderes palestinos. Hoje, concluída sua tarefa na região e atuando como ministro das Relações Exteriores da Espanha, Moratinos mantém relações diplomáticas politicamente corretas com o novo primeiro-ministro Ehud Olmert, sem a intimidade que caracterizava o relacionamento de Moratinos com Arafat ou com Peres.

Acompanhei Moratinos várias vezes em suas visitas diurnas ou noturnas à Mukata parcialmente destruída, onde Arafat residia. Viajar pelas estradas da Cisjordânia era muito perigoso e, nos primeiros meses, o enviado especial da União Europeia no Oriente Médio não contava com um veículo blindado. Mesmo nos momentos mais difíceis, ele nunca perdeu seu otimismo característico, mesmo quando os palestinos atiraram nele ou diante da angústia de ter de transmitir a Arafat a exigência de que ele impedisse os grupos extremistas armados depois dos ataque suicidas; um dos ataques terroristas ocorreu nas proximidades da delegação do enviado perto do Hilton Hotel em Jerusalém. Foi mais do que uma mera decisão tática. Moratinos acreditava haver uma solução para o conflito; ele conhece muitos segredos que ainda não foram revelados; por exemplo, ele conhece detalhes das negociações de Taba conduzidas entre israelenses e palestinos, as negociações nas quais ele teve participação ativa "da piscina do hotel", considerando que os representantes americanos e outros observadores internacionais não tiveram permissão de participar. Moratinos também contribuiu muito com negociações secretas entre Israel e a Síria, conduzidas durante o mandato de Benjamin Netanyahu como primeiro-ministro.

"Tenho um rascunho do acordo de paz guardado em um cofre", ele disse no fim de seu mandato no Oriente Médio, em junho de 2003. Eu o entrevistei em Madri um ano mais tarde, cerca de três meses depois que ele foi nomeado ministro das Relações Exteriores da Espanha no novo governo socialista. Eis o que ele me disse: "Quando tiver a chance, publicarei o esboço dos acordos de paz e, se me pedirem, oferecerei meus serviços". Moratinos acreditava que teria essa oportunidade se o partido trabalhista assumisse o poder ou se o líder do Likud, Netanyahu (com quem ele tem um relacionamento baseado em confiança), substituísse Sharon.

Em tudo o que envolve a questão palestina, o ministro das Relações Exteriores espanhol tem o apoio de seus auxiliares no Oriente Médio: Bernardino Léon (atual secretário de Estado para Relações Exteriores da Espanha) e Javier Sancho (seu braço direito no Ministério das Relações Exteriores). Moratinos afirma que essa questão é "um tumor maligno e é a fonte do desequilíbrio que prevalece hoje no mundo árabe e muçulmano". Ele argumenta que 2007 e 2008 serão anos importantíssimos, anos que despertarão a esperança.

Entrevista conduzida em 23 de junho de 2003, apenas dias antes de Moratinos deixar seu cargo de enviado especial da União Europeia no Oriente Médio

O senhor passou sete anos nesta tumultuada região. O senhor chegou no verão de 1996 e foi nomeado enviado especial da União Europeia no Oriente Médio em outubro de 1996. O senhor se lembra dos primeiros dias?

Sim, com certeza. Foi bem no início do governo conservador de Benjamin Netanyahu. O processo estava paralisado e, nos Estados Unidos, também havia um processo de mudança, não uma mudança do governo, mas uma renovação na equipe de negociações. Minha primeira tarefa foi estabelecer a presença europeia. Essa presença provocava certa euforia, mas também certo espanto. Parceiros que não estavam acostumados com discussões com um enviado europeu permanente na região começaram a se acostumar com a minha presença.

Nos acordos de Hebron que foram assinados em 16 de janeiro de 1997, a Europa esteve presente pela primeira vez por meio de um documento de garantia. Me lembro de Netanyahu dizendo "Bem-vindo ao clube" na Passagem de Erez entre Gaza e Israel. Essas palavras foram ditas diante da espantada delegação americana e o olhar fixo de Dennis Ross e seus colaboradores, que não estavam nem um pouco entusiasmados com a presença de um mediador europeu e assumiam a tarefa de buscar um plano de concessões entre os palestinos e os israelenses.

Qual é a opinião do senhor sobre Netanyahu?

Tenho elogios a ele. Ele nem sempre tem sido tratado com justiça pela história diplomática. Nenhum primeiro-ministro do governo do Likud antes dele tinha concordado, como ele, em dividir territórios bíblicos entre os palestinos e os israelenses, uma decisão que acabou lhe custando o cargo.

E depois da abertura diplomática como um enviado europeu...

Foi neste ponto que nós chegamos, no segundo estágio, que, na minha opinião, é o mais complexo em termos de diplomacia – implementar e estabelecer a iniciativa na prática. O mais importante era organizar as reuniões, o trabalho preparatório para definir o posicionamento da Palestina, reuniões secretas, muitos documentos de posicionamento e reuniões com Shlomo Ben-Ami, por exemplo, e outros parceiros israelenses.

E, enquanto o senhor atuava como um intermediário, irrompeu a Intifada e uma guerra geral entre os israelenses e os palestinos...

Sim, tudo começou em outubro de 2000, quando ainda tínhamos ilusões de chegar a um acordo de status permanente. O período de outubro de 2000 até as negociações de Taba em 2001 foram os dias de glória do envolvimento europeu. Os dois últimos anos foram dias de insanidade e pesadelo coletivo no qual todos os lados saíram perdendo. A maior frustração foi a perda de confiança entre os participantes e a perda da esperança de que uma retomada do diálogo seria possível e de que seria possível chegar a um acordo de paz entre os israelenses e os palestinos.

O senhor não foi o único líder europeu presente nas negociações de Taba, mas o encontro fracassou e, em Israel, o governo mudou. Todos concordam que o encontro de Camp David em julho de 2000 deveria exercer um papel central em todo o processo. Por que, na sua opinião, Arafat recusou as ofertas do primeiro-ministro israelense, Ehud Barak, e do presidente dos Estados Unidos, Bill Clinton?

Arafat me disse: "Se eu aceitasse a oferta referente a Jerusalém, eles teriam me matado. No mundo muçulmano eles nunca me perdoariam e eu seria considerado um traidor". Dessa forma, ele não podia aceitar a oferta que instituía que a Esplanada das Mesquitas e os lugares sagrados para o islamismo na Cidade Antiga de Jerusalém ficassem sob soberania israelense. Jerusalém é uma questão extremamente complexa e delicada. Penso que tanto a comunidade internacional quanto a União Europeia sempre consideraram Jerusalém o ponto mais difícil nas negociações. Há uma certa distorção nas negociações relativas a Jerusalém – tanto os israelenses quanto os palestinos acreditam que se trata de uma questão que só diz respeito a eles e se esquecem da existência de uma comunidade internacional que também tem interesses históricos e religiosos na cidade.

Arafat e Sharon voltaram a se encontrar pessoalmente como fizeram em Beirute em 1982. Qual é a sua impressão dos dois? Eles acreditam ser possível chegar a um acordo?

O relacionamento entre eles é muito complicado, porque os dois perderam a esperança e a confiança mútua. A mesma parceria que, por um determinado período, caracterizou o relacionamento entre Arafat e o ex-primeiro-ministro de Israel, Yitzhak Rabin, ou o relacionamento com Shimon Peres, não existe entre eles. Eles não têm o mesmo relacionamento pessoal que é crucial nas negociações. Os dois líderes precisam tomar decisões extremamente difíceis e assumir enormes riscos, porque se trata de decisões complexas que nem sempre contarão com o apoio da sociedade. Precisamos encontrar uma espécie de ponto de encontro para esses dois líderes, no qual tentaríamos superar a barreira psicológica que os separara durante todos esses anos; enfatizar a eles que o futuro da região está nas mãos deles, o destino do povo palestino e o destino do povo israelense, e propor que eles se voltem mais ao futuro e menos ao passado; que eles analisem o que são capazes de fazer juntos e não o que desfizeram ou tentaram desfazer juntos.

Arafat, o lendário líder revolucionário, é capaz de se tornar o presidente de um pequeno e pobre país, quase um semiprefeito de Gaza? Ele é capaz de fazer essa transformação e tirar o uniforme?

Ele não só é capaz como já decidiu fazer isso e está comprometido com isso. Estou convencido disso, eu o conheço. Eu o vi muito mais do que os outros, acumulei muitas horas de conversas e encontros e estou convencido de que ele deseja estabelecer um Estado palestino e lidera essa nova entidade e está comprometido com isso. Dessa forma, eu não duvido, como algumas pessoas, que ele deseja continuar participando da organização de liberação nacional. Ele quer estabelecer um Estado palestino que respeite as leis internacionais e com o qual seu povo e a sociedade palestina concordarão. Ele não concordará com qualquer forma de Estado palestino, mas sim um Estado permanente, um Estado que possa coexistir ao lado de Israel e com fronteiras seguras.

Na Europa Sharon tem fama de ser um linha-dura, um militar. Ele chegou a ser apelidado de o "Açougueiro de Sabra e Chatila". Como o senhor se sente quando encontra com ele?

Tenho um bom relacionamento com Sharon. Ele é uma pessoa cortês e cordial. No entanto, ele tem pontos de vista bastante firmes e conhecidos. Ele deixou claro em muitas oportunidades que não negociará sob terror e violência e que não está interessado em unicamente 100 por cento de empenho, mas sim em 100 por cento de resultados. Na nossa última reunião, ele me disse que tinha a solução para os problemas. Ele me disse e repetiu isso durante o nosso último encontro, que ele é o único capaz de atingir a paz permanente e o único que conquista a confiança e o apoio para a sua decisão da maior parte da sociedade israelense. Ele já superou um dos pomos da discórdia tradicionais – o reconhecimento de um Estado palestino.

O senhor acredita que um estado palestino será estabelecido? Um Estado temporário? Um Estado permanente?

Será muito difícil e quase impossível ter o processo descontinuado ao ponto do estabelecimento de um Estado palestino em fronteiras temporárias, porque tanto a comunidade internacional, como indica o Road Map, quanto os palestinos não concordarão com isso. Dessa forma, eu gostaria de ir além, até uma solução permanente.

Israel pede que o governo de Mahmoud Abbas e Arafat combatam grupos extremistas que executam ataques terroristas.

Arafat, da mesma forma como Mahmoud Abbas e o ministro do Interior, Mohammed Dahlan, está interessado em um cessar-fogo e que o Hamas participe do diálogo palestino internacional utilizando meios diplomáticos. Dahlan gostaria de impedir uma guerra civil e isso de fato deve ser evitado e devemos elogiar o empenho dele. Seria insano impor uma guerra civil à empobrecida sociedade palestina. Dahlan está renovando a polícia e está recebendo a ajuda de novas pessoas, algumas delas membros do Hamas, do Tanzim ou de outros grupos. Qualquer um que tenha uma gota de sensibilidade, particularmente um desejo de paz e reconciliação, será impelido a encontrar uma saída para o conflito no caminho da paz e por meio da diplomacia. É claro que os líderes de cada lado não abrirão mão de exercitar sua autoridade para chegar a uma solução ao preço mais baixo possível.

Quais são as condições para um cessar-fogo entre os israelenses e os palestinos?

Não deveria haver mais assassinatos seletivos como os que o exército israelense tem executado. São assassinatos ilegais que a União Europeia sempre denunciou. A Autoridade Palestina prometerá não prender nenhum membro do Hamas, mesmo os que participaram de atividades terroristas no passado. Haverá um cessar-fogo total, um cessar-fogo geográfico e pessoal. Um cessar-fogo total, completo e absoluto de todas as operações militares palestinas contra qualquer israelense, seja um soldado, um colono ou um cidadão comum, tanto dentro da Linha Verde quanto fora dela.

Qual é o papel da União Europeia nesse acordo?

Nosso papel é provar a todos aqueles que denunciam a Europa – alegando que não temos importância alguma na região e que não estamos fazendo nada, que não participamos de várias conferências e encontros e nos ausentamos de todas as festividades diplomáticas – que na verdade temos um papel importante. O Hamas leva o posicionamento europeu muito a sério, bem como a ameaça de que a Europa inclua a organização na lista das organizações terroristas. Esse é um ponto muito significativo e não deve ser negligenciado.

O que o senhor pode nos dizer sobre as negociações conduzidas na frente Israel-Síria?

O primeiro-ministro Netanyahu me encarregou de liderar a intermediação secreta entre Israel e a Síria. Progredimos muito e nos aproximamos de um acordo em um documento que reconheceria a devolução de Golã à Síria. Houve dificuldades relativas às fronteiras de 6 de junho de 1967, mas acredito que possamos superá-las. Netanyahu teve suas dúvidas e me disse: "Neste momento particular, os membros do meu Gabinete não aprovam este documento. Diga ao presidente Hafez Al-Assad que ele deveria me deixar vencer as eleições e, depois da vitória eleitoral, eu aceitarei a proposta dele". Netanyahu concordou com a fórmula diplomática baseada no princípio de uma retirada de Golã. No entanto, nunca nos sentamos para negociar com base em mapas.

O senhor confia no sucessor de Hafez Al-Assad, o filho dele, Bashar Al-Assad? Os israelenses o acusam de antissemitismo e dizem que ele é decepcionante na presidência.

Tenho fé no presidente Bashar Al-Assad. Penso que ele seja o homem que aspira levar modernidade a seu país e a toda a sociedade síria. Acredito que ele também sugeriu que seus discursos foram incompreendidos e que, durante sua última visita a Paris, ele tentou esclarecer e fazer a distinção entre o que é em sua opinião a política israelense e o que é considerado antissemitismo. No Oriente Médio há um ditado que tendemos a esquecer, que tanto os árabes quanto os judeus são semitas, de forma que um árabe não pode ser antissemita. Mas é verdade que o discurso de Assad também chocou o mundo judeu e todos os que buscam a reconciliação e a reaproximação entre sociedades e nações. Além disso, penso que ele seja um homem moderno, um homem comprometido, com um objetivo claro: conduzir seu país à paz e ao entendimento com Israel, mas baseado nas resoluções do Conselho das Nações Unidas e na implementação das Resoluções 242 e 338 e na devolução dos Montes Golã à Síria. Com o tempo, a sociedade israelense entenderá que Bashar Al-Assad é um bom líder, comprometido com a paz.

Tanto o senhor quanto Javier Solana são espanhóis e ocupam posições-chave entre os intermediários do processo de paz. Os diplomatas espanhóis são "viciados" nesse conflito?

Talvez. Temos uma posição inigualável, temos experiência, reconhecimento e um relacionamento baseado em confiança nos dois lados, o que nos possibilita mergulhar nos problemas com objetividade, apesar de nem sempre possível ser objetivo. Tanto os árabes quanto os israelenses acreditam em nós e nos oferecem assistência e reconhecimento. Dessa forma, o que precisamos fazer é ajudar e atuar como um terceiro tentando aproximar os lados de um acordo, fazer com que nosso empenho se transforme em uma realidade.

Durante os sete anos que o senhor atuou como um diplomata na região, o senhor nunca parou de viajar, conversar, reconciliar.

De acordo com os nossos cálculos, já percorri cerca de 3 milhões de quilômetros. Não tive tempo de contar quantas vezes me encontrei com Arafat, por exemplo, mas nos encontrávamos cerca de cinco vezes por semana. Entre os líderes israelenses, me encontrei com mais frequência com Shlomo Ben-Ami e Shimon Peres.

O senhor se lembra de um momento particularmente empolgante?

Houve muitos, como o pouso do avião israelense no aeroporto internacional em Gaza. Um momento empolgante também foi o estabelecimento do Quarteto internacional, e também foi empolgante quando o novo primeiro-ministro palestino, Mahmoud Abbas, e Arafat disseram que aquele era o governo do Moratinos. Não era verdade, é claro, mas a simples menção do meu nome pelos dois simboliza o fato de eu tê-los apoiado.

Como o senhor se sente na conclusão do seu mandato [como enviado]?

Deixo o cargo com otimismo e esperança e também com a crença de que contribuí para não permitir que o processo fosse totalmente retirado da pauta.

Se quisermos o avanço do processo, antes de mais nada precisamos de todo trabalho complementar entre os Estados Unidos e a Europa. Enquanto todos os cidadãos, palestinos e israelenses, não sentirem que se beneficiarão com o processo de paz, apesar da "paz dos valentes", eles terão dificuldades de se identificar com essa paz.

Entrevista conduzida em 23 de junho de 2004, quando Moratinos atuava como ministro das Relações Exteriores da Espanha

O que o senhor acha do plano israelense de se retirar de Gaza?

Nós o recebemos de braços abertos, desde que ele se integre ao Road Map e a retirada de fato seja implementada. Se isso realmente acontecer, será uma nova oportunidade. A retirada provará que os palestinos são capazes de assumir a responsabilidade e garantir a segurança de Israel. Isso nos encorajará a implementar o mesmo plano na Cisjordânia e nos preparar para as negociações relativas ao acordo de status das negociações. Passamos um longo tempo discutindo esse plano, mas o tempo passa e pessoas são mortas e há uma necessidade urgente de acelerar sua implementação.

Quando Netanyahu era primeiro-ministro o senhor intermediou conversas entre ele e a Síria e obteve um esboço de um acordo de paz. O que o Rais *sírio, Hafez Al--Assad disse ao senhor sobre isso durante a visita dele a Madri? O senhor poderá usar o mesmo esboço no futuro?*

Devemos encontrar o momento certo. Esboços são escritos para serem usados, mas devemos transformá-los em um documento permanente, o que é muito mais complicado. Se os israelenses e os sírios pedirem, nós contribuiremos de bom grado com o processo, mas tudo deve ser feito no momento diplomático certo. Em seus primeiros dias no poder, o presidente sírio Bashar Al-Assad esteve principalmente envolvido na estabilização de seu governo.

Agora ele está dando continuidade ao processo de reformas de modernização no país, mas entendo que ele não pode ignorar a solicitação de devolver Golã, de forma que deve dar início às negociações com Israel. Ele está disposto a isso, mas não a qualquer preço. Os eventos no Iraque demonstraram que a Síria tem influência sobre a estabilidade na região e seria um erro ignorar a necessidade de retomar as negociações com os sírios.

O senhor disse em uma ocasião anterior que só via as árvores do conflito árabe-israelense e que hoje o senhor vê a floresta internacional. Qual é a influência do Oriente Médio de uma perspectiva global?

O que vejo, agora que estou mais distanciado, reforça o que senti na época, durante minhas inúmeras viagens pela região. Agora vejo o conflito com mais clareza. Se não solucionarmos o conflito israelense-palestino e o conflito árabe-israelense, todo o nosso empenho em outras regiões deixarão de produzir o resultado previsto. O maior problema do mundo ocidental hoje é reforçar relações modernas, justas e tranquilas com o mundo árabe e islâmico. Devemos encontrar uma solução permanente para o problema palestino. Como diz o primeiro-ministro (Rodríguez Zapatero), "O tumor maligno provocando o desequilíbrio e a frustração que atualmente prevalecem no mundo árabe e muçulmano é a questão da Palestina". Os outros são tumores que estão sempre mudando de posição e se desenvolvem no corpo social e geopolítico da comunidade internacional. Há uma necessidade urgente e imediata de solucionar a crise israelense-palestina.

Qual é o seu sonho para os próximos quatro anos? Talvez a assinatura de um acordo e outra Conferência de Madri?

Isso seria o ideal. Sempre tentei trazer os dois lados para a nossa capital, apesar de o principal objetivo ser atingir a paz no Oriente Médio, onde há períodos de progresso no processo de paz acompanhados de profundas crises e saltos significativos. Em 2000, quase testemunhamos o salto final, mas, devido a várias circunstâncias, isso não foi viável. Estou convencido de que 2007 e 2008 são anos críticos, anos de esperança e expectativa no Oriente Médio.

Qual é a sua resposta às pessoas fora da Espanha que argumentam que foi a Al--Qaeda que saiu vitoriosa nas eleições de 14 de março de 2004, tendo levado a uma mudança no governo da Espanha por meio do ataque terrorista?

Na minha opinião, esse argumento parece demonstrar uma falta de respeito pela democracia e pelos cidadãos espanhóis. Se o programa do partido socialista tivesse mudado devido ao ataque terrorista, seria possível apontar um impacto direto da Al-Qaeda. Não concordamos em desistir da nossa decisão de nos retirar do Iraque, por ter sido uma decisão tomada antes do ataque terrorista assassino. A melhor resposta que os terroristas receberam foi a resposta democrática da sociedade espanhola que disse: "Basta, não queremos continuar com um governo manipulador que enganou intencionalmente seu povo e implementou uma política inaceitável para cidadãos espanhóis". Dessa forma, eles votaram em massa e responderam democraticamente.

O senhor teme outro ataque terrorista da organização de Bin Laden na Espanha? O que vocês estão fazendo para impedir isso?

Estamos em uma situação muito complicada. A luta contra o terrorismo internacional está no alto da lista de prioridades do governo. O Ministério do Interior, os braços dos serviços de inteligência e segurança, estão muito sensíveis a tudo que aparenta ser uma ameaça. No entanto, com o mesmo tom tranquilizador, gostaria de lembrá-lo que estamos em um Estado governado pela lei, que temos uma longa experiência na luta contra o terrorismo no passado contra a ETA, e agora contra o terrorismo internacional. Dessa forma, estamos buscando a cooperação, uma nova estratégia internacional e ofereceremos novas iniciativas para que, em um esforço colaborativo, possamos proporcionar uma resposta eficaz.

EFRAIM HALEVY
Ex-diretor do Mossad

"Um homem na sombra."
"Se cinco líderes do Mossad, cinco chefes do Estado-maior do exército e cinco primeiros-ministros já tinham conhecimento, há quinze anos, do programa nuclear iraniano, é possível supor que não ficamos de braços cruzados."

Efraim Halevy, diretor do Mossad entre 1998 e 2002, foi o número dois na organização nos cinco anos anteriores e tem quarenta anos de experiência como agente secreto, tendo trabalhado com cinco primeiros-ministros israelenses. Ele decidiu romper o silêncio apesar de ainda se definir como "um homem na sombra" (*Man in the shadows*, o título de seu livro recente publicado em vários idiomas).

Atualmente ele lidera o Centro de Estudos Políticos e Estratégicos da Universidade Hebraica de Jerusalém. Ele muitas vezes expressa opiniões diferentes do grupo dominante de seu país: "Não, não acho que devemos pedir aos palestinos islâmicos de Hamas que reconheçam Israel. Não precisamos do reconhecimento do Hamas, são eles que precisam do nosso. Nos concentramos demais na questão 'do que eles estão ou não dispostos a fazer'. Acho que o Hamas precisa do reconhecimento de Israel, mas Israel não os reconhecerá enquanto eles não cumprirem duas condições: a primeira é reconhecer os acordos assinados entre governos anteriores e Israel, e a segunda é evitar a violência". E ele acrescenta: "Reconhecer Israel é chegar ao fim do conflito. É impossível chegar ao fim do conflito entre israelenses e palestinos nos próximos anos. A profundidade do ódio e frustração dos palestinos em relação a Israel e aos judeus é tamanha que não é possível fazer uma mudança súbita e dizer que teremos a paz agora. É necessário chegar a acordos intermediários, e isso não requer nenhum tipo de reconhecimento. No passado houve muitas ideias que não foram aceitas, mas que hoje podem ser.

Posso até dizer que atualmente há um diálogo entre Israel e o Hamas em relação a questões específicas".

Entrevista conduzida em janeiro de 2007

"Quanto à questão palestina, acredito que seja impossível chegar a um acordo sem que o Hamas faça parte dele. Acredito que o fundamentalismo islâmico não é composto de um único bloco. Para derrotar o sistema fundamentalista, para derrotar o terrorismo internacional, acredito que Israel e os Estados Unidos precisem de aliados no bloco extremista. Suponhamos que o Fatah vença as eleições e volte ao governo. Isso não quer dizer que o Hamas desaparecerá. O Fatah seria capaz de provocar uma guerra civil e eliminar o Hamas? É claro que não", declara Efraim Halevy, de 72 anos, ex-diretor do serviço secreto israelense, o Mossad.

Em outras palavras, o senhor concorda com o Hamas no sentido de que, neste ponto, a única possibilidade é ter uma hudna, *uma trégua por alguns anos...*

Exatamente. Mas não quero dizer um cessar-fogo, mas sim uma *hudna*, que é renunciar às armas. A palavra *hudna* não significa cessar-fogo, significa um acordo detalhado que nos leva a nos desarmar, como aconteceu em 1949. Na época houve um acordo de desarmamento com os países árabes, e chegaremos a um acordo como esse com os palestinos. Não chegamos a uma solução definitiva para o problema nesses acordos. Deixamos isso para depois, mas fazemos concessões mútuas para determinar um *modus vivendi* durante certo tempo e ver até onde podemos chegar. Devemos decidir se evacuaremos ou não os assentamentos. Esse também foi o conceito de Sharon durante todos aqueles anos e, na minha opinião, não deveríamos ter alterado o rumo.

Muitas das iniciativas do Mossad se concentraram em impedir a possibilidade de o Irã conseguir uma bomba nuclear até 2009. O senhor acredita que isso seja uma ameaça à existência de Israel?

Acredito que seja uma grande ameaça, talvez a maior que já enfrentamos até hoje, mas não ameaça a nossa existência porque não é possível exterminar Israel. Somos um país muito forte com potencial em muitas áreas e discutimos e analisamos as intenções iranianas por mais de quinze anos. Se quatro ou cinco líderes do Mossad, cinco chefes do Estado-maior do exército e cinco primeiros-ministros já sabiam, há quinze anos, dessa ameaça, é possível supor que não ficamos de braços cruzados. E acredito, de acordo com informações que tenho, que podemos combater essa ameaça se entendermos que isso seja uma ameaça e tomarmos as medidas adequadas. Nós contamos com muitos recursos não revelados e um bem conhecido, o Hetz, nosso míssil antimísseis.

O senhor deu instruções para executar operações nas quais houve grande possibilidade de agentes ou pessoas inocentes saírem feridos. A sua mão tremeu?

Acredito que uma pessoa que esteja disposta a liderar o Mossad deve projetar autoconfiança, deve mostrar que há riscos mas também que, se houver qualquer problema, ele fará tudo o que puder para resgatar as pessoas envolvidas na situação. É categoricamente proibido tremer. Suponhamos que algo tenha acontecido e um grupo de pessoas foi descoberto, detido ou simplesmente desaparecido. As pessoas se reúnem para discutir, expressam todos os tipos de opiniões e finalmente todos ficam em silêncio absoluto; todos olham em uma direção, para o diretor do Mossad e ele decide o que precisa ser feito. É uma decisão pessoal; não é um processo democrático. É verdade que passei muitas noites em claro recebendo telefonemas às 4h da manhã para me informar do sucesso de uma determinada operação. Houve muitas situações nas quais meus agentes estiveram em perigo de morte. A partir do momento no qual uma operação começa, há muitos detalhes que não foram pensados sobre o que poderia acontecer. Vivemos em um mundo muito dinâmico. Circunstâncias e condições podem variar muito em uma operação executada a milhares de quilômetros ou em uma que é realizada a 300 quilômetros.

Quais são os critérios para mobilizar um espião do Mossad para trabalhar em um país inimigo? Até que ponto os agentes se parecem com o James Bond?

Longe disso. Não conheço ninguém parecido com o James Bond. Ninguém. Eles são escolhidos de acordo com as línguas que falam e sua capacidade de transitar discretamente. Eles devem ser capazes de suportar situações de tensão – não apenas física como também mental – e pensar rápido. É uma arte, não uma ciência exata. Você pode ensinar uma pessoa a misturar cores, mas não pode ensiná-la a pintar como Picasso. O Mossad é muito menor do que o que as pessoas acreditam. É uma organização muito eficiente, rápida e sabe como se adaptar a novas situações. Os recursos tecnológicos e humanos devem ser combinados. Mesmo se você tiver a mais avançada tecnologia, se não tiver o agente com duas pernas e uma mente, não chega a lugar algum.

Quanto ao terrorismo convencional e não convencional, o senhor diz que o pior ainda está por vir. O que o senhor quer dizer com isso?

Estamos no auge da Terceira Guerra Mundial. Participei recentemente de um encontro dos veteranos da segurança israelense e da inteligência americana. A opinião geral era que serão necessários mais 25 anos para dar um fim à guerra contra o terrorismo islâmico fundamentalista. Devemos entender que estamos falando de uma maratona. O mundo não entende isso; as pessoas não entendem o fato de estarmos em guerra.

As pessoas andam por Tel Aviv, Barcelona ou Buenos Aires e não têm a sensação de que há uma guerra. Uma guerra mundial? Não se vê atos de violência, escassez de alimento; não se vê que o comércio internacional parou, que se deteriorou. Na Primeira e Segunda Guerras Mundiais, o mundo inteiro sentiu a guerra. Hoje ninguém está ciente disso. De vez em quando há um ataque terrorista em Madri, em Londres ou em Nova York e depois tudo continua como antes. E, de vez em quando, ouvimos falar que uma operação terrorista foi frustrada. Estamos no meio de uma guerra terrível e as pessoas não entendem que os terroristas estão por toda parte.

Os serviços secretos ocidentais estão se adaptando para essa nova era?

Um mês atrás, a diretora da inteligência britânica revelou que os ingleses descobriram 1.600 pessoas identificadas como "colaboradores do terrorismo" em 200 grupos diferentes. Esse número não inclui toda a rede terrorista, são só os que foram identificados, mas se presume que haja milhares de outros colaboradores. Ela explicou que, desde o ataque em Londres, cinco operações terroristas foram frustradas. Se uma delas tivesse sucesso, teria causado a perda de centenas ou milhares de vidas humanas. Ela revelou que atualmente os serviços de segurança britânicos trabalham em 52 idiomas. Se falarmos de uma guerra de 25 anos, é impossível fingir que o mundo livre pode impedir todos os ataques; alguns terão sucesso.

As pessoas entendem em parte a situação porque, quando vão ao aeroporto, são solicitadas a tirar os sapatos, que são examinados. Mas pode ocorrer um ataque contra um ônibus, um prédio, uma área específica. Os ataques também podem combinar elementos não convencionais, como armas nucleares, biológicas ou químicas. Não precisa ser nada muito sofisticado, não precisa ser o mais recente avanço da tecnologia nuclear; pode ser algo simples, como a chamada "bomba suja", que matou "só" dezenas de milhares em vez de milhões. As pessoas precisam se conscientizar disso. O número de agentes do serviço secreto britânico aumentou 50 por cento desde 2001 e vai dobrar até 2008.

A necessidade de lutar contra essa ameaça é maior hoje do que durante a Guerra Fria, quando os russos eram considerados o grande perigo e a KGB tinha operações por toda parte. Os terroristas são muito inteligentes, algumas vezes são gênios do mal; eles são diabólicos. Quem teria a ideia de sequestrar um avião com passageiros e derrubá-lo em um prédio de cem andares? Isso demonstra uma grande capacidade, porque a meta foi estratégica. Tentar um ataque contra o centro econômico mundial em Nova York, contra o símbolo da segurança – o Pentágono – e a Casa Branca (que fracassou) no mesmo dia é perverso, cruel e brilhante ao mesmo tempo. É verdade que o presidente não estava lá, mas qual impacto isso teria... É um golpe terrível na consciência coletiva.

Hoje eles podem estar planejando, digamos, dez ataques. Basta que um ou dois tenham sucesso. Não se deve ficar deprimido ou achar que tudo pertence ao lado negro, mas é necessário entender a realidade. Assim que as pessoas entenderem isso, ações poderão ser tomadas.

STEVE POMERANTZ
Ex-diretor adjunto do FBI

"Estamos no meio da Terceira Guerra Mundial."

Steve Pomerantz é um dos 800 especialistas internacionais que se reuniram em Israel em novembro de 2003 para falar sobre o terrorismo internacional no século XXI. Atualmente ele é vice-presidente do Instituto para o Estudo do Terrorismo e da Violência Política em Washington, D.C.

A razão pela qual o entrevistamos, contudo, foi o fato de Pomerantz ter sido um alto funcionário do FBI por 27 anos, até junho de 1995, tendo inclusive ocupado o cargo de diretor adjunto, posição na qual ele se envolveu no contraterrorismo. "O mundo está no meio da Terceira Guerra Mundial", ele diz, "e, como as guerras anteriores, nem todos os países estão envolvidos".

Entrevista conduzida em 9 de setembro de 2003

Quais foram os resultados dos ataques terroristas de 11 de Setembro contra os Estados Unidos?

Os ataques de 11 de Setembro levaram à declaração de uma guerra mundial contra o terrorismo, especialmente pelos Estados Unidos, que finalmente perceberam que o terror constitui uma enorme e concreta ameaça ao mundo todo. O terrorismo está se tornando mais letal a cada dia que passa. Os terroristas estão tentando matar o maior número de vítimas que conseguirem. Quando se consideram os fatores que explicam o terrorismo, não se deve negligenciar o fator religioso, especialmente entre grupos árabes e muçulmanos, já que ele atua como uma injeção de fundamentalismo extremista no terrorismo. Cada vez mais jovens estão envolvidos na guerra santa e cada vez menos se voltam a metas verdadeiramente políticas. Em uma guerra santa, a meta é matar os inimigos, os infiéis e, quanto mais você mata, melhor.

Outra mudança após 11 de Setembro se reflete na maior preocupação com armas de destruição em massa e há bons motivos para se preocupar.

Qual foi a sua primeira reação naquele cataclísmico 11 de Setembro?

Quando o segundo avião colidiu com as Torres Gêmeas, vi que não era um acidente, mas um ataque terrorista. Foi apavorante. Fiquei em choque, como o resto do mundo.

O seu país tirou as conclusões necessárias ou esse tipo de terrorismo é inevitável?

Não é inevitável, mas precisamos ficar em constante estado de vigilância. Hoje, os agentes americanos estão mais bem preparados para seu trabalho e têm mais liberdade de ação. Mesmo depois das medidas de segurança tomadas pelo governo do Estados Unidos, um ataque como o de 11 de Setembro continua sendo possível, mas sua probabilidade é baixa. Como vemos em Israel, não importa quantas medidas você tome, o quanto você e seus serviços de inteligência se aprimorem, o tipo de respostas que você oferece e o nível de eficiência dos seus métodos, você nunca pode estar 100 por cento seguro contra o terrorismo. Agora estamos menos vulneráveis devido à nossa política de nos mantermos na ofensiva e porque somos mais ativos, internamente e no exterior, no confronto do terrorismo.

O senhor vê uma maior cooperação internacional contra o terrorismo?

Sim. O 11 de Setembro foi um aviso que levou a uma maior cooperação entre as nações. Na campanha contra o terror, alguns países contribuem mais, como os da América Central e alguns países europeus como a Espanha, a França e a Alemanha. Descobrimos que grupos terroristas ocidentais e movimentos terroristas islâmicos cooperam entre si. Anos atrás havia cooperação entre organizações terroristas e grupos como o IRA [Exército Republicano Irlandês] ou o Exército Vermelho Japonês, sendo que os dois foram treinados na Líbia. Quanto ao movimento clandestino dos separatistas bascos, não tenho informações precisas.

Essa forma de terror cada vez mais se baseia em suicidas.

É triste, mas é um fato. O número de terroristas suicidas está aumentando em proporção direta ao crescimento do fanatismo religioso. Vemos que eles estão educando gerações de fanáticos e que esse fanatismo se transformou em um estilo de vida em certos locais.

Até essa lavagem cerebral chegar a um fim, o fenômeno permanecerá. Os líderes e as sociedades árabes compartilham a responsabilidade por isso. Há bilionários muçulmanos bem-intencionados, mas também um pequeno setor que mantém relações fanáticas justificando seus atos com base na religião. Eles chamam suas ações de uma "guerra de civilizações", significando uma guerra contra aqueles que eles consideram hereges.

O terrorismo não convencional é uma ameaça concreta?

Só lhe digo que estou mentalmente preparado para um terrorismo como esse e acredito que seja possível.

E o ciberterrorismo na Internet?

É uma ameaça, mas não a principal ameaça. Bin Laden, o Hezbollah e outros grupos estão continuando a aderir à mesma mentalidade: matar o maior número possível o mais rapidamente e semear morte e destruição.

E a utilização de armas de destruição em massa?

Alguns grupos terroristas e alguns líderes do terrorismo global utilizariam armas não convencionais se conseguissem pôr as mãos nelas. Não há dúvida quanto a isso.

Quanto ao combate ao terrorismo, estamos falando de uma guerra total?

Sim. Acho que estamos falando da Terceira Guerra Mundial, uma guerra mundial que pode não necessariamente envolver o mundo inteiro. Foi assim na Segunda Guerra Mundial, mas muitas partes do mundo ainda participarão.

ROHAN GUNARATNA
Especialista internacional sobre a Al-Qaeda

"A Al-Qaeda está tentando obter materiais não convencionais por meio de máfias e cientistas paquistaneses."

Rohan Gunaratna nasceu no Sri Lanka. Ele se especializou em terrorismo e violência política e atuou em cargos de aconselhamento nas Nações Unidas e vários governos, especialmente nos Estados Unidos, Reino Unido e Sri Lanka. Hoje ele atua no Instituto de Estudos Estratégicos e Defesa de Singapura, no Centro para o Estudo do Terrorismo e Violência Política na St. Andrews University, Escócia, e no Instituto de Política Internacional para o Contraterrorismo em Herzliya, Israel.

Várias horas depois da entrevista, um *shahid* ("mártir") da Jihad islâmica se suicidou detonando explosivos em um centro comercial em Kfar Saba, matando duas pessoas e ferindo 32. Quando cheguei ao local, membros da Zaka (equipe de voluntários para a identificação e o resgate de vítimas) já estavam trabalhando. Na multidão, vi Gunaratna, usando um terno impecável e observando com fascínio a meticulosa busca por partes de corpos que os voluntários do Zaka estavam conduzindo. Ele parecia chocado e eu lhe disse: "Há uma enorme diferença entre as duas situações, estar presente em um ataque terrorista e realizar pesquisa teórica e trabalho de desenvolvimento sobre o terrorismo".

Entrevista conduzida em 9 de setembro de 2003

A Al-Qaeda registrou uma enorme vitória quando atingiu suas metas no ataque de 11 de Setembro.

Sim, foi um sucesso do ponto de vista deles – um golpe no coração dos Estados Unidos, matando tantas pessoas. Desde 11 de Setembro, os grupos terroristas vêm tentando matar o maior número de pessoas possível e estão utilizando métodos cada vez mais mortais.

O senhor acredita, como um especialista em terrorismo internacional, que esses ataques podem ser impedidos?

É muito importante desenvolver a perspectiva multinacional, o conceito de diversas agências de inteligência, a resposta multinacional na guerra ao terror. Só se houver cooperação entre a comunidade internacional e seus serviços de inteligência e segurança é possível progredir na guerra ao terror, que também é internacional.

Antes de 11 de Setembro, os governos costumavam investigar depois da ocorrência de um ato terrorista. Hoje, grande parte dos recursos são alocados para examinar e impedir ataques que ainda não ocorreram. Isso é de fato o que deve ser feito – investir mais no "antes" e não no "depois", para possibilitar a prevenção. É melhor investir na prevenção dos ataques do que em seus resultados.

Os grupos terroristas são muito eficientes em termos de custo-benefício. Eles tentam gastar o mínimo possível e provocar o maior dano possível. Os ataques de 11 de Setembro são um exemplo terrível disso. Eles custaram aos terroristas meio milhão de dólares e provocaram bilhões de dólares em perdas. Com quantias modestas eles são capazes de provocar mortes humanas e danos econômicos terríveis e graves ao país que estão combatendo.

Mas são ataques suicidas; é difícil impedi-los.

É claro que não é fácil. Os ataques terroristas executados por suicidas são os mais difíceis de prevenir, mas podem ser impedidos com a ajuda de um plano implementado em estágios. As operações deles são correntes que têm vários elos e podemos interferir, impedir e prevenir os resultados letais. Uma dessas fases é quando o terrorista é recrutado. Depois ele é doutrinado, passa por um treinamento físico e é enviado em sua missão. Essas são as fases nas quais é possível agir para frustrar o ato de terrorismo.

O terrorismo que temos visto hoje em várias partes do mundo não é novidade no Oriente Médio.

O Oriente Médio sempre foi o epicentro do terrorismo internacional. Grupos terroristas internacionais têm utilizado as táticas, técnicas e métodos usados no Oriente Médio. Por exemplo, o grupo terrorista basco ETA copia muitas táticas e técnicas das organizações terroristas do Oriente Médio, como a fabricação de morteiros. Essa tecnologia é típica da região do Oriente Médio; o ETA a copiou e a transmitiu ao IRA e a outros grupos terroristas na América Latina. Dessa forma, é importante manter os grupos terroristas do Oriente Médio sob constante vigilância e não tirar os olhos deles.

Neste contexto, gostaria de fazer uma observação sobre a Espanha e o governo de José Maria Aznar. A Espanha tem adotado todas as medidas possíveis para combater o ETA, uma organização que vem atacando civis há anos. A Espanha, que acumulou muitos anos de experiência no combate ao terror, é um exemplo e um paradigma para todos os países do mundo. Os governos deveriam copiar esse modelo.

Estamos à beira do terrorismo não convencional?

É definitivamente uma ameaça concreta. A Al-Qaeda vem tentando adquirir e desenvolver material radioativo, biológico e químico. Em 1993, Osama Bin Laden pagou $ 1,5 milhão a oficiais e militares no Sudão para o desenvolvimento de armas como essas. Ele também negociou a aquisição de urânio na África do Sul e sabemos que está tentando estabelecer contatos com cientistas paquistaneses. Apesar do fracasso dessas tentativas, a Al-Qaeda não desistiu. Eles estão se voltando às máfias ucranianas e russas e estão se reunindo com elas no Afeganistão.

SHABTAI SHAVIT
Ex-diretor do Mossad

"A grande questão é se o terrorismo pós-moderno se voltará ao terrorismo não convencional, e estou claramente me referindo ao terrorismo químico, biológico, radioativo, computadorizado ou nuclear."

Shabtai Shavit, 63 anos, dirigiu o Mossad de 1989 a 1996. Quando me sentei na frente dele, mesmo antes de eu começar a falar, senti que era ele quem estava prestes a me entrevistar. Seus olhos penetrantes me examinaram da cabeça aos pés e, depois de cinco perguntas rápidas, senti que ele tinha terminado de compor meu perfil psicológico. Ao longo de trinta e dois anos, Shavit atuou em várias posições em um dos serviços de inteligência mais conhecidos no mundo. Ele era considerado um diretor bastante independente do Mossad, capaz de responder a questões de maneiras que nem sempre se adequavam aos interesses do governo.

Durante a Guerra do Golfo de 2003, quando Amnon Shahak, diretor da Inteligência do Exército, afirmou que "A população precisa se preparar para a possibilidade de um ataque por mísseis com cargas químicas e biológicas", Shavit declarou: "Isso é pura histeria". Quando outro chefe da Inteligência do Exército, Uri Saguy, expressou a opinião no meio das negociações com Damasco de que o "Leão de Damasco" queria a paz, Shavit retrucou: "Tudo o que Assad realmente quer é conquistar o apoio americano".

Durante o mandato de oito anos de Shavit na direção do Mossad, a agência conduziu operações em países árabes e outros países que só foram reveladas muitos anos depois ou que ainda são mantidas em segredo. No entanto, Shavit admite que um dos momentos mais críticos durante seus anos de serviço foi em 1991, quando Victor Ostrovsky, um ex-agente que o Mossad demitiu por ser considerado inadequado para o cargo, publicou um livro revelando vários detalhes sobre a organização mais secreta de Israel. Shavit se empenhou enormemente para impedir a publicação do livro, mas fracassou. Em consequência do trauma que Ostrovsky infligiu sobre o sistema, Shavit reforçou os testes psicológicos do Mossad e desenvolveu um "perfil de agente ideal" para impedir que isso acontecesse novamente.

Entrevista conduzida em 23 de novembro de 2003

A primeira pergunta que deve ser feita é sobre os resultados de 11 de Setembro. Quais são eles?

A importância do 11 de Setembro é que o ataque representou o primeiro tiro em uma nova guerra mundial totalmente diferente de seus antecessores. Hoje em dia, pequenos grupos de terroristas lutam contra civis e podem causar danos enormes, inclusive o colapso de economias, com um investimento desprezível.

Para onde o terrorismo pós-moderno está se direcionando? Quais são as futuras ameaças ao mundo ocidental?

Dois anos se passaram desde que o mundo ocidental começou a aprender como lidar com o terrorismo moderno, que é totalmente diferente do terrorismo clássico das décadas de 1960 e 1970. Nem sempre podemos nos manter em uma postura defensiva, esperando para sermos atacados e depois contra-atacar. Precisamos ser criativos, ter uma visão abrangente, ser capazes de identificar as metas que os grupos terroristas definirão. A grande questão é se o terrorismo pós-moderno se voltará ao terrorismo não convencional, e estou claramente me referindo ao terrorismo químico, biológico, radioativo, computadorizado ou nuclear.

O senhor se surpreenderia se ocorresse um ataque biológico não convencional em alguma cidade ocidental amanhã? O diretor do MI5 britânico prevê um ataque como esse e o considera inevitável.

Eu definitivamente não me surpreenderia, apesar de acreditar que se trata de uma probabilidade relativamente baixa. Enquanto os grupos terroristas continuarem a ter sucesso matando e ferindo vítimas com armas convencionais, como em Istambul alguns dias atrás, não acredito que eles se apressarão para utilizar armas não convencionais. Não é tão simples utilizar e operar armas não convencionais.

Os Estados Unidos e Israel se preocupam com o ciberterrorismo na Internet que provocará o caos nas infraestruturas do Ocidente. Trata-se de uma ameaça realista?

Devo lembrá-lo dos resultados do blecaute de energia que ocorreu algumas semanas atrás em uma grande área dos Estados Unidos. Toda a rede elétrica entrou em colapso, apesar de não devido a um ataque terrorista, como eles temiam no início. É verdade que ninguém morreu, mas vamos imaginar as possíveis consequências econômicas de um colapso como esse, os enormes danos que isso pode provocar na economia. Estou certo de que essa é uma das áreas às quais o terrorismo se volta. Terrorismo significa aterrorizar a população. Quando a população está em pânico, as pessoas fazem exigências ao governo e induzem os governos e países a tomar decisões que beneficiam mais os terroristas do que a própria população. Os terroristas atingiram um nível de capacidade que lhes permite sustentar uma equação na qual cada vez menos terroristas podem matar cada vez mais pessoas.

Em Israel, há equipes secretas que protegem os aparatos de informações. Eles são participantes na guerra das mentes?

Estou certo de que são. O Ocidente está se voltando, apesar de lentamente, à prevenção de ataques, e os terroristas estão sempre em busca de novas maneiras de atacar. Um, dois ou três gênios podem dar ideias para paralisar aeroportos, centros nucleares, abastecimento de água em várias cidades, redes elétricas, energia e assim por diante.

Até que ponto Israel está preparado para esse tipo de terrorismo?

Nenhum país está mais preparado do que Israel para resistir a ameaças biológicas, químicas e radioativas. Isso porque enfrentamos essa ameaça há muitos anos e fomos os primeiros a começar a nos preparar para a concretização de uma ameaça como essa. Hoje temos um sistema de defesa civil em nível nacional que continua a treinar novo pessoal. O mesmo se aplica ao exército, à polícia, ao sistema hospitalar e aos serviços de combate a incêndios. Então podemos ficar tranquilos.

Quais países apoiam o terrorismo?

Hoje em dia, o Irã é o maior e mais forte Estado a promover o terrorismo como parte de sua política externa e em busca de seus interesses. Vários dias atrás, Israel prendeu um terrorista que confessou ter sido treinado e financiado pelo Irã. O Irã é um Estado que promove o terrorismo além de se envolver no terrorismo como um Estado. Um exemplo disso é o apoio comprovado aos terroristas que executaram os ataques em Buenos Aires contra alvos judeus. O segundo país que promove o terrorismo é a Síria. Quase todos os grupos terroristas fundamentalistas, tanto novos quanto antigos, têm bases e escritórios em Damasco. A Coreia do Norte também consta da lista do presidente americano, George W. Bush.

Com que nível de sucesso os serviços secretos americanos e europeus, similares ou paralelos ao Mossad, estão plantando agentes em grupos extremistas como a Al-Qaeda?

É algo difícil de ser feito. Os Estados Unidos hoje têm os melhores recursos tecnológicos para a coleta de informações. Por exemplo, eles podem tirar fotos de satélite dia e noite, em qualquer condição climática e em qualquer lugar no mundo, e identificar objetos tão pequenos quanto uma bola de tênis. Mas o ponto fraco de todos os métodos de inteligência ocidentais é o agente secreto, o fator humano. Os grupos fundamentalistas islâmicos recrutam seu pessoal um a um com base em indicações pessoais e afinidade ou parentesco. É por isso que os serviços de inteligência ocidentais têm dificuldade de plantar agentes nesses grupos. A única fórmula de sucesso para o ocidente utilizar no combate ao terrorismo é firmar uma cooperação mais próxima entre os países em tempo real, tanto na troca de informações quanto nas operações.

O senhor costuma falar de um "terrorismo internacional". Até que ponto o Mossad está cooperando, por exemplo, com os serviços de inteligência da Espanha na guerra contra o movimento clandestino basco, o ETA?

Havia cooperação quando eu dirigia o Mossad e essa cooperação continua existindo até hoje. Quando há cooperação com um serviço estrangeiro, os interesses em comum devem ser definidos. Israel, que vem combatendo o terrorismo nos últimos cem anos, não tem interesse em fazer mais inimigos, como o ETA, uma pequena organização local com metas locais. Não temos interesse algum em abrir uma nova frente com o ETA e a cooperação foi só logística.

O número de palestinos que colaboram com os serviços de segurança israelenses dobrou e é estimado em 40 mil. O que motiva a colaboração e como os colaboradores são recrutados?

Não sei se o que o senhor está dizendo está correto, porque desconheço as estatísticas. Mas é possível perceber que a maioria silenciosa dos palestinos está farta. Eles estão fartos dos ataques, do sofrimento, do baixo padrão de vida. Também é importante lembrar que, depois da assinatura dos Acordos de Oslo em 1993, os moradores das áreas da Autoridade Palestina passaram a ter um padrão de vida mais alto do que as pessoas nos países árabes que nos cercam.

O senhor não escondeu seu apoio às "eliminações direcionadas" dos líderes do Hamas e da Jihad islâmica envolvidos em ataques terroristas. Mas, na Europa, essas operações são caracterizadas como "execuções extrajudiciais".

As eliminações direcionadas de terroristas são a maneira mais eficiente, apesar de não a única maneira, de lidar com o terrorismo. A prova é que esses heróis do Hamas e da Jihad islâmica não podem dormir na mesma cama duas noites seguidas porque estão mais ocupados se protegendo do que planejando ataques. Enquanto isso, tentamos firmar um cessar-fogo.

BOAZ GANOR
Especialista israelense em terrorismo

> *"Utilizando o ciberterrorismo, é possível fazer aviões colidirem, atingir instalações biológicas e provocar outras tragédias."*

Boaz Ganor é o diretor executivo do Instituto Internacional de Políticas de Contraterrorismo no Centro Interdisciplinar de Herzliya, em Israel, onde também dá aulas. Ele é considerado um dos maiores especialistas em terrorismo não convencional, em especial, a ameaça do ciberterrorismo na Internet, tendo atuado como conselheiro do primeiro-ministro Ehud Barak.

Na opinião de Ganor, atualmente é necessário pensar sete a dez anos à frente sobre como lidar com a ameaça do terrorismo global. Grupos extremistas como a Al-Qaeda ou outros, de acordo com Ganor, executarão ataques terroristas não convencionais e já estão se preparando para isso.

Desde 2003, Ganor vem reunindo, no Centro Interdisciplinar de Herzliya, centenas de profissionais de dezenas de países para discutir o terrorismo pós-moderno: membros de serviços secretos, especialistas em contraterrorismo, acadêmicos e políticos.

Entrevista conduzida em 9 de setembro de 2003

Como 11 de Setembro afetou o contraterrorismo no nível internacional?

O propósito dos terríveis ataques em Nova York e Washington D.C. foi provocar o maior número possível de mortes e os terroristas conseguiram o que queriam. Foi um tipo diferente de terrorismo, voltado a aniquilar massas de pessoas; as exigências políticas foram relegadas ao segundo plano. É possível dizer que, até 11 de Setembro, o Ocidente considerava o terrorismo uma espécie de "aborrecimento".

O objetivo do chamado terrorismo pós-moderno é mudar a realidade por meio do ataque em si. O terrorista visa provocar o maior dano possível com sua ação – centenas ou milhares de mortos ou até mais –, para que o ataque altere a realidade.

Entre o terrorismo moderno e o terrorismo pós-moderno, temos um novo componente que só começamos a investigar nos últimos anos: a utilização de armas não convencionais que visam exterminar populações inteiras.

O terrorismo moderno é a estratégia de utilizar violência contra civis para forçar líderes a fazer concessões políticas. No terrorismo pós-moderno, por outro lado, a organização terrorista tenta atingir diretamente suas metas por meio dos ataques em si.

Quais são as relações entre organizações extremistas e terroristas islâmicos ao redor do mundo?

Eles têm uma ideologia extremista em comum que justifica a utilização de violência para impor o islamismo extremista no qual acreditam. Precisamos fazer a distinção entre o islamismo como uma religião e o islamismo extremista, que é uma interpretação distorcida do verdadeiro islamismo. Outro ponto que eles têm em comum, além da disposição de se suicidar no ataque, é a crença de que é uma necessidade religiosa fazer o que estão fazendo, um mandamento da lei religiosa, um *fatwa* que convoca à guerra santa, o *Jihad*. Eles se consideram mensageiros de Alá.

As várias organizações islâmicas mantêm estreitas relações de assistência mútua e cooperação. É uma rede que cobre o mundo inteiro com ações e relações interpessoais e constitui uma ameaça sem precedentes à civilização. Dois anos atrás, Israel prendeu dois terroristas palestinos que estavam tentando desenvolver formas de atacar centros vitais de informações.

O senhor acredita que a ameaça nuclear de grupos terroristas é concreta?

Hoje em dia não podemos ignorar nenhuma ameaça. Uma explosão nuclear pode destruir populações inteiras e contaminar amplas áreas. É necessário manter em mente um ponto muito importante: os grupos terroristas não precisam desenvolver conhecimento em tecnologia nuclear; para eles basta utilizar métodos convencionais para atacar instalações que processam materiais não convencionais.

A organização liderada por Osama Bin Laden é capaz de empregar o terrorismo não convencional?

Bin Laden disse em uma ocasião que seria um pecado não utilizar todos os meios disponíveis para defender os muçulmanos dos ataques do Ocidente e dos infiéis. Não vejo necessidade de dizer mais nada.

E o ciberterrorismo, executado pelo computador? Trata-se de uma ameaça concreta e atual ou não passa de ficção científica?

Nos últimos meses, houve crescentes indícios de que grupos terroristas estão se preparando para executar ataques pela Internet. Esse ciberterrorismo é uma forma de terrorismo não convencional e pode causar um grande número de baixas: ataque em massa com centenas ou milhares de mortes. Hoje em dia, quase toda organização terrorista no mundo tem um site. A maioria tem sites em vários idiomas. O Hamas, por exemplo, tem três sites, em árabe, em inglês e em russo, e o Hezbollah tem cinco sites.

Há muito tempo os grupos terroristas têm usado a Internet como uma rede, uma fonte de informações e ideias, uma forma de recrutar voluntários e uma infraestrutura para incitar e divulgar sua propaganda sem nenhum tipo de censura. Hoje em dia vemos que cada vez mais organizações estão recrutando pessoas pela Internet. Eles fazem on-line as coisas mais simples, como recrutar, levantar fundos e, pior ainda, dar ordens a membros da organização ao redor do mundo.

Um exemplo disso é o "kukbox", livros on-line que dão instruções detalhadas para montar uma carta-bomba comum e até uma lista de produtos necessários para construir uma bomba nuclear. É possível usar a Internet para entrar em contato com alguém e lhe dizer, sem nenhum impedimento, o que ele precisa fazer, como e quando.

Mas a utilização mais perigosa é aquela que transforma o próprio computador em uma arma, um meio para a perpetração de um ato terrorista atacando bases de informações. Eles podem atacar os transportes. Se atacarem sistemas de radar ou controle aéreo, podem fazer aviões colidirem e caírem. É possível provocar vários tipos de desastres pelo computador. É até possível interferir nos sistemas de controle de semáforos, provocando terríveis congestionamentos ou acidentes.

Um exemplo de outra ameaça é um ataque ciberterrorista a um centro vital, invadindo um sistema de computadores. Se você interferir no sistema de resfriamento de uma usina nuclear, por exemplo, pode provocar um curto-circuito que praticamente resultará na criação de uma bomba nuclear. Um dos objetivos do terrorismo é atacar computadores em instalações nucleares ou biológicas e causar um vazamento de substâncias nocivas. O cruzamento do ciberterrorismo com o terrorismo pós-moderno é extremamente preocupante.

Isso lembra ficção científica...

Talvez. Todos os cenários que lhe mostrei também podem ser apropriados para Hollywood, mas, em 11 de Setembro, o cenário de Hollywood se transformou facilmente em uma realidade sem nenhuma dificuldade.

Qual é a solução? Qual deveria ser o conceito da guerra ao terrorismo?

A primeira premissa básica deveria ser a colaboração internacional e a verdadeira cooperação contra o terrorismo. Nenhum país e nenhuma organização pode se proteger completamente. A vida é mais fácil para as organizações terroristas porque eles têm uma vantagem: eles só precisam saber o que é protegido e encontrar o ponto fraco na defesa para planejar o ataque. Isso se aplica a todas as formas conhecidas de terrorismo.

Uma verdadeira cooperação também é necessária contra o ciberterrorismo. É a única maneira de combatê-lo e também a melhor maneira, porque o terrorismo pelo computador não vê fronteiras territoriais. Uma pessoa em um lugar pode encaminhar informações a outro país e executar o ataque em um quarto ou quinto país. A menos que os Estados relevantes cooperem, será impossível manter a vigilância dos responsáveis por esses esquemas, encontrá-los e impedir com eficácia os ataques.

Que medidas o senhor propõe contra o ciberterrorismo?

A aceleração do desenvolvimento de programas antivírus mais robustos, o reforço de serviços de identificação de piratas na Internet e medidas para proteger computadores contra invasões de centros de informações. O centro de informações deve ser totalmente off-line, desconectado do mundo externo e isolado.

Os piratas já demonstraram que têm o talento e a capacidade de invadir redes. Vale lembrar que o Pentágono, a CIA e a Microsoft já foram invadidos no passado. O perigo existe e é comprovado, os serviços de segurança estão cientes dele e vários sistemas para a prevenção de invasões por computador já foram implementados. O melhor conselho, talvez, seja assistir a filmes de ficção científica e perceber que os sistemas de defesa atuais podem precisar lidar com quase qualquer perigo possível.

EPÍLOGO

Baltazar Garzon Real
Juiz espanhol

Vozes no centro do mundo. Acredito que Henrique Cymerman acertou em cheio com o título. Com efeito, dos pontos de vista histórico, cultural, religioso, político e de segurança, este *é* o centro do mundo.

Se analisarmos a história da Terra Santa, descobriremos evidências de que ela é considerada sagrada por três religiões monoteístas, o judaísmo, o cristianismo e o islamismo, e de que sempre foi uma região de conflitos e confrontos. Invasões e as inúmeras conquistas têm sido a norma por milhares de anos. Todos os textos históricos, sejam religiosos, políticos ou literários, enfatizam a natureza belicosa dos habitantes dessa terra, bem como seu apego a ela, muito mais intenso que o vínculo natural que uma pessoa normalmente sente por sua terra natal. Além disso, se levarmos em consideração o fato de que muitos cidadãos israelenses e palestinos nem são nascidos nessa terra, o vínculo que os une à terra ou é sentimental ou resulta de um exílio forçado devido à criação do Estado de Israel.

Para se ter uma ideia do que estou falando, o território em questão é menor que Nova Jersey e mais ou menos do mesmo tamanho de Gales. Vários milhões de pessoas vivem apinhados nessa área, alguns em condições desesperadas, sem nenhuma dignidade humana. Histórica e estrategicamente, até hoje a região mantém sua importância devido aos constantes conflitos e confrontos entre árabes e israelenses. A maioria dos países árabes despreza os judeus e definiu muitas de suas regras fundamentais com base no não reconhecimento de Israel, como se isso constituísse a essência de seu povo.

Essa situação está mudando, seja em virtude de uma necessidade estratégica ou devido a uma convicção. Voltar as costas a essa evidente e inquestionável realidade é um absurdo político e econômico. Tanto árabes quanto israelenses precisam crescer juntos. Israel não pode viver isolada atrás de um muro de segurança e seu governo não pode manter os palestinos apinhados ou restritos em territórios sob a Autoridade Nacional Palestina, atrás de fronteiras arbitrariamente definidas contra resoluções internacionais. O governo israelense não tem dado um bom exemplo para o mundo ao ignorar as decisões do Tribunal Internacional de Justiça de Haia, como tem feito ultimamente. Do meu ponto de vista, a existência do "muro" em si não é uma questão, já que, infelizmente, existem muitos outros muros ao redor do mundo em condições similares ou piores do que o de Israel. Muros de separação existem em muitos lugares e países, como Melilla e Ceuta [perto de Marrocos], onde foi construída uma cerca de segurança para impedir a entrada de imigrantes ilegais, e o mesmo acontece ao longo da fronteira entre o México e os Estados Unidos e não ocorre a ninguém abrir um processo internacional contra a existência desses muros.

Pelo contrário, após a decisão do Tribunal Internacional de Justiça de Haia, fica claro que é arbitrário continuar invadindo territórios palestinos com a desculpa de razões de segurança. Mesmo assim, a política do governo israelense e, acima de tudo, de seu primeiro-ministro Ariel Sharon, tem sido executar ações: antes de mais nada, executar a ação e só depois discutir se o muro será concluído ou reposicionado; de qualquer maneira, a terra conquistada sempre favorecerá Israel.

As alegações israelenses não podem ser ignoradas porque, nas áreas em que a cerca de segurança foi concluída, a violência diminuiu. Isso ocorreu na história recente, mas o panorama atual mudou e hoje é o oposto do cenário de antes da morte de Arafat.

No final, esse triste fato tem constituído o ponto de inflexão no qual a estratégia de tensão e atrito foi rompida por dois inimigos irreconciliáveis, Sharon e Arafat. Desde o fim dessa situação, na qual nenhum dos líderes respeitava o outro, com constantes ataques aos direitos fundamentais da vida, dignidade e liberdade para as pessoas que vivem nessa parte do mundo, a realidade mudou, trazendo consigo algumas perspectivas bastante diferentes para o futuro e a solução para o conflito.

O novo presidente palestino, Mahmoud Abbas (Abu Mazen), não só prometeu defender a paz, como a tem defendido com ferocidade, colocando-se contra o terrorismo e as organizações terroristas, que, até pouco tempo atrás, executavam missões suicidas contra alvos civis israelenses. Por sua vez, as autoridades israelenses ampliaram enormemente sua reação, até levar a comunidade internacional a negar qualquer boa intenção por parte do primeiro-ministro enquanto ele estiver implementando medidas como a transferência de pessoas, a destruição de vilarejos, o isolamento de áreas ou zonas, a existência de prisões clandestinas, onde há suspeita de maus tratos aos prisioneiros e nos quais as autoridades claramente ignoram as regras básicas de um Estado de Direito e violam princípios humanitários internacionais. É necessário reconhecer que essa situação, em muitos casos, tem sido neutralizada pela Corte Suprema israelense.

A nova atitude da Autoridade Nacional Palestina lhe dará não apenas credibilidade como também a autoridade moral que Arafat perdeu desde o início da Intifada de Al-Quds, com sua atitude hostil contra os israelenses e seu apoio a grupos de palestinos extremistas e violentos que aterrorizavam cidadãos israelenses, gerando, dessa forma, grandes dúvidas na mente dos observadores internacionais.

É surpreendente e ao mesmo tempo paradoxal que, depois do processo em Camp David em 2000, quando nem Bill Clinton, Ehud Barak ou Yasser Arafat conseguiram assinar um acordo de paz, o fim da ocupação militar e civil israelense de Gaza tivesse vindo nas mãos do "mais extremista de todos os extremistas", Ariel Sharon, o grande inimigo de Arafat e dos palestinos, indo contra os interesses de um grande setor de seu governo, do partido Likud e dos colonos. Ele viria conseguir isso com o apoio irrestrito dos Estados Unidos, cuja atual administração tem um interesse específico no combate ao terror. Isso poderia significar um raio de luz na possibilidade de sucesso.

Esse novo cenário – a situação política no Líbano, ditada pela Resolução 1559 do Conselho de Segurança das Nações Unidas e particularmente o assassinato do ex-presidente libanês Rafik Hariri, um grande defensor da integridade do país e da expulsão das tropas e do serviço secreto da Síria – provocou uma cadeia de eventos, como manifestações em massa contra a presença síria e a atividade do Hezbollah, que prenunciam mudanças importantes, influenciando enormemente a situação dos milhares de palestinos que vivem em condições preocupantes em campos de refugiados no Líbano. Nesse sentido, a declaração da Síria, de 4 de abril de 2005, de que eles estariam retirando suas tropas do Líbano, foi um sinal de que as autoridades sírias não queriam dar aos Estados Unidos uma desculpa ou justificativa para considerar uma mudança de atitude. A Síria também queria que a Europa reavaliasse seu apoio no futuro próximo, quando as negociações com Israel relativas aos Montes Golã fossem retomadas.

Tendo em vista as dinâmicas desses eventos, é difícil prever o que acontecerá no Líbano, com o Hezbollah e suas forças paramilitares, que são mais fortes que o exército e mantêm uma atitude beligerante contra Israel. O que acontecerá com os palestinos confinados nos campos? Eles receberão cidadania libanesa ou continuarão a ser usados para pressionar Israel? A própria Síria deve decidir sua relação com os líderes de algumas organizações palestinas extremistas que atualmente contam com a proteção síria, e Israel deve esclarecer seu posicionamento em relação aos Montes Golã, que abrirão outra batalha interna pela liderança.

A Jordânia e o Egito não representam um problema para a posição israelense, apesar de a atitude desses países poder ser fundamental para o desenvolvimento do projeto, especialmente o posicionamento do Egito, que deve se envolver abertamente como um mediador internacional e liderar todos os países da Liga Árabe, já que é possível observar em alguns deles certa fadiga em sua atitude de oposição a Israel.

Por sua vez, Palestina e Israel não têm como voltar no caminho para a paz. A situação histórica que ocorreu na região, sem analisar a forma como se desenvolveu (da qual muitos, inclusive eu, discordam), permitiu que o panorama se transformasse do profundo pessimismo de um ano atrás ao brotar da esperança na criação de um Estado palestino no futuro, uma esperança que foi quase completamente reprimida por um bom tempo e agora ressurge como uma possibilidade real.

A participação em massa nas eleições iraquianas, mesmo sob condições adversas, promoveu uma certa esperança de que a paz seria atingida, mesmo que lentamente, apesar da grave situação de violência na qual o país se encontra. Para dar um fim à instabilidade, será necessário que a Síria e o Iraque coordenem esforços para controlar os diversos grupos terroristas que vêm liderando a insurgência desde a invasão. Essa ação em conjunto ocorrerá mais cedo ou mais tarde, apesar dos erros cometidos pelos serviços armados, incentivando o apoio a esses grupos. A oposição aos Estados Unidos é razão suficiente para apoiar, mesmo se de maneira superficial, uma situação que poderia se agravar e se espalhar para além das fronteiras iraquianas. Nesse sentido, é fácil observar o posicionamento da Arábia Saudita, que passou de um oásis para muitos líderes terroristas a um atual alvo de ataques. Isso forçou as autoridades civis e religiosas a reavaliarem a situação e abrir uma intensa frente contra o terrorismo.

A presença de tropas americanas, britânicas e ocidentais sem dúvida leva a mais desconfiança do que segurança e isso piorará ainda mais se a presença militar estrangeira for consolidada e não permitir a possibilidade de as autoridades iraquianas se libertarem do paternalismo americano que influencia suas decisões.

A saída do *Rais* levou à premissa de que o extremismo perdeu seu lugar, mas aparentemente não entre os cidadãos que manifestaram seu apoio ao Hamas nas eleições. Esse apoio se deve basicamente às políticas sociais e de saúde que eles passaram anos desenvolvendo para beneficiar o povo e não devido às ações violentas perpetradas pela organização. A vitória de Mahmoud Abbas [Abu Mazen] também demonstrou a grave situação interna que afeta a Autoridade Nacional Palestina, não apenas devido ao confronto desse líder carismático com o primeiro-ministro israelense, mas em função de sua administração das políticas e dos recursos internos, incluindo as graves suspeitas de corrupção e devido ou ao apoio direto ou à falta de críticas por parte das organizações que promovem atos de terrorismos contra a população civil de Israel, atos considerados ações legítimas contra o opressor.

Nesse cenário, as ações de Ariel Sharon foram no início solitárias e obsessivas ao romper com a maioria das regras e princípios nacionais, mas posteriormente se tornaram mais moderadas, depois de conquistar o apoio do partido trabalhista e outros grupos (já que provavelmente não havia outra opção concreta). Essas ações conquistaram o apoio da administração norte-americana, que claramente ignorou Arafat e decidiu que o jogo deveria ser jogado com os participantes à mesa e as cartas que foram distribuídas, para concluir o processo e evitar um beco sem saída. Penso que Ariel Sharon se deparou com as maiores dificuldades entre os membros de seu partido, os grupos extremistas israelenses, inclusive os colonos que precisaram abandonar seus assentamentos em Gaza e no norte da Cisjordânia, que, na maior parte dos casos, foram construídos durante o governo do próprio Sharon.

É claro que essa não é a melhor nem a mais justa situação para a Palestina, mas é atualmente a única solução possível para os dois lados, sem ser um fracasso garantido desde o início e sem deixar que o terror prevaleça. Há um ditado espanhol cuja essência se aplica diretamente ao caso em questão: "Águas passadas não movem moinhos". Hoje em dia não faz sentido voltar às negociações do ano 2000, exceto para análises históricas ou para estudar as fraquezas humanas e políticas de alguns líderes. Acredito que a situação atual deva ser consolidada e, deste ponto em diante, quando o Estado palestino for um Estado soberano, eles podem exigir legalmente, por meio das Nações Unidas, a devolução de seus territórios de acordo com as fronteiras de 1967 e o Road Map. É real o medo de que eles não conseguirão mais do que conseguiram até agora e, ao mesmo tempo, o direito de conquistar um Estado próprio não deve ser adiado e não deve se tornar uma ilusão agonizante.

A história demonstra que os povos e suas fronteiras mudam constantemente e inúmeros fatores influenciam essas mudanças. Neste caso, os palestinos têm o direito urgente e inalienável a um Estado e esse Estado deve aderir a todas as suas normas, regras, direitos e obrigações. A luta pelos direitos territoriais legítimos e por uma solução para a questão de Jerusalém não deve ser um obstáculo (como tem sido por tanto tempo) para que os dois povos e comunidades usufruam dos direitos à paz e à segurança que as autoridades devem lhes proporcionar. As pessoas precisam de um tempo e uma forma de recuperar a dignidade que tantas vezes lhes foi tirada, possibilitando-lhes uma esperança para o futuro. É chegada a hora de construir pontes de compreensão e proximidade que ofereçam segurança e confiança aos vizinhos. Sei que isso é difícil, mas é igualmente necessário. A paz é proclamada pelos governos, mas deve ser consolidada pelo povo; somente a integridade e o respeito, a igualdade e o amadurecimento das relações econômicas, políticas e comerciais levará à prosperidade da região e recuperará o esplendor de outrora. Dessa maneira, um centro de esperança no mundo será construído onde famílias como a de Avi Ohayon não serão assassinadas e jovens como Mohammed perceberão que existe a possibilidade de uma vida diferente além daquela oferecida por uma falsa ideia idílica trazida pela violência mas que não leva a nada.

Um centro do mundo no qual se aprende que o único caminho é aceitar que atualmente todos nós estamos perdendo, para podermos atingir a liberdade e a paz sem a necessidade de subjugar e humilhar o outro; acima de tudo, um lugar no qual finalmente todos percebam que o terrorismo é a mais absurda de todas as formas possíveis de violência. O terrorismo leva as pessoas à insanidade e provoca a frustração de milhares de pessoas e famílias que veem seus lares injusta e eternamente feridos. Renunciar à violência é um ato de coragem ainda maior do que se pode imaginar; as armas nunca serão tão grandiosas quanto as palavras que retomarão o diálogo, destruído pelas armas. Aqui, no "centro do mundo", onde as palavras sobreviveram por muitos séculos, onde elas podem ter um sentido transcendental para todas as culturas, é chegada a hora de os verdadeiros participantes, os cidadãos, se levantarem e exigirem o que lhes pertence. Os dois povos sabem muito sobre o sofrimento; dessa forma, é possível para os dois olharem juntos para o futuro.

Não devemos nos esquecer de que este livro foi escrito por um jornalista que viveu a dor das notícias dia após dia, como ele descreve em suas entrevistas, e que viu de perto o horror e a miséria, mas também a grandeza humana em situações difíceis. Os conflitos armados, o terror, os cenários de guerra, tudo isso se consolidou em uma notável carreira jornalística e nos permitiu ver, com o poder de uma imagem ou a firmeza de uma narrativa, a realidade do que estava acontecendo sem intermediários e sem a possibilidade de manipulação ou falsidade. Se uma fraude viesse à tona, outros jornalistas a questionariam.

Sei como uma pessoa se sente diante de um cenário de horror e violência, porque, na minha profissão, tive a ocasião de passar várias vezes por isso. É verdade que, depois de um ataque terrorista, nem um juiz nem um jornalista é capaz de realizar seu trabalho despreocupada ou insensivelmente. A dor causada pela injustiça se reflete na imagem e na história produzida. Em nenhum dos casos trata-se de documentos frios, mas sim a base da argumentação contra a sistematização absurda e delirante à custa de vidas inocentes. O jornalista, arriscando a própria vida, com integridade pessoal e profissional, registra para o público as ações violentas de um exército ou a morte de uma criança no braço dos pais ou divulga a imagem de dezenas de corpos destruídos em um restaurante ou em um ponto de ônibus; ele inocula o nosso corpo e a nossa mente e, apesar de no início haver indiferença, aos poucos o jornalista cria em nós uma identificação cada vez maior com as vítimas, seus problemas e sua dor.

Nesses cenários violentos, a tarefa dos jornalistas, dos fotógrafos, dos cinegrafistas e repórteres investigativos não usufrui da proteção adequada por parte das forças em combate ou da legislação internacional. Naturalmente, os lados em conflito pretendem utilizar essa profissão para seu próprio benefício e interesses; ultimamente temos visto provas mais do que suficientes disso. Dessa forma, é necessário reformular algumas das regras internacionais para assegurar uma proteção eficaz àqueles que praticam essa nobre profissão de "cronistas públicos", possibilitando-lhes trabalhar com segurança, salvaguarda internacional e independência, e impedindo que agressões contra os jornalistas passem impunes, já que a única arma deles é sua palavra ou sua câmera. E, o mais importante, em um mundo no qual a mídia se tornou uma fonte básica de informações políticas e culturais para todos os cidadãos, uma câmera ou um relato é mais eficaz do que armas por explicar a injustiça ou a maldade na utilização das armas, considerando que informações independentes em uma zona de guerra são capazes de alterar os acontecimentos.

Estou certo de que o leitor apreciará e sofrerá com este livro tanto quanto eu e acompanhará o desenrolar dos últimos quinze anos através da voz dos participantes que vivem em uma parte do mundo que tem sido central nas nossas vidas por milhares de anos. A voz agora escrita do autor, Henrique Cymerman, nos conduz com mãos firmes pelas terras áridas e quentes de Israel e da Palestina, onde começa, ou termina, o Mediterrâneo e onde bate o coração de milhões de pessoas. A terra tem sede, mas só de uma paz justa. A paz nunca será autêntica se a justiça não for respeitada e se não houver a dignidade humana que demandam as vítimas abatidas.

Terrorismo, violência, ódio, vingança e assassinatos seletivos são realidades que alimentam umas às outras em uma espiral horripilante até a tragédia tomar forma.

CRONOLOGIA

1916 Acordo Sykes-Picot. O Reino Unido e a França concordam com a divisão das províncias do Império Otomano.

1917 Declaração de Balfour. O Reino Unido apoia a criação de um "Lar Nacional Judeu" na Palestina.

1920 Tem início o Mandato Britânico na Palestina.

1921 Grandes manifestações árabes realizadas contra a imigração dos judeus.

1947 Confrontos entre árabes e judeus.

1948 *14 de maio:* O Estado judeu de Israel é proclamado.
15 de maio: O Estado de Israel é atacado pelos exércitos combinados da Jordânia, Egito, Síria, Líbano e Iraque.

1949 *Fevereiro a julho:* Um armistício é assinado entre Israel e os Estados árabes. Este dia tem sido chamado desde então de Naqba ("catástrofe") pelos palestinos.
Entre 400 mil e 800 mil árabes deixam o território israelense.

1950 A Jordânia anexa a Cisjordânia, e o Egito assume o controle de Gaza.

1964 *29 de maio:* A Organização de Liberação Palestina é estabelecida em Jerusalém Oriental.

1967 *5 a 10 de junho:* Durante a Guerra dos Seis Dias, Israel conquista o Sinai, a Faixa de Gaza, a Cisjordânia (a Margem Ocidental do Rio Jordão), Jerusalém Oriental e os Montes Golã.

1969 *Fevereiro:* Yasser Arafat é eleito presidente da OLP.

1970	*Setembro:* A OLP é expulsa da Jordânia.
1973	*Outubro:* Irrompe a Guerra do Yom Kippur/Ramadã. *Novembro:* A Conferência Árabe de Argel, com a abstenção da Jordânia, proclama que a OLP é a única representante do povo palestino.
1974	*13 de novembro:* Yasser Arafat fala diante da Assembleia Geral das Nações Unidas. A OLP recebe o estatuto de observador na Assembleia Geral.
1977	*Maio:* Menachem Begin se torna o primeiro líder israelense de direita a assumir a liderança do governo. *Novembro:* Anwar al Sadat, o presidente egípcio, visita Jerusalém.
1979	*26 de março:* O acordo de paz entre Egito e Israel é assinado.
1981	*6 de outubro:* Anwar Al Sadat, o presidente do Egito, é assassinado.
1982	*Junho:* Tem início a "Operação Paz na Galileia", uma invasão israelense do Líbano. A OLP é expulsa de Beirute; Arafat vai à Tunísia.
1985	*Junho:* Israel se retira do Líbano, mas mantém uma "zona de segurança" no sul do país.
1987	Tem início a Primeira Intifada.
1988	*Junho:* O rei Hussein anuncia o fim da "união legal e administrativa" entre a Jordânia e a Cisjordânia. *Novembro:* O Conselho Nacional Palestino proclama "o Estado da Palestina" e condena o terrorismo.
1989	*Maio:* Arafat declara "expirado" o Estatuto Nacional Palestino (Palestinian National Convenant), reconhecendo o direito de existência do Estado de Israel.
1990	Início da imigração em massa de judeus da URSS. Um milhão de judeus da ex-União Soviética se estabelecem em Israel durante os anos 1990.

1990	*Agosto:* A OLP apoia a invasão de Kuwait por parte de Saddam Hussein.
1991	*Janeiro a março:* O Iraque lança 42 mísseis Scud contra Israel. *Outubro-novembro:* A Conferência de Madri, promovida pelos Estados Unidos e a URSS, reúne representantes de Israel, Síria, Jordânia e Palestina.
1993	*9 a 10 de setembro:* Proclamação de reconhecimento mútuo entre a OLP e Israel. *13 de setembro:* Conclusão dos Acordos de Oslo. A Casa Branca assina o princípio da declaração dos acordos provisórios da Autoridade Palestina.
1994	*4 de maio:* Assinado no Cairo o primeiro acordo provisório mencionando Gaza-Jericó. *1 de julho:* Arafat se muda para Gaza. *14 de outubro:* Arafat, Peres e Rabin recebem o Prêmio Nobel da Paz.
1995	*28 de setembro:* Arafat e Rabin assinam em Washington D.C. o segundo acordo provisório relativo à Cisjordânia e à Faixa de Gaza. *4 de novembro:* Yitzhak Rabin é assassinado.
1996	*20 de janeiro:* Arafat é eleito presidente da Autoridade Nacional Palestina. *29 de maio:* Binyamin Netanyahu e o partido Likud vencem as eleições em Israel.
1997	*15 de janeiro:* Acordo firmado referente à retirada israelense de Hebron e à transferência legislativa. *6 de outubro:* O líder do Hamas, o xeque Ahmed Yassin, volta a Gaza.
1998	*23 de outubro:* Os Acordos do Rio Wye são assinados. A Autoridade Palestina recebe uma extensão para manter a Cisjordânia. A CIA supervisiona o "combate antiterrorista".
1999	*17 de maio:* Ehud Barak e o partido trabalhista vencem as eleições israelenses.

1999 *4 de setembro:* Assinado o acordo de Sharm El Sheikh para outra retirada militar israelense.

2000 *10 de junho:* Morre o presidente Hafez Al-Assad da Síria antes de assinar o acordo entre Israel e a Síria.
Julho: Fracassam as negociações de Camp David conduzidas pelo presidente Clinton, dos Estados Unidos.
28 a 29 de setembro: Início da Segunda Intifada/Intifada de Al-Aqsa.
9 de dezembro: O primeiro-ministro israelense Ehud Barak renuncia ao cargo.
19 a 23 de dezembro: O presidente americano Bill Clinton retoma as negociações.

2001 *20 de janeiro:* George W. Bush inicia seu mandato como o 43º presidente dos Estados Unidos.
27 de janeiro: Fracassam as últimas tentativas de negociação em Taba.

2002 *6 de fevereiro:* Ariel Sharon é eleito primeiro-ministro de Israel.
18 de fevereiro: É proposto o Plano de Paz do Príncipe Regente Abdallah da Arábia Saudita, pedindo a retirada israelense dos Territórios Palestinos em troca da paz para Israel com os Estados árabes vizinhos.
20 e 21 de fevereiro: Destruição parcial do quartel-general de Arafat, a Mukata, em Ramallah.
11 de março: O exército israelense impõe um cerco completo em Ramallah.
Março a abril: Reocupação israelense de algumas cidades autônomas na Cisjordânia.
Junho: Israel começa a construir a cerca/muro na Cisjordânia.

2003 *28 de janeiro:* Ariel Sharon é reeleito primeiro-ministro de Israel.
29 de março: Mahmoud Abbas é nomeado primeiro-ministro da Autoridade Palestina.
1 de maio: O Road Map é oficialmente apresentado pelo Quarteto: Nações Unidas, Estados Unidos, União Europeia e Rússia.
6 de setembro: Abbas renuncia ao cargo e Ahmed Qurei o substitui.

2004 *Fevereiro:* Sharon anuncia oficialmente seu plano unilateral de retirada de Gaza e o desmantelamento parcial dos assentamentos na Cisjordânia.
11 de novembro: Morre o líder palestino Yasser Arafat.

2005 *Janeiro:* Mahmoud Abbas (também conhecido como Abu Mazen) vence as eleições presidenciais palestinas.
8 de fevereiro: Sharon e Abbas anunciam um cessar-fogo em Sharm El Sheikh, Egito.
Agosto: Israel se retira de Gaza e de duas cidades no norte da Cisjordânia (Jomesh e Sa Nur).
21 de novembro: Ariel Sharon sai do partido de direita Likud para criar o Kadima, um novo partido político de centro.

2006 *5 de janeiro:* Ariel Sharon sofre um AVC e, em coma, é levado ao Hospital Hadassah.
26 de janeiro: O Hamas vence as eleições legislativas da Autoridade Palestina.
29 de março: Ehud Olmert (líder do Kadima) é eleito primeiro-ministro de Israel.
Julho a agosto: Irrompe a Segunda Guerra do Líbano.

2006-2007
Outubro a fevereiro: O Hamas e o Fatah beiram a uma guerra civil.

2007 *8 de fevereiro:* Assinado o Acordo de Meca; o Hamas e o Fatah concordam em criar um Governo de Unidade Nacional.
Janeiro: O chefe do Estado-maior do exército israelense, Dan Halutz, renuncia depois de ser criticado por sua atuação na Segunda Guerra do Líbano.
Março: Criação de um Governo de Unidade Nacional entre o Fatah e o Hamas. A Liga Árabe ratifica seu apoio à iniciativa da Arábia Saudita pela paz, que se baseia na normatização com Israel em troca de uma retirada completa da Cisjordânia e Gaza.

2007 *Abril:* Publicado um relatório parcial do Comitê Winograd, criticando as atuações do primeiro-ministro Ehud Olmert, do ministro da Defesa Amir Peretz e do chefe do Estado-maior do exército Dan Halutz durante a Segunda Guerra do Líbano.
Junho: O Hamas domina a Faixa de Gaza.

2008 Israel invade Gaza em uma guerra contra rockets de Hamas.

2009 O Likud e Netanyahu ganham as eleições e formam o governo.

2010 Netanyahu apoia "dois estados": Israel e Palestina.

2011 O Hamas e o Fatah assinam acordo de unidade.
Os Estados Unidos matam Osama Bin Laden.
Começam as revoluções no mundo árabe.

MAPA DA REGIÃO

 Territórios palestinos, incluindo Jerusalém Oriental, ocupados por Israel em 1967

 Território sírio ocupado por Israel em 1967